Die Frau in der Literatur

Hilde Spiel

Hilde Spiel

In meinem Garten schlendernd

Essays

Mit einem Nachwort von
Marcel Reich-Ranicki

Ullstein Taschenbuch

Die Frau in der Literatur
Ullstein Buch Nr. 30253
im Verlag Ullstein GmbH,
Frankfurt/M – Berlin

Ungekürzte Ausgabe

Umschlagentwurf:
Theodor Bayer-Eynck
unter Verwendung des Gemäldes
›Italienische Gartenlandschaft‹
von Gustav Klimt
Archiv für Kunst und Geschichte, Berlin
Frontispiz: Hilde Spiel;
Foto aufgenommen von Isolde Ohlbaum
Alle Rechte vorbehalten
Taschenbuchausgabe mit freundlicher
Genehmigung der Nymphenburger
Verlagshandlung GmbH, München
© 1981 by Nymphenburger Verlagshandlung
GmbH, München

© dieser Ausgabe 1991
by Verlag Ullstein GmbH,
Frankfurt/M – Berlin
Printed in Germany 1991
Druck und Verarbeitung:
Ebner Ulm
ISBN 3 548 30253 X

2. Auflage Januar 1992

Die Deutsche Bibliothek – CIP-Einheitsaufnahme

Spiel, Hilde:
In meinem Garten schlendernd: Essays / Hilde Spiel. Mit
einem Nachw. von Marcel Reich-Ranicki. – Ungekürzte Ausg., 2. Aufl. –
Frankfurt/M; Berlin: Ullstein, 1991
(Ullstein-Buch; Nr. 30253: Die Frau in der Literatur)
ISBN 3-548-30253-X
NE: GT

INHALT

Vorwort

Von Montaigne stammt das Wort, der Begriff, doch nicht lange nach ihm, noch im sechzehnten Jahrhundert, hat Francis Bacon seinen Betrachtungen den Namen ›Versuche‹ gegeben – Vorbilder einer Bescheidenheit, die in Deutschland erst viel später und seltener geübt worden ist. Hier hat man stets von den Dichtern erwartet, daß sie schöpferisch wirken und von den Denkern, daß ihre Geistesarbeit so erschöpfend wie möglich sei. Was dazwischen lag, jene ›Abhandlungen‹, wie es im Brockhaus heißt, »die einen Gegenstand anregend, geistvoll und in gepflegter Sprache erörtern«, galt als literarische Gattung zweiten Grades, wurde wenig ernst genommen und in die Gegend des Feuilletons gerückt: aufgewirbelte Blättchen ohne Gewicht und Bestand, oder auch, wenn man will, Strohfeuer statt einer gründlichen und langanhaltenden Erhellung.

An den Essay stellte der Engländer Harold Nicolson einmal das Verlangen, daß er »nie belehren, aber vieles beleuchten« solle und einer »Unterhaltung zwischen Schriftstellern und Lesern« gleichen, die »liebenswürdig, vorsichtig, bescheiden und gesellig« zu führen sei. Dies verträgt sich schlecht mit der olympischen oder zumindest didaktischen Rolle, die man den deutschen Dichtern noch über die Romantik und dem bürgerlichen Roman hinaus zugewiesen hat. So haben denn auch Herder, Lessing und Goethe sich gehütet, ihre ›kleinen prosaischen Schriften‹ als ›Versuche‹ zu bezeichnen. In Goethes ›Einleitung in die Propyläen‹ ist von kurzen Aufsätzen, von Briefen und Gesprächen, von Rezensionen und Reflexionen, nicht aber von Essays die Rede, obschon eben jener Brockhaus das Wort in der Goethezeit angesiedelt hat. Niemals wird, in Goethes Bemerkungen über bildende Kunst, Dichtung und Schauspielerei, die eigene Kompetenz in Frage gestellt, nie ein Zweifel an der Gültigkeit, ja Endgültigkeit der hier gefällten Urteile geäußert.

Das Flüchtige, Fragmentarische, Unbefangene und scheinbar Absichtslose, der Verzicht auf eine »allzu ungeschminkte Zurschaustellung von Gelehrsamkeit« – Nicolsons Kriterien – lassen sich im deutschen Sprachraum wohl zuerst in der Prosa des jungen Hofmannsthal aufspüren. Eine schmetterlingshaft dahingaukelnde Metaphorik, wie man sie Charles Lamb nachgerühmt hat, eine ständige Illumination des Denkgeflechts durch poetische Bilder zeichnen diese im *Fin de siècle* geschriebenen Aufsätze aus. Vermutungen statt Gewißheit, Stimmungen statt Tatsachen: eine solche Manier, sein Wissen über einen Menschen, ein Buch, eine Landschaft darzutun, verweigert sich jeder Pseudo-Tiefe, aber auch jener hochtrabend-hermetischen Darstellung eines Gegenstandes, an der selbst essayistische Betrachtungen in unseren Breiten leiden. Wenn Adorno zu dem alten Wort zurückkehrt, indem er eine Schrift ›Versuch über Wagner‹ nennt, dann nimmt es plötzlich den Hauch einer Hoffart an, die ihm im Grunde wesensfremd ist.

Als ich selbst Versuche anzustellen begann, über andere Schriftsteller zu schreiben, gefiel mir der Vorgang des Suchens nach der Person und dem Werk so sehr wie nach dem treffenden Wort. Wenn man es fand, das *mot juste*, dann schien es wie ein Glücksfall – ein Geschenk, leichter im Flug erhascht als dadurch gewonnen, daß man lange auf dieselbe Stelle starrt. Dies ist freilich ein intuitiver Vorgang, dem poetischen Akt vergleichbarer als dem kritischen Kalkül. Nicht Hofmannsthal jedoch, so sehr ich ihn liebte, sondern die englischen Prosaisten sah ich als meine Meister an, Lamb und Hazlitt, aber auch die großen Literaten meiner Zeit, die Cyril Connolly, Raymond Mortimer, V. S. Pritchett, die ich im Londoner ›New Statesman‹ las. Meine ersten Aufsätze über Alain-Fournier, Marie Baschkirtseff, Loris wurden denn auch auf Englisch für diese Wochenschrift verfaßt. Später nahm ich sie, mit Essays bereits deutschen Ursprungs, in die Sammlungen ›Der Park und die Wildnis‹ und ›Welt im Widerschein‹ auf. Aus diesen und zwei weiteren Bänden, ›Städte und Menschen‹ und ›Kleine Schritte‹, zudem aus seither in Zeitungen und Zeitschriften veröffentlichten Arbeiten wurde eine Auswahl getroffen, die dem Leser hier vorgelegt wird.

Die Auswahl ist nicht allzu umfangreich und keineswegs anspruchsvoll. Was sie enthält, will wahrhaftig nicht ›belehren‹, nur manches ›beleuchten‹. Probleme, Konflikte, Doktrinen werden lediglich berührt, nicht durchdacht oder gar zu Ende gedacht. Nicolsons Gebot wird beherzigt, daß der Essayist einem Menschen gleichen möge, der »ein wenig in seinem Garten schlendert«, Eindrücke sammelt und sich Gedanken macht, um dann mit »gemächlicher, belustigter Anteilnahme an seinen Schreibtisch zurückzukehren«, bereit für die »*Idée au vol pur*« und bemüht, »spontan zu erfühlen und nur dem inneren Antrieb zu folgen«. Wenn etwas von dieser Haltung in meine Versuche eingegangen ist, dann hat es sich vielleicht für mich gelohnt, ein halbes Leben in England verbracht zu haben.

SELBSTBILD

Zum Begriff sich bekennen, nicht zur Realität. In den kleinsten Teilen lieben, was im ganzen so schlimme Züge annehmen kann. Ich wurde geboren, als dieses Reich groß und verästelt war, in vielen Zungen redend, geeint durch die Armee. In der Armee, denn ich war kaum schon bei Bewußtsein, als der Krieg ausbrach, lernte ich die Leute und Landschaften an den Rändern kennen, als Kind eines Offiziers der Reserve, der in Mähren und Polen im Kader lag. Sommergelbes Krönau bei Olmütz, ich habe es oft beschrieben, wo ich in einem niedrigen Bauernhaus auf dem Betteinsatz hüpfte, weil mein Vater Leutnant geworden war. Krakau im Winter, klirrend himmelblau und schneeviolett, mit spitzen und zwiebelrunden Türmen. Der Pfeifendeckel Kleinrock und der Pfeifendeckel Rühr, Burschen in hechtgrauer Montur, der eine mit galizischem Tonfall, der andere ein biederer Niederösterreicher, die das kleine Mädchen hegten, und die Festlichkeiten des Ärars, die märzlichen Gartenrestaurants, durch deren Räume und Laubengänge die geschnürten Damen mit den Pleureusenhüten, die Herren im Waffenrock sich bewegten. Gott erhalte. Er erhielt es nicht. Aber ich sah noch, von einem Erkerfenster in der Wollzeile, den Leichenzug des alten Kaisers vorübergleiten wie ein Schattenbild, und die Frauen um mich, deren Männer im Felde standen, weinten. Wozu gehörte man? Zu dem Elend des geschlagenen, verengten Landes, zu der novembergrauen, zerrütteten Stadt, hinter Grenzen, mit einem Mal die ungarischen Vettern, die Familie unserer Anna, Kinderfrau schon meines Vaters aus dem böhmischen Podiebrad, zu den ausgehöhlten Menschen, die Wrucken und trockene Polenta aßen. Ich reiste nach Dänemark, im Gepäcknetz des überfüllten Kinderzuges, lebte sechs Monate unter Dänen und hörte im Tivoli zwei kleine Wiener miteinander im Dialekt reden und verstand sie nicht. Das, was ich verloren hatte, war Österreich, die Summe meiner noch so kurzen Erinnerung, war das Detail, die Vedute: der Heiligenstädter Pfarrplatz mit seinem Nepomuk und den vier Ahornbäumen, war das Kaninchen in jenem Hause gegenüber dem unseren, in dem das Heiligenstädter Testament niedergeschrieben worden war. Nicht Beethoven, dem Kaninchen weinte ich nach in diesem Kopenhagener Vergnügungspark, ergriffen von der Vorahnung eines viel entsetzlicheren, weil dauerhafteren Verlustes. Mit fünfundzwanzig Jahren verließ ich mein Land, wollte nun in London leben, aus Abscheu und Abwehr gegen den Hahnenschwänzlerstaat. Gefährlichere Embleme wurden wenige Jahre später auf den Schildmützen getragen. Und jetzt, durch den Kanal von Europa, durch kampfgeschüttelte Erdstriche von Österreich getrennt, formte sich der Begriff, denn die Wirklichkeit war feindlich. Er setzte sich zusammen aus Liedern und Gedichten, aus verschneiten Waldschneisen und Wiesen voll Löwenzahn, aus langen Nachmittagen im Spätherbst bei russischem Tee und ebenso slawisch entblößter Seele, aus verrauchten Nächten an einem Marmortisch des Café Herrenhof. Es war die Zeile des Wanderers »Wo bist du, wo bist du, mein geliebtes Land?« – die knarrende alte Schallplatte, auf der Kipnis die Worte sang, mein Vater hörte sie Hunderte Mal und ließ dabei die Lider sinken. Es war die Kontur der Salesianerkirche am Rennweg im türkisfarbenen Abend. Es waren der kühle und weihraucherfüllte Dom mit dem theatralischen Goldprunk und Kerzenglanz und die abgeblätterten Mauern einer Vorstadtschenke in Neuwaldegg oder Nußdorf. Wer reißt sich das aus dem Herzen, wen holt es nicht immerfort, wenn er in englischen Bombennächten an das verbotene

Land denkt, dorthin zurück? Gewiß hieß mein Lied der Hoffnung damals *»When that man is dead and gone, we'll be dancing down the street, kissing everyone we meet«*, aber diesem Mann waren meine Löwenzahnwiesen untertan, meine Vorstadtschenken hörig. Viel, viel später stiegen sie wieder aus der Sintflut auf, kehrte ich zurück, zögernd erst, mit aller Vorsicht, dann mit einem Fuß auf dem Boden, dann für immer, während die zweite, die schützende, tröstliche, gute und gütige Heimat langsam hinter dem Horizont verschwand. Hatte ich richtig gehandelt, war es klug, dieser Realität wieder zu vertrauen, in der alsbald Ranküne sich ballte und Intrige sich schlang, wo Gestalten von der bleichen oder feisten Dämonie Thönys und Kubins mich um die Lebensfreude brachten? Doch der Begriff war geblieben, er schwebte mir vor, sobald ich nur einen Schritt außer Landes setzte. Alles, was der verquälte Grillparzer in seiner Prosa niedergeschrieben hatte, Nestroys befreiende Witzweisheit, das venezianische Barock des ›Andreas‹ und Schnitzlers ›Die kommt nicht wieder‹, Doderers fabulöse Metaphern, sein mir so eng vertrautes Gefühl für diese Stadt, in der man stets »im raschelnden Laube der Vergangenheit« geht. Orte, ja Orte. Eine Bank im Garten des Belvedere, wo ich als Schulmädchen ein Motiv in Kornblumenblau und Lachsrosa stickte. Der zerstörte Resselpark, in dem ich, zwölfjährig, mit Schurl Wahringer und Stella Werner saß und beide, die einander ungeschickt umarmten, hoffnungslos liebte. Der rote Nachthimmel, räudig über einer Praterau, die Kugeln der Meteorologischen Versuchsanstalt auf der Hohen Warte, die sich im Winde drehen, oder drehten sie sich nie? Österreich: das ist die Geschichte, in die ich eines Tages eintrat, Fannys Salon und die Abendgesellschaften der Josephine von Wertheimstein, Pulverdampf von Solferino und Königgrätz. Es ist der Anblick der starren Karyatiden im Goldenen Saal, wenn Mahler dirigierte, und Klimt mit den schönen jüdi-

schen Damen in seinem Atelier. Es sind die vereisten Hohl-
wege meiner Jugend, der Anstieg auf den Hahnenkamm,
der zwei Stunden währte, es sind die heißen Bretter eines
Bootshauses am See, in den dreißiger Jahren und im Vor-
jahr, aber niemals heute, niemals jetzt, denn das Jetzt
scheuche ich von mir mit seinen bösen hinkenden alten
Frauen, seinen fluchenden Autofahrern, die sich an die
Stirne tippen, seinen feixenden Literaten, die in allen Ek-
ken ihre Pfauenräder drehen. Ich habe die Hälfte meines
Lebens nicht in meinem Vaterland verbracht, ich habe seit
meinen frühesten Tagen andere Städte geliebt wie Viareggio und Paris, wie Brügge und Venedig, wie Cambridge
und San Francisco und New Orleans, aber ich will nirgends anders zur Welt gekommen sein, will diesen Begriff
mit mir tragen, will in dieses Österreich eingehüllt sein,
wo immer und wie lange ich auch bin.

Es geht nicht um Distanz, Erwägung, kühles Urteil, in meinem Fall. Vom Brennendsten und Privatesten ist zu berichten – denn was wäre brennender als eine immer noch nicht ganz geheilte Wunde, was privater als das Gefühl, oder die gelegentliche Abwesenheit eines Gefühls, der Geborgenheit, der Zugehörigkeit, des Zuhauseseins.

Ich ging 1936 ins Exil, weil mir der Ständestaat Übelkeiten machte, weil ich dauernd einen Druck in der Magengrube empfand, ein leichtes Sausen im Solarplexus einen steten Schwindel im Gehirn. Das war nicht meine Welt: ein bäuerliches Pathos, gepaart mit der Bereitschaft, nach allen Seiten hin zu paktieren, den Satan von rechts zu überholen, die Demokratie lieber selber zu verschenken statt mit ihr unterzugehen. Keine Freiheit mehr, nur schlampige Unfreiheit, die allerdings viele Schlupflöcher offen ließ. Die wollte ich nicht benützen. Ich hatte das Glück, promoviert zu werden, bevor die Mitgliedschaft der Vaterländischen Front dazu nötig war. Selbst die Liebe zu den Vorstadtgassen Wiens, zu den Bergen Tirols, zu den Sommerwiesen Salzburgs wog den Ekel vor den Hahnenfedern am Hut, die nun auch mein Jugendfreund Hans Habe trug, nicht auf. Das so kantig-kühne wie kälberne Sturmscharen-Gesicht, ich wollte es nicht mehr sehen, und fuhr im Oktober des Jahres, in dem das Hitler-Schuschnigg-Abkommen unterzeichnet worden war, nach London auf und davon.

Die Ereignisse holten mich ein. Die Heimat, vorerst noch besuchbar, wurde mir unter den Füßen weggezogen. Aber ich hatte den unsäglichen April nicht miterlebt, nicht das selige Einmünden der Nahezu-Nazis ins Dritte Reich, auch nicht das Entsetzen mancher, von verblendetem Idealismus erfüllt gewesener illegaler Parteigenossen ob der schmierigen Wirklichkeit, zu der ihre Idee von jenem Dritten Reich geworden war. Nicht am eigenen Leib verspürt die bodenlose Erniedrigung durch Rüpel und Straßenjungen, das grenzenlose Ausgeliefertsein an Wölfe – homo homini lupus –, den Stoß ins Schlangenloch. Aber es genügte, all dies von fern wahrzunehmen, die eigenen Eltern der Jauche ausgesetzt, die zarte Mutter mit ihrer Heimatversessenheit, ihrer Ahnenbindung an Döbling, ihren graziösen Gängen durch die Innere Stadt, entwurzelt und verstoßen zu wissen, den tapferen Vater seines Mutes und Stolzes und naturwissenschaftlichen Glaubens an Vernunft, Logik und Ordnung beraubt.

Die Kluft war aufgebrochen, das Band zerschnitten. Aus dem Herzen gerissen, was Kindheit, Jugend, Religion, Anstand, Wohlwollen, Vertrautheit mit Nachbarn und Freunden bedeutet hatte, die schützende Fremde wie einen Mantel um sich gebreitet, darin eingehüllt, die Augen bedeckt, nichts mehr sehen wollen von dem Grauen entmenschter Wesen, mit denen man die Sprache teilte, das Erwachen ins Leben, die ersten Reime und Lieder, Goldregen, Haselnußstauden, Weinstöcke am Nußberg, laß die Wuckerln dir frisiern. Fort, fort und dahin. Es kam der Herbst 1938, in dem man in London die Gasmasken anprobierte, es kamen der Krieg und der Winter und der Blitz und die Wunderwaffen, meine eigenen Kinder sangen »*Baa baa black sheep have you any wool*« und spielten auf dem schönen, vielbesprengten und geschorenen Rasen, während eine V 2 ein paar Kilometer weiter, donnernd die Schallgrenze durchstoßend, auf andere englische Kinder niederschoß.

Wie sollte all das aus dem Bewußtsein schwinden, als der gräßliche Zauber in die Erde versunken war? »Bin ich ein Tier«, fragt Hofmannsthals Elektra, »daß ich vergessen kann?« Gewiß, ich war nicht mitten entzwei gespalten worden wie meine Freundin Garda in der Thornton Road, eine deutsche Gräfin, verheiratet mit einem Mann aus großer jüdischer Familie Berlins und mit ihm emigriert, die bei jedem Luftangriff meinen konnte, ihr Bruder säße oben in der Messerschmitt-Maschine und ließe Bomben prasseln auf ihr Haus. Ich hatte keine Geschwister, mein einziger Onkel war in Spanien gefallen, die nächsten Verwandten nach England gerettet, meine Großmutter, christgläubig und romantisch, verschollen in Theresienstadt. Im ersten möglichen Augenblick, im Jänner 1946, fuhr ich nach Wien und sah mich einer erschütternden Realität gegenüber, einem Maß an Elend, an Enttäuschung, an Reue, an Einkehr, an Erleichterung schließlich trotz des Hungerleidens und des Drucks der Besatzer, daß die Verirrung vorüber war wie Titanias Traum – genug immerhin, um jeden Rachewunsch, den ich etwa hätte hegen wollen, im Keim zu ersticken und ganz von Mitleid erfüllt zu sein.

Aber sollte jetzt alles rückgängig gemacht werden, was ein Jahrzehnt lang gegolten hatte? Konnte ich eine Familie verpflanzen, die in Österreich niemals heimisch gewesen war? Kinder entwurzeln – das Beispiel Gardas, ein paar Jahre später, war schrecklich genug. Sie und ihr Mann, unverdrossen deutsch, hatten ihren Sohn und ihre Tochter aus den englischen Schulen genommen und in das westliche Nachkriegsdeutschland gebracht. Der Sohn fügte sich – und ging schließlich doch, als er erwachsen war, nach Großbritannien zurück. Die Tochter, in gefährdetem Alter, konnte den Gesinnungswechsel ihrer Eltern, den unbegreiflichen Umschwung der Feinde in Landsleute, nicht ertragen. Sie weinte, bis man sie in die Schweiz schickte, in ein Pensionat. Dort, immer noch zerrüttet durch den Bruch mit der Londoner Kindheit, erhängte sie sich an dem Pfosten ihres Bettes. Wer wollte riskieren, daß sein eigenes Kind solchem Seelenschmerz, solcher Geistestrübung erlag?

Ich blieb bis zum Jahr 1963 in England. Es gab einen

Abend im Wiener Kellerlokal der Linde, da saßen viele Freunde, Dagebliebene und Zurückgekehrte, in einer zwanglosen Runde, mir innig vertraut, mir wahrhaft zugetan wie Brüder und Schwestern, und beschlossen, jetzt müsse es genug sein an dem Exil. Soll ich wirklich wiederkommen? Nur einer schüttelte den Kopf, kein einstiger Emigrant, und wollte nicht ausschließen, daß mir wieder einmal Harm geschehen könnte, wagte nicht, für seine Mitbürger zu bürgen, denn er hatte sie sieben Jahre in nicht für möglich gehaltenen moralischen Tiefen oder auch nur Zweideutigkeiten, Peinlichkeiten, Bitterkeiten erlebt. Ich kam zurück – unter welchen Umständen, unter Aufgabe welcher Bindungen, mit welchem Zögern, welchen Bedenken, ist hier nicht wesentlich. Ich kam und bereute es nur dreimal, in jedem Fall für kurze Zeit, wohl wissend, daß es nur Trübungen waren, die meinen Entschluß nicht außer Kraft setzen konnten, und daß dieser Entschluß trotz allem richtig gewesen war.

Zweimal waren es flüchtige Kränkungen, mir zugefügt von – warum wohl? – Menschen aus dem Bereich der bildenden Kunst. Der eine ein Maler, der nach reichlichem Weingenuß über jene heimgekehrten Exilanten herzog, die den immer ansässig Gebliebenen, unter den Nazis doch mehr gelitten Habenden, die Gunst der Maßgeblichen entzogen und die einträglicheren Posten und Ehrenämter an sich gerissen hätten. Obwohl ich nicht darunter gewesen war, fast zwei Jahrzehnte mit der Rückkunft gewartet hatte und meinen Lebensunterhalt im Ausland verdiente, war ich schwer getroffen, denn mein edler Freund Franz Theodor Csokor hatte dem Angreifer als Beispiel gedient. Der andere, ein Museumsdirektor, schwer betrunken auch er, der sich unter dem Deckmantel der Sympathie und, unter Betonung eines seinerzeitigen Widerstandswillens gegen die Machthaber, antisemitischer Äußerungen nicht enthielt. Und schließlich kam, 1972, eine Intrige so verabscheuungswürdiger Art und so weitreichenden Ausmaßes auf mich zu, ein solcher Verrat mir befreundet gewesener Zeitgenossen, daß ich lange verstört war und mich nach der Integrity, der Fairness, dem Goodwill englischer Menschen zurücksehnte wie nach einem schützenden Dach, das man allzu leichtfertig aufgegeben hat, obwohl draußen der Gewittersturm noch tobt.

Es ging vorbei. Ich lebe gern in Österreich, in Döbling und in meinem Haus am Bach. Ich bin eins mit der Stadt, der Landschaft, der Musik, der Literatur, nicht immer und unter allen Umständen mit den Menschen. Aber wer braucht Menschen, wenn er den Geruch eines Heiligenstädter Salettls riechen, den Strich der Philharmonikergeigen hören, den Umgang mit Karl Bühl, mit Genia Hofreiter, mit Editha Pastré, mit dem Oberleutnant Silverstolpe pflegen kann? Sie sind mir näher, immer noch näher, als die so geliebten ziselierten Glasscheiben der Londoner Pubs und das Sirren der Themse, wo sie Isis heißt, unter den Paddeln der Oxford-Studenten, näher selbst als Mrs. Ramsay in Virginia Woolfs ›Die Fahrt zum Leuchtturm‹, ihrem schönsten Buch. Weil sie mir näher sind, weil man sich von seinem Ursprung nicht für immer entfernen kann, darum bin ich, und ohne Bedauern, wieder hier daheim.

Bekenntnis zu Hofmannsthal

In der Jugend hat man viele Götter, die einander bekriegen würden, wären sie leibhaftig auf knappem Raum vereint. Kafka liebte Schnitzler nicht, Giono hätte mit Brecht, dieser mit ihm nichts anfangen können, und was hielt die Seghers, von der eben ›Der Aufstand der Fischer von St. Barbara‹ erschienen war, wohl von Hofmannsthal?

Dieser aber war es, Hofmannsthal, den ich am zärtlichsten liebte, wenn auch mein schon erwachtes soziales Gewissen wenig Nahrung bei ihm fand. Damals, in den dreißiger Jahren, war es ja so bestellt, daß man eine exzessive Politik und das nackte Elend der Armut und Arbeitslosigkeit an der eigenen Haut zu spüren bekam, in der Kunst nicht suchte und dem ›Schönen‹ keineswegs abgeneigt, sondern im Gegenteil von ihm getröstet war. Die Gesänge aus der ›Mutter‹ und das Lied von der ›Solidarität‹, bereits verboten, spielte ich mir heimlich auf dem Grammophon mit der Handkurbel vor, aber das Herz ging mir auf bei der frühen Prosa des Loris, bei seinen Kindheitsimpressionen im ›Age of Innocence‹ und den Essays über Henri-Frédéric Amiel, Maurice Barrès, Gabriele d'Annunzio oder Francis Vielé-Griffin.

Was er mit sechzehn schrieb, das stolze Wort »Mein Ich von gestern geht mich so wenig an wie das Ich Napoleons oder Goethes«, stärkte in mir das proteische Gefühl, vielerlei Erscheinungsformen in mir zu bergen. Die Empathie mit seiner Zugehörigkeit zu einem feinfühligen, eklektischen Jahrhundert – es war das neunzehnte – ließ auch mich wie verirrt in rüden Zeitläuften zurück. Sein Kosmopolitentum, daß er zu Hause war in England, Frankreich, Italien, verleitete mich zu der Überzeugung, gleichfalls ein

Kind des ganzen Europa zu sein. Und seine Sprache – nicht nur Verse, ganze Prosastellen wußte ich auswendig – war mir ein Vorbild in ihrer Reinheit und Farbigkeit, in einer Urbanität und Souveränität, die ich bei anderen österreichischen Autoren in ähnlicher Vollendung nicht fand.

Nach London nahm ich, als ich 1936 dorthin übersiedelte, die sieben Bände der ersten Stockholmer Gesamtausgabe, weiß mit blauem Aufdruck, mit. Ich las sie immer und immer wieder, als die Trennung von Österreich endgültig geworden war, und fand darin alles, wonach ich mich sehnte und das ich verloren glaubte. Zwei Versuche, den Engländern nahezubringen, was mich so entzückte, schlugen fehl. Im ›New Statesman‹, der damals einflußreichsten Wochenschrift, hatte ich Aufsätze über Marie Baschkirtseff und Henri Alain-Fournier veröffentlichen dürfen. Als ich nicht minder sorgfältig über Loris schrieb, wurde mein Essay – zu Kriegsende – als allzu fernliegend abgelehnt. Im ersten Jahr des Friedens versuchte ich, den Verlag Methuen zu einem Auswahlband von Hofmannsthals Prosa zu bewegen. Aber auch dies mißlang – unter anderem verhindert von einer weltfremden Hofmannsthal-Clique in Oxford, der keine Übersetzung ins Englische gut genug erschien.

Andere Götter sind später an die Stelle meiner ersten Divi getreten. Hugo von Hofmannsthal, auch wenn ich manche seiner Werke, darunter seinen Vortrag ›Das Schrifttum als geistiger Raum der Nation‹, als fragwürdig hatte erkennen müssen, blieb auf seinem Postament. Einige Gedichte, fast alle frühen Hervorbringungen und vor allem das Fragment des ›Andreas‹ haben ihren unverrückbaren Platz in meinem privaten Pantheon. Soll ich den ›Rosenkavalier‹, den ›Schwierigen‹ nicht nennen? Sie sind mir wert, aber meine Liebe gilt einer Figur und Existenz, die mit dem Brief des Lord Chandos zu Ende ging. Daß sie in mir, als ich knetbar war wie Ton, ihren tiefen Eindruck hinterlassen hat, kann ich nicht leugnen. Ein Verlangen nach Klarheit und Musikalität, nach Makellosigkeit der Sprache auch in den geringfügigsten, ephemersten Äußerungen, hat Hofmannsthal für immer in mir erweckt.

Über Frankreich und England

In jenem Leben, das sich in und mit Büchern vollzieht, und lange, bevor die Schizophrenie meiner Existenz begann – ein halbes Leben im realen und geistigen Raum Österreichs, ein halbes in dem Englands –, war Frankreich meine erste Liebe, mein Lehrmeister, meine Inspiration. Undenkbar, daß ein Kind aus gebildetem Hause in den zwanziger Jahren nicht früh zum Französischen gefunden hätte. Wir waren nach dem Kriege verarmt, aber ich hatte eine Mademoiselle, ein ältliches Mädchen mit grauem Häkelschal und einer Katze, der sie gehackte Leber zu essen gab. Wir gingen parlierend spazieren, ich besuchte sie, wir lasen die Bücher der *Bibliothèque rose*, später die ›Lettres de mon Moulin‹ und den ›Tartarin du Tarascon‹. Ich wanderte an ihrer Hand immer tiefer in die Spiegelsäle, Bürgerwohnungen, Kammern der französischen Dichtung hinein, betrat dann allein die Gemächer Stendhals, Balzacs, Flauberts, Zolas und des spöttischen Anatole France. Als ich nach Paris kam, eines Nachts im Mai 1933, erschien mir die Stadt wie ein einziger dunkelroter Plüschsalon der *Belle époque*. Ich ließ meinen Koffer in meinem Hotel der Rue de Caumartin, durchforschte um Mitternacht die Boulevards, Avenuen und Plätze. Auf der Place de la Concorde, dann am Pont Neuf lehnend, weinte ich unaufhaltsam, einundzwanzig Jahre alt, fassungslos überwältigt von dem Glanz, der Größe, der Geschichte, der Gegenwart dieser Stadt. Nie, nie habe ich diese erste Berührung mit ihr vergessen, nie hat eine Ankunft, und sei es die in Rom, in London, in New York, in Jerusalem, sie erreicht.

Nur ein Buch vermöchte zu sagen, was Paris mir bedeutet hat. Ich habe es geschrieben. Es wurde nie gedruckt.

Nach Wien zurückgekehrt, bewegte ich mich weiter in der französischen Welt, las Gide, den gesamten Gide, las Cocteau, Carco, Radiguet, und immer wieder Gionos ›Jean le Bleu‹, die Bibel meiner Empfindsamkeit, ich kannte, ich liebte jede Zeile. Der Band in der Reihe *Le livre moderne illustré, prix trois francs cinquante,* den ich bei einem *Bouquiniste* erstanden hatte, liegt vor mir: ich habe ihn durch alle Fährnisse gerettet. Darin steckt eine kleine Reproduktion von Brueghels Gemälde ›Daedalus und Icarus‹, das Giono in diesem Buch beschreibt; auch dies verdanke ich ihm, das erste wirkliche Sehen eines Bildes. Noch einmal, ehe ich nach London fuhr, hat ein französischer Schriftsteller mich so gefangen genommen. Es war Paul Drouot, dessen ›Eurydice deux fois perdue‹ ich im Hause eines belgischen Freundes fand, Drouot, früh gefallen wie Alain-Fournier, gleich diesem von Henri de Regnier beklagt. Meine Dankesschuld an den Autor des ›Grand Meaulnes‹ habe ich beglichen, als ich ihn und sein Buch im August 1944 im Londoner ›New Statesman‹ einer langen Periode des Vergessenseins entriß. An Drouot kann ich hier und heute meinen Tribut entrichten. Ich mußte nicht auf Sartre warten, um zu erkennen, daß auch mein Leben im Zeichen der Wörter, der Worte stand. Nie habe ich vergessen, was Drouot über ›Les Mots‹ gesagt hat: »*Elles sont près de nous toujours; elles ont des secrets bien plus subtils que la pensée; elles sont l'ornement des sirènes, le sourire des fées: il faut qu'elles chantent pour que je vive.*«

Und jene Inseln jenseits des Kanals, jenes Großbritannien, das sich als ›of Europe‹, aber nicht als ›in Europe‹ zu bezeichnen liebte, das sich weit weniger als Appendix des Kontinents denn als Zentrum des eigenen Weltreichs verstand? Auch England, Irland, Schottland hatten sich in ihren Dichtungen längst angekündigt. Zu den Symbolen der europäischen Literatur gehörte Mr. Pickwicks gesottene Hammelkeule so gut wie Prousts Madeleine, Madame

Chauchats Crayon, Fürst Myschkins Krawattennadel mit
dem Brillanten und freilich auch Octavians Tropfen persischen Rosenöls. Noch war die Woolf unentdeckt, aber Katherine Mansfield schon trauernd nachempfunden worden,
noch hatte Ivy Compton-Burnett nicht die Austen und
Eliot verdrängt, doch etwas stand bevor, eine zweite Liebe,
eher eine erste Ehe, der französischen Leidenschaft den
Rang ablaufend durch die Dauer, die Festigkeit, die Tiefe
dieser Beziehung, die fast ein halbes Leben anhalten sollte
und den Blickwinkel auf Europa um zwei Längengrade und
einen Breitengrad verschob.

Kurz gesagt: die junge Frau – denn eine solche war ich
inzwischen geworden – nahm im Oktober 1936 Aufenthalt, ja Wohnsitz in London und fiel so gewissermaßen aus
dem europäischen Orbit hinaus. In München hatte sie, auf
der Durchfahrt, einen einzigen und entmenschenden Tag
im Dritten Reich verbracht. In Paris, ihrer nächsten Station auf dem Wege nach Newhaven, fand sie ihr Europa
mehr oder weniger intakt. Die kleine Place de la Contres-
carpe ließ sich durchaus mit dem Heiligenstädter Pfarrplatz, ein Kaffeehaus wie das Deux Magôts mit dem Café
Herrenhof vergleichen, der Herbst im Bois de Boulogne
besaß immer noch Ähnlichkeit mit dem Prater und seiner
Hauptallee; und waren die Menschen dunkler, kleiner,
wendiger und weltläufiger als in Wien, so hatten sie dafür
mit Wallonen, oder auch Piemontesen, desto mehr gemeinsam. Gewiß: der Erdteil hatte in seiner Mitte ein Ge-
schwür, war auch am Bein von einer bösen Krankheit an-
genagt, aber in dieser vierten und turbulenten französischen Republik, der das Wasser gleichfalls bis zum Halse
stand, schien das Zeitalter der Vernunft noch in jeder
Concierge gegenwärtig. Daß der Kanal mehr als ein breiter
Wassergraben war, daß die Grenzen Europas in der Tat
zwischen Brest und Calais verliefen, hatten zwei Wiener
Freundinnen, soeben aus London zurückgekehrt und mit

der Englandreisenden in jenem Deux Magôts sitzend, der jungen Frau vorausgesagt.

In der Tat: was ihr entgegenschlug, als sie nach stürmischer Überfahrt in den *Boat train* zur Hauptstadt einstieg, war nicht nur eine neue Welt, es hatte auch mit der ›neuen Welt‹ der fünften Symphonie Antonin Dvořáks weit mehr als mit dem alten Kontinent zu tun. Der Kanal, Anlaß unerwarteter Übelkeit, wie sie schon Heine auf dem Schiff nach England befallen hatte, konnte nicht schmäler sein als der Atlantik — trennte er nicht zwei Bereiche von größerer Verschiedenheit? London und New York, waren das nicht Geschwisterstädte, gemessen an der Fremdheit zwischen London und Paris? Jahre später, auf ihrem ersten Amerikabesuch, sollte die junge Frau sich in dieser Vermutung bestätigt sehen. Alles, vom süßen Rauch der Virginiazigaretten bis zum stark gezuckerten, mit Milch versetzten braunen Tee, vom gebutterten Toast bis zu den riesenhaften Zeitungen, die von rußgeschwärzten kleinen Jungen dargeboten wurden, alles vermittelte transozeanische Andersartigkeit, angelsächsischen Spleen. Anderntags, als London auf sie hereinbrach mit optisch so gewaltiger wie akustisch gedämpfter Eindringlichkeit, als sie auf Piccadilly Circus, der Nabe des Weltreichs, stand, hatte ein durchaus neues, ein wahrhaft globales Gefühl von ihr Besitz ergriffen.

Preisgabe

Eingebettet und vergraben in, überflutet und zugedeckt von, zur Erschlaffung der Geisteskraft getrieben durch Kleinkram, Windspruch, Tagesgestammel, schreibe ich heimlich und unsichtbar, des Nachts, am frühesten Morgen, in leeren Sekunden zwischen dem Aufspüren eines Wortes und dessen Gestaltannahme auf dem weißen Papier mittels Tastendruck auf die elektrische Report de Luxe, oder in kurzen Absencen nach dem nochmaligen Tippen oder telephonischen Durchgeben der ephemeren Botschaft, an dem Buch, dem Buch, dem ewigen Buch.

Vieles schwebt mir in Umrissen vor, manches ist bereits in eine Form gegossen, längst steht zur Gänze fest, was geschildert, berichtet, bewiesen werden soll. Leben ist darzustellen, Figuren sind heraufzubeschwören, eine Zeit soll vor dem endgültigen Versinken bewahrt werden, solange sie noch in Sinneseindrücken, in einzelnen und ineinander verschlungenen Begebnissen rekonstruierbar ist. Was sonst ist Epik? Epik ist auch Abstraktion. Nichts davon für mich. In einem ruhenden Gewässer, seitlich vom Sog der Gegenwart, beeindruckt, aber nicht mitgerissen von den kunstvollen und ertragreichen Fischzügen der Jungen im Teich der Sprache, von ihren Kletterübungen und Gratwanderungen in jenem Koordinatensystem, das über die Wirklichkeit gespannt ist, ohne diese zu berühren oder gar zu erfassen, schweigend und wartend, bin ich an dem Punkt angelangt, wo die Seitenpfade wieder in die Landstraße münden und die Rückkehr zur »außersprachlichen Realität« bei den meisten stattgefunden hat.

Dies wäre der Augenblick. Aber für mich ist er noch nicht gekommen. Ich zapple noch im Netz der notwendigen

Überflüssigkeiten. Ich verausgabe mich in lebensunwichti-
gen Sicherungen des Lebens, die nur durch den täglichen
Detailverkauf meines Wortbesitzes, meines bis jetzt nicht
versiegten Reichtums an Bildern, meiner nach wie vor
– aber wie lange noch? – abrufbaren Intuition zu erwerben
sind. Und ich muß fürchten, daß der Vorrat schwindet, die
Quellen versickern, eine Leere um sich greift und die Fülle
verschlingt, daß mir die Mittel abhanden kommen, um zu
vermitteln, was nur ich mitteilen kann, ich allein, während
das, was ich erhelle, durchleuchte, kommentiere, kritisiere,
auch jeder andere zu erhellen, zu durchleuchten, zu kommentieren und zu kritisieren vermag.

So will ich zumindest festhalten, niederlegen, wie ich ans
Werk gehen will, wenn dieser Wettlauf noch zu gewinnen
ist, wenn eines Tages, von irgendwoher, ein Geschenk ein-
trifft, ein federleichtes Paket, in weißes Packpapier ver-
schnürt, ich knote es auf mit zitternden Fingern, und darin
ist: Zeit. Ich setze mich zum Schreibtisch, schalte den Hebel
von O auf I, ja, es ist keine poetische Feder, sondern immer
noch die elektrische Report de Luxe, derer ich mich bedienen will, aber sie muß nicht mehr dem nichtigen Anlaß, sie
darf dem Daseinszweck dienen, sie summt und fliegt, ihre
Tasten tanzen, sie folgt dem Diktat, das aus dem Speicher
der Erinnerung, der längst geformten Wörter und Zeichen,
der geschauten Situationen und, noch tiefer, aus dem Bodensatz des Unbewußten schöpft.

Das Buch, nun will ich mich seiner entäußern, trägt den
Titel ›Anna und Anna‹. Es ist die Geschichte einer Schizophrenie, eines doppelten Lebens, einer zerrissenen Zeit.
Das Mädchen, die Frau, ein Spiegelbild meiner selbst, wie
wäre es anders möglich, aber auch behängt mit viel zusam-
mengesuchtem Flitter und mit Flicken, mit Eigenschaften,
Eigenheiten, die von anderen Menschen entliehen sind,
kurzum, Anna verbringt die letzten Jahre des österreichischen Ständestaates in innerem Einklang. 1938 bricht sie

entzwei, wird ihre Person gespalten. Anna II verläßt das Land, geht ins Exil, erlebt den Krieg in der Fremde. Anna I bleibt daheim, teilt das Schicksal ihrer Mitbürger, um nicht zu sagen Volksgenossen, wird verstrickt in begeisterte Gefolgschaft, schwankenden Kompromißwillen, passiven und aktiven Widerstand.

Zu schildern ist, wie diese beiden Existenzen auseinanderstrebend verlaufen, wie verschieden ein und derselbe Mensch sich in feindlichen Lagern, einem gegensätzlichen Geschehen bewegt. London im Blitz und Blackout – denn dort hält Anna II sich auf – ist zu kontrastieren mit dem lange von unmittelbarer Gefahr verschonten, zuletzt um so härter getroffenen Wien. Und weil ich authentisch nur die eine Seite beschreiben kann, die der englischen Zuflucht, muß ich alle Einzelheiten der zweiten, jener nur im Zustand der Unschuld gekannten, hinter meinem Rücken entehrten und versehrten österreichischen, zur Ostmark gewordenen Heimat aufspüren in Bildern und Berichten, in den Aussagen von Augenzeugen wie in ihrem beredten Schweigen, in Spuren, die erzwungene oder freiwillige Fußfälle vor der Macht in ihrem Charakter hinterlassen haben, in Dokumenten der Zeit wie in deren Niederschlag in Kunst und Literatur.

Das führt unvermeidlich zu Parallelen und Juxtapositionen. Es häuft Gewichte auf zwei Waagschalen voller Leid. Dunkirk und Stalingrad, Coventry und Dresden, Hitlers Tänzchen in Compiègne und General Bradley auf ›Remagen Bridge‹. Aber nicht darauf will ich hinaus, sondern auf die einzelnen, die privaten Schicksalsaugenblicke. Auf John Mair, den jungen Dichter, Sohn der irischen Schauspielerin Maire O'Neill, der als einer der ersten in den Battle of Britain flog und nicht wiederkehrte. Auf Rose Woodland, jene zarte Blume aus dem Café de Paris, die der erste große Bombenangriff auf die Londoner Innenstadt erschlug. Auf Maria Steiner, die eine verfolgte Frau fünfunddreißig Monate in ihrer Wiener Wohnung verborgen hielt. Und auf Annie Gadol, meine Jugendfreundin, die man kurz vor Ende des Kriegs am Morzinplatz henkte.

Gewiß, auch dies sind Kontrapunkte: An einem Abend im Jänner 1941 die lichterhelle Aufführung zweier Ballette von Egk und Orff in der Staatsoper, das kulturelle Wien präsent, Richard Strauss und Gerhart Hauptmann nebeneinander in der Mittelloge – zur gleichen Stunde, jenseits des Kanals, John Gielguds Prospero im ›Old Vic‹, und nachher, durch die dunkle, nebelfeuchte Waterloo Road sich tappend, ›Brave New World‹ als ferne, leuchtende Verheißung. »Denn wir fahren, denn wir fahren ...« und »When that man is dead and gone«. Cecil Day Lewis und Weinheber. Gütersloh an der Werkbank und Evelyn Waugh im War Office. Jüngers ›Marmorklippen‹ und G. W. Stoniers ›Shaving through the Blitz‹.

Mehr noch wäre heraufzuholen, wäre mit Hilfe jener Zwiegestalt, jener beiden Annen, aus den Verliesen der ältesten und der jüngsten Vergangenheit zu heben, die Litevka meines Vaters und die Kommune meines Sohnes, ein Bogen wäre zu spannen vom Kader in Krakau 1917 bis zu Bob Wildchild, 1971, dem Rocker im Basement von 61 Lonsdale Road. Und es dürften zuletzt die Spiegelfiguren, nachdem sie wieder miteinander verschmolzen sind, abgehalftert, aus der Welt geschafft und der Erde überantwortet werden, mit einem Grabspruch von Stevie Smith:

> *You lie there, Anna,*
> *In your grave now,*
> *Under a snow-sky,*
> *You lie there now.*

Nur die blasse Kontur, nur karge Fragmente meines ungeschriebenen Buchs sind hier preisgegeben, dennoch scheint mir, als ermordete ich ein ungeborenes Kind. Indem ich bloßstelle, vor der Zeit ans Tageslicht zerre, was nur in Ruhe reifen kann, habe ich es vielleicht vernichtet. Mir selbst aber droht der Atem auszugehen, ich selbst muß möglicherweise ersticken, wenn ich ihn nicht ausstoße, diesen Hilfeschrei, diesen Herzensschrei, wenn ich sie nicht auswerfe, diese Flaschenpost einer Ertrinkenden im Meer der Zeitungswörter.

Mein Traum vom Haus

Von sehnsüchtigen und unheilvollen, von traurigen und schaurigen, von seltsamen und sonderbaren, von eindeutigen und vieldeutigen, von symbolischen und allegorischen Träumen werde ich manche Nacht heimgesucht. Die Träume sind mein zweites Leben, eine andere, aber nicht minder reale Existenz als die tageshelle Wirklichkeit, ich versuche mit allen Kräften, sie meiner Erinnerung einzuprägen, meinem Bewußtsein einzuverleiben, auch wenn sie darin niedersinken bis auf den Seelengrund und dort verborgen bleiben, bis etwas davon, wie der Schal einer Ertrunkenen oder schließlich diese selbst, wieder an die Oberfläche taucht.

Ich tappe, im Dunkeln erwachend, nach dem Knopf meiner Bettlampe, erschrecke vor der Grelle, greife schlaftrunken nach dem Bleistift, dem Papier, und schreibe in Stichworten den Inhalt meines Traumes auf, oder suche neuerdings, ohne Licht zu machen, nach dem kleinen Gerät, schiebe mit dem Daumen zwei Tasten hinauf und rede auf die kreisrunde, durchlöcherte Platte ein, die meine Stimme aufnimmt und weiterleitet zum winzigen Band. Morgens, wenn ich das Gesagte mir zurückspiele, meine ich, durch eine mir indessen fremd gewordene Gegend zu gehen, staune über meine Anwesenheit in einer mir unbekannten Situation, meine Teilnahme an einer vergessenen Tätigkeit, einem schon ausgelöschten Gespräch, und schwelge in Erlebnissen, die zumeist bunter, phantastischer, poetischer sind als jene meines Alltags. Ich will sie nicht deuten, nur einige von ihnen nennen.

Ich spreche mit meinen Eltern und kann ihnen berichten, was sie, verloren im kosmischen Raum, nicht mehr hören und sehen. Ich begegne einem alten Freund, der noch am

Leben ist, dem Schriftsteller Alberto Moravia, er schenkt mir einen Ring, der sofort wieder zerbricht, dennoch fühle ich mich wohler in seiner Gegenwart als je, wenn ich ihn traf, denn er war immer schwermutumwittert, verschlossen, ja unerwartet schroff selbst in nahen Augenblicken. Meine liebe Kathleen Nott kommt in einem Ponywägelchen, vor das sie einen großen Hund gespannt hat, wie ich es einst in einem englischen Kinderbuch sah, in meine Wohnung gefahren und sagt: *Get under the blanket, quick, I'll take you out of here and you need never come back again.* Oder ich stehe mit dem alten Zeno in einer weiten Landschaft, gelb, windlos und wüst, einer Dali-Landschaft zweifellos, denn nicht nur wirken Träume auf Maler ein, auch diese wirken auf Träume zurück, und neben Zeno kauert ein riesiges Wappentier, ein Greif oder anderer heraldischer Vogel, der ist aus Eisen geschmiedet und flach wie ein Relief, doch jetzt spreizt er die Flügel, hebt sich langsam in die Luft und schwebt davon, Zeno sieht ihm nach mit jenem gütig-sardonischen, amüsiert-nachsichtigen Ausdruck, den wir alle an ihm kannten.

Das und viel mehr habe ich letzthin, bevor ich dies hier zu schreiben begann, geträumt, und muß doch befürchten, damit nur ein Gähnen im Leser zu erwecken. Denn nichts trägt so sehr den Keim der Langeweile in sich wie die scheinbar wirren Nachtgesichte anderer Menschen. Und hätte die Psychoanalyse nichts getan als ein williges Ohr zu leihen all den Hirngespinsten, die sonst keiner hören will, sie wäre schon segensreich gewesen. Aber ich schweife ab, ich zögere hinaus, was die eigentliche Absicht dieses Geständnisses ist: ein Schattenbild zu schildern, das seit Jahren wiederkommt, das mir so vertraut ist wie mein Mann, mein Kind, mein Schreibtisch, mein Bücherschrank, ein Luftbild, in dem ich mich geborgen fühle, und doch zugleich ein Sinnbild, eine verschlüsselte Botschaft, ein Gleichnis für etwas, das ich nur vermuten kann. Ich will erzählen von meinem Traum vom

Haus. Das Haus ist groß, zuweilen wie ein Schloß, dann wieder wie ein englisches Manor oder ein weitläufiges Gehöft irgendwo im Grünen. Immer enthält es einen riesigen Raum, der ein Ballsaal sein könnte, ein Festsaal oder Theatersaal, und niemals betrete ich ihn von unten, sondern sehe immer von einem Balkon, einer Balustrade, auf ihn hinab. Nicht, daß in diesem Saal jemals Menschen gewesen wären, eine Festlichkeit stattgefunden hätte, er ist nur da, eine prunkvolle Szenerie für eine feierliche Begebenheit, und manchmal geräumiger, als das Haus es vermuten ließe, ja größer als das ganze Haus. All dies kenne ich, als hätte ich es einmal bewohnt und jetzt wiedergefunden, als wäre ich am Ziel und brauchte nur wieder einzuziehen. Zwar gibt es häufig Hindernisse, die ich überwinden muß, um meine Heimstatt von neuem in dem Haus aufzuschlagen, doch schon der Gedanke, die Rückkehr könnte gelingen, verschafft mir ein paradiesisches Wohlgefühl.

Unlängst lag das Haus auf dem Weg nach Klosterneuburg, aber alle Bäume, Blumen und Gemüsebeete ringsum waren zerstört und eine häßliche Baustelle an ihre Stelle getreten. Es war, so fiel mir morgens darauf ein, ein Anblick wie der des Hauses, das Wittgenstein für seine Schwester erbaut hatte, das abgerissen werden sollte, für das ich gekämpft hatte und das schließlich erhalten blieb, um den Preis des Gartens, der geopfert werden mußte. Mein Haus hat Ähnlichkeit mit dem Wittgenstein-Haus, es ist mehr als ein bloßes Gehäuse, es ist der Begriff des Zuhauseseins in dieser Welt. Vielleicht habe ich auch in ihm gewohnt, bevor ich im Leben war, und werde wieder darin eingehen, wenn ich sterbe. Ist das so, dann kann ich dem Tod mit Fassung, ja mit Hoffnung entgegensehen. Denn niemals ist mir im Wachen ein Zustand solcher Glückseligkeit zuteil geworden wie in meinen Träumen, wenn ich heimfinde in mein Haus.

ORTSBESTIMMUNG

» der österreicher küßt die zerschmetterte hand «
Über eine österreichische Nationalliteratur

Wie heftig war seit je umstritten, wie häufig ist geleugnet
worden, wovon hier die Rede sein soll. »So wahr es ein
Österreich, und österreichisches Wesen gibt«, meinte einer,
der es hätte wissen müssen, »und so wahr ich ein Österreicher zu sein mir bewußt bin, so wenig gibt es oder hat es
je etwas gegeben wie Österreichische Literatur – und so
unannehmbar erscheint es mir, für etwas anderes genommen zu werden als für einen deutschen Dichter in Österreich.« Das schrieb, ein Jahr vor seinem Tode, Hugo von
Hofmannsthal an den Germanisten Walther Brecht.

Dagegen ein deutscher Schriftsteller, aus vornehmer,
aber hellsichtiger Distanz: »Sie fragen mich, ob man von
einer spezifisch österreichischen Literatur sprechen kann.
Die Bejahung der Frage ist mir selbstverständlich.« Die
Besonderheit dieser Literatur, so antwortete Thomas Mann
1936 dem Buchhändler Martin Flinker, »ist zwar nicht
leicht zu bestimmen, aber jeder empfindet sie, und wenn
die grimmige Zeit nicht den letzten Rest von Sympathie
für Kulturmilde und geistige Anmut in ihm zerstört hat,
so liebt und bewundert er diese unzweifelhafte Besonderheit«. Ja, mehr noch, in allen Dingen des artistischen
Schliffes, des Geschmacks, der Form, halte er, Thomas
Mann, die österreichische Literatur der eigentlich deutschen für überlegen. Das hänge mit einer Rassen- und Kul-
turmischung zusammen, deren östliche, westliche, südliche
Einschläge das Österreichertum überhaupt und nach seinem
ganzen Wesen national von dem Deutschtum abhöben, wie
es historisch geworden sei.

In diesen zwei widersprüchlichen Urteilen Hofmannsthals und Thomas Manns sind alle Schwierigkeiten enthalten, mit denen ich mich heute auseinandersetzen muß. Die Schwierigkeiten sind vererbt. Seit dem Vormärz, in dem fünf höchst heterogene Dichter und Dramatiker – Grillparzer, Raimund, Nestroy, Lenau und Stifter – der 1806 aus dem Heiligen Römischen Reich Deutscher Nation herausgefallenen Habsburgermonarchie eine eigene Literatur von Bedeutung gaben, war die Abgrenzung zur deutschen Literatur nicht prinzipiell, sondern individuell. Grillparzer, der unter dem Einfluß der Spanier Calderón und Lope de Vega Dramen schrieb, scheinbar wetteifernd mit der Weimarer und Jenaer Klassik, sah sich, wie später Hofmannsthal, zwar als österreichischen Menschen, aber als deutschen Dichter an. Nestroy, in seinen Komödien auf das wienerische Idiom beschränkt, hätte nie daran gedacht, sich zur jungdeutschen Literatur der Gutzkow, Laube und Freiligrath zu zählen.

Immerhin ließ sich bis 1918 die österreichische Literatur als eine solche definieren, die im Rahmen der Habsburgermonarchie auf deutsch geschrieben wurde. Das schloß unter anderem gewisse Prager Autoren ein. Aber Rilke und Kafka, einer Mystik verhaftet, die weit entfernt war von dem spielerischen Wirklichkeitszweifel ihrer Zeitgenossen in Wien, widersetzten sich einer Einordnung, deren politische Voraussetzungen mit dem Ende der Monarchie weggefallen waren. Die Erste Republik Österreich verstand sich weitgehend als Appendix des deutschen Reiches, der Sog Berlins als Hauptstadt des deutschsprachigen Theaters und Verlagswesens bewirkte die Abwanderung einiger der begabtesten Schriftsteller aus den Kaffeehäusern und Redaktionen von Wien, Budapest und Prag, und selbst jene, die im Lande blieben, wie Robert Musil oder Hermann Broch, befaßten sich zum Teil oder ausschließlich mit innerdeutschen Problemen.

Noch lebten Schnitzler, Hofmannsthal, Beer-Hofmann

und Bahr, die sich im *Fin de siècle* zusammengefunden hatten – zu jener Gruppe ›Jung-Wien‹, deren artistischer Schliff, deren Geschmack und Formgefühl in die Kriterien Thomas Manns eingegangen sind. Aber Hofmannsthal, in seinem eklektischen Ästhetizismus ihr deutlichster Vertreter, hatte sich stets auch in der Nachfolge der deutschen Klassik gesehen – so wie man Rimbaud ›Shakespeare enfant‹ genannt hat, stilisierte Loris sich als ›Goethe enfant‹ – und lange vor seinem Brief an Walther Brecht bekannte er sich zu einem deutsch-österreichischen »Dualismus des Gefühles«. Josef Nadlers fragwürdige ›Literaturgeschichte der deutschen Stämme und Landschaften‹, die das ›Österreichische‹ in der Dichtung als bloß einen der vielen ethnisch und geographisch bestimmbaren Beiträge zur deutschen Literatur darstellte, hat ihm eingeleuchtet. Und in seiner 1927 gehaltenen Rede ›Das Schrifttum als geistiger Raum der Nation‹ forderte dieser Nachfahr niederösterreichischer, lombardischer und jüdischer Geschlechter bis zur Selbstauslöschung eine »neue deutsche Wirklichkeit«.

Noch heute mag Hofmannsthal jenen als Kronzeuge dienen, die in einer Betrachtung der deutschen Nachkriegsliteratur auf Namen wie Ingeborg Bachmann, Paul Celan oder Peter Handke nicht verzichten wollen und darauf bestehen, daß man den österreichischen Anteil an dieser Literatur nicht herausschälen kann. Tatsächlich wirkt der Kontext, in den diese Autoren gestellt werden können, überaus zwingend, aber nur von einem geschichtslosen Aspekt her gesehen. Man bedenke doch, daß Literatur nicht aus dem Boden gestampft wird, sondern aus tiefen Schichten aus ihm herauswächst; daß Einflüsterungen der Vergangenheit, im frühesten Kindesalter rezipiert, verborgen weiterwirken; daß Wesenshaltung und Lebensgefühl von dem mitbestimmt werden, was von überlieferten Inhalten, real oder unausgesprochen, in der Umwelt und im eigenen

Bewußtsein noch vorhanden ist. Gegenüber solchen Traditionen und Motivationen ist gegenwärtigen Bindungen wohl keine ausschließliche oder auch nur überragende Bedeutung zuzugestehen.

Thomas Mann hat gewußt, und kaum jemand wird bestreiten, daß die besondere Lage Österreichs als Mittelpunkt eines multi-nationalen, multi-ethnischen, multilingualen Staatsgebildes noch weit über die Erste Republik – ja, wie man später sah, über die sieben Anschlußjahre – hinaus bestimmend gewesen ist. Nicht nur slawische, magyarische, italienische Einflüsse, sondern selbst die viel älteren spanischen und burgundischen sind in seinen öffentlichen Institutionen, seiner Kirche, seiner Bürokratie, aber auch in seiner Kunst und Literatur noch heute aufzuspüren. Wenn im Lauf der Jahrzehnte immer mehr davon verflog, wenn das Kolorit blasser, der Nachhall leiser wurde, so hat das neue Nationalempfinden der Zweiten Republik diese Farben, diesen Klang mit Absicht aufgefrischt. Von François Bondy stammt das Wort »Das Österreichische ist wie das Lächeln der Cheshire-Katze, das aus der Alten Monarchie übrig geblieben ist«. Gleich jener Katze aus Lewis Carrolls ›Alice in Wonderland‹, die selbst längst verschwunden ist, schwebt der alte Vielvölkerstaat, sichtbar nur als sein deutschsprachiger Rest, immer noch im Raum über der Nation.

Gewiß sehen nicht alle österreichischen Autoren der Gegenwart dieses Erbe und diese Überlieferung als Vorzug an oder wären auch nur bereit, sie anzuerkennen. Immerhin hatte Heimito von Doderer 1964 in einer Rede vor dem P.E.N. Club in Athen den Umschwung in Österreich nach dem Ende des letzten Krieges mit Genugtuung begrüßt. »Die Bewegung des Wiederherstellens«, sagte er, »welche man 1945 vollzog, blieb nicht auf das eigentlich ins Auge gefaßte Objekt beschränkt – nämlich auf die demokratische Republik, deren Recht vom Volke ausgeht –, sondern es schoß dabei gleichsam die ganze Vergangenheit zu Kristall; und ein unter dem Druck von sieben Jahren unösterreichischer Herrschaft verdichtetes österreichisches Bewußtsein bemächtigte sich unverzüglich der gesamten und gewaltigen Tradition des Landes überhaupt, bis zu den alten Römern hinunter, die wirklich a tempo und als wären sie zitiert worden, mit einigen beachtlichen Resten ihrer ausgeschliffenen Hochzivilisation wieder einmal aus der Erde stiegen.«

Man mag in dieser Äußerung etwas von der Einkehr eines Mannes erblicken, der in seiner Jugend vom Reichsgedanken mittelalterlicher Prägung fasziniert gewesen und den falschen Verkündern einer Erneuerung dieses Gedankens zeitweilig verfallen war. Keineswegs sprach Doderer für die vollständige Nachkriegsgeneration. In Wahrheit verhält es sich wohl so, daß jenes österreichische Bewußtsein, das nun wieder aufgeflammt ist, von einigen Schriftstellern der Gegenwart militant betont wird, bei anderen ungerufen präsent ist, bei den dritten nicht mehr zutage tritt und von den vierten emphatisch abgelehnt wird. Daß es auch in diesen beiden letzten Gruppen vorhanden ist, wenn auch nur verborgen und antithetisch, mag man immerhin vermuten. Ob akzeptiert oder verleugnet, sein Niederschlag in der Literatur dieses Landes scheint mir unverkennbar. Seit Claudio Magris 1963 in seiner Dissertation und drei Jahre später in seinem auf deutsch erschienenen Buch ›Der habsburgische Mythos in der österreichischen Literatur‹ den Realitätsbezug dieser Dichtung untersuchte, hat man sich in steigendem Maße mit ihren Charakteristika befaßt.

Drei Merkmale sind bei Magris für sie entscheidend: eine Übernationalität, Erbteil der habsburgischen Humanitas, die aus verschiedenen, vorwiegend aber aus slawischen und jüdischen Elementen bestanden habe; eine gewisse statische Haltung dem Lebensablauf gegenüber, gipfelnd in einem ›Pathos der Immobilität‹; und schließlich eine Verlagerung der bürokratischen Mentalität auf die Gefühls- und Gewohnheitssphäre, was einem sinnlichen und genußfreudigen Hedonismus keinen Abbruch tut. Daß dennoch, und gerade in den bewegten Jahren des Zerfalls der so stark vergangenheitsgetränkten habsburgischen Kultur, einige höchst lebendige Fermente, von der Psychoanalyse bis zur Stilkritik, dem logischen Positivismus und der Sprachanalyse, ja selbst bis zum Expressionismus in ihr entstehen konnten, hat Magris betont. Diesen Fermenten stehe, von Kafka bis Musil, eine Literatur von bestürzender Modernität zur Seite. Wir werden sehen, daß die Verbindung von progressiven Formen und Inhalten mit dem entscheidensten Merkmal der Realitätsflucht noch heute in der österreichischen Dichtung besteht.

Dem bürokratischen Ursprung dieser Literatur sind in den letzten Jahren vor allem Roger Bauer und Leslie Bodi nachgegangen. Bauer hat nachgewiesen, daß zur theresianischen Zeit das Deutsche zur allgemeinen Beamtensprache der habsburgischen Hauslande wurde und sich als Konsequenz die Literatur sowohl in ihren Autoren wie in ihrem Publikum aus der Sicht der deutschsprachigen Beamten zu konstituieren begann. Diese wurden im obligaten Studium des Naturrechts dazu erzogen, den Forderungen der Vernunft und den damit identifizierten Staatsinteressen unbedingt zu gehorchen, sie stellten ihre Werke in den Dienst des Fürsten und übten eine fast masochistische Selbstverleugnung, die noch zur Signatur der späteren österreichischen Dichtung gehört. Schon Bauer erwähnt, was Leslie Bodi gleichfalls hervorhebt: daß nämlich das Theater, die Epistel, die Parodie, das Pasquill, das Pamphlet, später das Feuilleton und die Glosse zu den bevorzugten Formen dieser Beamtenliteratur gehören. Bodi führt die ambivalente Einstellung zur Dialektik von ›System‹ und ›Bewegung‹, von Ordnungsglauben und kritischem Bewußtsein, die künstlerisch am besten mit den Stilmitteln der Ironie, der Groteske und der Parodie gestaltet werden könne, auf das kurze josephinische Tauwetter zurück. Freilich ist es auch möglich, diese Stilmittel als Ausweich- und Umgehungsmöglichkeiten im Zensurstaat Metternichs anzusehen.

Vieles resultiert aus diesen Recherchen und den daraus gewonnenen Thesen, das bis heute Geltung hat. Daß politische und soziale Gegebenheiten akzeptiert werden, daß die Revolte der Schriftsteller sich in den ästhetischen Bereich verlagert oder ironisch und parodistisch umschrieben zum Ausdruck kommt, wirkt sich in der gesamten österreichischen Literatur bis in die Gegenwart aus. Von Nestroy über Kürnberger, Karl Kraus und Helmut Qualtinger bis zu Ernst Jandl geht die ungebrochene Linie der moralisierenden Satiriker, deren Attacke gegen öffentliche Mißstände sich ins Gewand der Gaukler und Narren hüllt. Zum anderen haben wir Beispiele gerade unter den hervorragendsten neueren Autoren, daß eine gewisse Indifferenz den Zeitläuften gegenüber, »ein Verzicht auf Parteinahme«, eine »Betonung radikaler Subjektivität«, eine »Privatisierung der geschichtlichen Veränderung« – wie der Wiener Germanist Wendelin Schmidt-Dengler es formuliert hat – Hand in Hand mit erstaunlicher literarischer Modernität einhergehen kann.

Die eigentliche Kontroverse nicht über das Ob, sondern über das Wie einer gesonderten österreichischen Literatur ist freilich erst nach dem Erscheinen des Buches ›Der Tod des Nachsommers‹ von Ulrich Greiner ausgebrochen. Greiner hatte darin, sehr wesentlich gestützt auf Claudio Magris, vor allem den Evasionscharakter dieser Dichtung geprüft und ihren bedeutendsten Vertretern jede Lust und jedes Vermögen zur Zeit- und Gesellschaftskritik abgesprochen. Sie sei, die österreichische Literatur, von jeher unrealistisch und apolitisch gewesen, heute zudem noch bohèmehaft und artifiziell, was ihrer hohen Qualität indes keinen Abbruch tue. Trotz widersprüchlichen Ordnungsbildern bei Stifter und Bernhard sieht Greiner Parallelen dieser Dichter sowohl in dem von beiden angestrebten Stillstand – der bei Magris vorgegebenen Immobilität – wie in ihrer vergleichbaren, aus dem österreichischen Kanzleistil stammenden Sprache.

Es erscheint mir müßig, die gesamte Argumentation Ulrich Greiners zu rekapitulieren, so genau sie sich auch mit meinem Thema deckt. Genug daran, daß er den Eskapismus, die Wirklichkeitsverweigerung, den Handlungsverzicht und einen gewissen ›austriazistischen Anarchismus‹, wie er von H. C. Artmann, Helmut Eisendle und Peter Rosei verkündet worden, aber als alles andere denn politisch anzusehen ist, als die wesentlichen Bestimmungspunkte der österreichischen Literatur bezeichnet. Seine Behauptungen sind nicht unangefochten geblieben. Zunächst war es ein Deutscher, Rolf Schneider, der ihm widersprach, aber schlagende Gegenbeweise nicht eigentlich finden konnte. Daß Schneider die Schriftsteller der jüdischen Emanzipation in einer völlig anderen Tradition sehen will, wirkt nicht unbedingt zwingend, und Theodor Herzls Aktivismus als Erfinder des Judenstaates, den er anführt, hat mit Herzls, übrigens wenig beachtlichen, literarischen Hervorbringungen kaum etwas zu tun.

Nachdrücklicher und eindringlicher setzten sich jene zur Wehr, die in Greiners Schema nicht passen konnten und wollten, Schriftsteller wie Michael Scharang und Elfriede Jelinek, Wilhelm Pevny und Peter Turrini, Gustav Ernst und Helmut Zenker, die er selbst als unzweifelhaft vorhandene sozialkritische Gegenwartsautoren anerkannt, aber als eine Minderheit bezeichnet hatte, welcher nur in wenigen Fällen dasselbe ästhetische Niveau, dieselbe sprachliche Originalität wie die ihrer Konkurrenten zuzugestehen sei. Greiner hatte Scharang noch im Rahmen seines Buches Gelegenheit zur Gegenrede gegeben, dieser aber sprach vor allem pro domo, indem er sich zu einem uneingeschränkten Realismus bekannte, und konzedierte Greiner seinen Eskapismusbegriff, auch wenn er ihn historisch nicht voll erklärt fand. Immerhin wollte Scharang in den letzten autobiographischen Büchern Thomas Bernhards eine heftige Ablehnung der faschistischen Vergangenheit Österreichs erblicken und sah ganz allgemein Anzeichen für das Entstehen einer wirklichkeitsbewußteren Literatur in seinem Land.

Auf einer in Wien abgehaltenen Tagung ›Literatur der Arbeitswelt / Arbeitwelt der Literatur‹ traten denn all jene auf, die den Beweis für eine solche neue, die Greinerschen Thesen widerlegende Schriftstellergeneration liefern wollten. Autoren fröhlich-aggressiver Publikationen wie ›Wespennest‹ oder ›Frischfleisch & Löwenmaul‹ präsentierten sich gemeinsam, zeitkritische Texte wurden in Lesungen von Gustav Ernst, Peter Henisch, Christine Nöstlinger, Gernot Wolfgruber laut, programmatische Bekenntnisse aber freilich stellvertretend von den Gastrednern Pavel Kohout und Franz Xaver Kroetz abgelegt. Es war eine im Vergleich zur Bundesrepublik einigermaßen verspätete, jedoch achtbare Demonstration für soziales Engagement. Eine rückwirkende Umdeutung oder gar Negierung der Grundgedanken von Magris, Bauer, Bodi und Greiner hatte nicht stattgefunden.

Doch wie sieht es mit den anderen aus, jenen Schriftstellern, die zur Zeit den wesentlichsten Beitrag Österreichs zur deutschsprachigen Dichtung liefern? Wie weit sie die bewußten Merkmale tragen, kann nur angedeutet werden, harrt wie ihr Stellenwert der Überprüfung durch die Zeit. Bei jenen, die sich ausdrücklich der ›Oikumene Kakaniens‹ zurechnen – wie Magris es mit einem Musilschen Terminus benennt –, ist der Nachweis leicht zu erbringen. Der verstorbene Friedrich Torberg, Doderers Schüler Herbert Eisenreich und Peter Tramin, Nachfahren

Herzmanovsky-Orlandos wie Peter Marginter, ein austria-
zisierter Slawe wie Milo Dor lassen sich durchaus als Hüter
des habsburgischen Mythos verstehen. Daß ein Gedicht wie
Ingeborg Bachmanns ›Große Landschaft vor Wien‹ und
viele andere aus ihren ersten Bänden im Nachkriegsdeutschland nicht hätten geschrieben werden können, ebenso wie das Werk des aus Czernowitz, der »Enklave alt-
österreichischer Kultur«, stammenden Paul Celan ein Ge-
gengewicht zur Kahlschlaglyrik bedeute, hat Erich Fried
einmal mit Nachdruck erklärt.

Peter Handke, dessen Ausspruch »Das Fette, an dem ich
würge: Österreich« Greiner seinem Buch vorangestellt hat,
publizierte bald darauf ein ›Österreichisches Gedicht 1979/
80‹, in dem sein jetziges Salzburger Domizil die kosmopolitische Vergangenheit – eine Erinnerung an die ›Stadt
Magnolia am Yukon River/Alaska‹ – überwunden zu
haben schien. Ihm, Thomas Bernhard und Jutta Schutting,
aber auch bereits Ingeborg Bachmann und Konrad Bayer
war ein Erbe zugefallen, von dem bei den erwähnten
Theoretikern nirgends die Rede ist, das aber entscheidend
zur Realitätsfremdheit der neueren österreichischen Dichtung beigetragen hat: Wittgensteins Sprachskepsis, die bereits bei Fritz Mauthner oder in Hofmannsthals Chandos-
Brief ihre Vorstufen hat. Das spezifisch Österreichische, sei
es in Form phantastischer Irrlichtereien, die eine zweite
Wirklichkeit vortäuschen, sei es als neue Mythologien,
›Weltraumabenteuer‹ – wie man sie Friederike Mayröcker
nachgesagt hat –, sei es als ein zaubrisches Teatrum mundi,
findet sich bei so verschiedenartigen Schriftstellern wie
Artmann, Jonke, Frischmuth, Peter Rosei, ja auch bei
Klaus Hoffer, der es in einem fiktiven Grenzland des
›Reichs‹ angesiedelt hat.

Selbst bekennerische Realisten wie Wolfgang Bauer,
Verfasser brutaler Entblößungen des Grazer und Wiener
Bohème- und Bürgermilieus, flüchten sich zuweilen in

eine neurotische Innenwelt. Und wenn in den Büchern von Anti-Heimatdichtern wie Innerhofer, Kappacher, Wolfgruber und Reinhard P. Gruber soziale Übelstände gebrandmarkt werden, so geschieht das doch aus der Sicht des betroffenen Individuums, ohne praktische Lösungsvorschläge, lediglich deskriptiv. »Kritik an den bestehenden Verhältnissen«, schreibt Schmidt-Dengler, »weist sich durch die Perfektionierung der Kritik als Kunstform, nicht durch die sichere Basis der Information aus.« Von den deutschen Zeitkritikern Böll und Lenz ist das alles weit entfernt. Es bleiben die wenigen Ausnahmen der Regel, etwa das mehrteilige Filmepos ›Die Alpensaga‹ von Peter Turrini und Wilhelm Pevny, Österreichs jüngster und erfolgreichster Versuch einer künstlerischen Bewältigung politischer Irrwege und verdrängter Schuld.

Genug, meine ich, an Hinweisen auf jene nationale Besonderheit der österreichischen Literatur, die Hofmannsthal geleugnet und Thomas Mann mit wohlgemeinten, aber noch unzureichenden Kennzeichen versehen hat. Allerdings läßt sich denken, es könnten, falls Scharang recht behält und die Dichter in seinem Land immer realitätsnäher werden, die Übergänge zu den anderen deutschsprachigen Literaturen allmählich verschwimmen und schließlich eine Abgrenzung nicht mehr möglich sein. In einer Anthologie österreichischer Dichtung unter dem Titel ›Rot ich weiß rot‹, herausgegeben von Gustav Ernst und Klaus Wagenbach als Tintenfisch 16, wurden in der Vorbemerkung Greiners Thesen verlacht und »ein paar Wahrheiten über die herrschende Meinung« versprochen. Aber der Inhalt straft die Polemiker Lügen, denn auch hier finden sich auf Schritt und Tritt gegenwartsfremde Visionen, ärarischer Stil und sehnsüchtiger Nachhall der Vergangenheit.

Bei Jutta Schutting steht der Satz: »Bald in einem Plüschfauteuil die Gemütsbewegung vor Tabellen in Kurrentschrift erfahren und nach der konsequent vollzogenen

Umstellung der Produktion auf die Erzeugung von 1860 mit dem Zwicker von Bild II das Jahr 1856 erlebt und dem kaisertreu erzogenen Sohn, er solle an 1857 glauben, vom Totenbett zugerufen haben.« Alfred Kolleritsch klagt um ein abgerissenes Haus voller Erinnerungen an den Großvater mit der Virginiatasche und der goldenen Uhr mit Kette und Medaillon, um eine wahre Casa Austriae, mit den Worten: »Hier mußte die Zeit stehen bleiben, / hier lebte man fort in den Bildern.« Erich Fried schreibt in dem Gedicht ›Die Treppen von Graz‹, er könne in dieser Stadt das Treppensteigen nicht lassen, »um mich wieder an Bildnissen / längst toter Männer und Frauen / und wieder an allem alten / Lebendigen sattzuschauen«. Und selbst Ernst Jandl, obschon er in einem Vers den Urahn höhnt, dem er sich ehrfürchtig nahen soll, läßt einen Epilog mit der Zeile beginnen, deren Metapher ich an den Schluß stellen möchte: »der österreicher küßt die zerschmetterte hand«.

Die Dichter des Wiener Jugendstils

Ein Österreicher war es, Hermann Bahr aus Linz, der mit dem Anbruch des zwanzigsten Jahrhunderts im Lande des Großherzogs von Hessen und bei Rhein ein neues Athen zu errichten, die Kunst zur inneren Uhr des menschlichen Wesens zu machen versprach. Daß eben dieser Bahr bereits eine Dekade zuvor in Wien eine Epoche der gänzlichen ästhetischen Durchdringung der Wirklichkeit eingeleitet hatte und zunächst im Bereich der Dichtung, dann in dem der Malerei und Architektur, willige Jünger fand, soll nicht vergessen sein.

In seiner Sammlung von Aufsätzen mit dem Titel ›Die Überwindung des Naturalismus‹ beschrieb Bahr im Jahre 1891 die kommende Kunstform als eine »nervöse Romantik«, ja, eine »Mystik der Nerven«. »Die Dekadenz«, so sagte er voraus, »löst das Rokoko und die gotische Maskerade ab.« Im gleichen Atem aber nahm er ein anderes Motiv der sprachlichen und optischen Imagerie des Jugendstils vorweg: »Es wird etwas Lachendes, Eilendes, Leichtfüßiges sein ... ein Rosiges, ein Rascheln wie von grünen Trieben, ein Tanzen wie von Frühlingssonne im ersten Morgenwinde ... ein Schweben in azurne Wollust, wenn die entzügelten Nerven träumen.« Dekadenz und Frühlingsträume: im Zeichen dieser Antinomie stand das *Fin de siècle*, stand dieses letzte Jahrzehnt vor allem in Wien.

Als es begann, war Bahr siebendundzwanzig und scharte um sich den etwa gleichaltrigen Arthur Schnitzler, den um drei Jahre jüngeren Richard Beer-Hofmann, den zwanzigjährigen Felix Dörmann und den Gymnasiasten Hugo von Hofmannsthal. Das Café Griensteidl war ihr Aufenthalt, aber ihre Heimat war der Symbolismus, zu dem sie sich ebenso leidenschaftlich bekannten wie zum Gefühlsinhalt der Romantik und zur neoklassischen Form. Selbst Schnitzler, der realitätsnächste unter ihnen, hatte 1893 erklärt: »Ich bin gegen die Ereignisse, sie sind brutal und pathetisch . . . man sollte sich nicht durch sie in einer Stimmungsreihe unterbrechen lassen.« Jung-Wien, so wurde die Gruppe alsbald, nachdem noch der adelige Dilettant Leopold von Andrian und der Feuilletonist Felix Salten zu ihr gestoßen waren, anerkennend oder spöttisch von ihren Freunden und Feinden genannt. Eklektisch, preziös, vergänglich und vergangenheitssüchtig sah sie sich selbst. In seinem Aufsatz über Amiel schrieb der junge Loris: »Nach rückwärts zieht die Verführung, die nervenbezwingende Nostalgie . . . zurück zur Kindheit, zum Glaubenkönnen, zum Liebenkönnen, zur verlorenen Naivetät, Rückkehr zum Unwiederbringlichen.«

Der Philosoph Ernst Mach hatte sie gelehrt, es gebe weder einen objektiven Wahrheitsbegriff noch eine Kontinuität der Person. Das Ich sei nur eine Summe von Wahrnehmungen, habe Dauer nur für den jeweiligen Augenblick. Aus all dem resultierte ein extremer Subjektivismus, der für die Literatur des Jugendstils ebenso bezeichnend ist wie für seine bildende Kunst. Freilich, das Wort Jugendstil gab es zu Anfang der neunziger Jahre noch nicht, es kam in Schwang, nachdem 1896, ein Jahr nach der Zeitschrift ›Pan‹, eine zweite, ›Die Jugend‹, gegründet wurde. Aber was da im Wiener Café Griensteidl gärte, trug bereits alle Merkmale der neuen Richtung, hatte deren Reizwörter schon erfunden – Nerven, Stimmung, Seelenzustand, Azur, Opal, Juwel. 1899 begrüßte Felix Doppelberg in der ›Neuen Rundschau‹, daß Hugo von Hofmannsthal »und die, die ihm nahestehen, die so lange des Stilleren und Heimlichen heimliche Freude waren, jetzt, da man allerorten an edelen Gläsern, getriebenen Gefäßen, farbenflutenden Stoffen neue Schönheit und Zierde sucht, zu Öffentlichen werden«.

Hier, im Kreise von Jung-Wien, hatte sich angekündigt, was Jahre später in der Malerei, der Architektur, dem Kunstgewerbe dieser Stadt zutage trat. Gewiß, die ›Secessionen‹ begannen anderwärts: 1892 unter Stuck in München, 1893 unter Liebermann in Berlin. Längst waren aus London, Brüssel, Paris die Einflüsse der Präraffaeliten, Symbolisten und Neo-Impressionisten nach Mitteleuropa gedrungen – keine Mode, aber vielleicht als Emanation jenes Zeitgeistes, der über alle Grenzen hinweg die Epoche bestimmt, besser definiert. Während jedoch Gustav Klimt, künftiger Anführer der Wiener Secession, noch in seiner akademischen Phase steckte, hatte der sechzehnjährige Loris bereits in Walter Pater, Henri-Frédéric Amiel, Gabriele d'Annunzio seine Wahlverwandten entdeckt. In seinen kleinen Prosatexten schimmerten die blümeranten Farben des Yellow Book, funkelten die Edelsteine, die Dorian Gray durch seine Hände hatte gleiten lassen. Jene symbolistische Phrase »*Ou le griffon a-t-il enterré le saphir?*« klang nach in seinem Lebenslied: »Den Erben laß verschwenden / an Adler, Lamm und Pfau / das Salböl aus den Händen / der toten alten Frau.«

1897 – eine magische Zahl für den Jugendstil in Wien. Jetzt sagten die Secessionisten sich los vom starren Historismus der Gründerzeit, konstituierten die Vereinigung bildender Künstler Österreichs, faßten den Plan zu einem neuen Ausstellungsgebäude und bereiteten eine eigene Monatsschrift vor. Klimt, Otto Wagner, Olbrich, Josef Hoffmann und Kolo Moser, ihre treibenden Kräfte, beschworen den »Geist der Jugend« herauf, »durch welchen die Gegenwart immer zur Moderne wird«. So zumindest nannte es Max Burckhard im ersten Heft des ›Ver Sacrum‹, das im folgenden Januar erschien. Eine »heilige Frühlingsspende« wollten sie dem Volke schenken. Aber in der Frühlingsluft, die sie umwehte, lag etwas vom Moderduft des *Fin de siècle*, von den Müdigkeiten des herbstlichen Habsburgerreiches, wie sie von den Dichtern, den Vorbereitern des Wiener Jugendstils, eingesogen und transzendiert worden waren. In eben jenem ›Ver Sacrum‹, das Rilkes frühe Melancholien neben Liliencron, Arno Holz und Dehmel druckte, beteuerte Hermann Bahr immer noch: »Unsere Zeichen sind Geschmeide aus Gräbern von alten Fürsten, geborstenen Säulen, Farben, die seit vielen Jahren schon blaß geworden sind. Nur durch todte Dinge zu erfahren, was unser Leben ist, ist unser Schicksal der Letzten.«

Im Jahr der Secession ging das Café Griensteidl zu Ende – es wurde nicht abgerissen, nur geschlossen, doch der Zerfall Jung-Wiens war dadurch symbolisiert. In einer – von Professor William M. Johnston wiederentdeckten – Aufsatzreihe, die der neunzehnjährige Martin Buber in einer Warschauer Kunstrevue über die Wiener Dichtung schrieb, wird dieser Kreis noch einmal in seiner engen Zusammengehörigkeit geschildert: Bahr, den Buber den »Apostel noch ungeborener Wahlsprüche« nennt; Hofmannsthal, von dessen Werken jedes ein Juwel sei, alle voll der gleichen Reife, Mattheit und Endgültigkeit; Peter Altenberg, als dessen *qualité maîtresse* er die Liebe sieht, grenzenlose Liebe zur ganzen Welt; Schnitzler, der Psychologe, dem die »Stimmen aus Bronze und Feuer« ermangeln, der aber »Realität und Illusion zu vereinen weiß«.

Noch ein zweiter faßte in jenem Jahr 1897 ein letztes Mal die Gruppe Jung-Wien zusammen. Es war der Thersites jener müden jungen Trojaner, Hofmannsthals Altersgenosse Karl Kraus. In seinem Pamphlet ›Die demolirte Litteratur‹ nahm er sich vor, mit der Zerstörung des Kaffeehauses auch dessen Insassen zu vernichten, jene ihm so fremden Geister, deren Esoterik er für falsch, erlogen und nachempfunden hielt. Namen wurden nicht genannt. Aber in dem »Dekadent«, der durch drei stattliche Gedichtbände bewiesen hatte, daß er »verwelkte Nerven« habe, war unschwer Felix Dörmann, Bewunderer der »hektischen schlanken Narzissen mit blutrotem Mund« zu erkennen. Jener junge Freiherr, der »seine Manieriertheit bis auf die Kreuzzüge zurückleitet«, war Leopold von Andrian, Autor des ›Gartens der Erkenntnis‹. Weder Loris jedoch, »Goethe auf der Schulbank«, der »es seiner Abgeklärtheit schuldig ist, seine Manuskripte für den Nachlaß vorzubereiten«, noch Schnitzler, »der am tiefsten in diese Seichtigkeit taucht und am vollsten in dieser Leere aufgeht«, waren durch derlei Nadelstiche abzutun.

Immerhin, hier trat eine Dialektik hervor, wie sie die Wiener Literatur seit je durchzogen hat: Ernst und Satire, Spott und Pathos, aber auch üppige Phantasie und asketischer Intellekt liegen hier dauernd im Streit. Das wurde alsbald wieder offenbar. Um die Jahrhundertwende schickten die Secessionisten sich an, das Erbe der toten alten Frau abzuschütteln, die matten Schattierungen der Symbolisten durch kräftige Farben und metallische Tönungen zu ersetzen, Fernand Khnopffs stumpfgrüne Wassergeschöpfe durch Klimts »neuen Juwelenstil«, seine »kristallisierten Goldwolken«, sein »humanisiertes Mosaikdekor«, wie der Chronist der Secession, Ludwig Hevesi, es beschrieb. Doch zugleich begann Adolf Loos jenem Ornament, das nun alles überwucherte, den Kampf anzusagen, und der sein heftigster Anhänger war, eben Karl Kraus, prägte das Wort »Ich fege die Straßen, ich lockere die Bärte, ich rasiere die Ornamente« – Zeichen einer Zeit, der ihrerseits an der »Überwindung des Jugendstils« gelegen war.

Bahr, der sich einen Prophetenbart hatte wachsen lassen, war der Mann, gegen den Kraus hier, kurz vor Kriegsausbruch, noch einmal zu Felde zog. Längst hatte der »Sucher neuer Sensationen aus Linz« sich der Herstellung heiterer Gesellschaftskomödien gewidmet, webten nur noch leise Zweifel an der Wirklichkeit in Schnitzlers handfester Dramenliteratur, baute Hofmannsthal – der im ›Chandos-Brief‹ an der Unausdrückbarkeit der Welt durch Worte verzweifelt hatte – graziöse und tragische Gerüste für die instrumentalen Rauschgewebe von Richard Strauss, spann Altenberg seine Impressionismen weiter, waren Dörmann und Andrian verstummt. 1909, ein Jahr nach dem Auftauchen Kokoschkas und Schieles auf der großen Kunstausstellung der Secession, war Werfels ›Weltfreund‹ erschienen. 1913 kam das erste Kapitel von Kafkas ›Amerika‹ unter dem Titel ›Der Heizer‹ heraus. Expressionismus und Parabolik kündigten sich an. Und nur in manchen Prosaarbeiten Hofmannsthals, manchen Essays von Stefan Zweig, war noch ein Nachhall jener blumigen Metaphern der neunziger Jahre zu spüren, unerbittlich festgenagelt von Karl Kraus. Mit der moribunden Monarchie war auch die Dekadenz aus den Künsten verschwunden. Die jungen österreichischen Literaten nach dem Kriege aber räumten endgültig auf mit der Dichtung des Jugendstils.

»Nasser Schnee verschleiert das verödete Schönbrunn.«
Dieser Satz Reinhold Schneiders, mit seiner schleppenden
Rhythmik und eintönigen Wiederkehr einer Vorsilbe, spie-
gelt wie kein anderer die Stimmung des winterlichen Wien.
Für den Dichter aus dem Rebland war es die letzte Station
vor dem Abschied, eine Heimstätte schwermütiger Eupho-
rie. Er nahm teil an seiner Versenkung in sich selbst, seiner
Verwandlung aus einem heiteren Ort der Fremden in eine
sehr eigensüchtige, fast abweisende, eine sehr entfernte
Stadt, dem Osten nähergerückt durch die gemeinsamen Unbilden des Wetters, jene eisigen Winde, die auf weiten
Ebenen herüberwehen, den Schnee, der in dunkel geballten
Wolken geradenwegs aus der Ukraine heranzurollen
scheint. Winters wird die Enns an der Grenze Niederöster-
reichs, wo auch die russische Besatzung angehalten hatte,
zur wahren Wetterscheide. Schlägt dem Reisenden hier
sommers ein milder Hauch entgegen, so umfängt ihn nun
sibirisch schneidende Luft. Wien aber nimmt gleichsam
slawische Manieren an, trinkt Tee mit Rum statt des Hitze
bannenden Kaffees, friert in seinen alten zugigen Häusern
und steinernen Korridoren, klammert sich an die Kachel-
öfen, sitzt nächtens lange auf und diskutiert. Wer sich ein-
fügt in diese veränderte Lebensform, mag auf die tieferen,
melancholischen Quellen wienerischer Wesensart stoßen.
Wenn die Stadt Reinhold Schneider, dem willkommenen
Wintergast, viel von ihrer sonst verborgenen Pracht erschloß, ließ sie ihn zugleich in ihre Abgründe blicken.

Was er an hieratischem und profanem Prunk zu sehen
bekam, die dämmrigen Kirchen, den Festsaal Karls VI. mit
seinen »zauberhaften Schimmeln«, die Schauräume und

Schatzkammern der ehemaligen Residenz – nur auf »Kaiserstufen« zu erreichen, denn »der Kaiser fährt nicht im Lift«, obschon sich Maria Theresia ihrer Leibesfülle wegen in Schönbrunn einen Aufzug einbauen ließ –, all die Stadthäuser und Paläste, die Privatappartements in der Hofburg, wo ein Dichter in blauem Schlafrock ihn empfing, ließen ihn das ausgeprägte historische Bewußtsein der Wiener erkennen. Schneider spricht einmal von des Menschen paradoxem Wesen, das »Partizipation an der Geschichte« sei, während seine Aufgabe darin bestünde, den mitspielenden Zuschauer zu machen: nicht von ungefähr fand er die Formulierung in dieser Stadt. Überdies freute und ehrte es ihn, daß der alte Adel ihm seine Gemächer auftat, daß der kunstsinnige Erbe eines großen Geschlechtes ihm die »befremdende, schon südöstliche Struktur seines Gartenpalastes« nach Plänen Fischer von Erlachs zeigte, ihm die eigenen Ahnen erklärte, mit ihm in den eisig kalten Kuppelsaal trat – »Fürst K., der sich uns angeschlossen, hat wohlgetan, seinen Pelzkragen anzulegen« – und ihn vorübergehend einbezog in das ewig gleichmäßige, unveränderte Leben jener ehedem geschichtsbildenden Klasse. Auch die Ehrenritter-Investitur in der Kirche des Deutschen Ordens, bei der zwei junge Habsburger in frisch gebügelten Anzügen den Weiheschlag empfingen, auch die zarten Stunden der Sakralmusik in der Hofburgkapelle, die Teenachmittage in gräflichen Salons täuschten ihm einen Abglanz versunkener Tradition vor. Nicht nur seine ›Beiseln‹ und Heurigenschenken, seine Volkssänger und törichten Operetten hatte Wien dem Besucher zu bieten, sondern das museale und dennoch perpetuelle Bild eines Daseinsstils, das seiner eigenen Katholizität, seinem Konservativismus entsprach.

Keineswegs aber hatte der kluge Mann sich von den Nachwehen einer *douceur de vivre*, die hier noch so deutlich in Erinnerung ist wie es jene des alten Regimes für

Napoleons Außenminister Talleyrand war, völlig verblen-
den und den Schwächen dieser Stadt gegenüber unempfind-
lich werden lassen. Auch die Kehrseite der Medaille deckte
er auf. Sie bestand nicht in Unzulänglichkeiten des einfachen
Volkes, sondern in einem Mangel an ethischem und ästhe-
tischem Pflichtgefühl in eben jener Schicht, welche sich für
die Repräsentantin des großen Gewesenen hält. Hier stößt
er immer wieder auf eine naive Frivolität, wie bereits Marie Antoinette sie besaß, auf den Wurm in der Frucht: die
Neigung, sich des »eigentlichen Auftrags« zu entschlagen.
Nichts oder weniger wäre gegen fortgesetzte feudale Anmaßung einzuwenden, ginge sie mit der Bereitschaft kon-
form, weiterhin das Edle zu pflegen und das Schöne zu bewahren. Dieser Sendung durch eigene Fahrlässigkeit ent-
kleidet, wandelt der Adel zu Unrecht in seinem Prunk-
gewand. Reinhold Schneider begriff auch dies in Wien. Es
gab Augenblicke der Ernüchterung: »Deprimierende Erfahrungen raten mir zur Flucht«, heißt es einmal, »der
›Bruderzwist‹ ist Trägern erster Namen eine Überraschung;
nie hat ›man‹ etwas davon gehört.« Der junge Graf X, »von
bester Erziehung«, fand, es gebe keine Tragik in Wien; die
junge, reizende Gräfin X., auf Besuch aus den USA, wo sie
offenbar jetzt lebte, kannte nicht den englischen Titel von
›Maß für Maß‹; und die Prinzessin X. hatte nie gehört, daß
Kaiser Maximilian in Wiener Neustadt begraben liege. Solche Unwissenheit mußte, obschon der Dichter dies nicht
ausspricht, einem hochgeistigen Sohn des Bürgertums zuweilen doch die Vermutung nahelegen, daß die Patronanz
der Künste in anderen Händen besser aufgehoben sei.

Freilich meinte er, zu Wiens Substanz gehöre die Anwesenheit des Kaisers, und traf damit einen soziologischen
Tatbestand im Kern. Seit nämlich auch hierorts, mit zunehmendem Wohlstand, die politische Linke bürgerlich geworden und damit ihres früheren Leitbildes, des klassen-
bewußten Arbeiters, verlustig gegangen ist, haben hier-

archische Vorstellungen wieder um sich gegriffen. Eine höchste gesellschaftliche Instanz wird gebraucht; da sie nicht existiert, muß sie erfunden werden. Schneider war fehlgegangen, wenn er aus dem Verlangen nach einem Kaiser schloß, es müsse dem jetzigen Chef des Hauses Habsburg die Rückkehr ermöglicht werden. Denn dieser bedauernswerte Exilierte hat an dem Lebensrhythmus seiner Heimat niemals bewußt teilgenommen, er kennt ihn nur aus zweiter Hand, während er an seinem bayrischen See einen Hofstaat nachbildet, der so illusorisch ist und so wenig dem Wien der Wirklichkeit entspricht wie der Hof des Herzogs Vincentio in jenem ›Maß für Maß‹. Nein, es hülfe nichts, den wohlunterrichteten Sproß der alten Dynastie, dem globale und europäische politische Interessen näherliegen als etwa der Bier- und Senfbedarf des österreichischen Mannes auf der Straße, in eine ihm völlig fremde Atmosphäre zurückzuführen. Wien hatte ihn, wie Schneider offenbar nicht wahrnahm, zu jener Zeit längst ersetzt. Es besaß einen heimlichen Kaiser, ja sogar einen Gegenkaiser – ganz wie im ›Bruderzwist‹ –, der sogar Franz Joseph hieß, während jener erstere sich eines romantischeren Namens erfreute. Zwar stammten sie beide aus dem Großbürgertum, vielmehr dem Industrieadel, doch war das die beste Gewähr dafür, daß sich ihr Mäzenatentum auf redlich erworbene, nicht nur ererbte Mittel stützte. Auch einen König gab es hier, ganz wie zu Maria Theresias Zeit, als neben dem römischen Kaiser Franz I. sein Thronfolger Joseph den Titel eines römischen Königs führte – und war er, wie Reinhold Schneider richtig erkannte, mit dem Amte des Burgtheaterdirektors verknüpft, so beruhte dies auf der legitimen Identität der Person mit ihrem Auftrag. Ein ganzer Schattenhof war denn aus dem historischen Bewußtsein dieser Stadt entstanden, und selbst jener Dichter im blauen Schlafrock träumte sich zuweilen, über seine heraldischen und genealogischen Studien gebeugt, in Erbansprüche hinein, die auf sein Aussehen, seinen Wohnort und, wer weiß, vielleicht sogar auf seine Abkunft gegründet waren.

Wiens heimlichen Kaiser aber umgab ein Nimbus, der um so unerklärlicher war, als er auf keinerlei Bezüge zum Erzhaus basierte. Als Präsident Kennedy zur Zusammenkunft mit Chruschtschow in Wien weilte, gewahrte er, indes er nach dem letzten feierlichen Empfang dem Ausgang des Saales zustrebte, dort einen großen, gewichtigen Herrn mit Backenbart, der sich unter den Ehrengästen befunden hatte, ihm jedoch nicht vorgestellt worden war. Der Präsident zögerte, blieb stehen, reichte dem Herrn die Hand und sagte: »Ich danke Ihnen vielmals.« Es war, wenn auch nicht real begründet, eine Geste voll innerer Berechtigung. Denn dieser Herr, dessen Barttracht den amerikanischen Präsidenten unbewußt an den Kaiser Franz Joseph erinnert hatte, in Wahrheit aber der des Admirals Tegetthoff nachgebildet war, konnte in der Tat als Inbegriff eines unabsetzbaren, nicht wie der jeweilige Bundespräsident auf begrenzte Dauer gewählten Landesvaters gelten – wenn seine Machtbefugnis auch nur in der Hauptstadt wahrhaft fühlbar war. Zwar fungierte der seitdem Verblichene und Vielbetrauerte jeweils als Präsident, wenn Österreich an einer Weltausstellung oder Olympiade teilnahm. Aber nur in Wien hatte er die pittoreske Nachfolge des letzten großen, eigentlich vorletzten Monarchen übernommen, ja, er wuchs mit zunehmendem Alter immer mehr in sie hinein.

War das Herz seines Stadtkaisertums auch die Direktionsloge des ›Musikvereins‹, wo er lediglich als Gast erschien – er selbst leitete den Vorsitz im Konzerthaus, Wiens zweitem Musikinstitut –, so thronte er doch über allen Künsten. Er förderte die Maler und Bildhauer in reichem Maß, er las Neuerscheinungen und zitierte aus ihnen, er stiftete Orgeln und bewog gastierende Musiker durch seine Gastfreundschaft zu häufiger Wiederkehr nach Wien. Seine Gattin, deren natürliche Würde und reizvolle Mütterlichkeit etwas durchaus Theresianisches an sich hat, ist eine Nachfahrin eines Freundes von Franz Schubert, des Malers Kupelwieser, spielt selbst bezaubernd Klavier und weiß gewisse Stücke jenes Komponisten, die nirgends aufgezeichnet, aber in ihrer Familie überliefert sind, in einem längst verklungenen Biedermeierstil darzubringen, welcher auch bedeutende Pianisten zu rühren vermag. Kurz, das Paar schien durch echtes Kunstverständnis für seine Rolle besser als durch jede dynastische Abkunft prädestiniert. Daß der Schattenkaiser einmal meinte, seine Funktion stellvertretend auch für die englische Königin ausüben zu müssen, und bei einer allzu respektlosen Szene des britischen Theatre-Workshop-Gastspiels ›Oh, What a Lovely War!‹ ostentativ den Saal verließ, darf als Übergriff bezeichnet werden – wenn auch der Besitz einer Bentley-Limousine ihn dazu ein wenig berechtigt haben mag.

Ob dieser Nachsatz nicht besser zu streichen wäre, hat die Unterzeichnete sich wohl überlegt. Behielt sie ihn bei, dann als Illustration jener Art von Malice, die zum Wiener Gesellschaftsleben nun einmal gehört. Klatsch und Tratsch, Sottisen und kleine Niederträchtigkeiten laufen hier dauernd um, und dies weit intensiver zur kalten als zur warmen Jahreszeit. Horcher drücken sich bekanntlich an Wänden entlang, selbst die Krüge – wie es im ›Richard III.‹ heißt – haben Ohren, und ein Gerücht hängt länger in der Luft, wenn es von Mauern umgeben ist, statt im Freien, in der lässigen Sonnenglut, zu verflattern. Im Winter, wenn Wien unter sich ist, verdickt sich gleichsam sein Hang zur Arglist und Boshaftigkeit, ja er erfaßt sogar Kreise, die sich in milderen Monaten dem Naturgenuß ergeben und völlig harmlos scheinen. Auch Reinhold Schneider wurde, bei seinem Besuch in jenem Dichterappartement der Hofburg, über all das belehrt: »Wien sei böse, sagt eine Dame, eine böse Stadt. Ich habe diese Erfahrung nicht gemacht, könnte sie aber verstehen.« Den Beweggründen solcher Tücke nachzuspüren, hat er unterlassen. Rund hundertfünfzig Jahre vor ihm kam Mme de Staël deren Erkenntnis bereits nah: »Die genaue Einhaltung der Umgangsformen hat in Wien zu den langweiligsten Gebräuchen geführt. Drei- bis viermal die Woche begeben sich die guten Leute von einem Salon zum anderen . . . und es ist unmöglich, in diesen zahlreichen Versammlungen irgend etwas zu hören, was sich über konventionelle Phrasen erhebt.« Die stete Gefahr solcher Langeweile muß vertrieben, die geistige und gesellschaftliche Inzucht aufgelockert, das Geflecht des täglichen Umgangs mit schillernden Pailletten bestickt werden, die eben in Bosheiten, Sticheleien und Zwischenträgereien bestehen.

Aus Furcht vor der Langeweile werden hier Freundschaften zerstört und Lebensbündnisse untergraben. Der Anlaß ist zumeist nichtig, unwichtig oder vorgetäuscht, das angestrebte Ziel zunächst nur ein Wechsel von Partnern und Positionen, wie bei Quadrille und Menuett, im Rahmen von Tänzen und Gesellschaftsspielen. Daß freilich Lappalien zu Todfeindschaften führen, daß man in dieser Stadt an keinem Kaffeehaustisch sitzen kann, ohne daß jemand plötzlich erbleicht, den Blick abwendet oder gar aufspringt und sich eilig empfiehlt, weil plötzlich einer seiner Widersacher durch die Drehtür ins Lokal geweht wird – all das geht über ein bloßes Gesellschaftsspiel hinaus und ist vielleicht doch in einer Wurzel wienerischer Eigenart zu suchen. Was dem grundgütigen Dichter, der seinen letzten Winter in Wien verbrachte, trotz allen Einsichten in dessen Abgründe noch verborgen blieb, mag sich auch dem Ortsansässigen erst nach längerer Zeit enthüllen. Einem Sommergast tun sich jene dunklen Schächte ganz gewiß nicht auf. Doch er sollte immerhin wissen, wenn er nächstens die lieblichen Gassen und Gartenanlagen dieser Stadt durchwandelt, daß tief unten in den Kanälen und Katakomben ihres Unterbewußtseins ein zweites, ganz anderes Wien sein Wesen treibt.

Kultur, was ist das für ein Wort? Die sie vor Jahrtausenden
besaßen, kannten es nicht. Jenes geistige und künstlerische
Leben in seiner Gesamtheit, das heutzutage als Kultur bezeichnet wird, war zwar in den Zivilisationen der Antike,
auch bei den Ägyptern, Kretern, Etruskern, auf das höchste
entwickelt, aber den Begriff gibt es erst seit den Tagen Johann Gottfried Herders, seit der Aufklärung, die ihn als
ihre Aufgabe empfand.

Um diese Zeit war Österreich bereits seit fünfhundert
Jahren mit habsburgischer Geschichte verbunden, mit dem
imperialen Prunk, der Musikliebe, der Baulust einer Dynastie, die bis ins späte 18. Jahrhundert allein maßgeblich
für alle kulturellen Bestrebungen war. Hof und Gesellschaft
gaben den Ton an, bestimmten den Kunstgeschmack. Jenes
gebildete Bürgertum, dem in der liberalistischen Ära die
Schriftsteller, Maler, Musiker entstammten und an das sie
sich wenden konnten, existierte noch nicht. Das Volk fand
Vergnügen an derben Hanswurstiaden, an leichtester Unterhaltung. Aber auch die oberen Schichten nahmen es an
Feinsinnigkeit, an Gelehrsamkeit mit jenen Englands,
Frankreichs, Italiens nicht auf. Gewiß, die großen Barock-
kaiser hatten wunderbare Architekten beschäftigt und zuweilen gefällig komponiert, fürstliche Sammler hatten
Kunstschätze und Bibliotheken zusammengetragen. Doch in
den Häusern des Adels »vergähnte man die Abende«, wie
ein Chronist schrieb, »mit elendem Kartengeblätter« und
erging sich, wie ein anderer sagte, in »Weichlichkeit, Sorg-
losigkeit, Müßiggang und beständiger Dissipation«.

Wer über das Bild, das man sich im Ausland von der
österreichischen Kultur macht, ein wenig Klarheit erlangen

will, tut gut daran, nachzuforschen, auf welchen Ansichten und Vorurteilen es beruht. Da kehren denn in den Zeugnissen jener Reisenden, die in der Vergangenheit unser Land und seine Hauptstadt besuchten, gewisse Vorstellungen immer wieder, die bis heute aus dem Bewußtsein der Welt nicht verschwunden sind. So hat der Italiener Enea Silvio Piccolomini, später Papst Pius II., in der ersten Hälfte des 15. Jahrhunderts selbst über die Adepten der Wissenschaft, die Wiener Studenten, manches Abfällige gesagt. »Sie pflegen weder Musik noch Arithmetik, Rhetorik und Poetik sind bei ihnen völlig unbekannt, da ihr ganzes Studium in Widerlegungen und Wortklaubereien besteht. Daß einer die Bücher des Aristoteles oder anderer Philosophen besäße, findet man kaum. Übrigens gehen die Studenten sehr auf Vergnügungen aus, sind trinksüchtig und eßlustig. Nur wenige bringen es zum Doktorgrad.«

Im Jahre 1717 beklagte sich die Lady Mary Wortley Montague – und schrieb es in ihren Briefen an alle Freunde in England, die es hören wollten –, daß der Hof sich bloß an dummen italienischen Farcen ergötze. »Ich finde nicht, daß es hier gelehrte Leute im Übermaß gibt.« Dafür schwelge man in Geflügel und Wild aus Ungarn und Böhmen, in venezianischen Austern und heimischem Wein. Noch schärfer äußerte sich der Berliner Nicolai, ein Freund Lessings und höchst moralischer Mann, über die übertriebene Genußsucht und den mangelnden Ernst der Österreicher. »Das Volk ruft hauptsächlich Panem et circenses. In Wien ruft es nur Circenses; denn das Schmausen findet sich daselbst doch genug und die gebackenen Hendeln, die Cervelat- oder italienischen Scicciottowürste und Kipfel sind bei jedem Schritt im Überfluß anzutreffen.« Dagegen liegt es mit den Künsten im argen, obschon man hierzulande alle Welt glauben machen will, daß die Ehre der deutschen Schaubühne allein in Wien gerettet und zur Vollkommenheit gebracht werden kann. Das ist um so schlimmer, weil die heimischen Schriftsteller ausgebreitet haben, ›es sei in Wien schon alles zur Vollkommenheit gediehen und geendigt‹, obwohl man gleich eben erst angefangen habe. Wien selbst«, so Nicolai, »leidet durch solche unzeitige Eitelkeit.«

Diese Urteile sind noch um etliche zu ergänzen. Madame de Staël war es, die im Jahre 1808 feststellen mußte, es gäbe in Österreich viele ausgezeichnete Dinge, aber wenig wirklich überragende Männer, weil man hier von Obrigkeits wegen das Talent nicht anders als die Mittelmäßigkeit behandle. Zwar habe Wien den Ruf, mehr Nahrung zu verschlingen als jede andere Stadt von vergleichbarer Einwohnerzahl. Aber die Gesellschaft diene hier nicht dazu, wie sie es in Frankreich tue, den Geist zu entwickeln oder anzuregen: »Sie hat nichts im Kopf als Lärm oder Leere – darum trägt auch die Mehrzahl der geistigsten Menschen im Lande Sorge, sich aus ihm zu entfernen.« Und Goethe, der Madame de Staëls Bericht gut kannte, fand sich von ihr in seinen Ansichten – die er freilich nicht an Ort und Stelle gewonnen hatte – bestätigt. Er sprach von dem »Schlaraffentraum, in dem die Österreicher bisher so hingeduselt« hätten. Wenn es um ernste künstlerische Unternehmungen gehe, sei nicht Wien, sondern Berlin für ihn der einzige Ort.

Die Liste ließe sich fortsetzen, doch spare ich mir weitere Beweise einer aufdringlichen Belesenheit. Oder vielleicht nenne ich zuletzt noch eine einzige Äußerung, die des Märchendichters Hans Christian Andersen, der 1834 meinte, das Burgtheater in Wien stehe eben so hoch wie das dänische Theater, in einzelnen Beziehungen sogar höher, aber das Schönste in dieser Stadt sei doch die Musik von Johann Strauß. »Ganz Europa hört diese Pulsschläge. Ihr eigener Puls geht stärker dabei.«

Damit haben wir nun alle Ingredienzien, oder man könnte sagen, alle Klischees, aus denen sich das Bild unserer Lebensart, Geisteshaltung und Kunstbetrachtung bis etwa zur Mitte des vorigen Jahrhunderts zusammensetzt, die sich aber bis heute erhalten haben: unbändige Lebensfreude gehört dazu, eine achtlose Gleichgültigkeit dem Ernst des Lebens gegenüber, eine gewisse Unterschätzung oder gar Mißachtung des Verstandes, und statt Poesie Wortklauberei. Nur ein wolkenlos blauer Himmel, der voller Geigen hängt, soll sich im Gemüt der Wiener, der Österreicher spiegeln. Man gewinnt die Vorstellung von Rokoko- oder Biedermeierfiguren im Bonbonnièrenstil, die sich töricht und sinnlos, wie auf einer Spieldose, immer und ewig zu Walzerklängen im Kreise drehen.

Bevor wir bedenken, wie falsch diese Vorstellung ist und wie jeder Vorwand dafür spätestens im Zeitalter des Liberalismus mit seiner zunehmenden Verfeinerung und gleichzeitigen Dekadenz des – häufig jüdischen – Bürgertums zu existieren aufgehört hat, ein Wort über ihr hartnäckiges Fortbestehen bis in unsere Gegenwart. Die Welt braucht Wunschbilder, Fluchtmöglichkeiten aus dem Jammertal, in dem wir leben. Sie nimmt gegenüber gewissen Ländern und Städten eine ganz bestimmte Erwartungshaltung ein. Österreich hat sie seit je die Rolle der lustigen Person, des unbeschwerten Spaßmachers, wenn nicht gar des Hofnarren zugewiesen. Selbst Mozart, dessen Heiterkeit teuer erkauft und tiefgründig ist, der aus seinem ›Requiem‹, aus der düsteren Schicksalsmusik des ›Don Giovanni‹ oder aus einem Opus von solch kosmischer Wehmut wie seinem Streichquartett Nr. 15 in d-Moll vielleicht am wahrhaftigsten hervortritt, wurde und wird als bloßer Träger einer erlösenden Glücksstimmung angesehen. Die Botschaft des trostlosesten Kulturpessimismus, wie sie Eugène Ionesco in Salzburg verkündet hat, endete in einem Bekenntnis zu Mozarts »unerklärbarer Freude«. Es mag eine schöne, eine dankbare, eine beneidenswerte Rolle sein, die wir alle spielen sollen, aber so leicht können wir es der Welt nicht machen, wir müssen sie enttäuschen, denn die Größten unter uns, jene

Dichter, Musiker, Philosophen, die dem Land die meiste Ehre machen, sind von dem bewußten Klischee unendlich weit entfernt.

Alles, was nach dem Auftreten unserer ersten bedeutenden Dichter, nach dem Auftreten Grillparzers, Raimunds, Nestroys, Lenaus und Stifters in Vormärz hätte erkannt werden müssen, alles, was bereits aus der Musik Haydns, auch Mozarts und vor allem Schuberts herauszuhören war, ist in jener Vorstellung nicht enthalten. Daß es auch andere als leichtlebige Österreicher gibt, daß vielmehr die bedeutendsten unter ihnen schwermütig, schwerblütig, in sich gekehrt und von allen Arten von Ängsten geschüttelt sind, weiß hier jedermann im Land, aber außerhalb des Landes will niemand etwas davon wissen. Ja, man hält jene, deren Leben und Werk davon zeugen, für aus der Art geschlagen, für Einzelfälle, während sie doch für die innerste seelische Beschaffenheit der Österreicher charakteristisch sind. Nicht weniger als zwei der eben erwähnten Dichter des doch so gemütlichen Biedermeier endeten durch eigene Hand. Einer starb im Wahnsinn. Und die beiden anderen verbargen zwar ihre Grämlichkeit und Mieselsucht hinter einer fröhlichen oder gelassenen Fassade, doch in Wahrheit war ihnen zeitlebens bitter ums Herz.

Über dieses verschüttete, verkannte Österreichertum ist zu reden und darüber, daß die großen Geister dieses Landes, von Grillparzer bis Kafka, von Johann Joseph Fux bis Schönberg, von Maulbertsch bis Kokoschka, der dunklen Seite der irdischen Existenz stets eingedenk gewesen sind. Doch wir wollen auch nicht übersehen, daß unsere kulturelle Sendung, wenn wir es so pathetisch nennen wollen, daß alles, was wir dem Ausland an künstlerischen und gedanklichen Leistungen vermitteln können und sollen, auf einer Synthese aus dem Leichten und Schweren, aus einer durch schmerzvolles Wissen hindurchgegangenen und geläuterten Heiterkeit besteht. Wenn etwas von Österreich

erlernt werden kann, dann ist es die Fähigkeit, sich über
eine zutiefst melancholische Welt- und Lebenssicht hinwegzusetzen und spielerisch, tänzerisch zu den Helligkeiten hin-
zustreben. Das ist schon im Volk begründet und greift über
auf die Intelligenz. Denn wie Arnold Schönberg im Prater
die Walzer von Strauß dirigiert hat, so wirkten die Schriftsteller des Café Griensteidl mit am Libretto zu der Operette ›Der Walzertraum‹, und keineswegs zum Ärger seines
Verfassers ist der Vers »Den Erben laß verschwenden / an
Adler, Lamm und Pfau / das Salböl aus den Händen / der
toten alten Frau« von seinen Freunden zur Melodie des
Fiakerlieds gesungen worden.

Nicht so sehr in der ersten literarischen Blütezeit Österreichs, jener, die im Vormärz begann und mit Grillparzers
Tod zu Ende ging, wie in der zweiten, die in den neunziger
Jahren einsetzte und bis zum Ende des Kaiserreichs währte,
ist man zu den heute noch gültigen Erkenntnissen über das
Wesen unserer Kultur gelangt. Hermann Bahr hat sie formuliert, Schnitzler und Hofmannsthal haben sie niedergeschrieben. Und es ist vor allem Hofmannsthal, dieser uni-
versalste und zugleich introspektivste Geist unter den Dichtern von ›Jung-Wien‹, wenn nicht unseres Landes überhaupt,
den ich hier zitieren will. Auf ihn vor allem können wir
uns berufen, wenn wir jenes Bild zu entwerfen versuchen,
das die irrige Vorstellung der Außenwelt von unserem Sein
und Können korrigieren soll. Er hat sich immer wieder
dazu geäußert, am berührendsten im Ersten Weltkrieg, dem
einzigen, den er erlebt hat, in einer Epoche der Gefährdung, in der ein ungewöhnliches Maß an Selbstbesinnung
und Selbstbewahrung geboten schien.

Das »Klare, Gegenwärtige« im österreichischen Volks-
charakter nennt Hofmannsthal im Jahr 1916 den »geheimen
Quell des Glücksgefühls, das von Haydns, Mozarts, Schuberts und Strauß' Musik ausströmt und sich durch die deutsche und übrige Welt ergossen hat«. Den »Sinn für das

Gemäße« bezeichnet er als »die schöne Mitgift unserer mittelalterlichen, von zartester Kultur durchtränkten Jahrhunderte, wovon uns trotz allem noch heute die Möglichkeit des Zusammenlebens gemischter Völker in gemeinsamer Heimat geblieben ist, die tolerante Vitalität, die uns durchträgt durch die schwierigen Zeiten und die wir hinüberretten müssen in die Zukunft«. Ein »Hauch von Slawischem«, ein »Glanz von Italienischem« sei hier hilfreich und nötig. Er hält »Seligkeit ohne Ekstase, Sehnsucht ohne Schweifendes, Größe ohne Titanisches« für besondere Merkmale unserer Musik und Literatur wie unserer Lebenshaltung und prägt den wunderbaren Satz: »Ein österreichischer Vogel fliegt nicht noch so hoch, daß man nicht das Gefieder erkennen kann.« Vor allem aber hat uns Hofmannsthal in den Jahren der untergehenden Donaumonarchie die präzise Anleitung für unseren vordringlichen Auftrag gegeben, einen Auftrag, den wir heute wie damals zu erfüllen haben. Es ist, in seinen Worten, »die primäre und schicksalhafte Anlage auf Ausgleich mit dem Osten, auf Ausgleich der alteuropäischen lateinisch-germanischen mit der neu-europäischen Slawenwelt, diese einzige Aufgabe und raison d'être Österreichs«.

Nun, als einzigen Daseinsgrund wollen wir sie heute nicht mehr empfinden, obwohl Robert Musil, weit skeptischer gegenüber der »kulturellen Mission der Sancta Austria«, das Bemühen um jene »nichtdeutschen Völker Österreichs«, die ja heute als selbständige und durch andersartige ideologische Bindungen streng von uns getrennte Nationen weiterbestehen, gleichfalls als unsere wichtigste Aufgabe angesehen hat. Auch ihm erschien, übrigens im selben Jahr 1916, das Merkmal unserer Kultur eine »Freundlichkeit des Lebens, eine ungezwungene Anmut, eine Bequemlichkeit« zu sein, »die nicht von Nachlässigkeit herrührt, sondern von einer inneren ererbten Wohlhabenheit« – was immer er darunter versteht. Freilich verband Musil seine Hoffnung auf die Auswirkung all dieser Qualitäten im Ausland mit einem stark und frei strömenden wirtschaftlichen Leben. Eine wirklich kulturerzeugende Kraft sei abhängig, so sagte er, von der ökonomischen und politischen Macht. Und hier muß ihm leider bis zu einem gewissen Grade recht gegeben werden, obwohl künstlerische und geistige Leistungen auch erbracht werden, wo das öffentliche Leben darniederliegt. In Österreich wurden hervorragende und bleibende Werte während der Ersten Republik geschaffen, die den Bürgern weder bleibende Sicherheit noch Wohlstand bot.

Von dieser dritten kulturellen Blütezeit in einer Periode voll verzweifelter Anstrengungen, einen demokratischen österreichischen Nachfolgestaat zu errichten, in einer zunächst periodischen, dann permanenten Bürgerkriegssituation und angesichts des immer deutlicher dräuenden nationalen Untergangs, muß jetzt die Rede sein. Denn in den zwanziger und dreißiger Jahren wurde die Lehre der Psychoanalyse von ihrem Schöpfer und dessen Schülern gefestigt, eine Lehre, die seitdem unserer Wissenschaft zum Ruhme gereicht. Sigmund Freud ist ja neben Johann Strauß zum bekanntesten Österreicher in der Welt geworden. In derselben Epoche hat Ludwig Wittgenstein, hat der Wiener Kreis unter dem Vorsitz von Moritz Schlick jenen logischen Positivismus gelehrt und verbreitet, der von den angelsächsischen Ländern übernommen wurde, auf bedeutende Geister wie den britischen Denker A. J. Ayer oder – im dialektischen Widerspruch – den kritischen Rationalisten Karl R. Popper nachwirkte und schließlich auch linguistische Aktivitäten auf akademischem und literarischem Gebiet bestärkte, wie sie jetzt erst so richtig im Schwange sind. Die sogenannte zweite Wiener Schule in der Musik hat damals ihre großen Opernwerke geliefert, Bergs ›Wozzeck‹ und ›Lulu‹, und Schönbergs ›Moses und Aron‹. Kafkas Romane erschienen, wenn auch posthum. Robert Musil,

Hermann Broch, Franz Werfel, Stefan Zweig, Joseph Roth, Ödön von Horváth, Alexander Lernet-Holenia waren auf der Höhe ihres Schaffens; Schnitzler, Hofmannsthal und Karl Kraus lebten und schrieben noch.

Freilich war, und insofern hatte Musil recht, von offizieller Seite – gewiß aus Geldmangel – in den Jahren zwischen den Kriegen recht wenig unternommen worden, um dem Ausland nahezubringen, was daheim im kulturellen Bereich vor sich ging. Selbst die Salzburger Festspiele, schon damals Österreichs prächtigstes Schaustück, lebten weitgehend von ihres Gründers und Leiters eigener Internationalität. Diese Erste Republik glaubte nicht an sich selbst und machte auch die Welt nicht an sich glauben. Kleinmut erfüllte ihre Einwohner, so daß viele, die man heute als ›Kunstschaffende‹ bezeichnen würde, das Land verließen und vor allem in der damaligen geistigen Hauptstadt Mitteleuropas, Berlin, ihr Glück versuchten, bevor das Dritte Reich sie entweder zurück in ein gleichfalls schon bedrohtes Österreich oder unmittelbar in die Verbannung trieb. Niemand wagte ein Bekenntnis zu Österreich, wie es Hofmannsthal im Herbst der Habsburgermonarchie abgelegt hatte oder wie Heimito von Doderer es in der Zweiten Republik richtungweisend niederschrieb. Wie stark und groß die heimischen Talente dennoch waren, zeigt sich daran, daß sie trotz geringer Förderung in ihrer Zeit sich durchsetzen und auf eine spätere Nachwelt ausstrahlen konnten. Was sie damals säten, ernten wir nun.

Bewußte Kulturpolitik, mit dem Blick nicht nur nach innen, sondern auch auf das Ausland, ist erst nach dem Zweiten Weltkrieg und der erneuten Staatswerdung Österreichs getrieben worden. Auch die Jüngeren und Jungen unter uns haben miterlebt, wie man in der Regierung und Kommunalverwaltung jene vierte Blütezeit nach dem Vormärz – wenn auch keineswegs synchron mit dem überraschenden Aufschwung vor allem in der Dichtung und bildenden Kunst – allmählich doch zur Kenntnis genommen hat. Gewiß, unsere Schriftsteller, vor allem jene, die heute außerhalb Österreichs am meisten gelten, haben sich immer wieder über die mangelnde Anerkennung und Unterstützung ihrer doch so vielversprechenden Anfänge beklagt. Aber ich erinnere mich aus eigener schmerzlicher Erfahrung, daß es den jungen Autoren zwischen den beiden Kriegen noch viel schlechter erging. Nichts, so gut wie nichts war damals von Obrigkeits wegen für neue Talente geschehen. Wer die Feder zur Hand nahm oder sich an die Schreibmaschine setzte, konnte weder mit ministerieller noch mit städtischer Hilfe rechnen, war ganz allein auf sich und die Benevolenz der Buch- und Zeitungsverleger gestellt.

Nun, das ist anders geworden, jeder weiß es so gut wie ich. Staat und Stadt haben sich auf die verschiedenartigste Weise des Wohlergehens und Fortkommens der Künstler und Literaten angenommen; auch die verfemtesten, weil dem eigenen und fremden Wunschbild so wenig entsprechenden Avantgardisten der fünfziger Jahre sind heute etabliert und dekoriert. Aber hat sich das Bild der österreichischen Kultur im Ausland bereits völlig verändert? Herrscht nicht immer noch, in gewissem Maße, das Vorurteil vom leichten, wenn nicht gar seichten, vom bloß graziös-ironischen, über das existentielle Weh wie über jegliches *Mal du siècle* hinwegsegelnden Geist, der unser Denken und unsere Kunst erfüllt? Léopold Sédar Senghor, der eine ebenso verständnisvolle wie schmeichelhafte Analyse des österreichischen Beitrags zur Weltkultur vornahm, meinte gleichfalls, wir würden doch »recht oberflächlich als ein sensibles und spontan reagierendes Volk« dargestellt, »voll glänzender Fähigkeiten und leichten Sinns, liebenswürdig und fröhlich, mit einer Kunst von verfeinerter und ein wenig preziöser Eleganz«, nicht mehr. Und jenes fatale Wort ›Eleganz‹ kehrte wieder in einer durchaus lobend gemeinten Definition des österreichischen schöpferischen Men-

schen, die der Psychologe Professor Hans Kreitler in Alp-
bach gab: sein »elegantes Pendeln von einem Gebiet zum
anderen, seine Neigung und Fähigkeit, in vielen Kultur-
wassern zu schwimmen, obgleich man doch in manchen von
ihnen in Ertrinkungsgefahr gerät«.

Wo bleibt bei solchen Vorstellungen eine Figur wie Thomas Bernhard, dieser ganz und gar introvertierte, auf ver-
trackte und zuweilen abstruse Art an die Wurzeln der
conditio humana rührende, allein mit Endproblemen, mit
eschatologischen Situationen befaßte Dichter es ist? Allzu
sehr ist die Welt immer noch befangen in jenem schabloni-
sierten Begriff eines walzer- und weinseligen Lebenskünst-
lers, als den sie den Österreicher am liebsten sieht, um eine
Erscheinung wie Bernhard damit in Einklang zu bringen.
Wer dem Ausland auch die Ernsthaftigkeit, auch die Tiefe,
kurzum, das notwendige und durchaus vorhandene Korrelat
zu der spielerisch-heiteren Attitüde, die wir zumeist ein-
nehmen oder vortäuschen, deutlich machen will, muß zunächst mit Widerständen rechnen. An diesem Beispiel
Thomas Bernhard aber möchte ich demonstrieren, wie heutzutage mit offizieller Unterstützung alte Klischeevorstellun-
gen zurechtgerückt werden können, wie zugleich der frühere Wirkungsbereich österreichischer Kultur wieder erfaßt
und zurückgewonnen werden kann.

Vor einigen Jahren hat in Triest ein Thomas-Bernhard-
Symposium stattgefunden. Außenministerium und Unter-
richtsministerium hatten dabei die Hand im Spiel. Und
hier, mit Hilfe italienischer Germanisten, unter denen sich
auch einer der gründlichsten Kenner unserer Literatur,
Claudio Magris, befand, wurde im Beisein dieses Autors die
Summe seines bisherigen Werkes gezogen. All diese schwierigen, umdüsterten Prosatexte und Dramen mit ihren sym-
bolhaften Verschlüsselungen der Todesproblematik wurden
untersucht und die heimlichen Bezüge Bernhards zur tra-
dierten österreichischen Dichtung aufgespürt – vor Lesern

74

und Zuhörern, in deren literarischem Gedächtnis den Namen Joyce und Svevo noch lebendige Präsenz zukommt.

So kann in einem Winkel Europas, der noch dazu einmal im Strahlungskegel Wiens gelegen war, die Kenntnis der wahren Spannweite unserer geistigen und künstlerischen Hervorbringungen wachgerufen werden. In Triest stützt sich dergleichen auf einen privaten Kreis von Altösterreichern, dem an fortgesetzten Kontakten liegt. Ähnliche, längst verloren geglaubte Bindungen bestehen noch in Städten wie Krakau oder Zagreb, wo man, und nicht nur bei den Germanisten, mit besonderem Interesse an unseren Schriftstellern rechnen kann. Aber keineswegs nur in jener ›Slawenwelt‹, deren Einbezug in die lateinisch-germanische Welt Hofmannsthal als die wahre *raison d'être* Österreichs empfand, sondern auch im europäischen Süden, Westen und Norden, im Nahen Osten und schließlich in Amerika sind die erst vor wenigen Jahrzehnten begründeten Kulturinstitute mit der Propagierung unserer künstlerischen Leistungen befaßt. In die Vereinigten Staaten werden vor allem unsere jüngeren Autoren und deren Interpreten entsendet. Universitäten wie jene von Südkalifornien laden zu einem sogenannten ›German Semester‹ mehr Österreicher als Deutsche ein.

Es ist ein ebenso bewegendes wie bedenkenswertes Faktum, daß bei den liebevollen und akribischen Bestrebungen um unsere Literatur auf dem ganzen nordamerikanischen Kontinent den einstigen Emigranten das bedeutendste Verdienst zukommt. Jene Menschen, die aus Österreich ausgestoßen wurden, haben in ihrem neuen Wirkungskreis die Treue zu ihrer geistigen Überlieferung bekräftigt, haben im Ausland hochgehalten, was ihnen daheim vorenthalten, ja untersagt gewesen war. Da hatte Heinz Politzer in Berkeley in Generationen von Studenten das Verständnis für Grillparzer, für Hofmannsthal, für Kafka geweckt, da hat Franz Mautner in Swarthmore fremdsprachige Leser für Nestroy gewonnen, da hat Erich Heller in Chikago seine Dissertanten immer wieder auf Karl Kraus hingewiesen und Harry Zohn in Brandeis ein gleiches getan. Schon sind ihre Schüler am Werk und jene ihrer Kollegen, die von ihnen auf bedeutende Erscheinungen unserer Dichtung aufmerksam gemacht worden sind. In Riverside bringt Donald Daviau, ein besonderer Kenner Bahrs und Schnitzlers, die Zeitschrift ›Modern Austrian Literature‹ heraus, in Missoula ediert Horst Jarka das Gesamtwerk Jura Soyfers und läßt dessen Stücke als Puppenspiele einstudieren, in Albuquerque führt Peter Pabisch junge Neumexikaner in die skurrile Phantasiewelt H. C. Artmanns ein.

Das einseitige Bild oberflächlicher *Joie de vivre* wird in unseren Tagen durch das Bild einer tragischen Gefühlstiefe ersetzt. Ein extremes Gegenbild, gewiß, und darum nicht minder irreführend. Aber jene Synthese aus dem Leichten und Schweren, von der ich sprach, ist nicht immer in ein und derselben Person gelungen. Wir haben nicht viele große Figuren wie Hofmannsthal, der mit ebensolcher Vollendung eine Komödie wie den ›Schwierigen‹ und eine Tragödie wie seine Fassung der ›Elektra‹ schrieb. So müssen wir denn, wenn wir unser Vermögen zu einer wissenden, durch Schmerz geläuterten Heiterkeit beweisen wollen, unser Überwindenkönnen einer sehr wohl empfundenen Lebensmelancholie, die nachtschwarzen Farben neben die lichten setzen. Wir müssen darauf beharren, daß Franz Kafka und Gustav Mahler eine ebenso gültige Seite des österreichischen Wesens darstellen wie Ferdinand Raimund und Johann Strauß. Wir müssen auch auf die Gefahr hin, gewisse Bewunderer unseres Landes zu verschrecken, immer wieder betonen, daß umschattete Grübler wie Bernhards Roithamer, Handkes Spiegelfiguren oder Innerhofers Holl ebensolche Prototypen des Österreichers sind wie jener frivole Rentier Eisenstein, der lieber vergißt, was nicht mehr zu ändern ist.

In unser aller Bemühen, Österreich und seiner Kultur die rechte Geltung in der Welt zu verschaffen, helfen jene, die sie hervorbringen, nicht immer auf das glücklichste mit. Zwar hat ein so hervorragender Prosaist und Chronist wie Heimito von Doderer viel dazu getan, das Selbstgefühl der Zweiten Republik zu stärken. Aber immer wieder gibt es Jüngere als er, etwa den von Doderer so hochgeschätzten und mit Recht durch den Großen Staatspreis ausgezeichneten Poeten und Fabulierer H. C. Artmann, die in irgendeiner närrischen Weinlaune ihr Land verleugnen und, weil sie häufig außerhalb seiner Grenzen leben, nicht wahrhaben wollen, wie sehr sie in allen Fasern, durch unzerreißbare Fäden zur eigenen Herkunft und gemeinsamen Überlieferung, mit ihm verbunden sind.

Da müssen denn dem Ausland, das solches spöttisch zu notieren und kommentieren geneigt ist, die Augen darüber geöffnet werden, daß solche Menschen gerade darum so österreichisch sind, weil sie diesen Umstand mit einer so trotzigen Querköpfigkeit verneinen – so österreichisch wie alle, die in irgendeiner Weise dem angehören oder angehörten, was Hofmannsthal den geistigen Raum der Nation genannt hat, so österreichisch wie Ingeborg Bachmann in Rom und Paul Celan, Manès Sperber, Peter Handke in Paris, so österreichisch wie Elias Canetti und Erich Fried in London, so österreichisch, in einem weitgespannten Sinn, wie der Kroate Krleža und die Ungarn Lukács, Hay und Déry, wie die Prager Max Brod und Johannes Urzidil, und wie Ettore Schmitz, der sich Italo Svevo nannte. Das Vergangene und das Gegenwärtige, das Nahe und das Ferne, das Helle und das Dunkle, all das gehört in das Bild jener österreichischen Kultur, die uns am Herzen liegt und die wir der Welt in ihrer ganzen Fülle und Vielfalt vermitteln wollen.

SCHRIFTSTELLER

» KULTURMILDE
UND GEISTIGE ANMUT«:
ÖSTERREICHER

Loris

> Mein Ich von gestern geht mich so wenig an
> wie das Ich Napoleons oder Goethes.
>
> HUGO VON HOFMANNSTHAL
> mit sechzehn Jahren

Ist es erlaubt, aus einem Leben ein Stück herauszuschneiden
und gesondert zu betrachten wie ein entseeltes, vom Rumpf
getrenntes Glied? Das Bild selbst scheint es zu verwehren;
und Metaphern eignet eine magische Kraft. Will man das
Dasein aber einem Strom vergleichen, der durch eine stetig
wechselnde Landschaft fließt, so darf man es wohl gelegentlich von einem Standort überblicken, dem sich nur eine einzige Windung seines Weges enthüllt. Manche Lebensströme
laufen zwischen stetig erweiterten Ufern einher, voll wachsender Schaffenskraft, die sie immer reicher dahinschwellen
läßt, bis sie sich schließlich an der Mündung dem Meer der
Unendlichkeit zugesellen. Andere entziehen sich an einem
gewissen Punkt unserem Blick, schwinden dahin und verlieren sich im Geröll des Bachbetts, um als Netz von Rinn-
salen neuerlich zutage zu treten – ein weit verzweigtes, un-
übersichtliches Delta, das sich nie wieder zu einem starken
und mächtigen Fluß vereint. Will man in solchen Fällen
nicht lieber am Ursprung der Quelle verweilen, statt sie
versickern zu sehen oder ihren letzten Verästelungen nachzuspüren? Ist nicht die erste glückliche Erscheinungsform
einer großen und tragischen Figur gleichsam eine selbständige Existenz?

Loris, ein junger Mann aus gutem Hause, wuchs aus dem sozialen Gefüge der Gründerzeit hervor, das die Verfeinerung der Künste erheblich begünstigt hatte. Was tat es, daß dieses Gefüge bereits ins Wanken geraten war, ehe es noch vollendet dastand, daß der Wurm sich in die Früchte des Wohlstands eingeschlichen hatte, ehe sie noch reiften? Die Söhne des bürgerlichen Jahrhunderts überließen diese Sorge ihren Vätern, durch deren Geschäftsgeist ihre Muße und Unabhängigkeit erkauft worden waren. In Wien zumal wichen sie vor dem Leben selbst in seinen sublimierteren Formen zurück. Ernst Mach, der Begründer des modernen Positivismus, hatte sie die Existenz der Wirklichkeit ebenso bezweifeln gelehrt wie die Unwirklichkeit der Träume. Da ihnen der Alltag ihrer wohlgeordneten Welt schal und abgestanden schien, zogen sie ihm sein Abbild, seinen bleichen Widerschein in Erinnerung und Ahnung vor. Wie einer von ihnen später schrieb, »erblickten sie häufiger den Abglanz wächserner Kerzen im venezianischen Glas als die Sterne im Spiegel des ruhenden Sees«. Noch hatte keiner von ihnen sein Versprechen erfüllt, als sie eines Tages in ihrer Mitte ein Genie entdeckten, ein erleuchtetes Kind, den sechszehnjährigen Hugo von Hofmannsthal.

Seit einer Weile waren unter dem Namen Loris in literarischen Zeitschriften Aufsätze von seltenem Reiz und durchsichtiger Klarheit erschienen. Der Leser mochte hinter dem Pseudonym einen gebildeten, weitgereisten Mann von jenem psychologischen Tiefblick, jener formalen Vollendung vermuten, über die nur das reife Lebensalter verfügt. Als Loris jedoch eines Tages von Bahr in jenes Café geladen wurde, das zu Beginn der neunziger Jahre die Heimstätte der Wiener Literaten war, erschien ein Schulknabe in kurzen Hosen, verbeugte sich und gab sich mit hoher Stimme zu erkennen. Ungläubig betrachtete man den ernsten Jüngling mit der strengen Stirn, dem dunklen und leicht italienisch anmutenden Gesicht, dem schlanken Körper mit den schmalen Schultern. Seine Aufnahme in den Kreis des Café Griensteidl änderte nichts an seiner Haltung. Er kannte seinen Wert, hielt sich jedoch von jeder Anmaßung fern. Den Tag verbrachte er noch auf der Schulbank; abends mochte er – jeden Satz zur Vollkommenheit gerundet – der Zuhörerschaft eines literarischen Salons sein neues Versdrama über die Vergänglichkeit und Unbegreifbarkeit des Lebens rezitieren. Denn dies bewegte ihn über alles:

> – daß man so lebt
> Und alles ist, als ob's nicht wirklich wäre?
> Nichts wirklich als das öde Zeitverrinnen
> Und alles andere wie nichts: das Wasser,
> Der Wind, das schnelle Reiten in dem Wind,
> Das Atmen und das Liegen in der Nacht,
> Das Dunkelwerden, und die Sonne selbst,
> Das große Untergehn der großen Sonne
> Wie nichts, die Worte nichts, das Denken nichts!
> Kann denn das sein, daß nur so weit ich seh'
> Das Leben aus der Welt gesogen ist,
> Aus allen Bäumen, Bergen, Hunden, aus
> Unzähligen Geschöpfen, so wie Wasser
> Aus einem heimlich aufgeschnittnen Schlauch?

Dieser Knabe, Abkömmling lombardischer Aristokraten, seit langem geadelter mährischer Juden und einer österreichischen Beamtenfamilie, sammelte und verschmolz in sich die Essenzen antiker und moderner Kulturen. Unweigerlich forderte er den Vorwurf der Eklektik heraus. Er selbst zog es vor, sich einen Erben zu nennen, des Schatzes und der Bürde bewußt, die ihm von seinen Vorfahren vermacht worden waren. »So gehen wir umher in dieser Stadt / die Kronenwächter des versunkenen Reichs / letzte Wissende, letzte Träger eines adeligen Bluts.« Er konnte »ganz vergessener Völker Müdigkeiten nicht abtun von seinen Lidern«, doch solche seit Generationen verfeinerten Nerven kamen ins Schwingen, wo der leiseste Anflug von Schönheit sie streifte. Alles berührte ihn – die gewitterschwülen Abende seiner Jugend, Regen und Sturm, der Geruch ertrunkener Blätter auf dem Gartenweg und der alte Herr mit den wäßrigen Augen im dritten Stock des Hauses, der des Abends mit zittrigen Händen die Geige spielte.

Gewisse Seiten in den Büchern der elterlichen Bibliothek hat der vorsorgliche Vater, der den halberwachsenen Sohn vor frühzeitigen Enthüllungen bewahren möchte, noch mit einem Seidenfaden zugebunden. Doch es besteht kein Grund, dem Knaben die Geheimnisse des Lebens vorzuenthalten, denn mit magischer Einfühlung hat er sie längst erfaßt. Überdies ist er aufs innigste vertraut mit den Mythen und Legenden aller Zeiten, jenem Sammelgedächtnis der Menschheit, welches die Schlüssel zu allen irdischen Verstecken birgt. Sein Geist wird genährt von den Dichtern der Länder, deren Sprachen er beherrscht. Überwältigt von Eindrücken, allen Stimmungen des Wetters, der Zeit, der Natur, der Straße willig hingegeben, wandert er durch die süße wehmutsvolle Atmosphäre seiner heimatlichen Stadt, die sich dem unerklärlichen Kummer so heftig wie der unbegründeten Freude hingibt. Und wenn er sich dann anschickt, seine Empfindungen wiederzugeben, nimmt seine deutsche Sprache die Melodik des Italienischen an, die Klarheit des Französischen, die Symbolkraft des Englischen und die Anmut und Grazie lateinischer Diktion.

Bereits in seinen frühesten Aufsätzen erkennt er das *mal du siècle*, welches der Preis ist, den das Jahrhundert für seine anspruchsvolle Verfeinerung fordert. »Es ist, als hätte die ganze Arbeit dieses feinfühligen, eklektischen Jahrhunderts darin bestanden, den vergangenen Dingen ein unheimliches Eigenleben einzuflösen ... Wir haben aus den Toten unsere Abgötter gemacht; alles, was sie haben, haben sie von uns; wir haben ihnen unser bestes Blut in die Adern geleitet; wir haben diese Schatten umgürtet mit höherer Schönheit und wundervollerer Kraft, als das Leben erträgt; mit der Schönheit unserer Sehnsucht und der Kraft unserer Träume. Ja, alle unsere Schönheits- und Glücksgedanken liefen fort von uns, fort aus dem Alltag, und halten Haus mit den schöneren Geschöpfen eines künstlichen Daseins ... Bei uns aber ist nichts zurückgeblieben als frierendes Leben, schale, öde Wirklichkeit, flügellahme Entsagung. Wir haben nichts als ein sentimentales Gedächtnis, einen gelähmten Willen und die unheimliche Gabe der Selbstverdoppelung.« Doch er ist sich auch mit Stolz dessen bewußt, daß er zu einer erwählten Bruderschaft seiner Generation gehört. »Ich rede von ein paar tausend Menschen, in den großen europäischen Städten verstreut ... es brauchen keineswegs die Genies, ja nicht einmal die großen Talente der Epoche unter ihnen zu sein; sie sind nicht notwendigerweise der Kopf oder das Herz der Generation: sie sind nur ihr Bewußtsein. Sie fühlen sich mit schmerzlicher Deutlichkeit als Menschen von heute; sie verstehen sich untereinander, und das Privilegium dieser geistigen Freimaurerei ist fast das einzige, was sie im guten Sinne vor den übrigen voraus haben. Aber aus dem Rotwelsch, in dem sie einander ihre Seltsamkeiten, ihre besondere Sehnsucht und ihre besondere Empfindsamkeit erzählen, entnimmt die Geschichte das Merkwort der Epoche.«

Hofmannsthal war neunzehn Jahre alt, als er dies in einem Aufsatz über d'Annunzio schrieb. In allen seinen frühen Werken kehrten diese zwei Motive unablässig wieder. Seine Gedichte und Dramen sind erfüllt von der Furcht, er könnte das Leben um seiner verführerischen Schatten willen versäumen. Seiner Prosa aber zwingt sich immer wieder der Stolz auf sein kulturelles Erbe auf und das Bewußtsein der Verantwortung, welche ihm daraus erwächst. Diese erste Spanne seines dichterischen Lebens – von seinem sechzehnten bis zu seinem sechsundzwanzigsten Jahr – enthält bereits ein ganzes Lebenswerk. Später ist gesagt worden, er hätte nur wie Novalis, Wackenroder und Keats als

Jüngling sterben müssen, um als deren edelster Gefährte in die Weltliteratur einzugehen. In der Tat befindet sich unter seinen Versen, die zuweilen fließender und dabei nicht minder makellos sind als die Stefan Georges, eine Handvoll Meisterstücke. Und obgleich sie, gleich Georges Gedichten, Goethe und Hölderlin nicht wenig verdanken, wohnt ihnen ein volksliedhaftes Element inne, das jene klassizistischen Züge mit dem Anmutshauch der Romantik belebt. Jedes der frühen Versdramen spielt in einer anderen luftigen, aber dennoch eigentümlich zweidimensionalen Sphäre – in Italien zur Zeit der großen Maler oder im Biedermeier, jener österreichischen Mischung von romantischem und bürgerlichem Geschmack. Er ist in allen Stilen daheim; selbst mittelalterliche Inhalte vermag er später in neuzeitliche Form zu gießen. Doch seine beiden Biedermeier-Allegorien, ›Das kleine Welttheater‹ und ›Der Tor und der Tod‹, sind, obschon von geringerer Reichweite und limitiertem Bezug, von feinerem Gewebe als sein späterer, gleichsam in handgewirktem Sackleinen hergestellter ›Jedermann‹.

Prosa veraltet häufig, wo die Lyrik sich eines längeren Lebens erfreut. Hofmannsthals kritische Schriften aber sind heute so gültig wie zu der Zeit, da sie entstanden. Zuweilen nur scheinen sie ein wenig preziös und ephemer, vom parfümierten Gespensterhauch der Jahrhundertwende umwittert: intensive Beschäftigung mit Walter Pater und d'Annunzio mag ihre Spur hinterlassen haben. Untersuchungen wie jene über Maurice Barrès, über den Quäker Oliphant, über Mozart sind in ihrer Einsicht seither nicht übertroffen worden. In seinem Essay über Amiel aber stehen geradezu prophetische Worte; sie gelten, mehr als für seine eigene Zeit, der Zukunft – unserer Gegenwart: »In Qualen wird das ›gute Europäertum‹, die vaterlandslose Klarheit von morgen errungen; den Geschlechtern von gestern und heute, zwei Generationen von Schwankenden und Halben, war der Weg zu rauh. Nach rückwärts zieht die Verführung, die nervenbezwingende nostalgie, die Sehnsucht nach der Heimat: sie ist das Nationalitätenfieber, sie Heilsarmee und neues Christentum, sie ringt in Tönen nach dem Gral, zu dem keiner zurückfindet, sie ist das Letzte aller Ermatteten... Zurück zur Kindheit, zum Vaterland, zum Glaubenkönnen, zum Liebenkönnen, zur verlorenen Naivetät: Rückkehr zum Unwiederbringlichen.«

Nachdem er die Schule verlassen hat, beginnt Hofmannsthal sein Studium an der Universität und folgt hier, wie in allem anderen, der den Söhnen der wohlhabenden Bourgeoisie vorgeschriebenen Norm. Er reist, bringt seine Waffenübungen bei der Kavallerie hinter sich, legt sein Doktorexamen ab. In der kultivierten und doch intimen Sphäre Wiens ist ein abgewogener Ausgleich zwischen Muße und Inspiration immer möglich; die anmutige Landschaft der Umgebung kräftigt den ermüdenden Städter; einige in Venedig oder Paris erlebte Wochen eröffnen verschüttete Quellen der Inspiration und schaffen Hinweise auf sein zukünftiges Werk. Unversehens gleitet er von der Jugend ins Mannesalter, gründet ein Haus und fährt fort in der überkommenen Lebensmanier. Das neue Jahrhundert ist angebrochen. Erst in dessen zweitem Dezennium freilich wird das Gefüge der Zeit, der Loris entstammte, zu zerfallen beginnen. Inzwischen ist noch viel zu sehen und zu lesen, viel zu schreiben auf illuminierte und zugleich formvollendete Art.

So möchte man ihn verlassen – in der Stille seines Studierzimmers, am Rande der Stadt, inmitten seltener Bücher, den Blick auf den Garten mit der regenverwaschenen Nymphe gerichtet. Seine Jugend war reif wie die Jugend Goethes. Die zweite Lebensspanne hebt an. Wird in ihr nicht sein Genie bestätigt werden? Doch nur dem, der hier die Augen abwendet und die nächste Flußwindung nicht mehr erspäht, kann das Erschreckende verborgen bleiben, das sich jetzt begibt! Denn dieser reiche Quell, dieser hoch aufsprudelnde Ursprung eines mächtigen Stromes, entrieselt und versandet mit einemmal. Nicht daß es in den nächsten Jahren an Hervorbringungen gemangelt hätte! Die Bibliographie des Dichters verzeichnet Prosaschriften von tiefem Gehalt und Dramen von weltumspannender Thematik, deren Bau fortab Stein um Stein hinzugefügt, wieder verändert oder gar abgerissen wird. Doch nur die Form, nur das Flußbett ist zurückgeblieben; das Strömen der Phantasie ist unterbrochen, die Kraft der unablässig zeugenden Eingebung ist dahin. In unübertrefflicher Gestalt präsentieren sich überkommene Inhalte und ein lediglich betrachtender, nicht mehr ein wahrhaft schöpferischer Geist. Er selbst aber, der einst Erleuchtete, immer noch Hellsichtige, blickt bis auf den Grund der eigenen Seele und faßt seine Erkenntnis in ein erschütterndes Zeugnis künstlerischer Resignation, jenen imaginären ›Brief des Lord Chandos‹, in dem ein junger Dichter dem alten Francis Bacon das Versiegen seines Talentes eingesteht.

»Bin ich's, der nun Sechsundzwanzigjährige, der mit neunzehn jenen ›Neuen Paris‹, jenen ›Traum der Daphne‹, jenes ›Epithalamium‹ hinschrieb, diese unter dem Prunk ihrer Worte hintaumelnden Schäferspiele? . . .« »Mein Inneres aber muß ich Ihnen darlegen . . . wenn Sie begreifen sollen, daß mich ein ebensolcher brückenloser Abgrund von den scheinbar vor mir liegenden literarischen Arbeiten trennt als von denen, die hinter mir sind und die ich, so fremd sprechen sie mich an, mein Eigentum zu nennen zögere . . .« »Um mich kurz zu fassen: Mir erschien damals in einer Art von andauernder Trunkenheit das ganze Dasein als eine große Einheit: geistige und körperliche Welt schien mir keinen Gegensatz zu bilden . . . in allem fühlte ich Natur.« . . . »Mein Fall ist, in Kürze, dieser: Es ist mir völlig die Fähigkeit abhanden gekommen, über irgend etwas zusammenhängend zu denken oder zu sprechen.« . . . »So ging es mir nun mit den Menschen und ihren Handlungen. Es gelang mir nicht mehr, sie mit dem vereinfachenden Blick der Gewohnheit zu erfassen. Es zerfiel mir alles in Teile, die Teile wieder in Teile, und nichts mehr ließ sich mit einem Begriff umspannen.«

Der junge Dichter, dem die Einheit der Welt zersprungen ist, der sich plötzlich dem Chaos gegenübersieht und die Macht der schaffenden, ordnenden Phantasie nicht mehr in sich fühlt, wird in späteren Jahren seine Schöpferkraft wiedergewinnen. Der versickerte Fluß wird von neuem hervorbrechen und auf breiterem Grund, in viele Richtungen strebend, der Mündung entgegenströmen. Vieles, das sich vorbereitet hatte in jenem unterirdischen Lauf, tritt dann zutage – eine Fülle von Operndramen, unter den edelsten epigonalen Texten der einzigartige, originale ›Rosenkavalier‹; unter mehreren heiteren und anmutigen Komödien ›Der Schwierige‹, diese figürliche Essenz des Subtilsten im österreichischen Wesen; seine dem besten Kunstgewerbe vergleichbare Fassung des mittelalterlichen ›Jedermann‹; das allzu programmatisch entstandene ›Salzburger Große Welttheater‹. Seine kritischen Arbeiten werden tiefergehend, seine Prosa womöglich noch geschliffener werden. Was immer er verfaßt, wird den Stempel der Meisterschaft tragen, wird einen Stil erkennen lassen, der voll von Würde und wohlabgemessener Metaphorik ist, bilderreich, aber niemals überladen. Doch sein Roman ›Andreas‹ wird ein Bruchstück bleiben, ein Torso von großer Schönheit, das hilflos unvollendete Werk eines Geistes, der über den vielfach verschlungenen Pfaden der Möglichkeiten den sicheren Weg der Gewißheit aus den Augen verliert. Und sein ›Faust‹, die Erfüllung eines Werks, das einst den Anspruch erhob, sich an dem Goethes zu messen, ›Der Turm‹ in seinen vier Versionen, wird bei aller wiedergewonnenen Inspiration, allem Neuaufstrahlen eines visionären Talents jenes unaufführbare Lesedrama bleiben, das sich immer weiter der Verwirklichung entzieht wie so viele anderen himmelstürmenden dramatischen Flüge von Grabbe bis Karl Kraus.

So übt das Leben an dem schönen und verwöhnten Kinde, das es anfangs mit Hochmut behandelt hat, schließlich seine Vergeltung. Das Gefäß steht da in seiner unnachahmlichen Form. Doch der allzu früh geläuterte Wein, ehedem achtlos verströmt, ist eingesickert. Nun kann ein rücksichtsloses Genie es mit seinem eigenen starken Gebräu erfüllen und am Ende umgestalten nach seinem Zweck und Bedarf. Lange aber, ehe Richard Strauss den Dichter zum Diener seiner Musik einsetzen durfte, hatte Hofmannsthal die Tragik seiner künstlerischen Existenz erkannt. Jene kindliche Furcht, über dessen Spiegelbild das Leben selbst zu verlieren, war nicht grundlos gewesen. Seine Verachtung der überlauten Gegenwart, seine ästhetische Abwendung schloß ihn nicht nur von den robusteren Manifestationen des Daseins aus, sie ließ ihn auch unter der Erkenntnis ihrer Vielfalt zusammenbrechen. Die Wirklichkeit rächte sich an dem, der an ihr vorübersah, indem sie ihn durch den unverwandten Anblick ihres Medusenhauptes betäubte. Die nachtwandlerische Sicherheit, mit deren Hilfe der junge Loris die Welt der Erscheinungen durchschritten hatte, sollte den Erwachsenen verlassen. Und so mußte er, der den ›Sturm‹ von allen Dramen der Welt am besten kannte und am meisten liebte, sich zuletzt, gleich Prospero, ohne seinen Zauber machtlos fühlen. Wo alles Verfeinerung, alles Luft und durchsichtig ist, flieht auch die Dichtung in ästhetische Ungreifbarkeit wie die Geister der magischen Insel. Welche Möglichkeiten aber haben sich mit ihr verflüchtigt! Wäre Andreas nicht so früh zum Schatten geworden, er hätte Loris in den Schatten gestellt!

Alexander Lernet-Holenia

Eine Welt, in der es mehr unredliche Genies als redliche Talente gibt, hat es nötiger denn je, sich auf die wahren Merkmale des Genialen zu besinnen. Es gibt ihrer einige, doch das Untrüglichste ist wohl seine Zwangsläufigkeit. Genial ist einer von Kind auf, oder er ist es nicht. Das Gefühl fürs Geniale freilich, jenes blitzartige Erkennen seiner echten, unverfälschten, unnachahmlichen Manifestation, stellt sich erst in den mittleren Jahren ein. Gleich so vielen langsam und mühsam errungenen Gnaden dient es dem, der es schließlich besitzt, nur noch allzu kurze Zeit und muß von jeder nachfolgenden Generation neu erworben werden, die darüber ihr halbes Leben verliert.

Erwägungen wie diese sind zweifellos bereits von dem sentenziösen Geist des Dichters beeinflußt, dem dieser Aufsatz gilt. Denn es ist ein weiteres Merkmal des Genialen, daß es auf seinen Umkreis so heftig abfärbt wie ein Körnchen hypermangansauren Kalis auf das Wasser im Gurgelglas, und es also schlechthin unmöglich ist, sich mit ihm zu befassen, ohne in seinen Ton oder gar auf Gedankengänge wie die seinen zu verfallen. Alexander Lernet-Holenia scheint jedoch schon deshalb als eine Art von Genie festgelegt, weil es seiner Mitwelt, und vor allem seinem Vaterlande, stets unmöglich war, ihn als ein solches anzuerkennen. Echte Genies – anders als die falschen – haben es in sich, durch erratische Charakterzüge, Unbotmäßigkeit gegenüber Ämtern, stachliges oder trotziges Wesen, unerwartete private und politische Rösselsprünge und eine Fülle vertrackter, konträrer und krauser Äußerungen und Tatsetzungen jene braven Vertreter des Geisteslebens und Würdenträger des Staates, die irdische Ehrungen und Auszeichnungen zu verteilen pflegen, vor den Kopf zu stoßen und sich zu Feinden zu machen, so daß sie, gleich den ebenfalls unberechenbaren Heiligen, erst eine geraume Zeit nach ihrem Tode zu dem gestempelt werden, was sie sind.

Überdies aber hat der Mann, von dem hier die Rede ist, sich allzeit so sehr auf jenes So-und-nicht-anders-sein-können berufen und derart auf sein autochthones Recht und Gottesgnadentum gepocht, daß er sich gegen die Zuerkennung eines dauerhaften und unerschütterlichen Ruhms gleichsam verbarrikadierte. In einem ansehnlichen Werk, das von der reinsten und edelsten Lyrik bis zum leichtesten und seichtesten Salonstück und Fortsetzungsroman reicht, ist Lernet-Holenia jeder Laune seiner eigenwilligen Phantasie gefolgt, ohne sich im geringsten um ihre jeweilige Wirkung zu bekümmern. Anders als Rilke oder Hofmannsthal, mit denen ihn mehr verband als mit gleichaltrigen Dichtern, hat er nie, oder nur selten, mit dem Seitenblick auf den olympischen Lorbeer geschrieben, oder sich etwa frivoler, bizarrer oder gar parfümierter Einfälle und Formulierungen begeben, weil sie das Gesamtbild seiner künstlerischen Persönlichkeit hätten beeinträchtigen können. So hat er das Standbild, das seinen schönsten Hervorbringungen, den Gedichtbänden ›Die goldene Horde‹, ›Die Trophäe‹ und ›Das Feuer‹, seinem griechischen Dramolet im Renaissancegewand ›Alkestis‹, oder so vollendeten Novellen wie dem ›Baron Bagge‹ und Romanen wie ›Die Standarte‹, ›Beide Sizilien‹, oder ›Mars im Widder‹ gebührt, selbst immer wieder vom Sockel gerissen. Es verdient, von anderen neu aufgerichtet zu werden. Denn noch in den Entgleisungen, ja im völligen Leerlauf seiner Inspiration bekundet sich seine unverwechselbare Handschrift, finden sich Spuren jener vorbildlichen Diktion, die er seinen Lehrmeistern, den Romantikern und dem großen Vorbild Kleist verdankt, schimmert immer noch ein Abglanz der Welt, in der er gelebt und die er seinen Lesern aufgezwungen hat.

In der Rücksichtslosigkeit, ja Unerbittlichkeit, mit der ein Dichter seine eigene, selbstgeschaffene Welt mit all ihren schiefen und verzerrten Perspektiven, ihren Trugschlüssen und Idiosynkrasien, aber auch ihren weitläufigen Prospekten, nie zuvor gesehenen Farben, unerhörten Tönen und Aussichtspunkten ins Jenseits auf die wahre, wirkliche, greifbare und alltägliche Welt kopiert wie ein kräftiges Bild auf ein blasses, liegt ja eben die Macht seiner Genialität. In Lernet-Holenias ›Auferstehung des Maltravers‹, einem ungleichmäßigen, aber durch erstaunliche Ausflüge ins Metaphysische geadelten Buche, steht der Satz: »Es gibt kein Kunstwerk, das nicht eine ganze Welt in sich enthielte – und wahrscheinlich sogar eine wirklichere, als die wirkliche Welt es ist.« Diese schöne Verblendung ist allen echten Künstlern gemeinsam, und erlägen sie ihr nicht, sie hätten weder die Lust noch den Mut, mit ihrem Schattenreich immer wieder die Realität auszulöschen. Freilich ist dieses Reich, wie der Traum von den Resten und Fragmenten des Wachens, nur von dem bevölkert, was vorerst der Wirklichkeit entlehnt worden ist. Doch die imaginäre Welt des Dichters, ungleich der wahrhaftigen, setzt sich – genau wie der Traum – über alle Grenzen des Ortes und der Zeit hinweg, reicht tief in die Vergangenheit hinab, wandert auf eins, zwei in die exotischsten Länder und schlägt Brücken über den Styx, so daß die Toten mit den Lebenden so zwanglos bei Tische sitzen, als gäbe es in der Tat nur ein einziges ungeteiltes Sein.

Lernet-Holenias Welt ist denn auch ohne Mühe auf seine Herkunft und Umwelt zurückzuführen. Er wurde in der österreichischen Provinz Kärnten geboren als Sohn der zweiten Ehe der verwitweten Baronin Boyneburgk mit dem Marineoffizier Lernet, der alsbald wieder ins Dunkel verschwand, worauf sein Kind von der mütterlichen Familie adoptiert wurde und deren Nachnamen Holenia zu dem väterlichen fügte. Solch ungewöhnlicher Lebensbeginn berechtigte den Dichter mehr als so manchen andern zu jenen der Tiefenpsychologie wohlbekannten Phantasien über eine etwaige Verwechslung in der Wiege oder höhere Herleitung als die tatsächliche, denen ihren Eltern abholde Adoleszenten häufig nachzuhängen pflegen. Seine Geburt war in der Tat von Gerüchten umwittert, und wenn er selbst ihnen auch nicht Vorschub leistete, hat er sie doch in dem Roman ›Die Inseln unter dem Winde‹ auf verkappte Weise genährt. Denn jene Nebenfigur einer Baronin Leerodt, die ihren Mann, einen in der österreichischen Armee gedienten deutschen Obersten, früh verloren hat und, als sie sich wieder Mutter fühlt, den Seeoffizier Dupont zum Gatten nimmt, um – so heißt es – das Kind eines anderen, eines zum Keuschheitsgelübde verpflichteten Malteserritters habsburgischer Abstammung, ehelich zu machen, war doch wohl mehr als ein Hinweis darauf, was er selbst von den geheimnisvollen Umständen seiner Herkunft hielt. In jedem Fall sind die Nachwirkungen jener vaterlosen und von unbekannten Ahnen überwachten Jugend in allen seinen Büchern und Gedichten enthalten. Die Ungewißheit und Vertauschbarkeit jeder Identität war eines seiner ewig wiederkehrenden Motive, immer wieder verfiel er in Grübelei über die Fragwürdigkeit jeglicher Genealogie, und am bildhaftesten hat er es in dem Gedicht ›Die Trophäe‹ ausgedrückt, wo er von dem Aufenthalt der Verstorbenen sprach:

Viele von euch zwar, sagt man, sind in die Zweige des
                                  Stammbaums
wieder hinauf. Da traben geflügelte Hirsche
auf hölzernen Pfaden, winzige Adler
flattern, wie Falter, im Laub, Bärtige wohnen im Baume
und aus Schößlingen blickt ein natürlicher Sohn.

Zur Patrizieratmosphäre Kärntens, mit dessen Adel er überdies – wie Rilke es sich nur ersehnte – vielfach verwandt und verschwägert war, kam die sanftere und lieblichere

Landschaft der Voralpen, jener Gegend des Salzkammer-
guts, in der seine Mutter bald nach seiner Geburt ein An-
wesen erwarb. Seit Stifter hat denn auch niemand diese
seenreiche und gebirgige Natur, in der in allen möglichen
eigenartigen Formationen die Urzeit noch erkennbar ist,
mit solcher Liebe und Kenntnis geschildert. Neben sichtbaren Eindrücken, die ihn thematisch anregten, nahm
er früh die formale Meisterschaft der größten deutschen
Dichterepoche und deren bewußter Nachfahren in sich auf,
⸰geriet sogar eine Weile lang, bis zu kindlichen Äußerlich-
keiten, unter Rilkes Bann, nannte sich Alexandre Marie und
machte sich den Gefühlsinhalt der Rilke'schen Lyrik zu eigen, der freilich dem seinen in jeder Weise entsprach. Dann
brach der erste Weltkrieg aus. Lernet-Holenia, blutjung,
rückte zu den Dragonern ein und erlebte schließlich an der
russischen Front den Untergang des Habsburgerreiches, das
er zuerst wohl als eine vielfältige, prächtige und bunte, zugleich aber unendlich behagliche Wohnstatt geliebt hatte,
dessen Zusammenbruch aber über alles romantisierte und
glorifizierte. In den verzweifelten letzten Monaten der
Monarchie, die Jahrhunderte gewährt hatte und jetzt vor
seinen Augen versank, prägte sich dem Fähnrich nicht nur
die Schönheit und Eigenart der verlorengehenden Erblande,
nicht nur die erlöschende Größe dieses gewaltigen Staatswesens ein, sondern auch die gänzliche Sinnlosigkeit und
Nichtigkeit all dieses Sterbens, dessen Tragik überflüssig und
vergeblich war. Was er in dem dichtgedrängten Erlebnis
des österreichisch-ungarischen Untergangs erfuhr, reichte
ihm für zwei Drittel seines Werks, reichte bis zum Ende
des zweiten Weltkrieges, nach dem er erst der so völlig ver-
änderten Gegenwart ins Gesicht zu blicken begann.

So entstand Lernet-Holenias Welt – eine Welt der stillen
großen Räume des Landadels, in denen die Sonne durch
herabgelassene Jalousien auf Kirschholzmöbel scheint, vor
dem Haus die bemooste Gartenmauer, der verwaschene

Stein-Neptun, die silbrige Fontäne; eine Welt der grün-
goldenen Salons und der blutigen Schlachtfelder, auf denen
die starren, reichbesticken Embleme des versunkenen Kaiserreichs blitzen; eine Welt, in der wehmütige Küchenmäd-
chen ›La Paloma‹ singen und ›Denkst du der Stunden?‹ und
in den leergewordenen steinernen Straßen der Hauptstadt
jeder Schritt widerhallt; eine Welt aber auch hochauf-
getürmten Gebirgs, besteckt mit Krummholz und Lärchen,
urweltlicher Felswände und blauer Seen, die sich plötzlich,
nur von Elmsfeuern angekündigt, in dämonischen Stürmen
aufbäumen; eine Welt, an der die Melancholie der ungarischen Tiefebene ebenso teilhat wie das Walddunkel der
Karpaten, und der polnische Winter ebenso wie das früh-
lingliche Piemont, das in seinem Herzen noch zu seinem
Erbe und wahren Besitz gehört. Immer tauchen in dieser
Welt dieselben Vorstellungen auf, Ängste vielleicht einer
allzu behüteten und darum um so empfindsameren Kindheit – vor finsteren Gängen und leeren Vorgemächern, in
denen man umherirrt und sich vor dem Entdecktwerden
schützt: im Belgrader Königsschloß der ›Standarte‹, im
Dachboden des Gouverneurgebäudes von Kiew in ›Ljubas
Zobel‹, in den römischen Katakomben des ›Graf Luna‹. Und
immer gerät man in dieser Welt in den seltsamen Raum
zwischen Leben und Tod, oder auf einen Waldweg, der sich
in die Ewigkeit verliert.

In seinen Gedichten trat diese Welt zuerst zutage. Und
obgleich er bald, zum Ärger jener kärntnerischen adeligen
Damen, die sich in ihm einen neuen Rilke heranzuziehen
gedachten, den Ausspruch tat, nun werde er seine Leier in
den Baum hängen und sich dem Geldverdienen zuwenden,
hat Lernet-Holenia zeitlebens die Lyrik als seine eigentliche, ja einzig gültige Aussage angesehen. Die Bücher, die
er schrieb, nachdem er mit mehreren Versbänden bekannt,
mit seinem Einakter ›Ollapotrida‹ aber berühmt und durch
den Kleist-Preis ausgezeichnet worden war, charakterisierte

er selbst ein wenig wegwerfend als »Militärromane«. Er zählte sein gesamtes Prosawerk bis zum ›Mars im Widder‹ dazu, den er mitten im zweiten Weltkrieg schrieb und mit der »die Schilderung einer damals untergehenden, jetzt schon untergegangenen Welt abschloß«. Denn wie Thomas Mann das neunzehnte Jahrhundert erst im Jahre 1918 enden sah, so war für Lernet-Holenia die Habsburgermonarchie erst mit der Hitlerherrschaft gänzlich zu Ende gegangen; und war es ihm gelungen, den Umschwung, welchen die erste österreichische Republik mit sich brachte, auf grandseigneurale Weise zu ignorieren, so hatte sich die zweite, im Guten wie im Bösen, endlich doch in sein Bewußtsein geprägt. Er bedurfte wohl eben all dieser Zeit, um das Trauma des Zusammenbruchs zu überwinden. Um so fruchtbarer hat es sich in seinen Romanen ausgewirkt, in ›Ljubas Zobel‹ wie im ›Abenteuer eines jungen Herrn in Polen‹, im ›Baron Bagge‹ wie in der ›Standarte‹ und in ›Beide Sizilien‹. Und vermochte er auch so viel gedrängte Handlung, so viel Abenteuer und Intrigen, Liebeshändel und Waffenstreiche wie nur denkbar in diese Bücher zu verweben, hat er sie auch immer wieder mit einem unsäglich feingedrechselten Humor erfüllt, lag doch auf ihrem Grunde der Bodensatz der Trauer, des Überdrusses und der Resignation.

Die Reichweite seiner Prosa ist erstaunlich. Es finden sich in ihr philosophische Betrachtungen, historische Exkurse und Visionen von großer sprachlicher Schönheit, aber auch jene geschliffenen Aperçus und angenehm nichtssagenden Dialoge, die seinen Büchern Einlaß in die mondänen Zeitschriften der frühen dreißiger Jahre verschafften und der Dame wohlgefielen, welche ›Die Dame‹ las. Zuweilen schrieb er wie eine männliche Colette, so wenn er etwa in ›Ljubas Zobel‹ seine Heldin schildert: »Sie war sozusagen um ein paar Zentimeter zu hoch gewachsen, als daß sie, wie die meisten anderen Frauen, fortwährend jene zärtliche

Rücksichtnahme und wiederum deren Gegenteil, eine leidenschaftliche Rücksichtslosigkeit, hervorgerufen hätte, aus denen beide die Liebe entsteht.«

Aber seine Helden waren, anders als die Colettes, immer Männer im Hauptberuf, und viel zu sehr mit dem Kriege, dem Spiel oder dem Wechselfälschen befaßt, um sich länger als nötig der weiblichen Seele zu widmen. Ja, es sprach aus allen diesen Romanen, die ihm, und durchaus nicht mit Unrecht, den Ruf eines Frauenkenners verliehen, eine seltsame und Schriftstellern wie der Colette oder André Maurois völlig fernliegende Unfähigkeit, die Realität einer glücklichen Liebe anzuerkennen. In seinem gesamten Werk gibt es im Grunde nur zwei Frauentypen, den der »Beschließerin« und den der »schönen Unbekannten«. Die eine ist gewöhnlich eine herbe, tüchtige Person, mit der ein Herr, wie etwa Gabriel Clamm in den ›Inseln unter dem Winde‹, sehr wohl eine vernünftige und dauerhafte Beziehung unterhalten kann, ohne jedoch im entferntesten an Liebe zu denken; die zweite eine ewig Unerreichbare, die, wenn sie dennoch erreichbar wird, nicht mehr begehrenswert erscheint. Hierin offenbart sich Lernet-Holenias unveräußerliches romantisches Erbe, das ihn die Erfüllung nur in der Unwirklichkeit vermuten läßt und ihn unter seinen französischen Zeitgenossen weit eher dem früh verstorbenen Alain-Fournier als den oben genannten realistischen Routiniers zugesellt.

Unter seinen »Militärromanen« war es ›Die Standarte‹, die ihm den meisten Ruhm eintrug und in drei Ausgaben und von fünf Buchgemeinschaften veröffentlicht wurde. In der Tat ist diese farbenprächtige Nänie auf das alte Österreich vielleicht sein gelungenstes Werk. Es ist erfüllt von einer klirrenden, blitzenden Prosa. Es enthält heitere Figuren, die gewissen Hofmannsthalschen gleichen, wie jenen Offiziersdiener Anton, der seinem Herrn mitteilt: »Das Pferd liegen da und sind total erschöpft – als ob es sich nicht um ein Pferd, sondern um einen alten Baron handelte, der ganz erschöpft daläge und nach Luft schnappte«; und düstere Figuren wie den Todesboten Hackenberg, der vielleicht gar ein in Gestalt eines Menschen umherlaufender Dämon ist. Und es symbolisiert in der Standarte, in deren Falten noch »der feierliche Weihrauchduft der Feldmessen und Prozessionen, der süße Blutgeruch der Siege, der bittere der Lorbeergewinde hängt«, mehr als die Idee der Fahnentreue: die Idee einer patriarchalischen und aufs äußerste wohlgeordneten, aber unmöglich gewordenen Welt. Dennoch mag man diesem schönen Buch ein späteres vorziehen, das diffuser, brüchiger und im Grundeinfall weniger stichhaltig ist, in seinen Höhepunkten jedoch alles übertrifft, was Lernet-Holenia sonst mit epischen Mitteln auszudrükken versuchte – den Roman ›Beide Sizilien‹, den er zu Beginn des zweiten Krieges schrieb.

Hier, im Rahmen einer mühsam verschlungenen Handlung, die das gewaltige Ende der letzten überlebenden Offiziere eines Dragonerregiments mitten im Frieden motiviert, stehen seine tiefsten Gedanken über Zeit und Vergänglichkeit und die Wege des Menschen vom Leben zum Tode. Das Buch enthält eine Anzahl betrachtender, gleichsam windstiller Stellen, in denen mehr über Schwebezustände unserer Existenz mitgeteilt wird, als man für ausdrückbar gehalten hätte. Die gesamte Episode des Oberleutnants Silverstolpe aber, der an einem schleichenden Leiden im Hause zweier alter Fräulein dahinsiecht, wird mit Gewißheit in die Lesebücher künftiger Generationen eingehen als ein Beispiel schönster und reinster Prosa, die in diesem Jahrhundert geschrieben wurde. Silverstolpes Brief an seinen Freund Marschall läßt sich an Deutlichmachung feinster und letzter Empfindungsschwingungen und Lebenseinsichten nur noch mit dem ›Brief des Lord Chandos‹ messen, der das Kernstück des Hofmannsthalschen Werkes ist. Die erinnerungsträchtige Atmosphäre im Hause der adeligen Fräulein gleicht allein der ›Recherche du Temps Perdu‹,

und jenes gelbliche Stückchen Wachs, über das die Nähe-
rinnen ihre Fäden zu ziehen pflegten, prägt sich nicht minder als Prousts in Tee getauchte Madeleine dem erschauernd
wiederkehrenden Bewußtsein ein. Über allem aber steht die
eschatologische Vision Silverstolpes von der Verwandlung
der Sonne in eine ›nova‹, deren plötzliches Aufflammen die
Erde und alle Planeten versehrt. Mögen jene, die in diesem
Dichter nur einen Verfasser eleganter Abenteurerromane
und Gesellschaftskomödien erblicken, sich neben seiner Lyrik von diesem Buche belehren lassen, wie tief er an die
ewigen Quellen und Mythen des Menschseins zu rühren
imstande war.

All die Romane und Erzählungen zu betrachten, die aus
demselben Ideenkreis entstanden, ist hier nicht Raum. Nur
des ›Baron Bagge‹ sei noch gedacht, einer vollendeten und
kleistischen Novelle, die im Zwischenreich vom Sterben zum
endgültigen Tode spielt. In ihrer Gesamtheit strahlten diese
Werke so sehr auf den, der sie schrieb, zurück, daß er zu
Beginn des zweiten Weltkriegs, wie ein Täter, der magisch
an den Tatort zurückgerufen wird, als Offizier der Wehr-
macht in den Polenfeldzug fuhr. Die Gefühle auszuschöpfen, mit denen er sich auf eine Campagne begab, über deren
Rechtmäßigkeit wie deren endgültigen Ausgang er sich
nicht im Zweifel sein konnte, war er selbst nicht gewillt.
Doch das Erlebnis führte nicht allein zu seinem hervor-
ragenden letzten Militärroman ›Mars im Widder‹, dem in
Form und Inhalt vielleicht abgewogensten seiner Bücher,
welches im Symbolgesicht des Rückzugs wandernder Krebse
das Ende des unheilvollen Regimes prophezeit, sondern zu
seiner Abkehr von jeglicher Kriegsromantik, zum Triumph
über jenes große Trauma und zur Einkehr in seine Zeit und
Gegenwart. Mit der Besudelung einer Idee, die ihm heilig
gewesen war, der Idee des alten Römischen Reiches deutscher Nation, rechnete er in seinem tiefen und formvollendeten Gedicht ›Germanien‹ ab. In den drei Romanen aber,

die er danach schrieb, sah er zum erstenmal der neuen demokratischen Welt mit all ihren Errungenschaften und Auswüchsen ins Auge. ›Der Graf von St. Germain‹ wie ›Die Inseln unter dem Winde‹ und ›Der Graf Luna‹ haben zu Helden Industrielle, diese Oligarchen der Nachkriegszeit. Sie sind, obgleich nicht der Vergangenheit verhaftet, keineswegs zeitgebunden. Doch in der selbstverständlichen Einordnung in gegenwärtige Umstände unterscheiden sie sich grundsätzlich von Lernet-Holenias übrigem Werk. Überdies aber wurden in den ›Inseln‹ wie im ›Luna‹ die Grübeleien über Natur und Geschichte, über Schicksal und Bestand, über Gott und den Tod fortgesetzt, die das ganze Werk durchziehen und in ihm immer größere Bedeutung annehmen. Selbst in dieser neuen Welt wirken freilich die Motive der alten nach, und so mag man im Identitätswechsel der Herren Spangenberg und Clamm in den ›Inseln‹ eine Wiederholung des gleichen Vorgangs zwischen den Herren Gasparinetti und Pufendorf in ›Beide Sizilien‹ sehen, oder in der grandiosen Schilderung der Todeswanderung Jessierskys durch die römischen Katakomben im ›Graf Luna‹, eine Paraphrase auf des Baron Bagge gottlob nur zeitweiligen Aufenthalt im Totenreich.

Der ›Graf Luna‹ blieb Lernet-Holenias letzter größerer Roman. Die drei auf ihn folgenden Erzählungen ›Das Finanzamt‹, ›Das Goldkabinett‹ und ›Die vertauschten Briefe‹ muß man seinen leichtesten Bemühungen zurechnen, die freilich immer gleich seinen erfolgreichen Salonkomödien von einem reizend pointierten Dialog getragen sind. Sie haben vor allem pamphletistischen Charakter und somit alle Vorzüge und Nachteile der *littérature engagée*. Ihren Ursprung verdanken sie einem wachsenden polemischen Hang ihres Autors, der sich, seiner Zeit nun deutlich gewahr, auf das nachdrücklichste gegen einige ihrer Übergriffe aussprach. Eine Quelle seiner Empörung waren die Steuergesetze seines Landes, deren indiskrete und allzu brutal ins

Privatleben eingreifende Handhabung ihm anfechtbar erschien. Die beiden ersten Erzählungen wenden sich denn auch gegen jenen »Übermut der Ämter, und die Schmach, die Unwert schweigendem Verdienst erweist«, welche schon Hamlet beinahe zum Selbstmord getrieben hätten. Die dritte führt eine Kontroverse weiter, die ihm ein früher veröffentlichter Aufsatz über den österreichischen Adel eingetragen hatte. Mehrere Aristokraten, die sich lange Zeit glücklich geschätzt hatten, ihren Salon mit einem wahren Dichter, der gleichwohl untadelige Manieren besaß, zu zieren, nahmen an gewissen seiner Äußerungen Anstoß und sagten ihm die Freundschaft auf. Ihren Anspruch auf eine blinde Achtung, die man heutigentags nur noch der Leistung, nicht aber bloßen Namen zuerkennt, hat er dann in seinen ›Vertauschten Briefen‹ auf das heiterste bestritten.

Es war ein weiter Weg vom bewußten Erben und Glorifikator des alten Österreich, dessen Konservativismus im wahrsten Sinn des Wortes auf die Erhaltung des Bestehenden, aus Furcht und Abscheu vor dem Kommenden, gegründet war, zum liberalen Demokraten, der die Wiener Salons durch seine plötzliche Renitenz zur Verzweiflung brachte. Doch es war eine Entwicklung zu jenem geistigen Alleinsein zwischen allen Lagern, das des genialen Menschen Bürde und Vorrecht ist. Denn eine Art von echtem Genie – um auf unseren Ausgangspunkt zurückzukommen – war er doch wohl. Und wenn alles, was bisher über seine Prosa gesagt wurde, dies noch nicht erhärten konnte, so mögen ein paar letzte Worte über seine Lyrik den Beweis zu erbringen trachten. In seinen Versen nämlich, befreit von der leidigen Verpflichtung, unterhaltend, spannend und allgemein lesbar zu sein, hat er sein wahres Wesen und seine ernsthaftesten Neigungen offenbart. Hier ist es ihm gelungen, tief unter die Bewußtseinsschwelle zu tauchen und die verborgensten Bilder, die symbolträchtigsten Begriffe hervorzuholen, um sie, zumeist in lateinisch luzider Form und auf die knappste assoziative Formel gebracht, mitteilbar zu machen. Nicht so sehr in den früheren Bänden ›Pastorale‹ und ›Kanzonnair‹, die noch unter Rilkes Einfluß standen, wie vielmehr im ›Geheimnis St. Michaels‹, in der ›Goldenen Horde‹, der ›Trophäe‹ und dem ›Feuer‹, hat er ureigenste Visionen niedergelegt, die das Einmalige, Unwiederholbare seiner dichterischen Gabe bekunden. So etwa im ›Dreikönigszug‹ aus dem Band ›Die Goldene Horde‹, diesem spätgotischen Bibelportrait, in Worten gemalt:

Abends reiten die Könige über das Eis, Majestäten!
Fischer zeigen mit Windlichtern den Weg, wo er geht.
In Geschirren aus Sammet und läutenden Panzerketten
gehn die Hengste voll Angst, ganz verschneit und verweht.
Aus den offenen Stellen ist schwarzes Wasser getreten
unter der dröhnenden Last und dem Eisengerät.
Von den Gefolgen dahinter kommt ununterbrochenes Beten,
wo es im Finstern von Frost, Rauchdampf und Fahnen weht.

In der ›Trophäe‹ findet sich die Essenz all seines wehmütigen Nachsinnens über Erbe und Untergang, die Anrufung der Ahnen und das Vorgefühl des Abschiednehmens von der Zeit, die ihm bemessen war. In dem herrlichen Gedicht ›Die Bilder‹ ruft er seine Altvordern an:

Du über dem Spieltisch, über den silbernen
Leuchtern; du Halbversteckter im Schatten des Vorhangs; du
Schöne, nahe der Uhr; du im weißen
Rocke! Herkunft und Ursprung! Verwandte! Ihr meines
                                                    Vaters
Väter, ihr Männer der Mütter! Ihr Hundert (und mehr) –
jähr'ge als Jünglinge, ihr um Jahrhunderte älter als Alte!
Bin ich denn wirklich, was ihr einst wart? Seid
denn ihr, was ich bin, gewesen?

Und er mahnt sich selbst, in den ›Fragmenten aus verlorenen Sommern‹:

>   – wenn die Wiesen
>   schimmern im Winde, wenn ein Schauer
>   in den Blumen wühlt, –
>   laß ab, im dämmernden Saal
>   mit den dunklen Bildern
>   über der Vorfahren
>   fortwährenden Vorwurf zu sinnen!

Immer wieder steht vor ihm das Bild des unmerklichen
Überganges, des Hinübertritts in die Zeitlosigkeit. In der
›Abreise‹ etwa:

> Wenn du einst gehn wirst, so glaub nur nicht, daß du
>   wirklich
> gingest, und daß du wüßtest, wohin du
> gehst; daß etwa Unruh im Haus
> herrschen werde, als ob schon
> Pferde, bestellte, warteten;
> . . . . .
> Denn nicht nur du selbst bloß, auch was du verlassen hast,
>   weicht ja
> vor dir zurück, verändert sich, wie eines Toten Antlitz
>   sich ändert,
> wandelt sich, schwindet. Wie leise entstellt sich
>   die Landschaft . . .

Und doch kann er, wie George und Rilke es zuweilen konnten, volksliedhaft einfach sein, daß es ans Herz greift. So in
einem Soldatenlied:

> Vielleicht bin ich schon gestorben.
> Meine Haare wachsen so schnell.
> Vielleicht bin ich längst verdorben
> am weinenden Wiesenquell.

Mir ist, ich hätte heute
wilde Blumen im Haar.
Vielleicht treffen sich Liebesleute,
wo die Schlacht einst war.

Hätte man ihn selbst gefragt, welches seiner Werke er allen anderen vorziehe und in welchem er sich selbst am deutlichsten niedergelegt, so hätte er wohl ›Das Feuer‹ genannt, eine Sammlung von Gedichten, die als Faksimiledruck seiner Handschrift 1949 im Erasmus Verlag erschienen war. Sie enthält antikische Verse wie den ›Ätna‹ oder die beiden ›Olympischen Hymnen‹, die gleich denen Hölderlins eine letzte Vollendung erreichen, über die hinaus die Lyrik nicht mehr vordringen kann. Hier hat er auch, im ›Lazarus‹, seiner Frage nach dem Nichtsein die letzte Fassung gegeben:

Daß ich, vorher, geträumt, was ich nun nicht mehr
erinnere, ist möglich. Beginnt nicht auch
das Leben so? Beginnt der Tod nicht
so, und man weiß nicht einmal, daß er
beginnt?

Und hier ruft er, der so oft in seiner Prosa an der Möglichkeit Gottes zweifelt, aus der Tiefe des kreatürlichen Leides den Erlöser an:
Was wäre uns
der Himmel, wenn nicht du ihn uns erschlössest!
Was sind wir denn, wenn du uns nicht erhöhst!

In einem Lebenswerk, das reicher und vielfältiger war als das Werk so manches, der darüber zu leben vergaß – darf er nicht verlangen, nach seinen Höhepunkten beurteilt zu werden? Will man ihm den Lorbeer nicht zugestehen, diesem Kavalier der Kunst, dem so vieles zugeflogen war, um das andere sich vergeblich mühen, und der doch nur anerkannt hat, was er in seinen wahrsten und schwersten Stunden errang?

Heimito von Doderer

Der Pose des Olympiers, des Praeceptor Germaniae, hat Heimito von Doderer zeitlebens die heimliche, unpathetische, beobachtende und bescheidene Existenz des schöpferischen Menschen vorgezogen. »Nicht Figur zu sein, sondern Figuren zu sehen, war sein Geschäft.« Gleichwohl war er ungewöhnlich in jedem Sinn. Die kantige Gestalt, das zugleich nachdenkliche und munter-bewegliche Gesicht, an Nestroy gemahnend, die seltsam geschlitzten, hellwachen Augen, die präzise und doch hintergründige Sprache, der unbändige Humor bei häufig unter der Oberfläche schlummernden, merklich verhaltenen Zornesausbrüchen, verliehen ihm bereits äußerliche Eigenart. Ungewöhnlicher noch waren seine oft erschreckende Klugheit, sein phänomenales Gehirn, das alles merkte und sich merkte, jede kleinste Begebenheit oder Gefühlsregung in seiner Umwelt wahrnahm und durchdrang, waren seine Sprachgewalt, sein Fleiß, seine immense Schöpferkraft – aber auch seine vertrackten Launen und Marotten, seine unerklärlichen Umwege und Abwege der Ideologie und des Geschmacks. Er hielt seinen Freunden geradezu mafiös die Treue, war Drachen zugetan, mittelalterlichen Handschriften, alten Beiseln, dem Bogenschießen und immer wieder der Dämonologie, den topographischen und psychologischen Katakomben und Labyrinthen seiner Stadt.

Also doch eine Figur? Zweifellos: jedoch im unbeabsichtigten Sinne. Von allem Anfang an hatte die außerordentliche Begabung Doderers sich in fast kauzigen Wesenszügen manifestiert, die überwucherten in sein allzu spät erkanntes und gewürdigtes Werk. Niemals darf außer acht gelassen werden, daß er erst in den letzten fünfzehn seiner siebzig

Jahre Ruhm gewann und jene Verknotungen und fruchtbaren Komplexe, die er mit zunehmender Reife und Sicherheit so vollendet sublimieren und ans Tageslicht der Öffentlichkeit bringen konnte, ihn anfangs schwer belastet hatten. Oder stand er nur im Gegensatz zu seiner damaligen Zeit und Umwelt, die schroffer, härter, direkter war, als sie es heute ist, und die minutiöse Mühewaltung nicht ermessen wollte, mit der er seine und ihre Konflikte aus der Tiefe hob? Gleich Freud, den er ablehnte und mit dem er die Methode, wenn auch nicht die Therapie, gemeinsam hatte, betrieb er Seelenkunde mit homöopathischer Genauigkeit. Nur in langwierigen Prozessen konnten diese Erkenntnisse dargestellt und mitgeteilt werden. Doch die Zeit war hektisch und ohne Geduld. Doderers frühe, noch gedrängte Prosa wirkte wie das Konzentrat eines allzu peripheren Geistes, der die Probleme der Gegenwart lediglich zu sondieren, nur tangentengleich zu berühren schien.

Nicht ohne profunde Absicht hat er später seinem Tagebuch den Titel ›Tangenten‹ gegeben. Es war, wie wir sehen werden, das Terrain, auf dem die Orte künftiger Grabungen gekennzeichnet wurden, wie ein Flugzeug über arktischer Landschaft schwebt und dort kleine Fähnchen abwirft, wo man eines Tages zu landen und sich niederzulassen hofft. Noch in diesem zweiten Kriege, der in seinen sprachforschenden und existenzialphilosophischen Erwägungen kaum vorkommt, nur am Rande dräut, war Doderer vergleichsweise unbeachtet und erfolglos gewesen. Dennoch hatte ihn bereits das Erlebnis des ersten, den er zum großen Teil in russischer Gefangenschaft verbrachte, zum Schriftsteller gemacht. Sein Frühwerk ›Das Geheimnis des Reiches‹ – nach den ungelenken Exerzitien eines Gedichtbandes und eines kürzeren Romans ›Die Bresche‹ – hatte eigene Erfahrungen und den Anbruch des Sowjetregimes zum Gegenstand. Noch in Sibirien erreichte den jungen Architektensohn die Ausstrahlung Paris Güterslohs, dieses bildenden

Künstlers und Epikers, der ihm fortan auf lange Dauer ein Vorbild im literarischen Verhalten und in der Lebensführung wurde. Die Begegnung, zunächst unpersönlich, führte zum direkten Kontakt und zu einer Gütersloh-Monographie. Das Verhältnis zwischen Schüler und Meister, gemischt aus Liebe, Furcht, Ehrfurcht und schließlich Auf- und Widerstand, war bis in Doderers letztes Jahrzehnt auf ihn wirksam geblieben.

Schulte er sich vorerst in Form und Inhalt seiner Bücher an dem älteren Freund, so baute er doch von Beginn an deren Handlungsgerüst, das er auf dem Reißbrett entwarf, mit unendlich größerem Eifer. Doderer haßte, was amorph war, was zerfloß und verschwamm. Die romantische ›Verwilderung‹ des von ihm bewunderten Jean Paul – später auch eines Werkes wie Güterslohs ›Sonne und Mond‹ – sollte ihn selbst nicht ergreifen. Seine nächsten Romane ›Ein Mord, den jeder begeht‹ und ›Ein Umweg‹ waren mit Sorgfalt und Strenge konzipiert, analytische und klassizistisch-historische Schilderungen schicksalhafter Unausweichlichkeiten. Daß Doderer während all dieser Zeit mit einem großen Vorwurf rang, aber nicht eher damit ans Licht kam, bevor die Struktur dieses Buches auf das standhafteste gestützt war, zeugt von seiner Disziplin und seinem Verantwortungsgefühl. Dieses sein Hauptwerk ›Die Dämonen‹ – denn all seinen eigenen Versicherungen zum Trotz wird man es doch, da die Tetralogie des ›Romans No 7‹ nicht zur Vollendung gedieh, als solches bezeichnen müssen –, bestimmte für Jahrzehnte seine schriftstellerische Existenz. Aus ihm entstand, wie Pallas Athene aus dem Haupt des Zeus gesprungen, Doderers liebenswürdigstes und von seinen Lesern meistgeliebtes Kind, ›Die Strudlhofstiege‹. Aus welchem Grundgeflecht diese beiden Monumente seines Ruhmes emporgestiegen waren, teilen die erst vierzehn Jahre später veröffentlichten Aufzeichnungen aus der Dekade 1940-1950 mit.

In den ›Tangenten‹ geht es um Denkübungen und Schreibübungen eines so gut wie unbekannten Prosaisten, aus deren Quellen alles kam, was Form gewann und schließlich an die Öffentlichkeit drang. Sie enthalten weltanschauliche Überlegungen unter dem Einfluß Thomas von Aquins und sprachphilosophische Erkenntnisse, in denen – Karl Kraus und Heidegger fast noch übertrumpfend – dem Werkzeug unseres Mitteilungsdranges die höchste ontologische Dignität zugebilligt wird. Im Mittelpunkt, vielmehr in dem immer wieder darauf gerichteten Lichtkegel der Betrachtung, steht jene eigenwillige Phänomenologie, die ihren Niederschlag in den gleichzeitig reifenden großen Romanen fand: der Grad wahrgenommener Wirklichkeit wird zum Wertmaß des menschlichen Lebens. Ihm wird nachgespürt mittels einer metaphorischen Denk- und Gefühlsmechanik, die ihren eigenen Ablauf studieren und zum System entwickeln will.

Von den in jedem Falle nur angerührten, im Fluge markierten Theoremen führt sogleich der Schritt zur Praxis. Eingedenk seiner im Tagebuch skizzierten Postulate betrieb der Romanautor ständig eine Selbstanalyse und Seelenkur, freilich nicht durch Bewußtmachung, sondern durch Sublimation, also in besagtem Gegensatz zu Freud, dafür auf schöpferisch um so ergiebigere Weise. Irrungen und Wirrungen seiner Vergangenheit werden einerseits auf sprachliche Abrutsche zurückgeführt, andererseits im Zuge der Gestaltung von Figuren wie René Stangeler in der ›Strudlhofstiege‹ und dem Doctor Döblinger späterer Werke untersucht und – sie dadurch überwindend – festgebannt. Jene »Geisteskrankheit«, wie Doderer selbst es nennt, die ihn während einer kurzen Lebensspanne in die ideologischen Fänge des totalen Staates geraten ließ, wird hier ebenfalls enthüllend geschildert. Sie läßt sich aus der Ehetragödie Stangelers entwickeln und an den traumatischen Ereignissen ablesen, die in den ›Merowingern‹ und noch mehr in dem Divertimento ›Die Posaunen von Jericho‹ dargestellt sind.

Nach all den inneren und äußeren Kämpfen, die in den ›Tangenten‹ zum Ausdruck kommen, enden die Tagebücher in einer glücklicheren Stimmung, einer Windstille nach dem Sturm. Die Rückkehr zu einer normalen Existenz ist vollzogen, der Schriftsteller mit der Wirklichkeit ausgesöhnt. Intensive Arbeit an der ›Strudlhofstiege‹, deren Erscheinen im Jahre 1951 vorbereitet wird, ist im Gange. Doderer, immer noch in einer Anonymität verharrend, die er nach seinem Eintritt in die Welt freiwillig zurückrufen wird, wandelt durch die Straßen und Gassen seiner geliebten Stadt Wien, mit der ihn »ein Erotisches« verbindet. Ihre Raumtiefe, in die er sich versenkt, das winterliche Wohnen in den alten Häusern, das Spazieren im »abgefallenen Laube der Vergangenheiten, so daß es im Gehen nur so rauscht«, zuletzt ein Café, »wo man profund einverblödet ins Gewohnte«, all diese Quellgründe seiner großen Prosa erschließen sich uns hier. Er beschreibt das Auftauchen der Menschen aus zwei Weltkriegen: »Die ersten Spitzen wurden sichtbar im Nebel, Dampf und Rauch: maskiert, vermummt, vorwärtstaumelnd mehr als gehend – jedoch durchgebrochen, angelangt.« Diesen Durchbruch, dieses Anlangen erlebte Doderer nach dem Abschluß der ›Tangenten‹. Denn mit der im Tagebuch angekündigten ›Strudlhofstiege‹ war er im deutschen Sprachraum mit den fünf Jahre darauf erscheinenden ›Dämonen‹ im mondialen Geistesleben etabliert.

Wer nach Weltruhm strebt, wird ihn nicht durch Weltläufigkeit erzwingen. Die großen europäischen Romanciers, von Dickens und Thackeray über Balzac und Proust zu Tolstoi und Dostojewski, wirkten mit solcher Eindringlichkeit auf ihre Leser allerorten ein, weil sie den ihnen naturgegebenen Bereich so gründlich erforschten wie anschaulich demonstrierten. Heimito von Doderer als eine österreichische Kuriosität abzutun, wie dies bis zu seinem Tode da und dort unternommen wurde, ist ein Anschlag kurzatmiger Literaten und Kritiker zum Zwecke der Verkleinerung einer gigantischen epischen Kraft. Er schuf Spiegelungen aller Wiener Gesellschaftsschichten, eine ganze Hierarchie der Hausmeister, Straßenmädchen, Zuhälter, Fabrikarbeiter, Staatsbeamten und Mitglieder der hohen Bourgeoisie und des Adels. Obgleich seine Figuren den Stempel ihrer Klassenzugehörigkeit tragen, sind sie zugleich höchst individualisierte Menschen, deren häufige Rösselsprünge des Denkens und Handelns ihren Widerpart in der Darstellungsweise haben. Solche Unberechenbarkeit des Autors und seiner Geschöpfe ist das Merkmal nicht allein eines unverwechselbaren Talents, sondern auch, und vor allem, der Echtheit des mit seiner Hilfe hervorgebrachten Portraits.

Der passive Held der ›Strudlhofstiege‹, Leutnant Melzer, reiht sich gleichwohl dem ›Mann ohne Eigenschaften‹ sowie früheren Inkarnationen einer ganz bestimmten Erscheinungsform des Homo Austriacus an. Zweifler, Zauderer, Querköpfe sind es, die Grillparzers, Raimunds, Nestroys, Schnitzlers und Hofmannsthals Welten bevölkern. Fast austauschbar, obschon mit durchaus verschiedenen Mitteln zur Gestalt erweckt, sind der Graf Bühl aus dem ›Schwierigen‹, Musils Ulrich oder Melzer, der es liebt, die Geleise seines Denksystems zu befahren – blitzschnell an den Weichen und Wechseln vorbei, jenen »Wendepunkten oder Topoi, wie's die Alten nannten, wobei dann immer ein grünes oder rotes Licht aufflammt und dem Gedanken die neue Richtung weist«. Kopierte man sie übereinander, diese drei freundlichen Kunktatoren, man hätte vor sich den gewinnendsten Typ des österreichischen Menschen, jenen, an dem Österreich und der an ihm zugrunde ging.

Melzer ist indessen nur ein ausgesparter Fleck in dem Zeitbild, das Doderer bereits in seinem ersten großen Roman entwirft. ›Die Strudlhofstiege‹ gibt die Jahre knapp vor dem Ersten Weltkrieg und bald nach seinem Ende wieder und tut dies in unaufhörlichen Sprüngen über Zeit und Erinnerung hinweg. Die harmonische Treppenanlage im neunten Wiener Gemeindebezirk wird im Sinn einer bei den Einwohnern dieser Stadt beliebten Mythologisierung ihrer alten Bauten und Monumente zum Genius der vielfältigen Beziehungen, die sie miteinander verbinden. Ja, sie wird zum Sinnbild ihres Lebens überhaupt, ihres inneren Gleichmaßes, ihrer Sehnsucht nach der Vergangenheit. Was sie auch voneinander unterscheiden mag – sie bleiben ein unzertrennliches Gewebe aus Individualitäten. Ob es die begabten Geschwister Stangeler sind oder der kreuzbrave Strommeister Schachl, ob das hilflose Mädchen Ingrid, der eine Art von »knochenloser oder schlingpflanzenhafter Weichheit« eignet, oder das verwirrend komplementäre Zwillingspaar Pastrè, Amtsrat Zihal, dessen Kulturauftrag die »formale Übersteigerung jeglichen Inhalts bis zur Haupt- und Staatsmission« ist, oder Major Laska, der sein vollendet ausgewogenes Leben auf dem Schlachtfeld endet – sie alle haben, bei höchster Erhaltung ihrer Eigenart, den gleichen gemeinsamen Lebensstil.

Ist ›Die Strudlhofstiege‹ ein geschlossenes Buch über ein komplexes Thema – nämlich die verschiedenen Abwandlungen einer Daseinsform –, so sind ›Die Dämonen‹ umgekehrt ein komplexes Buch über ein scharf abgegrenztes Thema, nämlich den Niedergang einer Gesellschaft in den Tiefen des totalen Staats. Dieser Vorwurf führt den Autor mitten in die Problematik der Übergangszeit zwischen den beiden Kriegen. Zwar schildert er die Auflösung des bereits schütteren, mit groben Fäden durchwirkten Webteppichs der Habsburgermonarchie, doch wird dessen endgültiger Zerfall in die Republik verlegt, in jenes Jahr 1927, da ein Aneinanderprall der Linken und Rechten im Lande den letzten Zusammenhalt des österreichischen Staatswesens bedrohte. Wäre die Niederschrift dieses Buches nicht in den zwanziger Jahren begonnen worden, so hätte sich wohl ein späteres und signifikanteres Datum für das Ende der jungen Demokratie finden lassen. Immerhin sah Doderer in dem Brand des Wiener Justizpalastes, mit dem der eintägige Bürgerkrieg des 15. Juli zu Ende ging, ein Symbol des künftigen Weltenbrandes.

Darum ging es ihm also, und im weiteren Bezug um jenes verhängnisvolle Absinken in die Illusion, um jenen billigen Handel mit der zweiten Wirklichkeit, die dem verblendeten oder lebensängstlichen Menschen die erste, unmittelbar wahrnehmbare ersetzen soll. Bei Dutzenden von Figuren wandelt Doderer diese Flucht in die Hybris ab, und nur ein einzig Reiner findet sich unter ihnen, Kakabsa, der Fabrikarbeiter, dessen Weg aus der Masse hinaus in die Erhöhung und edle Unabhängigkeit des Individuums zielt. Auch mit den eigenen Fehlgriffen geht der Autor unbarmherzig ins Gericht. In dreierlei Gestalt tritt er vor uns hin, als Chronist Geyrenhoff, als Gewaltmensch Schlaggenberg und als Träumer René Stangeler, und was immer in seiner drei- und wohl noch mehrfach gespaltenen Seele an Kinderängsten, Phobien und mythischen Zwangsvorstellungen zu finden ist, wird hier in dichterischer Vermummung vorgeführt.

Neben dem Grundthema zeichnet sich ein zweites, eine Erbschafts- und Familienintrige ab, deren Aufgabe es ist, die unzähligen Mitwirkenden an diesem Monsterschaubild in Verbindung zu bringen. Vom Prinzen Croix, »der bei aller Freiheit und Unfeierlichkeit im Satzbau und in der Wortwahl seiner Rede so deutlich in den Raum entläßt«, daß sich einfach ein freies Feld für sie bildet, bis zu den abgründigen Erscheinungen im Elendscafé, sieht er freie und unfreie Geschöpfe in allen Winkeln des Lebens, mögen sie mit den Akzenten der ersten Gesellschaft oder mit denen der Unterwelt ausgerüstet sein. Die scheinbar erratische, in Wahrheit bis ins letzte Detail ausgeklügelte Art seines Wanderns durch all diese Gefilde macht es ihm möglich, ein nahezu vollständiges Sittengemälde einer Stadt zu einem bestimmten Zeitpunkt zu geben. Es wurde in solchem Ausmaß und solcher Eindringlichkeit in deutscher Sprache weder unternommen noch erreicht.

Mit diesem Buch, das trotz seiner Länge und überaus anspruchsvollen Prosa vielfach übersetzt und vor allem in Frankreich und den Vereinigten Staaten nach seinem Verdienst gewürdigt wurde, schrieb Heimito von Doderer seinen Namen in die Annalen der Weltliteratur. Blieb ihm auch, wie so vielen unserer großen Geister, der eben darum längst als fragwürdig erkannte Nobelpreis versagt, so hätte ihn doch unter den österreichischen Romanciers der Gegenwart kaum einer vor ihm erhalten können. Daß er sein *Chef d'œuvre* als »relativ gelungene Nebenarbeit« bezeichnete und den kleinen Roman ›Die Merowinger‹ zum Zentrum seines Werks ernannte, war eine ernsthafte oder humorige Exzentrizität. Sicherlich schuf er in diesem wüsten und hintergründigen Buch die reizvollste, obschon unwahrste Spiegelung seiner selbst, »Pelimbert den Indiskutablen«. So gern er sich auch mit diesem Weltentsager und heiteren Quietisten zu identifizieren wünschte, »mit einem Menschen, der sich jeder wie immer gearteten Tätigkeit enthielt, um nicht durch sie eine bereits unwürdige und abstoßende Lächerlichkeit noch zu vermehren«, und dazu geneigt war, »rechtzeitig jedermann hinauszuwerfen, in gelassener Haltung auf dem Sofa oder vor der leeren Schreibtischplatte zu verweilen, neben jenes oder auf diese die Flasche zu stellen, und so zu verharren, gewissermaßen in Mission Null« – mit einem solchen Menschen hatte der unermüdliche Arbeiter und fanatische Sprachschöpfer letzten Endes nichts gemein.

Über die Abgründe und Vieldeutigkeiten der ›Merowinger‹ ist allerlei gemutmaßt worden. Gewiß enthält das Buch die größte Anzahl origineller Prägungen und Einfälle, die skurrilsten Verschlüsselungen privater Zustände seelischer und physischer Natur. Es bedeutet nicht mehr und nicht weniger als eine Teufelsaustreibung im eigenen Hause, die als

Karnevalsspaß maskiert und von der Derbheit einer leibli-
chen, nicht geistigen Katharsis ist. Hier wird oft und viel
mit dem »Sauglöcklein« geläutet und die im Autor stets an-
gestaute Wut abreagiert. Daß Doderer solche Reinigungen
periodisch vorzunehmen liebte, beweisen auch seine Novellen und Kürzestgeschichten, beweist vor allem die wunderbare Novelle ›Die Posaunen von Jericho‹, das selbstbiogra-
phisch bedeutsamste Werk, das er hervorgebracht hat. Denn
diese Wut, so furchtbar sie auch sein mochte, mußte er bekämpfen, weil sie ihm als »die katastrophalste Form der
Apperzeptions-Verweigerung«, als eine »panische Lebens-
flucht«, ja eine »seltsame Art von Selbstmord« erschien.
Jene selbstverschuldete Blindheit gegenüber der Schöpfung,
jene Abwendung von der göttlichen »Donné« aber war für
Doderer das einzige Verbrechen, für das es keine Sühne gab.
    Der erste Band der Tetralogie, die sein Oeuvre krönen
sollte, ›Die Wasserfälle von Slunj‹, kündigte den Schluß des
Läuterungsprozesses an. Kann man von Doderers Werk als
einem einzigen Akt der Befreiung sprechen, so hatte er diese nach all den Wirrnissen und Hexenauspeitschungen seiner ›Dämonen‹, nach dem gewaltigen Klistier der ›Merowinger‹, endlich erreicht. Die Stürme hatten sich gelegt, die
Fenster der Wahrnehmung waren nicht mehr vom Regen
getrübt, sondern blank und rein. Im milden Licht des Spät-
nachmittags begann Doderer, wie Henri Alain-Fournier es
einst als Heilmittel für seine eigenen Manierismen fand,
»einfach und unmittelbar, wie einen seiner Briefe, eine Geschichte zu schreiben, welche die seine hätte sein können«.
Ein geradliniger Entwicklungsroman, mehrgeleisig, aber
nicht vieldeutig, mit einer Hauptmelodie und einigen Ne-
benthemen, wie sich das für den ersten Satz einer Symphonie – denn eine solche im epischen Sinn sollte das Ganze
werden – schickt, und ohne Extravaganz, deren Anlaß im
Paraliterarischen, durchaus Privaten liegt. In den ›Wasserfällen von Slunj‹ ist der Schritt des Geschehens ruhiger ge-

worden, die Tragödie spielerischer, die Komödie ernsthafter. Den Dingen ist Distanz verliehen. Das Grundthema ist der Zusammenstoß zwischen alt und jung. Die Welten prallen lautlos aneinander. Alles ist verhalten, vornehm noch in der Gewagtheit, leidenschaftlich auch im unausgesprochenen Gefühl. Um die Jahrhundertwende kommt ein englischer Unternehmer nach Wien, baut Fabriken, die Geschäfte blühen. Doch die Kraft des Gründers erlahmt im Sohne. An den kroatischen Wasserfällen stürzt der junge Donald Clayton in die Tiefe. In ihm manifestiert sich der Abstieg der ›Väterzeit‹. Auf schmälerem Raum ist auch in diesem Buch ein bunter Kanevas entfaltet: er umspannt den gesamten Bereich der ehemaligen Donaumonarchie. Mehr noch, die Levante, Bukarest, Konstantinopel, Beirut sind einbezogen – der Strahlkegel des alten Kaiserreiches gehört mit ins Bild. Die nächsten Bände sollten in das Rußland des Bürgerkrieges führen, ins Berlin der späten zwanziger Jahre, zuletzt nach Übersee. Zweihundert Seiten des zweiten Teils, ›Der Grenzwald‹ genannt, waren nebst weiteren Probetexten und anderen Materialien geschrieben. Dann brach die Tetralogie ab, deren gewaltiger Plan von der bis zuletzt wirksamen Schaffenskraft Heimito von Doderers zeugt.

Er hatte dem Gesamtwerk den Titel ›Roman No 7‹ gegeben und damit einigen seiner frühen Bücher das Recht, dazugezählt zu werden, aberkannt. Im Grunde waren jedoch, wenn man der zu seinem siebzigsten Geburtstag verfaßten Bibliographie folgt, mit den ›Wasserfällen von Slunj‹ neun Romane von ihm erschienen. Daß er mitten im nächsten starb, reiht ihn in unheimlicher Weise den großen Musikern seines Landes an, denen die zehnte Symphonie verwehrt bleiben sollte. ›Der Grenzwald‹ – diese Rückkehr zu den sibirischen Erlebnissen seiner Jugend, nach der es keine Heimkehr gab – wurde zu seiner Unvollendeten. Das Fragmentarische, das in Österreich jedes Leben umgibt und mit dem jedes Leben schließt, galt auch, so sehr er sich dagegen sträubte, für ihn. Wie hätte er ihm entrinnen können, da er doch auf zweifache Art ein vorbildlicher Österreicher war: als Chronist und zugleich als Inbegriff einer nur noch immateriell bestehenden, aber historisch geheiligten Lebensform?

Keine österreichische Kuriosität, aber ein Sinnbild all dessen, was man hier zu erhalten oder wiederzugewinnen trachtet, war dieser Schriftsteller zweifellos. Er hatte das neue, anderwärts belächelte oder angefeindete Nationalbewußtsein der zweiten Republik als eine Fähigkeit zum übernationalen Denken und Handeln gesehen, als einen besonderen Zustand im »goldenen Schnitt zwischen Distanzen und Kräften, aus dem man fallen kann, wenn man eine rohe und ungeschickte Bewegung macht«. Zu dieser Balance, in der er selbst sich befand, gehörten eine altfränkische Courtoisie sowie deren Gegenteil, jene schon erwähnte Zornmütigkeit – beides Erbteile seiner von mütterlicher Seite deutschen Ahnen –, aber auch Charaktereigenschaften magyarischer, slawischer, italienischer Provenienz. Darüber blühte die chymische Rose, »rosa chymica austriaco-hispanica«, als Emblem und Erinnerung des mit spanischer Grandezza beherrschten Imperiums. Doderer hatte das Weltgefühl Österreichs in sich, wie Hofmannsthal. Er hatte zugleich, wie Schnitzler, die parochiale Enge Wiens, den Tiefgang, der nur durch Grabungen auf kleinem Raum erreichbar ist. Sein Tod war ein Verlust für die Welt des Geistes, aber eine Tragödie für sein Land.

Gleichwohl wäre es verfehlt, ja die schlimmste Untreue, die man an ihm begehen könnte, etwa zu klagen, daß mit Doderer die Literatur in Österreich zu Ende gegangen sei. Er selbst hat diesem Irrglauben rechtzeitig entgegengewirkt. Im Jahre 1945, so erklärte er einmal in einer Rede vor dem griechischen P.E.N. Club in Athen, sei »gleichsam die ganze Vergangenheit neu zu Kristall geschossen; und ein unter dem Druck von sieben Jahren unösterreichischer Herrschaft verdichtetes österreichisches Bewußtsein bemächtigte sich unverzüglich der gesamten und gewaltigen Tradition des Landes überhaupt, bis zu den alten Römern hinunter«. Der »Zerfall mit seiner Geschichte«, den die erste Republik zugelassen hatte, sei verschwunden. Es habe sich infolgedessen auch »eine österreichische Literatur neu gebildet, die in die Kategorien der deutschen nicht eingeordnet werden kann«. Sich selbst als kardinales Beispiel für diese Literatur zu nennen, fiel ihm dabei nicht ein, doch erwähnte er einige andere Namen, um zu erhärten, daß ihm ihr Weiterbestand als gesichert erschien.

Diese Zuversicht kann als sein geistiges Vermächtnis gelten. Sein literarischer Nachlaß, der wie sein zu Lebzeiten veröffentlichtes Werk die These von der Eigenständigkeit österreichischer Dichtung bestätigt, ist weitgehend, aber nicht völlig ans Licht gekommen. Er enthält erzählende und betrachtende Schriften, aber auch Tagebücher, deren Sichtung noch Jahre in Anspruch nehmen wird. Zunächst erschien ein Band ›Frühe Prosa‹, der jene ersten bekannt gewordenen Kurzromane ›Die Bresche‹ und ›Das Geheimnis des Reichs‹, aber auch ein bisnun ungedrucktes Fragment ›Jutta Bamberger‹, umfaßt – Arbeiten, die noch vom expressionistischen Zeitgeist der zwanziger Jahre geprägt sind. Darauf folgte eine Sammlung von Aufzeichnungen, Gedanken in geschliffener Aphorismenform, als ›Wörterwäsche‹ eines Autors gedacht, der seinen Schaffensprozeß immer wieder unterbrach, um den eigenen Erfahrungsschatz, aber auch das ihm zur Verfügung stehende Vokabular zu sichten. Schließlich wurden Aufsätze, Traktate und Reden aus vielen Lebensabschnitten Heimito von Doderers unter dem Titel ›Die Wiederkehr der Drachen‹ vereint. So wächst posthum die Gestalt, so wächst ihre Emanation. Werden eines Tages noch die frühen Tagebuchnotizen der Obskurität entrissen, dann, aber erst dann, wird die ganze Größe und Eigenart dieser österreichischen Schriftstellerexistenz kat' exochen zu ermessen sein.

Egon Friedell

Das Idealbild des universalen Menschen, nach dem unsere Vorväter strebten, entzieht sich in unseren Tagen immer mehr der Verwirklichung. Im achtzehnten Jahrhundert, das auf seinen ideologischen, künstlerischen und naturwissenschaftlichen Wegen noch durchaus übersehbar war, sprossen allenthalben weltumspannende Geister hoch. Die Enzyklopädisten hatten den Ruf nach Allgemeinbildung, vereint mit schöpferischer Humanität und Toleranz, zum ersten Mal erhoben. Voltaire, Dr. Johnson, Lessing und Goethe erfüllten diesen Anspruch mit beträchtlichem, wenn nicht in jedem Falle völligem Erfolg. In dem Maße aber, in dem die kollektive Einsicht der Menschheit in gegebene und selbstverursachte Erscheinungen wuchs, zerfiel jene bewundernswerte, vielleicht höchste Daseinsform des Einzelwesens. Nicht allein tat eine Kluft sich auf zwischen Geistesgeschichte und Naturerkenntnis, die heute nahezu unüberbrückbar geworden ist. Es löste sich auch immer deutlicher die Verbindung von kreativem und darstellendem Talent, von Inspiration und Ordnungswille. Der Dichter nahm Abschied vom Fachgelehrten. Die Wahrheit hüllte sich in ein härenes Gewand. Und wer etwa die Geschichte gesetzmäßig zu erklären, statt lediglich zu beschreiben unternahm, wie Oswald Spengler oder Arnold Toynbee, der wurde – noch dazu mit Recht – von den Hütern der objektiven Wissenschaft zurückgewiesen.

Inmitten dieses Wechselstreites, der vermutlich in einer Niederlage der gestalteten Historiographie enden wird, steht unbeugsam, herausfordernd, monolithisch die Figur Egon Friedells. Eine Urnatur in unserem blutleeren Jahrhundert, ein ebenso liebenswürdiger wie bewundernswerter

Anachronismus, hat dieser einzigartige Mann die Nachfolge eines Montesquieu, eines Dr. Johnson angetreten, welch letzterem er auch in Statur und Lebensgewohnheiten keineswegs unähnlich war. Als er daran ging, eine ›Kulturgeschichte der Neuzeit‹ zu schreiben, geschah es aus dem Drang nach jener universalen Weltbetrachtung, die in seinen eigenen Tagen kaum noch möglich schien. Er brachte dazu vor allem sein enzyklopädisches Wissen mit, das sich neben allen Gebieten der Kunst- und Geistesgeschichte auch auf entferntere Bereiche wie das der Strategie, der Geologie, der Astrophysik erstreckte. Zudem besaß er eine untrügliche Einfühlungskraft, die ihn verflossene Epochen heraufbeschwören und vor uns auferstehen ließ wie zwingende Traumgesichte bei hellichtem Tag. Am glücklichsten befugt schien er durch seine Gabe einer ebenso klugen und klaren wie leuchtenden Sprache, mit deren Hilfe er ein Gedankengebäude wie die Kant'sche Philosophie nicht minder kongenial zu umreißen verstand, als er dem Zeitgeist des Rokoko oder des zweiten Kaiserreichs lebendige Existenz einzuhauchen vermochte. All diese Fähigkeiten aber waren Attribute einer Gestalt, die in solcher Vielseitigkeit nicht ihresgleichen hatte. Denn Friedell war ein Geschichtsphilosoph und Privatgelehrter, der nebenbei Zeit fand, dramatische Werke und Skizzen zu verfassen, als souveräner Chargendarsteller auf Max Reinhardts Bühnen zu stehen, sich als blendendster Witzbold der an Originalen nicht armen Wiener Bohème zu behaupten, und seine Hündchen Schnick und Schnack spazierenzuführen, die er achtungsvoll mit Sie anzureden pflegte.

Die Abwehr der Fachwelt gegen einen Dilettanten im alten und besten Sinne, der in ihrem Gehege zu wildern sich vermaß, sah er voraus. Was sie gegen diese Kulturgeschichte einzuwenden haben würde, erhob er in seiner Einleitung freimütig, ja trotzig zum Leitprinzip. Überzeugt von der Relativität jeglicher Geschichtsauffassung, durchdrungen von der Unvermeidbarkeit der subjektiven Sicht, kündigte er an, sein eigenes Werk werde weder vollständig noch allgemeingültig sein. Gleich einer Fahne trug er das Wort Oswald Spenglers voran: »Natur soll man wissenschaftlich traktieren, über Geschichte soll man dichten.« Der einzige Weg, in die historische Kausalität einzudringen, schien ihm der des Künstlers; die einzige Möglichkeit, Vergangenes gegenwärtig zu machen, schien ihm das schöpferische Erlebnis. Auch auf Goethe berief er sich, der gesagt hatte: »Den Stoff sieht jedermann vor sich, den Gehalt indes nur der, der etwas dazu zu tun hat.« So legitimiert, unternahm er, seinen Lesern »die heutige Legende von der Neuzeit« zu erzählen. Sich selbst hätte er vielleicht, wäre er unbescheidener gewesen, mit ähnlichen Worten charakterisiert wie er sie für Leopold von Ranke gefunden hatte: »Seine Bedeutung bestand darin, daß er ein großer Denker war, der nicht neue ›Tatsachen‹ entdeckte, sondern neue Zusammenhänge, die er mit genialer Schöpferkraft aus sich herausprojizierte, konstruierte, gestaltete, kraft einer inneren Vision, die ihm keine noch so umfassende und tiefdringende Quellenkenntnis und keine noch so scharfsinnige und unbestechliche Quellenkritik liefern konnte.« Sicherlich aber hätte er die gleiche Rechtfertigung für sich in Anspruch genommen, die er Herodot, Montesquieu, Herder, Burckhardt und Winckelmann zugestand: »Wenn sich selbst alles, was diese Männer lehrten, als unrichtig erweisen sollte, *eine* Wahrheit wird doch immer bleiben und niemals überholt werden können: die der künstlerischen Persönlichkeit, die hinter dem Werk stand, des bedeutenden Menschen, der diese falschen Bilder erlebte, sah und gestaltete.«

Mit solchen Sicherungen und Vorbehalten legte er sein Buch in des Lesers Hand. Daß es nur »Segmente, Profile, Veduten« des großen Gebäudes der neuzeitlichen Kultur enthalten würde, hatte er mitgeteilt: »Wir können die Welt immer nur unvollständig sehen; sie mit Willen unvollstän-

dig zu sehen, macht den künstlerischen Aspekt.« Worin freilich jene Unvollständigkeit bestand, wo die Lücken zu suchen, welches die Grenzen seines persönlichen Blickfeldes
waren, konnte nicht er, das konnte nur der Leser sagen. Die
eigenen Vorurteile erkennen, ist etwas anderes, als grundsätzlich vor ihnen warnen. Egon Friedell besaß viele und ver-
schiedenartige Vorurteile. Sie bestanden vor allem in einer
Geniegläubigkeit, wie sie Carlyle nicht krasser bekundet
hatte, so daß er die Zeitläufte ganz an ihren Helden
abzulesen vermeinte und nicht im Zusammenwirken sämtlicher Kräfte, sondern in einer auserwählten Figur den
Nenner der Epoche sah – »die Zeit«, sagte er einmal, »ist
ganz und gar die Schöpfung des großen Mannes«. Sie bestanden, neben einer eindeutig metaphysischen, anti-darwi-
nistischen, anti-demokratischen Welt- und Menschenbe-
trachtung, in einer Vorliebe für überspitzte Einfälle und
gedankliche Brillanz, die ihn etwa an Berkeleys Philosophie
das »Geistreiche, Originelle und schöpferisch Paradoxe«
rühmen und in diesem, statt in Hume, den größten englischen Philosophen erblicken ließ. Sie äußerten sich in einem
derartigen Grad der Willkür historischen und zeitgenössischen Erscheinungen gegenüber, daß er einen H. S. Cham-
berlain, einen Lagarde freudig anerkennen, einen Moses
Mendelssohn oder Rousseau jedoch mit solcher Verve ableh-
nen, ihnen so völlig jede wertvolle Eigenschaft absprechen
konnte, als hätte er Gelegenheit gehabt, sich am Kaffeehaustisch von ihrer moralischen oder geistigen Unzulänglichkeit zu überzeugen. Sein Hang zur anschaulichen Über-
treibung, zu dem, was er die Sicht des »Konvexspiegels«
nannte, verführte ihn dazu, manche Einfälle à l'outrance
zu entwickeln und ein ganzes blendendes Gebäude auf einer
zufälligen und äußeren Parallele zu errichten. Dennoch unterschied er sich von Carlyle und Spengler, obgleich er die
größte Bewunderung für sie hegte und geistige Affinität zu
ihnen empfand, in einem wesentlichen Punkt. Er war weder

Idealist wie Carlyle noch Pessimist wie Spengler. Er war ein vor-hegelianischer Mensch, ein Individualist, ein gläubiger Freidenker und vorwärtsblickender Feind des Fortschritts – kurzum, eine widerspruchsvolle, originale Wiedergeburt des *grand siècle*, dessen Geisteshaltung ihn selbst bei gelegentlichen Ausflügen in die Maßlosigkeit nie das Ideal des klassischen Gleichgewichts verleugnen, nie das Ziel der echten Universalität aus den Augen verlieren ließ.

Was aber kann man aus dem Werk dieses Mannes lernen? Alles der, welcher es richtig zu lesen weiß. Denn Friedells Fakten sind sämtlich auf das Genaueste belegt, auch wenn er sie häufig in neue, unerwartete und verblüffende Verbindungen zusammenschmiedet. Seine Ehrfurcht vor dem erkennbaren, nachweislichen Rohstoff der Geschichte ist aufrichtig und groß. Niemals sucht er, wie es jene anfechtbaren Interpreten historischer Abläufe, die Vertreter aller Arten von Zyklen- und Bestimmungstheorien tun, tatsächliche Ereignisse umzudeuten oder irreführend darzustellen, niemals unterwirft er sie einem gewaltigen Überbau, der ihnen einen fragwürdigen Sinn und Zweck aufzwingt. Mit einer unglaublichen Belesenheit, einem bestrickenden Witz, einem exakt wissenschaftlichen Verstand und wahrhaft subtilen Kunstgeschmack gibt er unzählige Aspekte der kulturellen Entwicklung des europäischen – und amerikanischen – Menschen von der Renaissance bis zum Ersten Weltkrieg. Er stellt ihn in seine äußere und geistige Umwelt, schildert seinen Alltag, seine Tracht und Sitte mit derselben evokativen Frische wie die großen ideologischen Strömungen der Zeit. Häufig geht er von der Anekdote aus, vom »illuminierenden Klatsch«, wie er selbst es nennt; dennoch ruht sein Wissen auf einer stupenden Kenntnis aller Quellen, hat er, ohne sich dessen je zu rühmen, diesen oft feuilletonistisch oder essayistisch anmutenden Beschreibungen das gründlichste Fachstudium zugrunde gelegt.

Was er darbietet, ist daher niemals die verfälschte, sondern höchstens eine sublimierte Wahrheit – ein Extrakt aus dem reichen Stoff des Lebens, der in solchem Konzentrat vielleicht schärfer, kräftiger, farbiger, aber niemals wesensverschieden erscheint. In seiner Absicht, die Geschichte gleich einem Roman zu gestalten, führt er sie dicht an die Grenze von Wahrheit und Dichtung heran, ohne diese jedoch jemals zu überschreiten. Er schließt, um ein anfangs gebrauchtes Bild nochmals zu verwenden, jene Kluft zwischen schöpferischem und darstellendem Talent, an der unsere Schulwissenschaft so leidet. Und so gelingt es ihm, mit Hilfe einer malerisch inspirierten Sprache die genaue Tönung und Atmosphäre jeglichen Zeitstils zu erfassen, wie wenn er auf die »Sumpfmotive«, die »weiche Abendkühle, in ein sterbendes Blau und zartglühendes Rosa getaucht«, des Rokoko zu sprechen kommt, auf die »fahle Herbststimmung seines honiggelb und teegrün, dunkelgrau und blaßrot, violett und braun«. Ein Wort wie jenes, daß »selbst die Karyatiden des Zeitalters, wie Friedrich der Große, Bach und Voltaire, gewissermaßen überlebensgroße Genrefiguren« seien, bringt uns diese Figuren näher, als langatmige Schilderungen es vermögen. Die künstlichen Gruppierungen, mit denen man seit je den Fluß der Geschichte in kleine Teiche und tote Arme abzufiltern suchte, gewinnen bei ihm den Charakter von Strudeln, die im reißenden Strom der Zeit ihr kontinuierliches Eigenleben führen. Ob er die »Geniezeit«, den Josefinismus, die »Welt im Gaslicht« beschreibt – er sieht sie alle als Abwandlungen ein und desselben Komplexes menschlicher Neigungen und Eigenschaften, als ewig neue Konstellationen in einem ständig geschüttelten Kaleidoskop. Zweifellos vermag er dem achtzehnten, dem noch »übersehbaren« Jahrhundert, einen festeren Zusammenhalt zu verleihen als der Moderne, die ihm zuweilen unter den Fingern zerrinnt oder über die Ränder quillt. Doch er bleibt immer fesselnd, immer aufschlußreich, immer ein Zeichner weiter Perspektiven und Maler großer Panoramen.

Am überzeugendsten wirkt er dort, wo er ein historisches Urbild vom Staub irriger Interpretation befreit, und nirgends gelingt ihm das besser als in seiner Darstellung des antiken Griechenlands, dem der deutsche Klassizismus die Farbe raubte: »Man wird natürlich niemals genau angeben können, wie das alte Hellas in Wirklichkeit ausgesehen hat, aber man kann ziemlich genau sagen, wie es *nicht* war: nämlich nicht so, wie das achtzehnte Jahrhundert es sich vorstellte. Sondern: bunt und gebrochen, nervös und irisierend, unbeherrscht und tumultuös und ganz und gar nicht abgeklärt; sein Zentrum Athen ein Farbkasten, mitten in eine grell pittoreske Natur gesetzt, mit der deutlichen Absicht, sie noch zu überschreien, eine charmante Spielzeugschachtel von Stadt, wie man sie in nachantiken Zeiten niemals wieder gesehen und leider nicht einmal nachzuahmen versucht hat, angefüllt mit geschmackvoll und amüsant kolorierten lebensgroßen Stein- und Tonpuppen, prachtvoll und lärmend vergoldeten Kolossalfiguren, schillernden Fayencen, koketten Nippes und zierlichen Terrakotten; und dazwischen Menschen, die mit allem und jeglichem spielten: nicht nur mit ihren Leibes- und Redeübungen, ihrer Kunst und Erotik, sondern auch mit ihrer Wissenschaft und Philosophie, ihrer Justiz und Volkswirtschaft, ihren Staaten und Kriegen und sogar mit ihren Göttern.« An solchen verblüffenden Ausblicken, solchen suggestiven Beschwörungen ist Friedells Kulturgeschichte reich. Es entströmt ihr der warme Lebenshauch vieler Menschen und Zeiten. Sie bereichert unsere Gegenwart mit der fast leibhaftigen Wiederkehr kleiner und großer Erscheinungen der Vergangenheit. Und selbst wo ihr Autor bewundernd übertreibt, wo er seine Genies zum »großen Solitär«, zum Sublimat ihrer Epoche erhebt, wie in seinen Schilderungen Friedrichs des Großen, Napoleons oder Bismarcks, dort wird nicht verschämt beschönigt, sondern bewußt und unverhohlen glorifiziert. So ist er, der Bismarck in seiner Hysterie, Napoleon in seiner

Vulgarität, Friedrich in seiner Doppelzüngigkeit beschreibt, im Grunde auch ein ›Entlarver‹ großer Männer gewesen, gleich seinen Zeitgenossen Werner Hegemann und Lytton Strachey, von denen ihn sonst alles trennt.

Egon Friedell schrieb für den gebildeten Leser, doch jeder versteht ihn, der den Willen dazu hat. Dies rührt daher, daß er niemals über den Kopf des Lesers hinwegsieht, sondern in Augenhöhe zu ihm redet – freilich in seiner eigenen, die beträchtlich war. Man muß ihm gewachsen sein, in jedem Sinne, das will heißen: etwas von jenem Instinkt besitzen, den er selbst für das wichtigste Attribut des Geschichtsforschers hält. Von Carlyle sagte er stolz, dieser habe keine Sachkenntnis besessen, sondern sich allein vom Instinkt leiten lassen. Er selbst verfügte über beides. Wer ihn liest, muß spüren, wo Friedells übermächtige Persönlichkeit sich auf jenes Bild zu kopieren beginnt, das er von der Geschichte entwirft. Man darf ihn keineswegs mit Haut und Haaren verspeisen. Wie sein Verlag in einer Vorbemerkung zur ›Kulturgeschichte‹ schrieb, muß man sich seiner überspitzten Formulierungen zwar erfreuen, »diese aber nicht für die Wahrheit selbst nehmen, sondern nur als ein Mittel, ihr näherzukommen«. Ihm selbst freilich, der diese gewaltige Tat vollbrachte, der diese Fülle von Visionen vor uns auszubreiten vermochte, ist man vorbehaltlose Anerkennung schuldig. Sie gilt auch seiner Morallehre, die ganz einfach und undoktrinär in einem Aufruf zur Achtung vor den Interessen der Mitmenschen besteht. Seinem Schicksal aber muß man tiefes Mitgefühl entgegenbringen. Denn gerade ihm, der den Einfluß des Einzelnen auf die Weltgeschichte für gottgegeben hielt, war es bestimmt, an einem der frechsten, ordinärsten und verderblichsten Versuche eines Menschen, sich zum Nenner der Zeit zu machen, zugrunde zu gehen. Jetzt, da er bei den Schatten wohnt, die er vordem so überzeugend zu neuem Leben erwecken konnte, ist klar geworden, wie weit er seine Generation überragte.

Noch einmal stand in seiner Person die berauschende Fiktion vom universalen Menschen vor uns auf, mit allen grandiosen Schrullen und Idiosynkrasien, die zu diesem Bilde gehören. Seine ›Kulturgeschichte‹ aber nimmt in der Historienschreibung eine besondere Rolle ein – als einer der eigenwilligsten und faszinierendsten jener Exkurse in die Vergangenheit, die es vermögen, uns frühere Zeiten und Erscheinungen nahezubringen.

Im Abgrund der Triebwelt oder Kein Zugang zum Fest
Zu Schnitzlers ›Traumnovelle‹

Als halbes Kind, doppelt so alt wie »die Kleine« von Albertine und Fridolin, hatte man das Erscheinen der ›Traumnovelle‹ im Jahr 1926 schon bewußt miterlebt. Ein Schauer,
so kann berichtet werden, lief damals durch die Wiener Gesellschaft. Was war dem verehrten Dichter, Zeitchronisten,
Verfechter einer höheren Moral, was dem Schöpfer zarter
und müder Figuren wie des ›Süßen Mädels‹ und Anatols,
was dem Anwalt eines schuldlos Verfolgten wie des Professor Bernhardi hier nur eingefallen? Mit welch rauher
Hand legte er den Seelengrund eines gesitteten Ehepaares
bloß, auf dem es nur so wimmelte vom gräßlichen Gewürm
der Lüste?

Gewiß, um die Jahrhundertwende hatte Arthur Schnitzler bereits mit seinem ›Reigen‹ die Gemüter schockiert, hatte
schamlos – wenn auch nur mit Hilfe von Gedankenstri-
chen – jene kreatürliche Tätigkeit dargetan, die quer durch
alle sozialen Schichtungen Menschen zweierlei Geschlechts
verbindet. Doch das war lange her. Inzwischen war ein
Weltkrieg verloren und ein Kaiserreich zu Ende gegangen,
hatten die Erkenntnisse des Herrn Professor Freud eine gewisse Volkstümlichkeit erreicht und hatte die bürgerliche
Konvention manch harten Stoß erlitten. Schnitzler hingegen
hatte in seiner Novelle ›Fräulein Else‹, zwei Jahre zuvor
erschienen, einen Selbstmord aus weiblicher Scham postu-
liert. Und nun dies: ein Blick in jenen Abgrund der Trieb-
welt, den Freud zunächst in sich selbst entdeckt, dann vornehmlich in seinen amerikanischen Patienten aufgespürt
hatte. Mitten in Wien, im achten und im sechzehnten Gemeindebezirk, geträumte oder gar erlebte Orgien. Nackt-

heit, Geilheit, Unzucht. Nicht Eros stand hier Thanatos gegenüber, sondern Satyr im Bocksgewand.

»Über Ihre Traumnovelle habe ich mir einige Gedanken
gemacht«: so Freud an Schnitzler im Mai 1926. Nichts läge
ferner, als daraus eine enge Beziehung, gar eine gegensei-
tige Anregung dieser beiden großen Zeitgenossen abzulei-
ten. Weit eher warb der Seelenarzt zeitlebens um des Dichters Wohlwollen, während dieser seiner Lehre skeptisch
gegenüberstand. Auch läßt sich, wie noch zu zeigen sein
wird, die ›Traumnovelle‹ durch eine nachträgliche psycho-
analytische Deutung keineswegs voll erfassen. Entscheidend
ist, daß dieses Prosastück, das die gebildeten Stände im republikanischen Österreich so außer Fassung brachte, noch
im tiefen habsburgischen Frieden des Jahres 1907 konzipiert worden war: lange vor jener Spanne kurz vor Kriegsausbruch, in der Schnitzler durch die Lektüre der neugegründeten Zeitschrift ›Imago‹ und seine Bekanntschaft mit
dem Freud-Schüler Theodor Reik genaueren Einblick in
die Freudsche Lehre gewann.

Die Spuren solch über zwei Dekaden sich hinziehender
Arbeit finden sich allenthalben. In der ›Traumnovelle‹, jener vielleicht seltsamsten und den verschiedensten Aus-
legungen unterwerfbaren Erzählung des Dichters, herrscht
nicht nur eine Vielfalt von Stilen, sondern auch eine Vielfalt von Zeit. Während in den Passagen, die einen tatsächlichen Erlebnisablauf zumindest vortäuschen, ganz präzise
örtliche Details angegeben sind, widersprechen sich die Hinweise auf den Abschnitt der Epoche. Im Rathauspark, den
Fridolin des Nachts durchschreitet, liegt ein zerlumpter
Mensch auf einer Bank. »Tausende von solchen armen Teufeln gibt's in Wien allein.« Das läßt nicht auf den ziem-
lichen Wohlstand der einstigen Kaiserstadt schließen, sondern auf das verarmte Wien der Inflation. Andererseits:
auf dem ausschweifenden Fest am Galitzinberg vermutet
Fridolin »Aristokraten, vielleicht gar Herren vom Hof . . .

gewisse Erzherzöge, denen man dergleichen Scherze schon
zutrauen konnte«. Ganz wie Hofmannsthals ›Schwieriger‹
ist die ›Traumnovelle‹ in einer Niemalszeit angesiedelt, die
zugleich vor und nach dem Ende der Doppelmonarchie
liegt.

Aber schwankt denn nicht alles in diesem Werk, schwebt
es nicht durchwegs ein gutes Stück über dem Erdboden im
Raum? Schnitzler will seine Leser glauben machen, es
handle sich um Personen in einer für sie gegenwärtigen
Welt, um Ereignisse, die jedem von ihnen hätten zustoßen
können. Er bemüht sich, Meister des Atmosphärischen, der
er nun einmal ist, die genaue Stimmung, das überprüfbare
Ambiente zu schildern. Die Jahreszeit, das Klima – ein
schon im Schmelzen begriffener Winter, selbst abends ein
lauer Vorfrühlingswind –, eine Fülle von Veduten, die
Straßen namentlich genannt, Gaslaternen, dunkle Haustore,
alle Arten von Cafés, vornehme und trübe, in denen Fridolin die Journale und darin die Tagesnachrichten liest,
Kellerlokale, Kostümleihanstalten, Villen. Ein anschauli-
cheres Bild der Stadt als Ort des tatsächlichen Geschehens
läßt sich nicht entwerfen. Und doch bleibt alles ein wenig
schräge, ein wenig ungewiß, webt es in einem »fluktuieren-
den Zwischenland«, Schnitzlers eigener Ausdruck für den
Bereich zwischen Bewußtem und Unbewußtem.

Auch die Mischung der Darstellungsformen, sei sie nun
ein Kunstgriff oder das Ergebnis einer intermittierenden
Schaffenszeit, verstärkt den Hauch der Irrealität, der über
dieser Novelle liegt. Sie beginnt durchaus goethisch, im Ton
der ›Wahlverwandtschaften‹, deren Thema, die Anfälligkeit
und Fragwürdigkeit ehelicher Verbindungen, ja auch das
ihre ist. Selbst die Namen der Gatten, Fridolin und Albertine, scheinen jener Epoche zu entstammen, und wann immer sich zu Beginn und im weiteren Verlauf ein Zwiegespräch des Paares entspinnt, wird die Sprache dergestalt
archaisch. Dann aber, sobald der Held sein Haus verläßt

und seinen nächtlichen Gang beginnt, kehrt Schnitzler zu der ihm eigenen, farbig suggestiven, oft den inneren Monolog unmittelbar übernehmenden Schreibweise zurück. Im Dialog mit dem Straßenmädchen Mizzi, später mit dem Barpianisten Nachtigall, gerät er in sein ureigenes Element und schwingt sich wieder zu Schilderungen von großer Schönheit auf, wenn Albertine von ihrem Traum berichtet.

Klassizismus, Naturalismus, Impressionismus im Formalen, Psychologie und Phantastik im Inhaltlichen bewirken eine Spannweite, die kaum eine andere Hervorbringung dieses Dichters besitzt. In ihrer – durchaus reizvollen – Widersprüchlichkeit aber tragen all diese Elemente dazu bei, sämtliche Vorgänge ins Unwirkliche zu entrücken. Das geht auf verschiedenen Ebenen vor sich. Denn Fridolins Nachtgesichte, sein Eindringen in einen mysteriösen und lasterhaften Mummenschanz, gar erst der wache Nachvollzug und Abschluß dieses Erlebnisses sowie der geheimnisvolle Tod seiner unbekannten Retterin werden von Schnitzler als Fakten, nicht als Vorstellungen angeboten. Die Maske auf dem Polster bürgt für ihre Wahrhaftigkeit. Und doch sind sie nur graduell verschieden von jenem, aus Zeit, Raum und Kausalität gänzlich herausgelösten Traum Albertines, nehmen sie sich im Vergleich zum Alltag, wie wir ihn kennen, kaum minder unwahrscheinlich aus.

Daß dennoch mit dem Erscheinen der ›Traumnovelle‹ ein Skandalon verbunden war, läßt sich erklären. In ihrem eigenen Rahmen, im Kontext der mehr oder weniger realitätsfernen Phantasmagorie, gilt immer noch die bürgerliche Moral, gilt jene Konvention, deren Durchbrechung damals bereits angebahnt, wenn nicht vollzogen war. Die Nachkriegszeit hatte in Wien wie in den anderen Städten der unterlegenen Mittelmächte eine Umschichtung der Klassen, eine Aufweichung der Sitten mit sich gebracht. Jene Redouten, auf denen sich Kriegsgewinnler und neureiche Spekulanten mit enthemmten Bürgermädchen und Damen einer heruntergekommenen Gesellschaft vergnügten, nahmen in vorgerückter Stunde saturnalischen Charakter an. Hektische Sinnenlust, Promiskuität und Perversion waren zu Alltagserscheinungen geworden. Ohne den totalen Tabubruch unserer Gegenwart vorwegzunehmen, hatte man sich bereits weitgehend von den bisherigen Normen befreit.

Nicht so in Schnitzlers Werk. Hier herrscht noch der Kodex des neunzehnten Jahrhunderts, herrscht jene patriarchalische Auffassung von den Rechten und Pflichten der Geschlechter, die in der Außenwelt nicht mehr im Schwange war. Archaisch nicht nur in der Diktion, sondern auch in der Aussage jene Frage Albertines, nachdem Fridolin auf seine Jugendgeliebten zu sprechen gekommen war: »Und wenn es auch mir beliebt hätte, zuerst auf die Suche zu gehen?« Daß diese Worte als Herausforderung, ja als unerhörte Auflehnung gegen den vom Mann diktierten Tugendbegriff gemeint sind und verstanden werden, nimmt Schnitzler ohne weiteres an. Wie sein Fridolin denn überhaupt bedenkenlos auf Abenteuer ausgeht und reuelos an sie zurückdenkt, aber seine Frau, die ihre Triebe nur im Traum ausgelebt hat, »treulos, grausam und verräterisch« nennt.

Ohne dies belegen zu können, mag man annehmen, dergleichen sei bereits im Entwurf von 1907 vorgezeichnet gewesen und nicht mehr verändert worden, als Schnitzler der Novelle zwanzig Jahre später ihre endgültige Fassung gab. Eben das aber ließ, was dem damaligen Zeitgeist nicht mehr als verwerflich galt, lasziv und obszön erscheinen. Nackte Frauen mit Nonnenschleiern auf Fridolins Maskenfest, seine blutige Auspeitschung im Traum Albertines, die von ihr mit grausamem Gleichmut betrachtet wird; all dies wirkte aufreizend, ja empörend lediglich im Gegensatz zu jenem Bürgerideal, jener in Wahrheit längst überholten sittlichen Haltung, wie sie dem Autor in diesem Werk als Maßstab dienten und am Ende der Novelle wieder aufgerichtet wurden, wenn mit »einem hellen Kinderlachen von nebenan der neue Tag begann«.

Was aber hatte den Herrn Doktor Arthur Schnitzler in dieser späten Periode seines Lebens und Schaffens, genauer gesagt, im Alter von sechzig Jahren, dazu bewogen, auf jenen frühen Versuch zurückzukommen und die Senkgruben der Seele aufzureißen – analog zu den Methoden der Tiefenpsychologie? War es das Beispiel dieser Wissenschaft? Ihre Anhänger sind seit je davon überzeugt gewesen, und noch heute bedient sich die gründlichste Deutung der ›Traumnovelle‹ – von Hartmut Scheible – der analytischen Nomenklatur. Sie spürt in allen Requisiten des Werkes Sexualsymbole auf, sie erklärt jedes Bild, jede Metapher mit Hilfe der Trieblehre und will eine bewußte Affinität Schnitzlers zu deren Erkenntnissen nachweisen – zumal im Jahr 1923, da der Dichter die Ausarbeit dieser Novelle wieder in Angriff nahm, Freuds Schrift ›Das Ich und das Es‹ veröffentlicht wurde.

Ein einziger Satz des Dichters sollte dem entgegenwirken. »Immer wieder«, so notierte er sich 1926, »berufen sich die Analytiker bei ihren Resultaten und Dogmen auf die Traumdeutung, die Traumdeutung aber selbst nehmen sie auf Grund ihrer Dogmen vor. Der typische circulus vitiosus.« Daß Schnitzler der neuen Seelenkunde interessiert, aber mit einem beträchtlichen Maß an Skepsis gegenüberstand, erhellen nicht nur zahllose Aufzeichnungen in seinem Tagebuch, sondern auch sein Briefwechsel mit Theodor Reik. Zu dessen Buch ›Arthur Schnitzler als Psycholog‹ schrieb er ihm: »Über mein Unbewußtes, mein halb Bewußtes wollen wir sagen – weiß ich aber noch immer mehr als Sie, und nach dem Dunkel der Seele gehen mehr Wege, ich fühle es immer stärker, als die Psychoanalytiker sich träumen (und traumdeuten) lassen.«

Das war bereits Ende 1913, zu einer Zeit, in die Schnitzlers intensivste Beschäftigung mit der Freudschen Lehre fällt. Wenig später teilte er dem Philosophen und Pädagogen Hans Henning mit, er habe aus seinen »Bedenken gegenüber der ... psychoanalytischen Methode, zu so interessanten und gelegentlich auch richtigen Resultaten sie führen mag, kein Hehl gemacht« und hoffte, sie werde auch Reik später einmal »nicht den einzigen und allein seligmachenden Weg, sondern einen unter anderen bedeuten, der in das Geheimnis dichterischen Schaffens, zuweilen aber auch daran vorbei in Vagheit oder Irrtum führt«.

Man kann diese Ansicht Schnitzlers gleichfalls freudianisch, will heißen, als Abwehr gegen peinliche Einsichten deuten, deren Bewußtmachung man sich entziehen will. Ob dem so war, bleibe dahingestellt. Jedenfalls fand der Dichter einen beachtlichen Bundesgenossen – Robert Musil, der Reiks Schnitzler-Auslegung noch schärfer verwarf: »Das ganze Unterfangen geht von einer falschen Voraussetzung aus. Personen eines Dichtwerks wie lebende Menschen behandeln ist die Naivität des Affen, der in den Spiegel greift. Was man im Dichtwerk Psychologie nennt ..., scheidet sich an diesem Punkt von der wissenschaftlichen. Nie sind diese Personen kausal erklärbar. Andre Interessenzusammenhänge schieben sich in den psychologischen. Ingesamt: ästhetische.« Damit ist das grundlegende Kriterium jedes Kunstwerks wieder in Erinnerung gebracht. Zudem aber kann noch ein drittes angewendet werden: der Parabelwert, den eine Dichtung enthalten mag.

Nimmt man an, Schnitzler habe in Fridolin, einem Arzt von Beruf, eine Art von Spiegelfigur seiner selbst geschaffen, dann kommt auch der im Lauf der Erzählung vollzogenen »Selbstreinigung« seines Helden gleichnishafte Bedeutung zu. Hier sollen keine indiskreten Schlüsse auf Schnitzlers Gefühls- und Eheleben gezogen werden. In einem Grundmotiv der Novelle aber kann man ein Merkmal seiner eigenen Situation erblicken – in der Isolierung Fridolins, wie sie sich während dessen nächtlichen Erlebnisses offen-

bart. Schon vorher klingt an, was Schnitzler in seiner Autobiographie ›Jugend in Wien‹ beschrieben hat: seine Ab-
wehrstellung gegen die »völkischen« Kreise im Lande, per-
sonifiziert durch jene Couleurstudenten, die den jungen
Mediziner an der Wiener Universität einst ebenso erbosten
wie nunmehr den praktischen Arzt Fridolin auf seinem
Gang durch die Josefstadt. Dann aber tritt, im Zusammenhang mit jenen vermummten Geheimbündlern, die Fridolin den Zugang zu ihrem Fest, mehr noch, jeden Einblick in
ihr Tun verwehren, Schnitzlers Lebensproblem zutage: sein
Außenseitertum in der österreichischen Gesellschaft, auf-
grund einer, wie er es ausdrückt, »jüdischen Stammes-
zugehörigkeit«.

Hartmut Scheible spricht von »Versagung« im Schicksal
des Helden, dem die »Parole des Eingangs«, die »Parole des
Hauses« verborgen bleibt. Den entscheidenden Schritt zur
Erkenntnis, daß damit der Ausschluß des Dichters aus
einem größeren Sozialgefüge gemeint ist, hat der Kommen-
tator nicht getan. Zugleich mit sehr privaten, emotionellen
Komplexen, die Fridolin stellvertretend für seinen Autor
austrägt und auf die hier nicht eingegangen werden soll,
wird denn Schnitzlers eigene existentielle Unsicherheit in
der ›Traumnovelle‹ abgehandelt. Das weist dieser viel-
schichtigen, mehrbödigen und längst noch nicht völlig aus-
geloteten Erzählung eine zentrale Rolle in seinem Gesamtwerk zu. Sie zu vollenden, die bis dahin nur fragmentarisch
vorgelegen war, mag er im Alter als unabdingbaren Auftrag
empfunden haben.

Das Natürliche ist das Chaos
Zu Schnitzlers Tragikomödie
›Das weite Land‹

Im Wien der Jahrhundertwende hatte die bürgerliche Gesellschaft einen Grad von seelischer Verfeinerung und moralischer Dekadenz erreicht, der zu den schwierigsten
Lebensumständen führen mußte. Die äußere Existenz ver-
lief denkbar angenehm. Zwar war der Wohlstand der
Gründerzeit trügerisch und jener wirtschaftliche Aufschwung, der ihn bewirkt hatte, durch den Übermut der
Spekulanten längst in Frage gestellt worden: die Apotheose
der Industrie auf der Weltausstellung von 1873 fand gleichzeitig mit dem bisher größten Börsenkrach statt. Das Kaiserreich ächzte in allen Fugen, doch sein soziales Gefüge, obschon unterhöhlt, stand scheinbar gesichert da. Um so größere Unrast, Verwirrung und schwankende Gemütshaltung
herrschte in den Menschen, denen das Erbe arbeitsamer Väter in den Schoß gefallen war.

Jetzt besaßen jene Söhne von Großkaufleuten und Fabri-
kanten, die den Handelssinn, welchem sie ihre gute Erziehung und gründliche Bildung verdankten, mit Verachtung
von sich wiesen, ausreichende Mittel, Muße und Freizügigkeit, um sich den Künsten, der Unterhaltung, dem Sport
und vor allem erotischen Gesellschaftsspielen widmen zu
können. Ein ausgefüllter Alltag: dennoch fand diese so ver-
wöhnte wie sensitive Generation mehr als genügend Zeit zu
ständiger Introspektion, zur Erforschung und Überbewer-
tung ihrer stets wechselnden Gefühle und der mehr oder
weniger lockeren Affären, die sie untereinander verband.

Nicht minder rücksichtslos als wehleidig, was ihr Emp-
findungsleben betraf, konnten all die charmanten Egozen-

triker nicht umhin, dauernd Ehetragödien anzuzetteln. Gleichwohl waren sie der Tragik nicht fähig. Hätten nicht Duelle, Selbstmorde oder ein vorzeitiger Tod an Lungenschwindsucht in ihrer engsten Umgebung sie gelegentlich aufgeschreckt, sie wären von Gewissensbissen ungestört ihren Vergnügungen nachgegangen. Der morbus viennensis jener Epoche war nicht so sehr die Tbc, die ohne ein wirksames Gegenmittel um sich griff, wie der allgemeine frivole Unernst, mit dem menschliche Beziehungen geknüpft und wieder zerrissen wurden. Selbst die Kinder wurden bereits, wie es in dem Theaterstück heißt, von dem im weiteren die Rede sein wird, »systematisch zu allerlei Sentimentalitäten und Brutalitäten erzogen« – eine Mischung, die sich Jahrzehnte später als mörderisch erwies.

Zwei weise Seelenforscher, ein Arzt und ein Dichter, deren jeder zugleich Dichter und Arzt war, hatten diesen morbus viennensis erkannt. 1900 war Sigmund Freuds ›Traumdeutung‹ erschienen; im selben Jahr wurde Arthur Schnitzlers Novelle ›Leutnant Gustl‹ in der ›Neuen Freien Presse‹ und sein Stück ›Reigen‹ in zweihundert Exemplaren auf eigene Kosten »als unverkäufliches Manuskript« gedruckt. 1906 schrieb der Herr Doktor Freud an den Herrn Doktor Schnitzler die inzwischen berühmt gewordenen Zeilen: »Seit vielen Jahren bin ich mir der weitreichenden Übereinstimmung bewußt, die zwischen Ihren und meinen Auffassungen mancher psychologischer und erotischer Probleme besteht (. . .). Ich habe mich oft verwundert gefragt, woher Sie diese oder jene geheime Kenntnis nehmen könnten, die ich mir durch mühselige Erforschung des Objektes erworben, und endlich kam ich dazu, den Dichter zu beneiden, den ich sonst bewundert.«

Man hätte denken sollen, die Gleichgesinntheit in so vielen Dingen hätte einen engen Kontakt zwischen diesen beiden Männern hergestellt, aber dazu kam es nicht. In großen Abständen wurden weitere Briefe gewechselt. Niemals jedoch ist Freud auf die von Schnitzler geschaffenen Figuren eingegangen, nie hat er in dessen Schaffensprozeß einzugreifen versucht. Schnitzler wiederum wurde bald von Mißtrauen gegenüber der psychoanalytischen Methode befallen, vermutete überdies – aus Gesprächen mit dem Freud-Schüler Theodor Reik –, daß sie »nicht den einzigen und allein selig machenden Weg, sondern einen unter anderen bedeuten« werde, »der in das Geheimnis dichterischen Schaffens, zuweilen aber auch daran vorbei in Vagheit oder Irrtum führt«, und bezweifelte vor allem, daß »das Unbewußte so bald anfange«, wie die Psychoanalytiker zuweilen glaubten oder zu glauben vorgaben: »Die Begrenzungen zwischen Bewußtem, Halbbewußtem und Unbewußtem so scharf zu ziehen, als es überhaupt möglich ist, darin wird die Kunst des Dichters vor allem bestehen.«

Mit einer gewissen Eifersucht wahrte Schnitzler denn das Prärogativ und Reservat des Künstlers. In der Tat rechtfertigte er jene viel später, 1922, noch einmal wiederholte Ansicht Freuds, daß er »durch Intuition – eigentlich aber in Folge feiner Selbstwahrnehmung – alles das« gewußt habe, was jener »in mühseliger Arbeit an anderen Menschen aufgedeckt«. Aus feiner Selbstwahrnehmung entstand auch das bedeutendste Schauspiel des Dichters, ›Das weite Land‹, in den Jahren 1902 bis 1910 – jene Tragikomödie, in der die Summe seiner Erkenntnisse menschlichen Wankelmutes und seelischer Chaotik Eingang fand. Die wichtigste Erkenntnis betraf die Auswechselbarkeit aller Figuren und Schicksale solcher Liebes- und Ehedramen. Alles war möglich. Man konnte Gefühle und Verhältnisse wie Würfel in einem Becher schütteln: heraus kam immer eine neue, im Grunde aber die gleiche Seelenkonstellation. Bereits in der Niederschrift seiner ersten Notizen zur literarischen Gestaltung des Themas hatte Schnitzler beliebige Variationen aufgezeichnet – so spielerisch, wie sie auch in der Wirklichkeit entstehen und vergehen:

»Eine Frau liebt hoffnungslos einen Ehemann, bringt sich um. Vorwürfe, die sich der Gatte macht. – Oder umgekehrt. Selbstmord eines Liebhabers. Der Ehemann: Warum nicht? Er fragt sich selbst, ob er das wert war. Er kommt darauf, wäre es nicht tausendmal besser gewesen, sie hätte sich ihm hingegeben? Seine Frau wird ihm schauerlich, todbringend. Er kann sie nicht mehr besitzen. Endlich wird er irrsinnig.

Der Ehemann liebt seine Gattin gar nicht mehr, hat Verhältnisse. Um so lächerlicher scheint ihm, daß sie sich umgebracht hat. Dialog? Vom Begräbnis heimkehrend?

Ach Gott, möge sie doch bei meinem Hausknecht liegen! Stünde nur der wieder auf. Frauen – wieviele! Aber ein Freund –? Und gar einen solchen? Nun, was will ich tun? Ich muß nach Hause. Wie schön wäre alles, wenn er noch lebte. Ich rühre sie nicht mehr an, diese Mörderin.

Und die Lüge ist das Schreckliche, der Betrug, aber ich kann mir ganz gut eine Ehe denken, in der beide Teile ihre eigenen Wege gehen und die besten Freunde bleiben. Voneinander scheiden lassen muß man sich nur, wenn der eine Teil noch liebt – oder beide.«

Im selben Jahr, 1902, in dem er diese Überlegungen anstellte, schrieb Schnitzler einen Monolog, der sich in seinem Nachlaß unter der Bezeichnung ›Friebergnovelle‹ fand, aber den Titel ›Nach dem Begräbnis eines Freundes‹ führte. Darin beklagt die Ich-Figur, ausführlicher, aber in dem gleichen Sinne wie Hofreiter es im ›Weiten Land‹ in Gedanken tut, den unsinnigen Tod eines Freundes, der sich der Frau dieser Ich-Figur wegen das Leben nahm. Bemerkenswert, daß die Frau hier Adele heißt wie später Hofreiters Geliebte Natter, und diese bereits als Rose Nattern Einzug hält. Die Grundsituation im ›Weiten Land‹ ist damit völlig umrissen, und selbst Einzelheiten, wie die Tennispartie der Ich-Figur – hier ein »gewöhnlicher Doktor juris« statt eines Glühlampenfabrikanten – und der Musikerberuf des Toten, stehen bereits fest. Über das Urbild des Friedrich Hofreiter aber hat Schnitzler viele Jahre später, in seinen posthum unter dem Titel ›Jugend in Wien‹ veröffentlichten Erinnerungen, unmittelbar Aufschluß gegeben. Es war ein Prokurist namens Kniep, »ein gutaussehender, leidlich eleganter Herr mit geschäftlichen Ambitionen, die eines snobistischen Charakters nicht ganz entbehrten«, und Schnitzler hatte ihn gemeinsam mit seinem Freund Richard kennengelernt.

Im Falle Knieps war es dessen Ehefrau, die ihn unter den Augen des jungen Schnitzler mit Richard auf einer Bergwanderung betrog. »Diese Geschichte«, schrieb Schnitzler im Rückblick, »mag einen Begriff geben, vielleicht nicht so sehr von der Frivolität und Indiskretion, als von der außerordentlichen Leichtigkeit, mit der in diesem Kreise dergleichen Abenteuer behandelt und beurteilt wurden. (. . .) Diese Atmosphäre, mag man sie nun als unmoralisch, unbeschwert oder einfach nur als wahr empfinden, ist es, in der sich die Vorgänge meiner Tagikomödie ›Das weite Land‹ abspielen, wie auch manche Figuren dieses Kreises umgestaltet, vielleicht auch erhöht, und manche Situationen, die im Hin- und Widerspiel der Figuren sich ergaben, verändert oder stilisiert in jenem Stück wiederkehren. Manche Bemerkung, die ich dem Helden, Friedrich Hofreiter, in den Mund legte, habe ich fast wörtlich zu verschiedenen Epochen von den Lippen seines Urbilds vernommen.«

Aus eigener Anschauung denn, mit der präzisen Kenntnisnahme jeder charakteristischen Äußerung, Geste und Gebärde, die eine Bekanntschaft für den werdenden Dichter verwertbar erscheinen ließ, überdies mit dem von Freud gerühmten Röntgenblick in die Seelenvorgänge eines *homme moyen sensuel* hatte Schnitzler seine Hauptfigur geschaffen. Aber ist Hofreiter die Hauptfigur? Wer das Geflecht von Personen analysiert, die der Autor in diesem Stück in Beziehung zueinander gebracht hat, muß schließlich feststellen, daß in seinem Zentrum ein anderer, nämlich der

Hochtourist und Hotelbesitzer Dr. von Aigner steht. Ihm sind vom Autor die wichtigsten Äußerungen, die aufschluß- reichsten Einsichten in den Mund gelegt worden, und nicht nur jene, die der Tagikomödie ihren Titel verleihen. Durch ihn, den Weltmann, Sportsmann, Grandseigneur und klu- gen Beobachter der eigenen Psyche, kommentiert Schnitzler den Zeitgeist weit präziser als durch Hofreiter, einen Son- derfall von naiver Eigensucht.

Aigner ist der erfolgreiche, aufstrebende Mann des neuen Jahrhunderts, ein proteischer Mensch, der Liebschaft um Liebschaft hat, zahllose Kinder in die Welt setzt, ein Hotel nach dem anderen bauen will, Wahlreden hält und es noch zum Minister bringen könnte. Dennoch hat er das Funda- ment seiner Existenz, seine Ehe, nicht aufrechtzuerhalten vermocht. Er hat seine Frau geliebt, ganz wie sie ihn. Je- doch: »Hier liegt das Problem (...) gerade, daß ich sie so sehr liebte – und trotzdem fähig gewesen war, sie zu be- trügen ... Sehen Sie, mein lieber Hofreiter, das machte sie irre an mir und an der ganzen Welt. Nun gab es überhaupt keine Sicherheit mehr auf Erden ... keine Möglichkeit des Vertrauens, verstehen Sie mich.« Und weiter: »Warum ich sie betrogen habe –! ... *Sie* fragen mich? Sollt' es Ihnen noch nicht aufgefallen sein, was für komplizierte Subjekte wir Menschen im Grunde sind? (...) Wir versuchen wohl Ordnung in uns zu schaffen, so gut es geht, aber diese Ord- nung ist doch nur etwas Künstliches ... Das Natürliche ... ist das Chaos.«

Die tiefe Skepsis Schnitzlers der menschlichen Daseins- form gegenüber – hier findet sie ihren Niederschlag. Seiner Herzensfreundin Olga Waissnix hatte er bereits 1890 an- vertraut: »Die Menschheit ist mir gleichgültig, eigentlich antipathisch.« Und Jakob Wassermann gegenüber äußerte er nach dem Ersten Weltkrieg, die Zeiten hätten sich nur insofern verändert, als »verschiedene Hemmungen weg- geräumt sind und allerlei Bübereien und Schurkereien mit einem verhältnismäßig geringeren Risiko in jeder Hinsicht, sowohl materiell als ethisch genommen, verübt werden können, als es früher der Fall war ... Sind etwa die Typen, um nicht zu sagen, die Individuen, vom Erdboden verschwunden, die ich geschildert habe und wie ich hoffe noch eine Zeit zu schildern mir erlauben werde?« Für seine Landsleute empfand dieser Dichter, der als getreuester Chronist des Wiener Bürgertums und dessen aristokratischer wie kleinbürgerlicher Randbezirke gelten darf, vermutlich jene Haßliebe, die man bis zum heutigen Tage an allen kritischen Geistern unter ihnen feststellen kann. Die Typen, von denen er spricht, sind jedenfalls nach dem Zweiten Weltkrieg noch nicht untergegangen.

Im Inventarium des ›Weiten Landes‹ tritt ihre Urnatur ans Licht. Aigner, deutlichster Exponent der Epoche und deren schärfster Beobachter in einer Person, steht gleichsam überlebensgroß im Mittelpunkt eines Karussells von Schnitzlers Prototypen wienerischer Wesensart. Hofreiter ist uns in einer früheren Erscheinungsform als Anatol, der liebenswürdige Egoist, längst entgegengetreten, ist jetzt ein Anatol als Ehemann, aber immer noch entschlossen, sich über die Gefühle jener Frauen, die ihn lieben, sorglos hinwegzusetzen. Um sich auch des letzten Restes von Schuldgefühl ob der eigenen Flatterhaftigkeit zu entledigen, stiftet er seine Frau zur Untreue an und duelliert sich mit ihrem Liebhaber nur, um nicht als ›Hopf‹, als der hereingelegte Gimpel zu gelten.

Adele Natter ist eine harmlosere Variante der *femme fatale*, die durch viele Schnitzler-Dramen geistert – in der herzlosen Unbekümmertheit, mit der sie in andere Ehen eindringt und die eigene bricht, eine rechte Gegenspielerin Anatols. In Genia Hofreiter ist das ›süße Mädel‹ nur auf einer höheren Sozial- und Intelligenzstufe angesiedelt: ein Unschuldswesen, gutherzig von Natur, wird durch die Verbindung mit einem Immoralisten wie Friedrich Hofreiter zum Leiden verdammt. Der Zyniker Natter, die taktlose Klatschbase Frau Wahl, die farblosen bis dümmlichen Gesellschaftslöwen Paul Kreindl und Demeter Stanzides, der aufgeblasene Dichter Rhon, ja auch der glücklose Raisonneur Dr. Mauer und die edle Schauspielerin Meinhold sind mit äußerster Genauigkeit dem Leben abgeschaut. Inmitten all dieser brüchigen oder von ihrem Schicksal zerstörten Gestalten sind Erna und Otto – dieser trotz seiner Beziehung zu einer verheirateten Frau – die einzig reinen Menschen, zur Wahrheit verpflichtet, die Lüge verachtend, ein Paar, das wie füreinander geschaffen scheint, aber in Schnitzlers Welt, in der Welt des Wiener Bürgertums jener Zeit, nicht zueinander finden kann und darf.

Seine pessimistische Betrachtung des Lebens, die tief innere Überzeugung, daß nicht Wohlwollen, sondern Arglist die menschlichen Beziehungen regiert, hat Schnitzler in seiner Tragikomödie ›Das weite Land‹ – bei aller karikaturistischen Komik gewisser Nebenfiguren – deutlich niedergelegt. Sie war ein Grund mehr, der ihn davon abhielt, Sigmund Freuds Seelenlehre zu akzeptieren. 1922 notierte er sich über die Psychoanalyse: »Mit der Libido ist nur der eine Teil unseres Wesens in seinen Haupttrieben bezeichnet. Es fehlt nicht nur zum Verständnis der seelischen Ökonomie, sondern sogar zur Richtigkeit der Freudschen Theorie die ebenso wissenschaftliche und weitgehende Enthüllung der Gegentriebe unserer Seele. (...) Der Gegensatz der Libido wäre eigentlich Sehnsucht nach Schmerz, nach Selbstvernichtung, nach Tod. Wir fühlen aber ganz genau, daß das Bedürfnis, Übles zu tun, Schmerz zu geben (...) eine primäre Bedeutung beansprucht. Der Gegensatz von Sehnsucht nach Lusterfüllung scheint gerade nicht zu sein: Sehnsucht nach Schmerz, sondern Sehnsucht, irgend jemandem andern Übles zuzufügen.«

Ein trauriges Fazit der Menschenerkenntnis. Im selben Jahr 1922 schrieb Freud an Schnitzler, nichts ahnend von dessen ablehnender Haltung gegenüber seiner Theorie: »Ich glaube, im Grunde Ihres Wesens sind Sie ein psychologischer Tiefenforscher, so ehrlich unparteiisch und unerschrocken wie nur je einer war.« Ein Dialog dieser beiden außerordentlichen Männer über die Malaise ihrer Zeit, ihres Landes, ja der Menschheit schlechthin wäre über alle Maßen fruchtbar gewesen. Daß er aus einer Art von »Doppelgängerscheu«, wie Freud es nannte, niemals zustande kam, ist ein beklagenswertes Versäumnis der Weltgeschichte.

Eh die Träume rosten und brechen
Ilse Aichingers Gedichte

Die Grenzen zwischen Prosa und Poesie haben sich längst
verflüssigt. Daß un-gereimte Sätze nicht ungereimt, sondern
schlüssig zu sein hätten, daß ihre Aufgabe eine informative,
deskriptive, expressive, aber nicht unbedingt eine assoziative sei, fordert niemand mehr. Gleichwohl ist der Widerstand gegen hermetische Texte epischer Form noch immer
ausgeprägter als der gegen lyrische Verschlüsselungen. Man
erwartet von ihnen eine andere Art von Aussagewert. Kon-
frontiert mit langen Perioden metaphorischer Rätselspiele,
dazu genötigt, sich über eine gewisse Zeitdauer hinaus in
Sprachlabyrinthen aufzuhalten, verweigert der Leser eine
Gefolgschaft, die er Gedichten weit eher zu leisten bereit
ist, auch wenn er ihnen zuweilen ebenso ratlos gegenüber-
steht.

Ilse Aichinger ist seit ihrer ersten Veröffentlichung, dem
Roman ›Die größere Hoffnung‹, zunehmend wirklichkeits-
scheuer geworden, hat sich immer mehr in eine Geheimwelt
zurückgezogen, die nur Spuren, Signale, Fragmente der äußeren Realität enthält. Das begann mit ›Eliza Eliza‹ und
hatte in ihrem letzten Prosaband ›Schlechte Wörter‹ einen
Grad von Unwegsamkeit erreicht, wie er heute nur noch bei
ihrer Landsmännin Friederike Mayröcker anzutreffen ist
und sich von der *écriture automatique* der Surrealisten
kaum mehr unterscheidet. Auf sie, ja auf ihr großes Vorbild
Lautréamont, der zum ersten Mal die ›Begegnung einer
Nähmaschine und eines Regenschirms auf einem Seziertisch‹
postulierte, kann Ilse Aichinger sich berufen. Jene Regel
André Bretons von den zwei voneinander entfernten Wirk-
lichkeiten, die ein desto stärkeres Bild ergeben, je größer

die Distanz zwischen ihnen ist, hat sie sich offenbar zu eigen gemacht.

Einige Beispiele aus den ›Schlechten Wörtern‹ mögen dafür zeugen. In dem Text ›Sur le bonheur‹ die Stelle: »Wo sie die hübschen geschwärzten Steine hernehmen? Steigbügel vielleicht. Da muß ein Joker her, einer, der durchflieht ohne Lichter.« In ›Galy Sad‹: »Hinunterlassen. Warten, warten, aufhalten. Winnipeg möchte noch einen Strich häkeln, rund um die Knöchel. Winnipeg ist langsam. Schreibt sich falsch und häkelt gerade, immer rundum.« In ›Queens‹: »Das soll kein Ende sein, wenn es eines sein soll, Enden genug, längsseits und diesseits, zu Füßen und zu Füßen, wenn du willst, Endlein, vierzehn Schnipsel, synthetics, Perlen und Teufel, das macht sich, Mary . . .« und so fort.

Gewiß läßt sich in den Vexierbildern, mit großer Geduld, dieser oder jene neue Umriß ausnehmen, gewiß lösen diese oder jene Sigel – ein Wort, das man der Kurzschrift entlehnen, aber auch in seinem Doppelsinn verwenden darf – bestimmte Gedankenketten aus. Wie weit man Ilse Aichinger auf ihren verschlungenen Pfaden jedoch in der Tat begleitet, an welcher Biegung man abirrt, ist nicht nachprüfbar.

Derlei war zu sagen, bevor von ihrer Lyrik die Rede ist, deren Auslese sie unter dem Titel ›Verschenkter Rat‹ gesammelt hat. Denn hier ereignet sich, wenn nicht immer, doch immer wieder, das Pfingstwunder der gelösten Zungen, der gehörten Stimmen, der gelungenen Kommunion. Auch wer gestehen muß, daß er jenes inspirierten Nachvollzuges, jenes imitativen Schöpfungsaktes, der zum Verständnis von Ilse Aichingers später Prosa nötig ist, nicht immer fähig war, kann sich hier, häufig genug, in vollem Akkord mit ihr finden, büßt während eines ganzen Gedichtes die Fühlung mit ihr nicht ein. Wenn Dichter und Leser vorzustellen sind wie Orpheus, der vorangeht durch Dunkelheiten, vorbei an staunenswerten, auch erschreckenden Gesichtern, und Eurydike, die dicht hinter ihm schreitet, die Hand vertrauensvoll auf seine Schulter gelegt, dann gilt das Bild für den Großteil dieses Bandes.

Freilich, wie alle Metaphern hat auch diese ihre Widersprüche. Darf Orpheus sich nicht umwenden, Eurydike nicht ansehen, er verlöre sie denn, so sollte doch der Leser dem Dichter niemals völlig aus dem Blickfeld geraten. Im Gegenteil müßte dieser sich ab und zu vergewissern, daß jener ihm nicht abtrünnig wird, müßte zumindest nach der Hand auf seiner Schulter tasten, um sicher zu sein, daß der Kontakt nicht abgerissen ist. Aber Gleichnisse sollen auch nicht zu weit getrieben werden. Genug daran, daß es leicht, ja beglückend ist, Ilse Aichinger in diesem Gedichtband zu folgen, daß sie uns darin selten entschlüpft, aus den Augen gerät, sich von uns lossagt und uns ratlos zurückläßt. Nein, sie verschenkt hier ihren Rat, und hat sie dem Wort auch einen bitteren Beigeschmack gegeben, als wäre, was sie zu sagen hat, an uns vertan, so sollten wir uns desto mehr dafür bedanken.

Vierundneunzig Gedichte, ohne Hinweis auf ihre Entstehungszeit im Lauf der letzten drei Jahrzehnte aneinandergereiht – auf welche sich beziehen, von welchen handeln? Hier hilft nur äußerste Subjektivität, nur das Eingeständnis, von vielen durchaus, mit Leib und Seele, Haut und Haaren ergriffen worden zu sein und nur von wenigen so kalt, so sehr im Stich gelassen wie von Ilse Aichingers obskurster und unzulänglichster Prosa.

Zu den vielen, ihnen allen voran, gehört das Gedicht ›Widmung‹.

> Ich schreibe euch keine Briefe,
> aber es wäre mir leicht, mit euch zu
>   sterben.
> Wir ließen uns sacht die Monde hinunter

und läge die erste Rast noch bei den
     wollenen Herzen,
die zweite fände uns schon mit Wölfen
     und Himbeergrün
und dem nichts lindernden Feuer, die
     dritte, da wär ich
durch das fallende dünne Gewölk mit
     seinen spärlichen Moosen
und das arme Gewimmel der Sterne, das
     wir so leicht überschritten,
in eurem Himmel bei euch.

Es ist möglich, solche Dichtungen zu lieben, ohne sie völlig
entschlüsseln zu wollen. Man folgt ihnen einfach auf ihrem
Gleitflug in unbekannte Bereiche, man überläßt sich den
bedeutungsschweren Wörtern, verzichtet auf Klarheit und
tauscht Beziehungsreichtum dafür ein. Aber so leicht will
ich es mir, in diesem einen Fall, nicht machen, möchte vielmehr wagen, diesen Bildern einen vermutlichen, obschon
unbeweisbaren Sinn zu unterlegen, auf die Gefahr hin, daß
dadurch ihr Gehalt verarmt und ihre Geltung eingeschränkt
wird.

In den ersten Zeilen ist auf knappste Weise viel gesagt:
Die Dichterin lebt in einer Abgeschlossenheit, die keine
ständige Kommunikation zuläßt, aber sie hat Freunde, mit
denen sie bereit ist, in den Tod zu gehen. Das mag übertrieben sein, doch die Imagination, mit der sie den Gedanken weiterspinnt, steht dafür ein. Es beginnt, gemeinsam,
jene Wanderung, die nach dem Augenblick des Sterbens ein-
setzt. Der Seele, oder dem Nachhang einer Identität, die es
auf Erden gegeben hat, ist eine Zeitspanne allmählichen
Sich-Loslösens von der irdischen Begriffswelt gewährt.

Von der Vorstellung einer Region zwischen Leben und
Tod waren andere Schriftsteller vor Ilse Aichinger ergriffen, so ihr Landsmann Alexander Lernet-Holenia, der lange

Stücke seiner Erzählung ›Nächtliche Hochzeit‹, seiner Novelle ›Der Baron Bagge‹ und seines Romans ›Der Graf Luna‹ in jenem Schwebezustand, jenem Niemandsland spielen läßt. Bei Gerhart Hauptmann fragt der Florian Geyer das Mädchen Marei: »Wo ist man die erste Nacht nach dem Tode?« Darauf sie: »Bei St. Gertrauden.« Und er: »Wo ist man die zweite Nacht nach dem Tode?« Die Marei: »Bei St. Michael.«

Ilse Aichinger tritt die Reise an in einen Raum, der kein oben und unten kennt, denn zuerst geht es sacht an den Monden hinunter und endet doch im Himmel, der gewißlich oben liegt. Ein kosmischer Raum denn, dessen Stationen sich immer weiter von der Erde entfernen. Die erste Rast verbringt man noch bei den wollenen Herzen – das »noch« will heißen, man habe die vertraute Umgebung nicht völlig verlassen, befinde sich an einem Ort, wo es Herzen gibt, warme und weiche Herzen, wofür der Begriff Wolle wohl bürgen kann. Es ist, um ein Wort der Autorin aus anderem Kontext zu entlehnen, noch »erträglich«, aus der Aura des Irdischen nicht getilgt.

Unheimlicher wird es an der zweiten Rast, denn hier gibt es Wölfe, die man bereits apokalyptisch deuten darf, als Fenriswölfe vielleicht, die in der alten Sage die Götterdämmerung begleiten. Auch die Himbeeren sind nicht appetitlich rot wie in den Kindertagen, sondern bitter und unreif, ja zur ewigen Unreife verdammt. Ein nichts linderndes Feuer lodert, man muß hindurch, es gelingt im Verein mit den Freunden. Nun aber treten wir ein in ein wunderschönes, ein wahrhaft surreales Bild, wie es von Magritte oder Dali oder Tanguy hätte gemalt werden können: fallendes dünnes Gewölk, auf dem spärliche Moose wachsen, dann ein kleiner Sternenhaufen, dürftig, schütter, man schreitet mühelos hindurch.

Endlich der Himmel: Die Freunde sind offenbar in ihm daheim, sind vielleicht gefallene Engel, die mit ihr den

Rückweg angetreten haben. Denn ihr Himmel ist es, den man zuletzt erreicht. Wie es sich damit verhält, ist nicht ganz zu enträtseln. Doch ein ungeklärter Rest darf bleiben. Genug daran, daß hier ein Sternenflug nach dem Leben stattgefunden hat, ein Hinausschwingen in den Weltraum, aber in Begleitung, nicht allein – Traum einer Einsamen, die einsam lebt und einsam nicht sterben möchte.

Es heißt, jede lyrische Hervorbringung, sei sie noch so mißlungen, enthalte zumindest eine Zeile, die das wahre Gefühl und den Ausdruckswillen ihres Urhebers überzeugend offenbart. Wenn nun einige Auszüge aus Ilse Aichingers Gedichten zitiert werden, dann keineswegs, um eine etwaige Unzulänglichkeit des Übrigen vergessen zu machen. Verblüffend ist vielmehr, wie sie fast allenthalben den Ton durchhält, wie sie mit keinem Wort absinkt, sondern eine Fülle makelloser Sprachgebilde von einheitlicher Substanz und Konsistenz geschaffen hat, die durch keinen fremden Reiz, keinen Bildungsbegriff gestört sind. Das mag sich erschöpfen in einem einzigen lyrischen Satz wie ›Winterfrüh‹: »Eh die Träume rosten und brechen, / laß die Geliebten drauf hinunterfahren, / die Großen und die Kleinen in den grauen / Mänteln, / schaut her, die helle Bahn, das Eis.« Und es mag über dreißig Zeilen andauern wie in dem Gedicht ›Findelkind‹, das beginnt: »Dem Schnee untergeschoben, / den Engeln nicht genannt.«

Soll man es wagen, die verschwiegene Chronologie selbst herzustellen, etwa in dem Gedicht ›Meiner Großmutter‹ einen ihrer frühesten Versuche zu sehen? Es wurde ja, zugleich mit anderen dieser Sammlung, bereits in dem vergriffenen Band ›Wo ich wohne‹ 1954) gedruckt. Welche Wandlung ist, gerade zwischen der 1952 erschienenen »Spiegelgeschichte« und »Eliza Eliza« dreizehn Jahr darauf, in Ilse Aichingers Prosa vor sich gegangen. Dennoch spricht wenig für eine Mißachtung ihres Wunsches, in ihrer Lyrik nicht festgelegt zu werden auf eine literarische Entwick-

lung, darin vielmehr eine immer wiederkehrende, zu sich
selbst zurückfindende Ausdrucksform zu sehen ist. Denn
gerade in der Poesie, die zur Esoterik und Hermetik weit
eher Anlaß gab als die ungebundene Dichtung, verharrt sie
in einer Schlichtheit, einer Geschlossenheit, die etwas Zeit-
loses, Überzeitliches hat. Das Gedicht ›Hochzeitszug‹ etwa:

> Wir kamen zum Baum von Holnis
> und fanden darunter
> viel samtene Kinder,
> die schliefen
> und hatten die Augen
> weit offen im Traum,
> es glänzten im Heu die Kirschen
> zwischen den Scheunentüren,
> das blaue Gekräusel,
> alte Wagenräder,
> noch Schatten entfernten Jubels,
> längst landeinwärts gerollt,
> wer sagte, zur See?

Es hätte jetzt wie vor dreißig Jahren verfaßt worden sein
können, als Ilse Aichinger mit einer berückend arglosen
– und heute noch unverminderten – Mädchenhaftigkeit auf
die Szene trat. In jedem Fall geben uns diese schönen, klaren, bis auf den Grund durchschaubaren Erzeugnisse die
Hoffnung, daß ihre Urheberin, auch wenn sie sich der un-
gebundenen Schreibart bedient, die labyrinthenen Wege
wieder verlassen und aus ihrem eigenen Wesensgrund die
herzzerreißende Gelassenheit schöpfen werde, aus der, unter anderen das Gedicht ›Abgezählt‹ entstand:

> Der Tag, an dem du
> ohne Schuhe ins Eis kamst,
> der Tag, an dem
> die beiden Kälber
> zum Schlachten getrieben wurden,

der Tag, an dem ich
mir das linke Auge durchschoß,
aber nicht mehr,
der Tag, an dem
in der Fleischerzeitung stand,
das Leben geht weiter,
der Tag, an dem es weiterging.

Über Ingeborg Bachmann
Keine Kerze für Florian

Nein, nein, ich will es nicht, ich kann es nicht ertragen, wie die Wellen sich wieder geglättet haben nach diesem Tiefensturz, wie widerspruchslos man ihr Verschwinden hinnimmt und an ihrer Stelle ein totes Standbild aus dem Wasser zieht, makellos, die vollendete Legende.

Und damit beginnt es schon, mit dieser metaphorischen Verklärung, hier noch dazu mit einem falschen Bild, denn es war ein anderes Element, das sie verzehrte, es beginnt mit der Mythologisierung eines Menschen und seines Todes, der gräßlich war, unausdenkbar gräßlich und darum lieber nicht gedacht. Schmerz, sagt man, habe sie nicht gelitten, aber wer weiß, was vorgeht in jemandem, der scheinbar bewußtlos, entnervt, entseelt vor uns liegt, welche Ahnungen, Empfindungen, welches körperliche Leiden? Vor kurzem las ich, man hätte Sterbende nach ihren Eindrücken befragt, die letzten zehn Minuten seien immer friedlich gewesen, sie hätten sich alle ins Unausbleibliche gefügt, es geradezu herbeigewünscht. Diesen fadenscheinigen Trost will man sich und uns unterschieben. Und genau so, ja schlimmer, verfährt man mit den Dichtern, indem man ihr Ende, kaum ist es eingetreten, bereits als unabwendbar erklärt, ihr Leben zur Fabel macht, abrundet, einordnet in die Seiten der Literaturgeschichte.

Gewiß, ich weiß genau, wieviel Anlaß sie selbst dazu gab. Wie sehr sie pflegte, was ein ganz anderer Schriftsteller, Ernst Jandl, ablehnend als »poetische Lebensführung« bezeichnet, wie sie selbst sich romantisierte, in ihrer Prosa zumal. Auch ich habe die vielen Stellen in ihren Gedichten und Erzählungen gelesen, in denen sie mit dem Feuer spielte, ihren Tod eitel nannte, ihn vorauszusagen schien mit nachtwandlerischer Sicherheit: »Wenn auch im Nadeltanz unterm Baum / die Haut mir brennt.« »Wenn meine Locke züngelt.« »Wenn ich befeuert bleib wie ich bin / und vom Feuer geliebt.« »Ich seh den Salamander durch jedes Feuer gehen.« »Wenn alle Krüge zerspringen, / was bleibt von den Tränen im Krug? / Unten sind Spalten von Feuer, / sind Flammenzungen am Zug.« Und, am schrecklichsten: »Fällt diese Hand ins Feuer / Mein Wort, errette mich.«

Zu Dutzenden sind sie aufspürbar, diese Omina, leitmotivisch kehren sie immer wieder, nicht zu reden von all den Hinweisen in ihren Erzählungen auf brennende, verlegte, vergessene Zigaretten, die Löcher in Tischplatten sengen oder im Teppich verglimmen. Und wie Falstaff nicht bloß selbst witzig war, sondern auch Ursache, daß andre Witz hatten, so rief ihr prophetisches Vorgefühl bei ihren Freunden die gleiche Hellsicht hervor – etwa bei Kurt Klinger, dem Lyriker, der zwei Jahre vor ihrem Tod einen Zyklus über sie schrieb, darunter das Gedicht »Einäscherung der Poetessa«, mit den entsetzlichen Zeilen: »Sie brennt, sie brennt wie Feuer unter der Erde, / sie ist zu den Delphinen heimgekehrt, / dort wird es ihrer Seele besser gehen«, und noch unmittelbarer, bewegender: »Doch als wir die Gebeine bergen wollten, / lag sie unverletzt und mädchenhaft / unter einem Schleier atmender Asche.«

Daß sie gefährdet war, wußte sie wohl, und hatte Angst vor dieser Gefährdung, der sie doch, wie sie gleichfalls wußte, ihre Dichtungen verdankte, Angst vor dieser entfernten und erbarmungslosen Sphäre, in der sie nicht nur zum poetischen Erleben zugelassen, sondern zum poetischen Leben verurteilt war. Und ihre Prosa ist eine einzige Flucht davor, eine Flucht vor dem Metaphorischen ins Direkte, ja Triviale, auf eine Ebene, in der ihr nichts drohte als Liebeskummer oder jene kleinen Fährnisse des Alltags, die man in einer Nacht zu überwinden vermag. Aber selbst dort verstreute sie ihre Hilferufe, warf Flaschenposten aus; noch in ihren anfechtbarsten, mondänsten Geschichten, etwa in jener von der törichten Beatrix (›Probleme Probleme‹), sind sie zu finden, dort in den Leitwörtern »grauenvoll« und »Belastung« und in dem Verfallensein der Beatrix an den tiefen Schlaf. »Wo nehmen«, so heißt es in ›Simultan‹, »die anderen Menschen bloß die Fassungskraft her, ich weiß nur, bei mir wird sie immer schwächer.« Und später dann, kosmopolitisch verfremdet: »*Aide-moi, aide-moi, ou je meurs ou je me jette en bas. Je meurs, je n'en peux plus.*« Ganz abgesehen von ›Malina‹, wo in einer Mischung aus Liebesromanze, Gesellschaftssatire, Lebensphilosophie, Psychodrama und Anamnese immer wieder diese Angstschreie ertönen, vor allem in den Träumen, den Nachtmahren des zweiten Teils, auch hier nicht metaphorisch, sondern pseudoreal, in Form von Schreckgesichten.

Ach, es ist leicht, ihre Lyrik zu lieben, diese reinen Exerzitien, in denen sie sich immer auf den eigenen Höhenzügen hielt, dem äußersten Grad, niemals abrutschte oder sich zufriedengab mit billigeren Bildern. Obwohl schon hier sich Leute fanden, die kein gutes Haar an ihr ließen, ihr vorwarfen, sie hole »aus den Töpfen und Tiegeln, die auf dem hohen Bord der lyrischen Tradition stehen, vom Grund die Reste und mixe ein lyrisches Bindemittel« draus, und selbst Erich Fried in seinem Nachruf auf sie Textkritik übte, ihre Verse Zeile für Zeile auf- oder abwertete, gleichwohl auch eine Stelle verteidigte, die ohne ihre Präzision »vielleicht zu lyrisch« gewesen wäre, als könnte man – oder mußten zumindest die »damaligen bundesdeutschen Kahlschlagdichter« – darin, daß Lyrik auch einmal lyrisch ist, etwas Verwerfliches sehen. Als sie dann aufgab, herabstieg in wärmere Regionen, ins Greifbare, allzu leicht Faßliche, als nicht mehr die strengen Richter der Gruppe 47, sondern die Ladenmädchen sie zu bewundern begannen – im Kleidersalon

›Zur Brieftaube‹ in Wien sammelten die Verkäuferinnen für einen Blumenstauß, den sie ins Krankenhaus nach Rom schicken wollten, mit guten Wünschen für den zweiten Band von ›Malina‹, aber davon erfuhr sie nichts mehr –, da wurde sie gehetzt, verhöhnt, statt daß man ihr diese Flucht zugebilligt, ihre Hand ergriffen hätte und sie sanft, aber nachdrücklich auf die großen Möglichkeiten hingewiesen, die in einer weniger ichbezogenen, ichbesessenen Prosa für sie gelegen waren, und statt über ›Probleme Probleme‹ zu spotten eine Geschichte nach Gebühr gewürdigt hätte, die sie an die Seite Tschechows und Schnitzlers stellte: ›Das Gebell‹.

Doch sie vertat sich, sie verlor sich, sie floh nicht nur ins alltägliche Gefühl, in die fatalen, aber nicht tödlichen Krankheiten, um den letalen zu entgehen, sondern gleich in eine Welt, die den Jungmädchenbüchern der zwanziger und dreißiger Jahre eigen war, jenen der Joe Lederer etwa, die mit dem Laurencin-Pinsel malte; drängte sich auch unter die Schatten Joseph Roths und Hofmannsthals, ließ ihre Spiegelfiguren mit Trottas schlafen und mit Altenwyls soupieren, Rettungsversuche, nicht mehr ›Todesarten‹, obwohl der geplante Roman immer noch so hieß. Das nahm man ihr übel. Und auch, daß sie trivial-romantisch lebte, nicht nur schrieb, selbst in der Blauen Bar des Hotel Sacher saß bis drei Uhr früh, mit der römischen Schickeria umging, aber sich im Goethe-Institut nicht blicken ließ, nach St. Moritz fuhr und vor der Verleihung des Großen Staatspreises in Wien den Kosmetiker aufsuchte. Andere Dichterinnen, älter freilich als sie, waren da penibler, fielen niemals aus der Rolle, gaben sich keine Blöße und keine Prosazeile aus der Hand, deren sich ein Vers hätte schämen müssen. Sie aber war ein Bündel aus Spannungen, hatte diesen guten, scharfen Verstand, geschult an Heidegger und Wittgenstein, hatte diese bebende Empfindsamkeit, litt auch mit den Erniedrigten und Beleidigten – denn während man ihr vorwarf, sie halte sich von der Maschinenwelt fern, setzte sie heimlich politische Taten – und war zugleich eine Frau, die den Männern gefallen wollte, gern an Luxus roch wie an einem Rauschkraut, das ihr die Todesfurcht nahm.

Zu viel, zu viel gesagt schon über sie, auch hier, ohne daß sie selbst heraufbeschworen worden wäre, die lebendige Inge, deren Verschwinden aus dieser Welt uns das Herz zerreißt. Wie war sie, wie ging sie, wie sprach sie, wie lachte sie – und wie oft hat sie gelacht! Ich versuche, sie mir zurückzurufen, ihre zögernde Art, die weiche und doch körnige, kärntnerisch angehauchte Redeweise – einzelne Silben stockend unterstrichen, die Sätze fast skandiert – und immer mädchenhaft, bis zuletzt, nicht anders als in diesen ersten Jahren nach dem Krieg. Wir saßen beim Heurigen, den man sich damals fast menschenleer, ohne Musik, nur ein paar Bänke und Tische in einem Vorstadtgarten, denken muß, Ilse und Inge, zwei schöne, schüchterne Geschöpfe, ein paar Freunde, darunter Hans, der sie beide entdeckt, und Zeno, der sie zuerst gedruckt hatte, und mir fiel, die ich aus England zu Gast nach Wien gekommen war, Wordsworth ein: *»Bliss was it in that dawn to be alive / and to be young was very heaven.«* Jung waren sie, und in einer Zeit, die bereit war, neue und kühne Stimmen zu hören, eine andere als jene böse, häßliche Zeit, in der man in das Mittelmaß gezwungen und schließlich ganz zum Verstummen gebracht worden war. Wir hatten sie gern, aber nicht den mindesten Respekt vor ihnen, die später so gefeiert werden sollten, und ihrer langen tropfenden Haare wegen nannten wir sie die »Nudelsuppe« und die »Wasserschlange«, ohne daß ich noch zu sagen wüßte, welche die eine und welche die andere war.

Bald darauf sah ich beide in London, immer noch hängenden Haares, sie wehten durch die weiten Straßen und zugigen Untergrundschächte und treppauf in mein Zimmer herein, aber Ilse war nicht Ilse, sondern ihr schwesterliches Ebenbild, und Inge trieb Späße mit ihr, und war heiter und befreit, noch keineswegs bedrückt von der Last, die sich allmählich ansammeln und immer schwerer werden sollte. Einmal saßen wir, Jahre später, viele Stunden lang auf der Terrasse des Café Bazar, unter Dach, aber immer wieder besprüht vom Regen, der ringsum prasselnd niederfiel, und redeten von einem Freund und einem Feind, die wir gemeinsam hatten. Auch da war sie noch voll Munterkeit und Selbstironie, voll Zuversicht, gleich ihrer myopischen Miranda, von der es heißt: »Obwohl sie zaghaft aussieht, ist sie nicht schwächlich, sondern selbständig, eben weil sie weiß, was sich zusammenbraut im Dschungel, in dem sie lebt.« Und hatte ihren ersten Gedichtband schon erscheinen lassen, und bei der Gruppe gelesen. Dann wieder in London, in ihrer glücklichsten Zeit, beschützt endlich von dem Schriftsteller, mit dem sie lebte, zierlich, zierlich und elegant, mit schmalen Schühchen und zarten Handschuhen und einer winzigen Handtasche, molto chic auf italienische Art, und konnte sich nicht halten vor Lachen, weil sie in ihrem englischen Verlag so von oben herab behandelt wurde, keiner kannte sie dort, obwohl man ihr Buch gedruckt hatte, und war in Deutschland schon so berühmt. Hernach nur noch hilflos, ob in Wien, Berlin oder Rom, auch wenn sie scheinbar gelöst im Freien vor dem Café Imperial ein Himbeereis aß. Immer gequälter, immer verdüsterter. Und ihre langen, stundenlangen Telefongespräche, nach der Ankunft, vor der Abreise, auch über tausend Kilometer hinweg.

Es hilft nichts, es gelingt mir nicht, sie will sich nicht zeigen, bleibt hinter den unzulänglichen Worten versteckt. Aber ich bin Zeugin: sie war da. »Über das Schreckliche und zugleich auf unheimliche Weise literarisch Stimmige dieses Todes wurde hinlänglich geredet«, hat auch Jean Améry geschrieben, doch es bleibt nichts anderes übrig, da sie auf ihrer Unsichtbarkeit beharrt, als darauf zurückzukommen, weil dieses Ende sie aus dem Flachland, in dem sie mit Ivan ans Gänsehäufel fuhr und mit Mr. Frankel nach Maratea, hinaufkatapultiert hat in die eisigen Regionen, wo sie mit Tränen die Welt entlangrollte, allein mit den Metaphern, entrückt und ausgesetzt: »Florian Kerzen stiften für jeden Tag, an dem ihre Wohnung nicht abgebrannt ist, wegen der angezündeten Zigaretten, die sie weglegt, sucht und dann gottlob findet, wenn auch schon ein Loch in den Tisch gebrannt ist.« Hier ist kein Gott zu loben. Und keine Kerze zu stiften dem Florian.

ÜBER DIE SPRACHGRENZE:
UNGARN

Literatur
ist die Opposition des Weltalls
Tibor Déry mit achtzig

Feuchter Nebel am ersten, strömender Regen am zweiten Tag. Das wahre Wetter nicht, um diese stolze Stadt und ihren großen alten Mann zu besuchen, und doch im Grunde angemessener, ihnen gemäßer, als es ein prallblauer Himmel und eine knallgelbe Sonne gewesen wären. Jene melancholischen Dünste, die aus der Donau stiegen und die Häuser und Türme verhüllten, jenes stechende Nieseln, das die Haut zum Prickeln brachte und die Augen tränen ließ, straften den trügerischen Optimismus der Reisewerbung Lügen und entdeckten uns alle Wehmut, alle Verwundbarkeit des ungarischen Gemüts.

Was ist das für ein Volk am Rande Mitteleuropas, hineingesprengt zwischen die deutschsprachige und die slawische Welt, mit einem Idiom geschlagen und begnadet, dessen Reichtum und Melodik außer ihm niemand, nicht einmal die Finnen oder die Türken, verstehen und anerkennen kann? Ein Volk voller Gefühlstiefe und Phantasie, voll wilden Dranges, sich mitzuteilen, seinen Empfindungen, Gedanken, Erkenntnissen Ausdruck zu geben, und doch zur verbalen Inzucht verdammt, zurückgedrängt und eingepreßt in diese Artikulationsgrenze, die zu überschreiten den Verzicht auf die eigene blühende, wuchernde, unendlich modulierfähige Sprache mit sich bringt. Viele seiner begabten Söhne haben es getan, sind in die Fremde gegangen, um jenen beträchtlichen Rest ihres Talentes, der unabhängig von der stilistischen Meisterschaft besteht, in den Dienst von Verlagen, Redaktionen, Filmgesellschaften zu stellen. Man täuscht sich leicht in ihrer auftrumpfenden Lebenslust, ihrer genießerischen Ambition, ihren vermeintlichen Triumphen. Tief innen leiden sie unter dem Verlust des ureigenen Wortes noch mehr, als sie daheim an der Unübersteigbarkeit des lingualen Grenzgebirges gelitten hatten.

Nicht so Tibor Déry, zu dem ich in diesem Oktober 1974, aus Anlaß seines achtzigsten Geburtstags, gefahren war. Er hatte kurz vorher, in einem jener Beiträge zur Wochenschrift ›Leben und Literatur‹ (Élat és Irodalom), die er seit Jahren regelmäßig unter dem Titel ›Treibgut eines Tages‹ schrieb, seine Meinung zu diesem Problem geäußert. Warum er 1957 vor dem Kerker, der ihm drohte, nicht ins Ausland geflohen war? Von allen Seiten hatte man ihn dazu aufgefordert. Der Grund, so Déry, sei neben seiner »politischen Loyalität« in erster Linie darin zu sehen gewesen, daß er sich von seiner Sprache nicht habe trennen wollen: »Für den Schriftsteller ist die Muttersprache das Vaterland.« In der Tat hatte dieser Mann, der immerhin drei von den neun ihm auferlegten Jahren Freiheitsentzuges verbüßte, weit mehr für diese seine Muttersprache getan als sie für ihn, hatte sie, ein Moses des magyarischen Idioms, aus der Dürre einer Lokaldichtung hinübergeleitet in die Fülle und Vielfalt der Weltliteratur. Außer von Moritz Jókai im vorigen Jahrhundert wurde vor ihm in Ungarn kein bedeutendes Prosawerk geschaffen, gab es nichts als Aneinanderreihungen anekdotischer Schilderungen aus dem Alltag der Bourgeoisie. Déry hatte als erster den großen westeuropäischen Roman in den Bereich seines Volkes verpflanzt. Mit Recht wurde der Achtzigjährige von seinen Landsleuten als Bahnbrecher gefeiert.

Der Sommerseite seines Daseins entsprach das wunderbare alte Haus hoch über dem Plattensee, das er fünf Monate im Jahr bewohnte. Seinem Herbst und Winter die nicht minder reizvolle, aber eingezogenere Villa in Pasarét, dem gartenreichen Wohnviertel von Buda am Fuß des Rosenhügels. Es gleicht dem Vorort Döbling in jenem Wien, dem seine Mutter entstammte – in Döbling hatte Déry auch eine längere Exilzeit in den frühen zwanziger Jahren verbracht. Aber Pasarét ist, und schien es nicht nur in jenem unwirtlichen Wetter, anders als das Wiener ›Cottage‹ von einer geheimen Trauer, einem Bewußtsein des Abgeschnitten- und Ausgesetztseins, der Rand- und Grenzexistenz erfüllt. Am Plattensee hat das ungarische Selbstbewußtsein sich bereits gefunden, dort rühmt man sich, und Déry hat es in seinen Büchern oft genug getan, der üppigen Landschaft, der satten Vegetation, des Weines und des Haussegens bäuerlicher Prägung. Hier, im Weichbild von Budapest, in jenen kleinen Straßen, die nicht nur an die Vorstädte Wiens, sondern auch an die von München, Paris und Brüssel gemahnen, ist die Distanz von einem Europa schmerzlich fühlbar, dem dieses Land und seine Metropole nun einmal seit Jahrhunderten verbunden sind. Das hat, man muß es betonen, nur wenig mit ihrem jetzigen Einbezug in den östlichen und kommunistischen Staatenverband zu tun: es ist ein Schmerz, den das Einsprengsel Ungarn zu allen Zeiten empfunden hatte.

Der tägliche Rundgang entlang »der vertrauten Károly-Lotz-Straße, der Erzsébet-Szilágyi-Allee, der Házmánstraße der Pasarétistraße – in seinem heiter-resignierten transparenten Alterswerk ›Cher Beau-père‹ (Kedves Bópeer) hatte Déry ihn geschildert. Hier findet seine Hauptfigur, ein greiser Schriftsteller, der seine letzte sinnliche Lebensfreude, die junge Schwiegertochter Kati, für immer aus dem Haus entlassen muß, den philosophischen Trost seiner sinkenden Jahre, bevor er sich, zur einzigen permanenten Leidenschaft seines Lebens, der Arbeit, »in stummer Erregung« an den Schreibtisch setzt. Tibor Déry selbst hatte keinen Sohn, keine Schwiegertochter, hatte dieses ganze Bezugssystem erfunden, getreu seinem Prinzip, das Imaginäre aus dem Realen zu entwickeln. Er besaß nur einen Hund, eine blutjunge Foxterrierdame von überwältigender Agilität, der seine liebevoll väterlichen Gunstbezeigungen galten. Und wenn seinem anderen Ich in dem kleinen Roman die Ehegattin längst gegangen war, lebte an Dérys Seite die strahlende Elisabeth, genannt Böbe, dem Vernehmen nach noch gescheiter als schön, was etwas heißen wollte, und offenbar jene Ausnahme, aus der die Regel ihren Daseinsgrund ableitet, denn Frau Déry war der fremden Sprachen unkundig, gleichwohl davon keineswegs bedrückt, vielmehr, als einstige Schauspielerin, der sprechenden Gesten kundig und in hohem Maße fähig, sich ohne Worte zu artikulieren.

Er selbst, der ebenso weise wie temperamentvoll sprühende Mann, »Chidher, dem ewig jungen« vergleichbar, trat der Besucherin entgegen mit jener geistigen Spannkraft, die jeden Gedanken an sein biblisches Alter tilgte. Er hatte, wie so viele ungarische Herren, und nicht nur Intellektuelle, was man einen ›Charakterkopf‹ nennt – schon bei ihrem ersten Aufenthalt in Budapest, vor vielen Jahrzehnten, war die Besucherin unzähligen Eigentümern solcher bedeutend scheinender, zerfurchter und kühn profilierter Gesichter mit Löwenmähnen begegnet –, doch wer hätte diesen Kopf mit mehr Berechtigung getragen als der Mann, in dem Ungarn seinen größten Epiker sah? Wem hätte auch in einem Staat, der seinen Bürgern das Festhalten an ererbtem und die Anhäufung von neuem Gut verweigert, mit ebensolchem Fug der Besitz jenes Landhauses und dieser Villa zugestanden, in denen mehr Lebensraum vorhanden war, als mehrere kinderreiche Familien ihn beanspruchen dürfen? Denn Déry teilte, in dem er sie immer wieder in seinen Büchern auf das anschaulichste beschrieb, jeden Baum, jeden Strauch, jede Zikade im Garten von Tamáshegy, jedes Prunkstück des schönen und zärtlich gehüteten Mobiliars in Pasarét mit seinen Lesern, lebte ihnen stellvertretend eine ästhetischempfindsame und doch, vergessen wir das nicht, uneigennützige, sozial engagierte und permanent revolutionäre Daseins- und Geisteshaltung vor: der Künstler als Exponent, Geschmacks- und Glaubensträger des Volkes.

Das war es, wovon zwischen Déry und der Besucherin, im Schein der alten Tischlampe im Tiffany-Stil, als erstes die Rede war: vom Persönlichkeitsanspruch jedes einzelnen, besonders aber des Schriftstellers, angesichts der nötigen Einschränkungen, die ihm das Interesse des Gemeinwohls auferlegt. »Gefährdung der menschlichen Substanz«, so hat Georg Lukács die Problematik des Hauptwerks ›Der unvollendete Satz‹ beschrieben: in diesem Fall war der Faschismus in Horthys Ungarn gemeint. Wie aber – und diese Frage durfte nur mit Vorsicht gestellt werden – verhält es sich ganz allgemein mit der staatlichen Gängelung? Déry erwiderte ebenso generell: Das Freiheitsbedürfnis der Menschen sei verschieden. Das Gros der Menschheit verlange nach einer gesellschaftlichen Disziplin. Der Künstler fordere zumeist ein größeres Maß an Freiheit, weil er nicht nur für sich, sondern für die anderen sprechen müsse. Alles hänge davon ab, ob der Künstler mit der bestehenden Ordnung zufrieden sei oder nicht. Je nachdem werde er das Wort für oder gegen die politischen Institutionen erheben.

Die Besucherin reimte sich ein Diktum hinzu, das Déry, wie beiläufig, hatte fallen lassen. Der revolutionäre Geist befände sich immer im Widerspruch. Dazu gehörten auch gewisse Äußerungen aus seinem jüngsten programmatischen ›Treibgut eines Tages‹: »Literatur ist die Opposition des Weltalls. Als Agent Luzifers hat sie die Verneinung als Arbeitsinstrument gewählt.« Gleichwohl wußte Déry, der in faschistischen wie in kommunistischen Kerkern gesessen hatte, nur zu genau, daß mit der Macht nicht zu spaßen ist. So mochte man sich, auch wenn im Gespräch davon nicht die Rede war, an jene Ratschläge halten, die der alte ›Beaupère‹ nach Art des Polonius seinen Kindern erteilt: »Es ist unter anderem ratsam, die Macht zu respektieren. Forscht weder ihrem Ursprung noch ihren Zielen nach, am wenigsten ihrer Natur, ihr würdet davon nur nervös, gereizt, zornig oder niedergeschlagen. Auf keinen Fall sollten wir sie verurteilen; das kann gefährlich sein. Natürlich dürfen wir uns selbst nicht zu hoch einschätzen. Auf diese Weise wird das dumme Gleichgewicht hergestellt, das für das Überleben der menschlichen Gesellschaft nötig ist.«

Die Besucherin fühlte sich veranlaßt, eine Gretchenfrage zu stellen. Wie hielt Déry es mit der Moral? Ein Wort von Lukács hatte ihr zu denken gegeben: »Déry weiß, daß die menschliche Substanzbewahrung mit dem Erfüllen moralischer Gebote nicht identisch ist. Im Gegenteil. Gerade der Bruch mit ihnen kann oft für diese Erfüllung ausschlaggebend werden.« An anderem Ort sagte Lukács ja auch ausdrücklich, Déry sei kein Moralist. Und Anna Földes, Literarhistorikerin und Kritikerin, hatte unlängst in der Zeitschrift ›Hungarian Quarterly‹ unverblümt auf Dérys Passionen, seine zahlreichen Lieben, seine Don-Juan- und Spieler-Reputation hingewiesen. Ihm selbst sah man an: er hatte viel gelebt, er konnte immer noch, trotz der Resignation seines ›Beau-père‹, die jüngsten Frauen betören. Aber nein, so erklärte Déry der Besucherin, dem Künstler dürften – trotz seines erhöhten Freiheitsanspruchs – nicht mehr als dieselben Rechte und Pflichten wie seinen Mitmenschen zugestanden werden. Verstieße er gegen die Allgemeinmoral, so werde er dafür bestraft. Freibriefe gäbe es nicht.

Nun aber zu seinem Werk. Über Dérys Bezüge zu Zola, zu Proust, Thomas Mann, selbst Kafka – zumindest in dem allegorischen Roman ›Herr G. A. in X.‹ – war viel geschrieben worden. Die Besucherin, den ›Unvollendeten Satz‹ noch einmal lesend, hatte mit Entzücken festgestellt, daß Prousts Madeleine bei Déry zum Duft des süßen Griesbreis wird, der in Desirée, der Schwester des Helden Lörinc Parcen-Nágy, jene »gemeinsame Kindheit in der Rottenbillerstraße erweckt, die im milchweiß möblierten Kinderzimmer im Zeichen dieses Geruchs dahingegangen war«. Zugleich schien ihr die Beziehung Lörincs zu Desirée auf eine bisnun nie erwogene Affinität hinzudeuten, zu Heimito von Doderer nämlich, dessen Held der ›Strudlhofstiege‹, René Stangeler, seinen Schwestern Asta und Etelka auf ähnlich überbetonte Weise verbunden ist. Aber Déry leugnete sogleich jegliche Verwandtschaft, obwohl Doderers Romane auf seinen Bücherregalen standen. Auch Mann und Kafka seien nie – wie Proust doch zweifellos – in seine »Venen eingedrungen«. Die ganze Weltliteratur hinge eben zusammen, wenn auch nicht immer sichtbarlich. Es gäbe Zeitströmungen, die gleiche Themen, gleiche Techniken nahelegten. Zuweilen schrieben zwei Schriftsteller meilenweit voneinander entfernt das nämliche Buch.

Dergleichen sei so wenig metaphysisch zu verstehen, meinte Déry, wie die nun folgende Erklärung seiner Arbeitsmethode. Schematische Entwürfe, etwa Doderers Reißbrett vergleichbar, kennte er nicht, hätte sich aber – außer im ›Unvollendeten Satz‹ – Rubriken für jede der Haupt- und Nebenpersonen angelegt, in denen ihr Lebensweg verzeichnet wurde. Und doch: es käme immer anders als geplant. Welche Schicksale man seinen Figuren auch zugedächte, sie schlügen andere Richtungen ein als die ihnen vorbestimmten, die »Feder« verselbständige sich, hätte ihren eigenen Willen, folgte dem Diktat des Autors nicht. Ja, die Feder schaffe sich ihren eigenen Stil, so etwa, wenn man sich eines anderen Idioms als des eigenen bediene. Zu gewissen Zeiten in den dreißiger Jahren, als er auf ungarisch nicht publizieren durfte, hatte Déry deutsche Beiträge zur damaligen Zeitung ›Pester Lloyd‹ verfaßt. Sie seien gänzlich anders als in seiner Muttersprache ausgefallen, wie denn auch Oscar Wilde auf französisch anders als auf englisch schrieb. Nicht etwa, daß Déry seiner Feder anthropomorphe Eigenschaften zuerkennen wollte. Vielleicht aber, so mochte die Besucherin daraus schließen, waren auch jene Eigenwilligkeiten und ›Abweichungen‹, die man 1952 den zwei Helden von Dérys Roman ›Antwort‹ vorgeworfen hatte, aus der ›Verselbständigung‹ der Romanfiguren erklärt.

Wie stand es denn überhaupt mit der Eignung des Schriftstellers zum Propagandisten? Die totgeschundene Antithese *littérature pure – littérature engagée* wischte Déry vom Tisch. Es gäbe keine Literatur, die nicht als Weltbild und die politische Überzeugung des Autors widerspiegele. In einem seiner Bücher, ›Kein Urteil‹ (1968 in Ungarn, 1972 in Deutschland erschienen), hatte er freilich ausdrücklich festgestellt: »Es ist offensichtlich, daß ich von Anfang an ein schlechter Kommunist war, ich bezweifle es gar nicht, die Frage ist nur – seit Jahrzehnten wurde die Antwort darauf gesucht –, ob jemand zugleich ein guter Schriftsteller und ein guter Kommunist sein kann in der engen Uniform, in die ihn die Partei gezwängt hat und deren Aufknöpfen sie nur selten erlaubt.« Ein schlechter Kommunist, das konnte Déry offen von sich sagen. Und doch sprach er in jenem letzten ›Treibgut eines Tages‹, das zu seinem Achtzigsten bewußt als Grundsatzerklärung angelegt war, von »Atempausen im Strome der Verneinung‹, in denen der Schriftsteller seinen Lesern auch die wenigen Lichtblicke im öffentlichen Leben zur Kenntnis bringen soll. »Wenn ich zum Beispiel sehe, daß eine Regierung, sagen wir die ungarische, nach meiner unzuständigen Meinung gerade gut macht, was sie eben macht – warum sollte ich da nicht ohne falsche Scham mein Einverständnis bekunden? Nur weil andere etwas anderes von mir erwarten, das automatisierte Kopfschütteln der Verneinung, ein ständiges Stänkern und Beißen *l'art pour l'art*.« Ja, Déry hatte im weiteren Verlauf sogar gegen die Zensur und Selbstzensur nicht allzuviel einzuwenden, die ja auch im Westen geübt werde, dort freilich nicht im Namen der Staatsräson und öffentlichen Moral, sondern in dem des Geschäfts.

Achtzig Jahre: Offenbar fühlt man sich aus diesem Anlaß zu einem Fazit genötigt, auch zu der Erkenntnis, daß nur das Machbare angestrebt werden soll und kann. Im vergangenen Sommer hatte Déry, in unverminderter Schaffensfrische, zwei neue Bücher herausgebracht, neben jenem ›Cher Beau-père‹ seine Auseinandersetzung mit der modernen Jugend, den ›Erfundenen Bericht‹ über ein amerikanisches Popfestival. Er hatte, so vertraute er der Besucherin an, seitdem einen kleinen Schauerroman geschrieben, ›Der Einohrige‹, die Parodie eines Krimis, die im nächsten Jahr erscheinen sollte. Kein Mangel an Einfällen demnach. Und doch eine deutliche Abgeklärtheit. »Es ist meine Überzeugung«, sagte Déry, »daß jede Lebensstufe, die Jugend, die Reife und das Alter, verschiedene Aufgaben und Ausdrucksweisen hat. Die Jugend hat die Pflicht, sich gegen die Disziplin aufzulehnen. In der Reife strebt man nach einer Synthese des realen Lebens mit den Idealen der Jugend. Im Alter ist Selbstzensur viel leichter zu üben als zuvor. Ein alter Mensch kennt seine Möglichkeiten und die Möglichkeiten der Welt. Er ist in der Lage, Disziplin und Freiheit gegeneinander abzuwägen.

Was hatte Déry, der so spät zur vollen Entfaltung seiner schriftstellerischen Kräfte kam wie sein Land zur Weltliteratur – was hatte er uns noch über die Kunst des Alterns zu sagen? Man las es am besten in seinem Memoirenband ›Kein Urteil‹ nach. Mit shakespearescher Gelassenheit riet er dort, die Veränderungen des Körpers und der Seele aufrichtig zu akzeptieren. »Wir sollten nicht vortäuschen, daß greise zu sein besser sei als jung, zahnlos oder mit falschen Zähnen gesünder als bissig mit zweiunddreißig Zähnen; daß es im Bett wichtiger, dem Mannesgeist geziemender sei, zu philosophieren als einen jungen Körper zu umarmen oder nur über die Ränke des Herzens nachzusinnen; mit einem Wort, wir sollten nicht lügen und sagen, daß der Zustand der Schwerelosigkeit begehrenswerter sei als die Last des Lebens.«

Die kalten Tatsachen also, keine rosige Verklärung des langsamen Absterbens, kein leuchtender Sonnenuntergang, wie ihn die schönen Abende am lauen Plattensee ihm manchmal metaphorisch vorgegaukelt haben mochten. Die Besucherin, in die dunkelnden Vorstadtgassen entlassen, wo nasse Blätter das Pflaster bedeckten und der Regen an den Blättern hing, war zufrieden, Tibor Déry im herbstlichen Pasarét, nicht in der Sonnenhelle von Tamáshegy gegenübergesessen zu haben. Die Wahrheit über ihn und sein unerschrockenes Alter war hier leichter zu erfahren gewesen und hatte der Jüngeren Mut gemacht.

Das Kerzenlicht der Wahrheit
Arthur Koestler mit siebzig

In jenem England der vierziger Jahre, das im Krieg mit
Mitteleuropa lag, waren zwei Mitteleuropäer zu Leitfiguren
der jungen Intellektuellen geworden. Kafka und Koestler: verschiedenere Menschen, verschiedenere Schriftsteller
lassen sich nicht denken. Der eine, auf dem Kontinent längst
verstorben, verstoßen und vergessen, hier aber mit Hilfe
der Übersetzer Edwin und Willa Muir zu höchstem Ruhm
gelangt, hatte die englischen Literaten in seinen abstrakten
Parabeln auf die Grundsituationen der Gegenwart hingewiesen – Angst, Bedrückung, Bedrohung, totale Besitz-
ergreifung vom Individuum. Der andere, mitten unter
ihnen auf der bombenversehrten Insel, hatte die höchst
realen Drangsale der Epoche am eigenen Leib erlitten und
seinen Altersgenossen auf ebenso konkrete Weise vorexer-
ziert.

Bis zum Ausbruch der Feindseligkeiten war die Isolation
der Briten noch groß gewesen, obschon Auden, Isherwood,
John Lehmann von den politischen Umstürzen in Berlin
und Wien berichtet hatten und eine kleine, aber kostbare
Schar aus der Blüte Oxfords, darunter ein Neffe Virginia
Woolfs, im spanischen Bürgerkrieg gefallen war. Koestler,
als Kommunist von der Falange gefangen, hatte die Todes-
zelle von Malaga überlebt und das Buch geschrieben, von
dem sogleich eine Generation ergriffen wurde: ›Spanisches
Testament‹. Aber der gebürtige Ungar, im deutschen Sprachraum aufgewachsen und in dem Augenblick, da dieses Buch
erschien, erst dreiunddreißig Jahre alt, war nicht nur durch
diese, sondern durch eine Reihe anderer extremer Erfahrungen hindurchgegangen und schickte sich an, zugleich als

Prototyp und Sprachrohr seiner Zeit zu fungieren – »Experimentator und Kaninchen«, wie er selbst es nannte, »in einer Person«.

Damals, als ich ihn in London zum ersten Mal traf, vor kurzem Francos Henkern entronnen und im Begriff, sich in Frankreich niederzulassen – wo er denn nach Kriegsausbruch sofort ins Lager, dann in die Fremdenlegion, schließlich ins allgemeine Debakel geriet –, schien mir sein entscheidender Wesenszug, maskiert durch kühle Ratio, eine manische Entschlossenheit zu sein. Entschlossen wozu? Zum Äußersten schlechthin. Nicht, daß es ihn dazu trieb, sich als Märtyrer oder Held zu bewähren. In seinem ›Zwiegespräch mit dem Tode‹, dem zweiten, erschütternden Teil seines Spanien-Buches, hatte er das heldenhafte Verhalten als Pose entlarvt. Aber er fühlte den Drang, vielleicht die Verpflichtung in sich, die Lösungen seiner politischen und psychologischen Probleme in den Todeskurven der Geschichte zu suchen.

Immerhin war er als Student in Wien, darin Herzl gleich, einer schlagenden Verbindung beigetreten, um zu beweisen, daß es einem Juden nicht an Tapferkeit gebricht. Er wurde Zionist, ging nach Palästina, vagabundierte im Nahen Osten, bis er seine journalistische Begabung entdeckte und als Ullstein-Redakteur und Korrespondent raschen Aufschwung nahm. Sein Nordpol-Flug im ›Graf Zeppelin‹, sein Eintritt in die KP, beides 1931 – der gleiche Gang bis ans Ende, in faktischer und geistiger Hinsicht, ja womöglich noch über das Ende hinaus. Das End-Gültige und Allgemeingültige: darauf war er aus in jenen Jahren. Er faßte seinen Glauben an das ideologische Allheilmittel, wie Ernest J. Salter einmal an ihm ausgesetzt hat, zu einer Zeit, als die ›Partei‹ bereits ein totalitäres Gebilde, der Diadochenkampf nach Lenins Tod längst entschieden war. Koestler wurde Stalinist. Erst die weithin sichtbaren Folgen dieser doktrinären Entartung, die Moskauer Schauprozesse, dann der Stalin-Hitler-Pakt, bewegten ihn zur Abkehr von der KP.

Vielleicht hatten die Errechenbarkeit und kausale Konsequenz der Naturwissenschaften, denen seine erste Liebe galt, den Wunsch nach einem ähnlich geschlossenen System innerhalb der Politik in ihm erweckt: einer Ideologie, die keine Fehlerquellen enthält oder die Suche nach solchen als verwerflich definiert. Bis 1938 war er dann militanter Kommunist, danach ebenso militanter Kommunistengegner. Sein Buch ›Sonnenfinsternis‹ (1940), das England fast noch mehr bewegte als sein ›Spanisches Testament‹, hatte unter anderem den Vorzug, vor dem Ende des deutsch-sowjetischen Paktes zu erscheinen. Noch war man bereit, die Verbrechen des Stalinismus denen des Hitlerismus gleichzusetzen, noch war der Abscheu gegen das russische Regime nicht der Dankbarkeit gegenüber der Roten Armee gewichen, die im Jahr darauf einen Teil der Kriegslast von den Schultern der britischen Streitkräfte nahm.

Daß diese Dankbarkeit niemals zur kritiklosen Anerkennung der Sowjetunion führte, ging nicht zuletzt auf Koestlers so virtuose wie schonungslose Analyse der stalinistischen Methoden zurück. Zwar hatte er an ihren Beginn das Wort von St. Just gestellt, daß »niemand schuldlos regieren könne«, doch seine eigene Dialektik bewies, daß es fundamentale und unverzeihliche Verstöße gegen Wahrheit und Menschenwürde gab. Wenn Churchill im Unterhaus sagte, er hätte sich auch »mit dem Teufel verbündet, um Hitler zu vernichten«, so fanden neben eingefleischten Konservativen auch sämtliche Kenner der ›Sonnenfinsternis‹ die Implikation durchaus am Platz. Aber Koestler beeinflußte nicht nur in diesem Fall die britische Öffentlichkeit. Während er dem Pionierkorps als Instruktor diente, schrieb er Buch um Buch, das als richtungweisend anzusehen war: ›Abschaum der Erde‹ (1941), sein Bericht über den französischen Zusammenbruch; ›Ein Mann springt in die Tiefe‹ (1943), eine politische Romanze; und (1945) sein vielleicht bedeutendstes Werk, die Essay-Sammlung ›Der Yogi und der Kommissar‹.

Damals wie später verstand er es, in Beiträgen zum Tagesgeschehen zu kristallisieren, was die Allgemeinheit nur dumpf und unbewußt empfand. Erst als er in seinem Aufsatz über den Kampfflieger Richard Hillary, ›Der letzte Feind‹, die beiden möglichen Lebensformen auf der »heroischen« und der »trivialen« Ebene beschrieb, begriffen die Engländer ihr eigenes Verhalten in der Kriegsnot. Koestlers Erlebnisfähigkeit, seine denkerische Brillanz und sein Artikulationstalent bewirkten, daß seine Leser sich für alles interessierten, was ihm mitteilenswert erschien.

Gleich Kafka – und nur darin noch gemeinsam mit diesem zu nennen – hatte Koestler inzwischen auch die deutschsprachigen Leser erreicht und 1950 in Berlin, an der Gründungstagung des ›Kongresses für kulturelle Freiheit‹ teilgenommen. Diese Institution, sechzehn Jahre später als Organ der CIA enthüllt, betrieb bekanntlich mit Hilfe bedeutender und nicht durchwegs in die Hintergründe eingeweihter Figuren den Kalten Krieg, bis die Vereinigten Staaten selbst das Zeichen zu einer Politik der Entspannung gaben. Koestler stand lange in ihrer Vorfront. Sein Buch mit dem englischen Titel ›The Age of Longing‹ (deutsch: ›Gottes Thron steht leer‹) in dem er voll Respekt vor der teuflischen Perfektion des Stalinismus den Untergang Europas prophezeite, brachte jedoch auch Leute gegen ihn auf, denen keine Sympathie für den Sowjetkommunismus zuzumuten war.

Harry Pross schrieb damals, Koestler teile das »leninistische Mißverständnis der ganzen Weltgeschichte als Geschichte der Expansion des Sowjetstaates«. Wenn er von New York aus die europäische Jugend zur Bildung einer Kreuzzugslegion aufrufe, dann verlange er, daß die Menschen von 1951 »seinen Kreuzzugsirrtum wiederholen und der jämmerlichen Ideologie der Sowjets eine andere entgegensetzen sollten«. Golo Mann, niemals ein Verfechter der Linken, nannte seine Rezension ›Was uns nicht helfen kann‹, polemisierte gegen Koestlers »intellektuelle Schnödigkeit« und »Krisengewinnlerei«, erklärte, »wir beneiden die Kommunisten um ihren Aberglauben nicht« und fand, ein Rufer im Streit für menschliche Freiheit könne der nicht sein, der nicht loskomme vom ›Gott, der keiner war‹ und »immer nur hassend-bewundernd über ihn schwätze«. Der spätere Labour-Minister R. H. S. Crossman schließlich erklärte lapidar: »Exkommunismus ist ein unfruchtbarer Geisteszustand« und riet Koestler zu einem längeren Urlaub von der Politik.

Es dauerte noch einige Zeit, bis dieser sich die Ermahnung zu Herzen nahm. Doch um das Jahr 1954 trat jene Wendung ein, die ihn zu fruchtbareren Aktivitäten führte. Zwischendurch hatte Koestler seine Autobiographie geschrieben, in der er sich, mit all seinen Irrtümern und Umwegen, deutlich als Exponent seiner Epoche und Generation erwies. Dann aber kehrte er zu seiner »alten Leidenschaft« zurück, der Naturwissenschaft, die er einst studiert und in Ullsteinpublikationen zu popularisieren versucht hatte. Er schrieb Essays über Physik, Biologie, Psychologie, machte Ausflüge auf das Gebiet der Soziologie – kurzum, begann ein zweites Leben, das in der Fülle und Vielfalt seiner Interessen, einfallsreichen Gedankengebäude und illuminierenden Darlegungen für eine ganze Gelehrten- und Schriftstellerexistenz ausgereicht hätte.

Wiederum häuften sich die Publikationen. In den ›Nachtwandlern‹ (1959) beschwor er seine frühen Vorbilder Kopernikus, Kepler, Galilei herauf. ›Von Heiligen und Automaten‹ (1961) gab Auskunft über seine Erfahrungen in Indien und Japan. ›Der göttliche Funke‹ (1964) erklärte den Schöpfungsakt als Ergebnis einer unerwarteten »Bisoziation zweier Bezugssysteme«, zwischen denen vorher niemand den Berührungspunkt gesehen hatte. ›Das Gespenst in der Maschine‹ (1968) erklärte die Not der Menschheit aus einer Fehlkonstruktion des Gehirns, zwischen dessen emotionellem und intellektuellem Zentrum kein Gespräch möglich sei, und wollte dieses fehlende Gleichgewicht durch eine chemikalisch erzeugte Mutation herstellen. Kein Wunder, daß derlei – an den späten Aldous Huxley gemahnende – Phantastereien nicht nur seine Erzfeinde, die Behavioristen, gegen ihn mobilisierten. Jedenfalls schlug er sich nun tapfer mit der Schulwissenschaft herum, was kühnere Denker zu wachsender Anerkennung für Koestlers ebenso ungewöhnlichen wie erfinderischen Zugang zu ihren Problemen bewog.

In dem mit J. R. Smythies verfaßten Bericht über ein Alpbacher Symposium, ›Das neue Menschenbild‹ (1970), suchte er »eine gemeinsame Pasis für alle, die den totalitären Anspruch der neodarwinistischen Orthodoxie ablehnten«. Im ›Krötenküsser‹ (1970) erweckte er Smypathien für einen Biologen, der nicht nur eine richtige Theorie durch falsche Beweisstücke stützen wollte, sondern auch unerklärten Naturgesetzen nachforschte, die dem physikalischen Kausalprinzip nicht unterstehen. Koestler selbst untersuchte parapsychologische Phänomene in seiner Schrift ›Die Wurzeln des Zufalls‹ (1972). Sie hat ebenso viele Zweifler und Gegner gefunden wie sein Buch ›Callgirls‹, eine etwas peinliche Satire auf jenes ›Jet-set akademischer Laureaten‹, das auf Abruf jedweden Tagungsort anreist und seine Ansicht zu jeglichem Thema sogleich treffsicher und druckreif formuliert.

Es war nicht eben das rechte Buch, um die Zäsur des beendeten siebten Jahrzehnst zu zelebrieren. Man wird Arthur Koestler, dem nur noch geistigen Abenteurer, weit eher gerecht, indem man auf seinen ›Yogi und Kommissar‹ zurückgreift – als Taschenbuch mehrfach wiederaufgelegt. Hier findet sich das schöne Wort, in einer Zeit, in der die »Fakkel des Glaubens« erloschen sei, bleibe als einzige Hoffnung »das Kerzenlicht der Wahrheit«. Es mag als das nicht immer befolgte, aber zunehmend für ihn gültige Motto über dem Leben dieses Schriftstellers stehen.

Das englische Klima

Es rieselt. In den Gärten verglimmen die letzten Reisig-
haufen, und das Aschgrau, Ziegelbraun und Ledergelb der
Häuser ist in feuchte Schleier gehüllt. Der Herbst hat begonnen – jener englische Herbst, der vom November an das
Land überzieht, zuweilen zu einem frostharten Winter er-
starrt, aber immer wieder taut, stürmt, fließt, bis er im
späten März oder frühen April eines Tages jäh abdankt. Er
ist Englands wahre Jahreszeit. Wie sein Regen das Grün
der Rasen verdichtet, bringt er auch die Eigenart dieses
Volkes erst so recht hervor: seine Melancholie, seine Bon-
homie, seine kindliche Tugend, sein rührendes Laster, seine
Schüchternheit, Moral und Skurrilität.

Land und Stadt bestimmen jene wunderlichen Gegensätze, die unter dem Deckmantel des Phlegmas miteinander
ringen. Da ist die Welt der sanften südenglischen Weiden,
der verlassenen Seepromenade, des Möwenrufs, die Welt
der edlen Landhäuser und der Regency-Fassaden von
Cheltenham und Bath. Und da ist London, da sind die in-
dustrialisierten Provinzstädte, Manchester, Leeds; ein Haufen düsterer, schmalbrüstiger Häuser, Lichtreklamen im
Nebel, feuchte Höfe, nasser Asphalt; ein Kreislauf zwischen
Woolworth, dem Hustensaft vom Apotheker, der schlecht
getünchten Imbißstube mit den teigigen Kuchen und dem
süßen Milchtee; und die Kneipe, verraucht, voll bitteren
Bierdunsts, mit der üppigen und blond gekräuselten Bar-
maid, wohlgeübt in zweideutigem Wortgeplänkel, im In-
nuendo, im quid pro quo.

Im Licht und Schatten des einen oder anderen wachsen hier die Dichter auf, und am besten gedeihen sie unter ihrer Wechselwirkung. Wer liest heute noch Trollope außer den englischen Landedelleuten, Provinzmatronen und Pastorentöchtern, über und für die jener seine unzähligen Romane schrieb? Dickens aber, den die Pfützen der Großstadt nicht weniger inspirierten als die Salzluft von Sussex, der den Beefsteak-Geruch der Herrenclubs von Pall Mall nicht mehr liebte als die Schlackenhaufen des nördlichen Kohlenreviers, Dickens lebt fort im Herzen seiner Leser. Er ist Englands großer Beitrag zur Kunstform des bürgerlichen Jahrhunderts, zum Roman. An seinem flackernden Kaminfeuer wird auch der Schurke zum Gentleman, ist die Engelmacherin selbst nur ein gefallener Engel, ist der Vatermörder noch ein Wahrzeichen der Respektabilität und kein Archetyps. Wenn der Braten aufgetragen wird und der Plumpudding brennt, schmelzen alle menschlichen Konflikte dahin wie die Kerzen im Messingleuchter. Aber schon weht der Eishauch aus dem Osten; bleich und epileptisch ragt Dostojewski am Horizont, und hinter ihm der Haufe von Weltverbesserern und Himmelsstürmern, von Übeltätern und ihren Opfern, von Erniedrigten und ihren Beleidigern, von fahlen Figuren der Lumpenbourgeoisie. Nun hat auch die gute Stube ihren doppelten Boden, nun wanken die Stützen der Gesellschaft von Petersburg bis Liverpool, und über den europäischen Kontinent kriecht die Malaise der Introspektion.

Welch ein Erbe! Unser Jahrhundert hat es noch immer nicht verdaut. Jeder würgt daran auf seine Weise. Hat einer es glücklich hinuntergeschluckt, so liegt ihm das reiche viktorianische Mahl noch im Magen, und kaum hat er mit Hilfe von allerlei modernen Pillen dessen Nachwirkung bekämpft, so schwebt es ihm schon wieder vor wie ein Schaugericht, und er sehnt sich von neuem nach den Früchten des Wohlstands, den Fleischtöpfen materieller und idealer Sicherheit. Vergeblich wies schon vor Jahrzehnten Lytton Strachey, der Biograph der ›Eminent Victorians‹, auf die Made im bürgerlichen Brotlaib hin, entlarvte er die Scheinheiligkeit der großen Moralisten, die Kleinlichkeit der bewunderten Helden. Noch in all ihrer Fragwürdigkeit erhält sich die Vaterfigur auf dem Piedestal. So etwa Sir Leslie Stephen, der Vater Virginia Woolfs und Freund von Thackeray und Hardy, ein ebenso würdiger und weiser wie selbstquälerischer Mann, der seinen Haushalt diktatorisch beherrschte, jedoch nachts sein heimliches Sündenregister in ein sogenanntes ›Mausoleumsbuch‹ eintrug. Erst sein Biograph Noël Annan hat seine Hintergründigkeit enthüllt. Doch wieviel Neid mischt sich wohl in den Spott, mit dem man heute jenen superben Egoismus, jene unbekümmerte Selbstherrlichkeit betrachtet?

Und was sind all die Klagelieder über entschwundene Freuden der Kindheit, die immer noch unaufhaltsam, zweimal im Jahr, auf den englischen Büchertisch gelangen, wenn nicht der Ausdruck unbeirrbaren Heimwehs nach jener scheinbar geborgeneren Welt? Alles drängt zurück ins Vergangene, in den Schoß der Familie, ins noch unzerstörte Landhaus, in jene endlosen Kinderferien, da jemand anderer, irgendein bärtiger Mann, die Verantwortung trug. Selbst Graham Greene, ein Sohn des Mittelstandes, läßt den Helden seines Romans ›Der Ausgangspunkt‹ in seinem Vaterbild den »viktorianischen Blick des Selbstvertrauens« bewundern und »der Gewißheit, in der Welt zu Hause zu sein«. Greene, der dem Laster und seiner Sühne in den nassen Hinterhöfen der Großstadt nachspürt, ist ebenfalls ein Enterbter, den die europäische Krankheit der Selbstzerfleischung befallen hat. Die zweite freilich, die bessere Hälfte seines Erbes ist ihm versagt geblieben – jene Gemütsverfassung, die der milden englischen Landschaft entspricht und ihren Tröstungen zugänglich ist. Die Söhne des Adels und des gehobenen Bürgertums aber wissen, um was sie trauern. Ihre Landhäuser, ihre unabgeholzten Wälder und ungeackerten Wiesen sind die letzten Reservate eines Individualismus, der von den laut durcheinanderwirbelnden Großstadtmassen überrannt zu werden droht.

Denn die Enkel der industriellen Revolution sind da. Sie vermehren sich stündlich und fordern ihr Recht im heutigen England. Die Antwort auf ihre Forderung ist der Wohlfahrtsstaat; und selbst ein Kabinett neo-viktorianischer Eminenzen kann ihn dem Volk nicht wieder entziehen. Der »kleine Mann« beherrscht das Land. Und so ist es bezeichnend, daß Englands führender Literaturkritiker, V. S. Pritchett, sich auf seinen schöpferischen Ausflügen zum Mann auf der Straße gesellt, daß er in seinen Novellen und Romanen eine Fülle grotesker und humoriger Figuren schildert, die nichts weiter beweisen, nichts weiter verkünden als die robuste Unverwüstlichkeit des englischen Volkes.

Indessen aber rieselt es weiter und nebelt sich ein. Die Nächte werden länger. Die Gärten liegen brach. Abends versammelt sich am Kaminfeuer die Familie, verteilt sich in die niedrigen Sessel aus verblichenem Leinen oder Chintz und schweigt. Und jeder schlägt sein Buch auf und betrachtet sich, lesend, im Spiegel seiner Literatur.

William Blake

England, das den ersten Anstoß und bedeutendsten Beitrag zum empiristischen Denken geliefert hat, schenkte der Welt zumindest einen echten Mystiker: William Blake. Sein Erdenwandel war umstritten, seine Nachwirkung ungeheuerlich. Kein Dichter, Moralist oder Reformator dieses Landes, der sich seither nicht in irgendeinem Maße auf ihn berufen hätte. Shaw, dem ein Paradies voll »geistiger Ekstasen« vorschwebte, Huxley, der seinen Blick durch die »gereinigten Türen der Wahrnehmung« auf das Übernatürliche richtete, selbst ein später und unausgegorener Verfechter religiöser Erneuerung wie Colin Wilson – sie alle sind ohne ihn weder denkbar noch erklärlich. Wer aber war dieser wunderliche und einzigartige Mann, dieser Maler und Kupferstecher, Dichter und Denker, Prophet und Visionär, dieser Narr in Christo und gottbegnadete Weise, der sein Leben lang bei hellem Tageslicht die Engel singen hörte?

William Blake wurde am 28. November 1757 als zweiter Sohn des Wirkwarenhändlers James Blake im Londoner Stadtviertel Soho geboren. Seine Familie kam aus dem Dunkel, oder vielleicht aus dem keltischen Zwielicht Irlands. Im Alter von vier Jahren erblickte William das Antlitz Gottes vor der Fensterscheibe und brach in Angstrufe aus. Nicht lange darauf, an einem Sommermorgen, sah er Engel inmitten von Schnittern in einem Felde wandeln. Und als er acht Jahre zählte, gewahrte er auf der Heide von Peckham Rye einen Baum, der ganz mit Engeln bestickt war wie der Himmel mit Sternen. Mit zehn wurde er in die Zeichenschule eines Mr. Pars geschickt, mit vierzehn dem Kupferstecher Basire in die Lehre gegeben. Zugleich blickte er sich um in seinem Jahrhundert. Er versenkte sich frühzeitig in das Werk der großen Rationalisten. Er las Bacons ›Fortschritt der Erkenntnis‹ und Lockes ›Versuch über den menschlichen Verstand‹. Er las auch Edmund Burkes ›Traktat‹, in dem dieser Politiker und Sozialreformer seine fortschrittlichen Ideen niedergelegt hatte. Doch obgleich er all diese Schriften aufmerksam studierte und annotierte, blieb er von ihrem Kern unberührt. Sie spotteten der Inspiration und der Gesichte. »Inspiration und Gesichte«, schrieb er später an einen Freund, »waren damals wie heute, und wie ich hoffe für immerdar, mein Element, mein geistiger Aufenthalt. Wie kann ich sie je verurteilt hören, ohne Spott mit Spott zu begegnen?«

Man sollte meinen, daß Blake seiner Zeit zuwidergelaufen wäre. In Wahrheit war er ihr bloß vorausgeeilt. Er stand bereits auf jenem dünnen Grat, jener Wasserscheide, die den letzten Ausläufer der Renaissance von einem Neuaufquellen des Mittelalters trennt. Er stand auf der Schwelle der Romantik. England war im Begriff, seine bisherigen Vorbilder, die luziden Lateiner und klassizistischen Franzosen, von den Postamenten zu stürzen. Es verleugnete sein normannisches Erbe und tauchte hinab in seine angelsächsische Vergangenheit. Während man drüben in Paris im Namen der Vernunft die Bastille erstürmte, ergab man sich in London dem übermächtigen Gefühl, dem intuitiven Erlebnis, dem Zustand erhöhter Wahrnehmungsfähigkeit, wie sie nur nach dem Verzicht auf Maß, Klarheit und kühle Einsicht gewonnen werden können. Man begann Häuser und Möbel im gotischen Stil zu bauen, man versenkte sich in den Born der Sage und des Mythos. Allenthalben strebten von neuem Spitzbogen auf. Gleich gefalteten Händen ragten sie zum Himmel hoch und deuteten die Richtung an, in die der Drang der Menschen ging. Blake, der junge Lehrling des Meisters Basire, verbrachte seine Freizeit in der dämmrigen Westminsterabtei. Dort erschienen ihm, zwischen den uralten Grabmälern, Christus und die Apostel, und er sah Prozessionen von Menschen, Priestern und weihrauchschwingenden Chorknaben singend an sich vorüberschreiten. Dort wurde er »selbst fast zum gotischen Monument«. In der Gotik erblickte er die »lebendige Form«. Als Dichter und bildender Künstler blieb er ihr fortan verhaftet. So war er denn, wie weitab seine Phantasie ihn auch tragen, wie hoch er sich auch über seine Zeitgenossen hinausschwingen sollte, im Grunde nur dem Zeitgeist untertan, der den reinen Geist enterbte und die Geister im Alltag willkommen hieß.

Dennoch gehörte das Herz dieses Mystikers von Jugend an den Armen und Unterdrückten. Als Aufständische im Juni 1780 das Gefängnis von Newgate in Brand steckten, lief der Dreiundzwanzigjährige unter den ersten mit. Er begrüßte die Französische Revolution und schloß sich eine Weile lang Thomas Paine an, dem Verkünder der Menschenrechte und Vorkämpfer der amerikanischen Unabhängigkeit. Die Herrschaft der Vernunft aber, wie die Revolutionäre sie auf ihre Fahnen schrieben, war ihm verhaßt. Und schließlich trennte er sich wieder von seinen libertinischen Freunden, deren Freiheitsideal seiner Idee einer »inneren geistigen Freiheit« widersprach. Dieser Idee hatte er bereits nachzugrübeln begonnen, als er, nach einem kurzen, widerwillig verbrachten Lehraufenthalt an der neugegründeten Royal Academy, selbständig Kupfer zu stechen und Verse zu schreiben begann. Er leugnete die reine Vernunft, aber nicht den inspirierten Geist. Nicht im deduktiven Denken, sondern in der intellektuellen Vision vermeinte er den Weg zur Erkenntnis zu finden. Den Aufklärern seiner Epoche mußte er als ein Verblendeter erscheinen. Doch er war kein Blinder. Er war vielmehr ein Seher und Geisterseher, der mit himmlischen Sendboten umging, als wären sie Gevatter Schornsteinfeger und Lampenputzer. Er war ein Mann von großer Unschuld, kindlicher Güte und sanftem Sinn, der jedoch gleich dem deutschen Schuster Jakob

Böhme und dem schwedischen Theosophen Emanuel Swedenborg in der greifbaren Wirklichkeit nur ein Symbol des Überirdisch-Göttlichen sah.

In seinen früheren Jahren mochte ihm diese greifbare Wirklichkeit noch wie ein freundliches Abbild der jenseitigen erschienen sein. Denn das Leben war ihm wohlgesinnt. Es hatte dem träumerischen, stupsnäsigen Jungen mit dem feurigblonden Haar eine Frau zugeführt, Catherine Boucher, ein hübsches einfaches Geschöpf mit dunklen Augen. Er lehrte sie schreiben, lesen und zeichnen. Sie war sein »süßer Schatten und seine Wonne«, und wenn sie auch die Visionen nicht sah, die ihren Mann zu jeder Stunde des Tages und der Nacht besuchen mochten, so glaubte sie doch an sie mit kindlichem Vertrauen und tiefer Zuversicht. Nun ließ er sich in seiner eigenen Kupferstecherwerkstatt nieder, und Catherine sorgte für ihn und seinen kleinen Bruder Robert, den er nach seines Vaters Tod zu sich genommen hatte. Ein schmales Bändchen von Gedichten, ›Poetische Skizzen‹, war bereits veröffentlicht worden und hatte bei seinen Freunden, den Akademikern Füssli, Flaxman, Stothard und anderen, Gefallen erregt. Aquarelle und Zeichnungen von seiner Hand waren in der Royal Academy ausgestellt worden. Noch war sein Dasein heiter, waren die Gesichte, die sich ihm dann und wann offenbarten, so blaß und unerklärt wie jenes göttliche Antlitz, das er als Kind hinter der Fensterscheibe erblickt haben wollte. Doch der Himmel trübte sich. Blake war dreißig, als sein junger und vielgeliebter Bruder an der Schwindsucht starb, nachdem er ihn zwei Wochen lang ohne Unterlaß gepflegt hatte. Von diesem Tage an verschmolz seine visionäre Welt mit seinem Leben. »Vor dreizehn Jahren«, bekannte er später, »verlor ich meinen Bruder. Nun gehe ich täglich und stündlich im Geiste mit seinem Geiste um und sehe ihn vor mir im Bereich meiner Phantasie. Ich höre seinen Rat und schreibe sogar in diesem Augenblick, was er mir diktiert.«

Nach dem Tode seines Bruders schien ihm der stete Zugang zu jenem mystischen Erlebnis offen, das ihm bis dahin nur selten und unerwartet zuteil geworden war. Er betrat »die erste Stufe der Mystik«, ein Bewußtsein höherer Erleuchtung und verstärkten Empfindens, das sein Schaffen beflügelte und in seiner Kunst wie in seiner Dichtung Niederschlag fand. Nun schrieb Blake seine erste große Sammlung von Lyrik, die ›Lieder der Unschuld‹, und darin sein schönes Gedicht über die Vergänglichkeit des irdischen Daseins, das Gedicht vom ›Kleinen schwarzen Knaben‹:

> Die Mutter trug mich in des Südens Wildnis
> schwarz bin ich, doch oh! weiß die Seele mein.
> Englisches Kind ist weiß wie Engels Bildnis,
> ich bin schwarz, wie beraubt von Lichtes Schein.
> . . . . .

> Dort, wo die Sonne aufgeht, wohnt der Herr,
> der uns die Glut und alle Strahlen schickt,
> weil Blum und Baum und Tier und Menschen er
> am Morgen tröstet und bei Nacht erquickt.

> Uns hat er nur ein Weilchen hergesetzt,
> bis leiden lernen wir der Liebe Strahl;
> der schwarze Leib, die braune Stirne jetzt
> sind Wolke nur, sind Schatten hier im Tal.

Fünf Jahre liegen zwischen diesen naiven, kindlichreinen Versen und den ›Liedern der Erfahrung‹, dem zweiten bedeutenden Gedichtband, den Blake der Öffentlichkeit übergab. In ihnen schloß er sich an die englischen Libertiner an und begann ein Epos über die Französische Revolution zu schreiben, das er später verärgert abbrach. In ihnen vertiefte er sich auch in die Werke Swedenborgs und Böhmes, aus denen er die Gewißheit gewann, daß die Vereinigung mit dem Ewigen nur durch die Vernichtung des eigenen Ich erreicht werden könne. In ihnen gravierte er des Schweizers Füssli Illustrationen zu Lavaters Aphorismen und entwickelte, indem er sich mit Lavater auseinandersetzte, seine eigene Philosophie – daß die Laster nur Unterlassungen, die Tugenden allein Taten seien, und daß auch die irdische Liebe nur Teil und Ausdruck der himmlischen, also niemals sündig sei. In diesen Jahren betrat er »die zweite Stufe der Mystik«, den Bereich des Zweifels, des angstvollen Ringens um die Erleuchtung. Und er begann seine »prophetischen Bücher« zu entwerfen, jene dunklen, trägflüssigen, symbolschweren Epen, die sich von seinen glashellen, formvollendeten, durchsichtigen Gedichten so unterscheiden wie gewaltige Alpträume von Engelschwingen im Sonnenlicht.

Die Bücher ›Tiriel und Thel‹, beide 1789 graviert und erschienen, wollen gleichnishaft beweisen, daß Erkenntnis nicht von den Sinnen begrenzt sei, aber nur durch die Sinne gegenwärtig gemacht werden könne. Die Jungfrau Thel schreckt vor Erfahrung zurück und findet Erkenntnis erst im Tod. Der alte Tiriel will seine fünf Söhne, die seine rebellischen Gedanken, und seine fünf Töchter, die seine Sinne darstellen, dauernd versklaven, bis er lernt, sie von den Fesseln der starren Vernunft zu befreien. Weit bedeutender als diese ersten philosophisch-poetischen Versuche ist jedoch das vier Jahre später veröffentlichte, in biblische Prosa und freie Rhythmen gefaßte Lehrgedicht ›Die Hochzeit von Himmel und Hölle‹, von dem Swinburne sagte, es sei »nicht nur das größte aller Bücher Blakes, sondern das größte, das auf dem Gebiet erhabener Poesie und geistiger Betrachtung vom 18. Jahrhundert hervorgebracht wurde«. Es geht von einem Gedanken aus, den Blake zuerst an den Rand eines Traktates von Swedenborg gekritzelt hatte: »Gut und Böse sind hier zugleich das Gute, und die beiden Gegensätze sind vermählt. Himmel und Hölle werden zu gleicher Zeit geboren.« In Form einer religiösen Fabel löst er die alte Antithese auf und ersetzt sie durch eine andere: Erfahrung und tatkräftiges Danachhandeln gegen sterile, unangewandte Erkenntnis. Was erkannt wird, ist gut, so lange es auf Erfahrung beruht. Erkenntnis, die nicht auch erlebt wird, ist böse. So kommt er zur Formel »Die Tiger des Zorns sind weiser als die Pferde der Belehrung«. Mehr noch, in seinem Gleichnis läßt er die Engel zu Sinnbildern der verwerflichen Vernunft und die Teufel zu Sinnbildern des poetischen Genius werden, der sich mit Hilfe der Phantasie von allen Fesseln befreit.

Sie klang, diese Blake'sche Botschaft, wie eine blasphemische Umkehrung der christlichen Lehre. Dennoch war sie der Versuch einer gläubigen Seele, auf unorthodoxe Weise näher an Gott und die Ewigkeit zu gelangen. Ja, Blake führte in diesem und seinen weiteren prophetischen Büchern immer wieder Christus als Zeuge für sich an. »Christus war nichts als Tugend und handelte nach augenblicklichen Eingebungen, nicht nach Vorschriften.« So erschienen ihm Tatkraft und phantasievoller Glaube als Inbegriff des Guten, wie es von den Teufeln verkörpert wird. Starres Denken und dogmatischer Glaube aber waren für ihn das Böse, das von den hypokritischen Engeln für das Gute ausgegeben wird. War dies Ketzerei, so hatte sie doch Methode! Und eine zweite, umstürzlerische These schleuderte er dem Christentum entgegen: Seele und Leib sind nicht getrennt, vielmehr ist der Leib nur jener Teil der Seele, der von den Sinnen wahrnehmbar ist. Wenn die Sinne, diese »Pforten der Wahrnehmung«, gereinigt werden, wird das Ewige und Unendliche im Menschen und im Weltall sichtbar. Es war ein seltsames, ein abstruses Gedankengebäude! Doch so mächtig wirkte es im englischen Geiste nach, daß 160 Jahre später Huxley seinem Buch über die Herbeiführung höherer Bewußtseinszustände mit Hilfe von Meskalin jenen Blake'schen Titel geben sollte.

Blake selbst war, nachdem er die ›Hochzeit von Himmel und Hölle‹ geschrieben hatte, durch die »Pforten der Wahrnehmung« hindurchgeschritten und verbrachte Tage und Nächte im Anblick der Ewigkeit. »Oft«, so berichtet sein Biograph Gilchrist, »stand er nachts stundenlang vom Bette auf. Auch seine Frau erhob sich, wann immer er seine wilden Eingebungen erfuhr, die ihn, indes er zeichnete und schrieb, zu zerreißen schienen. Und so fürchterlich schwer schien seine Aufgabe für ihn zu sein, daß sie reglos und schweigend dasitzen mußte und ihm nur geistig, ohne Hand und Fuß zu rühren, Beistand leistete, Nacht um Nacht.« Daß all dies nicht nur in seinem prophetischen, sondern auch in seinem poetischen Werk Niederschlag fand, zeigt das herrliche erste Gedicht der Sammlung ›Lieder der Erfahrung‹:

Hör die Stimme des Barden,
der Vergangnes, Jetziges, Kommendes sieht,
des Ohr erlauscht,
was einst gerauscht
durch Baumes Kronen, heiliges Lied,

das die strauchelnde Seele ruft,
das im Tau des Abends weint
und lenken soll
den Sternen-Pol,
bis sinkend, sinkend Licht neu scheint!

O Erd, o Erde kehr!
Aus feuchtem Gras steh auf;
die Nacht ward müd,
der Morgen glüht
über der schlummrigen Masse herauf.

Nie wend dich mehr;
warum willst du fliehn?
Das Sternenrund,
der Wasser Grund
sind dir gegeben bis zum Tagbeginn.

Über alle Krisen und Tumulte hinweg, die zum täglichen Brot des Adepten gehören, fand er den Weg zur »dritten Stufe der Mystik«, einem seligmachenden Gefühl des Einsseins mit Gott und dem All. Auch wußte er solche Hinwendung zum Jenseitigen sehr wohl mit einer erfüllten Ehe zu vereinen. Catherine hatte einen Mystiker, aber keinen Asketen zum Mann. »Friede, Reichtum und häusliches Glück sind die Quellen erhabener Kunst«, erklärte er denn auch, und »Genuß und nicht Entsagung ist die Nahrung des Geistes.« Ja, in seiner naiven Freude an der Sinneenlust schwebte ihm zuweilen ein Paradies der Gemeinschaftsliebe vor – er hätte dessen Vorgeschmack auch gern mit Mrs. Blakes Dienstmagd ausgekostet, wenn Mrs. Blake darüber nicht in Tränen ausgebrochen wäre – und in seiner Vision vom Lande Beulah, einem »weichen Mondland, weiblich, lieblich, rein, mild und sanft«, sah er den Inbegriff aller irdischen Wonnen. So liegen diese, in seinem berühmten Vers über die »vierfache Sicht«, auch auf der vorletzten Stufe der Erkenntnis:

> Eine vierfache Sicht nun erblicke ich
> eine vierfache Sicht erhellet mich.
> Sie ist vierfach in höchsten Entzückens Macht
> und dreifach in der weichen Beulah Nacht
> und zweifach immer. Gott bewahre uns brav
> vor einfacher Sicht und Newtons Schlaf.

In acht Jahren, die er still und zufrieden im kleinen Ort Lambeth am südlichen Themseufer verbrachte, schrieb er sein Hauptwerk prophetischer Bücher, ›Visionen der Töchter von Albion und Amerika‹, ›Europa‹, ›Das Buch von Urizen‹, ›Das Lied von Los‹ und ›Die vier Zoas‹ – wilde, gigantische Traumbilder, in denen eine neue Mythologie, eine neue Kosmogonie geschaffen wurden und Symbole, die er Swedenborg und Böhme, den Gnostikern und der Kabbala, immer wieder aber dem Alten Testament und der Offenbarung Johannis entlehnte, riesenhafte und übermenschliche Gestalt annahmen. Hier kämpfen Prinzipien in Form von Propheten, Geistern und Göttern miteinander, hier ringen irdische und überirdische Gewalten um das menschliche Seelenheil. All dies aber zeichnete er nicht nur auf, er illustrierte es auch mit gewaltigen Farbvisionen, die in einer neuartigen Technik festgehalten wurden, in Wasserfarben, die mit Kleister gebunden waren, in kolorierten und illuminierten Stichen. Blakes bildnerisches Werk, wie seine Dichtung, steht einzig da in der Kulturgeschichte. Mit genialischer Hand, die von Raffael und Michelangelo inspiriert war und dennoch, vor allzu gewaltige Aufgaben gestellt, ungelenk wurde und ins Naive abzurutschen begann, schuf er jene Träume nach. Was seinen Stichen und Bildern an technischer Vollendung ermangelte, das ersetzten sie durch eine Wucht der Ausdruckskraft, die ihresgleichen nur bei seinen großen Vorbildern des Cinquecento findet.

Um das Jahr 1800 zog Blake, der Einladung eines Gönners folgend, an den kleinen Ort Felpham am Meer. Zuerst war er seines Lebens froh. »Hier öffnet der Himmel«, so schrieb er einem Freund, »von allen Seiten seine goldenen Tore, seine Fenster sind nicht von Dämpfen verhüllt, die Stimmen der Seligen sind deutlicher zu hören und ihre Umrisse klarer zu sehen.« Doch der Friede ward bald gestört, denn Blakes Mäzen, ein reicher Dilettant namens Hayley, verfügte allzu frei über seine Zeit und zwang ihn, ihm Abend für Abend Klopstock vorzulesen, der Blake verhaßt war. Er vermochte noch ein mythisches Epos zu beginnen, das er nach seinem großen Meister ›Milton‹ benannte und in dem er den Dichter Milton selbst in den Streit zwischen Vernunft und geistiger Freiheit verstrickte. Hier stehen die wunderbaren Verse, die unter dem Namen ›Jerusalem‹ zur beflügelnden Hymne aller englischen Reformatoren wurden:

Schritt dieser Fuß in alter Zeit
nicht über Englands grüne Höhn?
Und ward das heilige Gotteslamm
auf Englands holder Flur gesehn?

Und neigte Gottes Angesicht
sich über den umwölkten Hügeln?
Und ward Jerusalem hier erbaut
inmitten schwarzen Höllentiegeln?

Bald aber, nachdem er noch, durch die Tölpelhaftigkeit
eines Landgendarmen, unschuldig in den Geruch des Hoch-
verrats geraten und mit Mühe freigesprochen worden war,
kehrte er seinem Gönner den Rücken und zog zurück nach
London, in ein Elendsquartier. Von dem Tage, da er Felpham verlassen hatte, sollte Blake keine sorglose Stunde
mehr erleben. Er stellte, im Jahr 1809, sechzehn Fresken
und Aquarelle aus, die jedoch im Publikum keinen Anklang
fanden. Und er schrieb sein letztes großes Buch, ›Jerusalem‹,
in dem er sein endgültiges Glaubensbekenntnis niederlegte:
»Ich kenne kein anderes Christentum und kein anderes
Evangelium als die Freiheit von Geist und Leib, sich in den
göttlichen Künsten der Phantasie zu üben, der Phantasie,
dieser wirklichen und ewigen Welt, von der dies vegetabi-
lische Weltall nur ein blasser Schatten ist. Was sind denn
die Gaben des Evangeliums? Sind sie nicht alle geistige Gaben? Oh ihr Gläubigen, wendet euch gegen jeden unter
euch, der vorgibt, die Kunst und Wissenschaft zu verachten.
Im Namen Jesu rufe ich euch an. Was ist das Leben des
Menschen, wenn nicht Kunst und Wissenschaft? Was ist
Unsterblichkeit, wenn nicht alles Geistige, das ewig dauert?
Was sind die Himmelsfreuden, wenn nicht eine Erhöhung
alles Geistigen? Um Erkenntnis ringen, heißt Jerusalem er-
bauen, und Erkenntnis verachten, heißt Jerusalem und seine
Erbauer verachten. Und merkt euch: wer eine Geistesgabe

in einem anderen geringschätzt und verhöhnt, wer sie stolz und selbstisch und sündig nennt, der verhöhnt Jesus, der jede Geistesgabe verliehen hat. Lasset jeden Christen offen und vor aller Welt einer geistigen Berufung folgen, auf daß Jerusalem errichtet werde.«

Mit diesem Mahnruf an England, den erst die Nachwelt hörte, versank der Prophet ins Dunkel. Kümmerlich und verkannt, nur von einigen wenigen Freunden umgeben, fristete Blake die nächsten fünf, zehn, zwanzig Jahre. Kaum ein Brief, kaum ein Bericht über ihn ist aus jener Zeit erhalten. Nur einmal fiel ein kurzer Lichtschein auf ihn, als der Sechzigjährige im Haus einer verlassenen Geliebten Lord Byrons der weltgewandten Lady Charlotte Bury gegenübersaß, die ihn sodann in ihrem Tagebuch erwähnte:

»Ich dinierte bei Lady Caroline Lamb. Sie hatte eine seltsame Gesellschaft von Malern und Literaten eingeladen, und dazu ein oder zwei Leute von Rang, die sich mit den übrigen schlecht vertrugen. Es war da auch ein exzentrischer kleiner Künstler namens Blake, kein wirklicher Berufsmaler, sondern einer von jenen, die der Kunst um ihrer selbst willen nachhängen. Er schien mir voll schöner Phantasievorstellungen und Genialität, doch weiß ich nicht, wie weit die Ausführung seiner Intuitionen ihrer würdig ist, weil ich niemals etwas von ihm gesehen habe. Mr. Blake scheint völlig ahnungslos in allem, was diese Welt betrifft, und ich fürchte, seine Gefühle gehen weit über seine Verhältnisse.«

So redet allezeit – man erkennt den Ton – die elegante Mitwelt über ihre begnadetsten Talente! Blake aber sank, nachdem er noch einmal den Salon Lady Carolines hatte zieren dürfen, immer tiefer ins Elend. Er mußte sogar seine Wohnung verlassen und mit seiner Frau ein einziges Zimmer am Themseufer beziehen. Hier stand er am Fenster vor seinem Arbeitstisch, blickte auf die »Goldbarre« der Themse hinab und schuf sein graphisches Meisterwerk, die Radierungen zum Buche Hiob. Hier besuchten ihn ein paar junge Künstler und Dichter, die ihm die alten Freunde ersetzten – denn Füssli war gestorben und auch Flaxman schon dahin. Hier fand ihn der neunzehnjährige Maler Samuel Palmer eines Abends, »lahm und zu Bett, aber nicht untätig, obgleich er 67 war, sondern hart am Werk auf einem Lager, das ganz mit Büchern bedeckt war. So saß er da wie ein alter Patriarch, oder wie der sterbende Michelangelo«. Und als der sechzehnjährige Zeichenschüler Richmond ihm klagte, es mangle ihm an Inspiration, wandte Blake sich an seine Frau und fragte sie: »Was tun wir, Kate, wenn die Visionen uns verlassen?« Sie erwiderte: »Wir knien nieder und beten, Mr. Blake.«

Seine Visionen verließen ihn selten. Und als es ans Sterben ging, scharten sie sich um ihn und wiegten ihn in den süßen Tod des Gläubigen, dem das Ende des Lebens nur der Anfang eines höheren Daseins ist. Kurz zuvor hatte er die Radierung eines Weisen aus dem Alten Testament beendet. Dann wandte er sich zu Catherine und rief: »Bleib so: Bleibe, wie du bist. Du warst immer ein Engel für mich. Ich will dich zeichnen.« An einem späten Augustnachmittag des Jahres 1827 brach er in ein leises Singen aus und murmelte Catherine zu: »Meine Liebste, das sind nicht meine Lieder, nein, nicht die meinen!« Wie er schließlich hinüberging, im biblischen Alter von siebzig Jahren, hat Richmond in einem Brief an Palmer aufgezeichnet: »Er starb Sonntagnachmittag gegen sechs auf eine wahrhaft wunderbare Weise. Er sagte, er gehe in jenes Land, das er sein Leben lang hatte sehen wollen, und pries sich glücklich, weil er auf Erlösung durch Jesus Christus hoffte. Kurz ehe er starb, klärten sich seine Züge, seine Augen wurden hell und er begann von den Dingen zu singen, die er im Himmel sah. So ist er in Wahrheit wie ein Heiliger gestorben.«

Erst die Nachwelt erkannte in ihm eines der größten

schöpferischen Genies, die England je hervorgebracht hat. Seine Erleuchtungen, mochten sie nun vom Licht der Ewigkeit oder von seiner eigenen inneren Flamme hergerührt haben, wiesen Tausende nach ihm auf die Freuden geistiger Ekstasen hin. Gerade jene, die im mystischen Erlebnis nur eine selige Selbsttäuschung und in jeglicher Religiosität nur eine edle Verblendung erblicken, verfielen seinem Bann. Die romantische Bewegung zwar, deren Kommen er geahnt und angekündigt hatte, war vorbeigegangen, ohne den Anschluß an ihn zu finden. Um so begeisterter aber huldigten ihm die ›ästhetischen‹ Dichter der Jahrhundertwende. Und um so heftiger entzündeten sich auch, in echt englischem Paradox, an seinem Funken die besonnenen Geister und kühlen Reformatorengehirne jener Epoche. Sein Glaube an einen inspirierten Verstand, an die Freiheit von Geist und Leib, an die tatkräftige Erkenntnis nährte ihren Fortschrittsglauben. Und wenn er auch keine neue Schule der Mystik hatte gründen können, wie er es sich ersehnte, so verhallte doch sein Mahnruf an England nicht ungehört. Denn immer noch erklingt, wo freie Christen, Quäker, Fabier und Vorkämpfer des Geistes und der Gerechtigkeit sich dort versammeln, sein Schlachtlied für eine bessere Zukunft:

> Bringt meines Bogens güldnen Brand!
> Bringt meiner Sehnsucht Pfeilespitzen!
> Bringt meinen Speer! Weich Wolken Wand!
> Bringt mein Gespann aus Flammenblitzen!
>
> Ich lasse nicht vom Streit des Geists,
> noch schläft mein Schwert in meiner Hand,
> bis wir erbaut Jerusalem
> auf Englands grün und holdem Land.

Byrons großer Augenblick

Im Leben jedes Menschen gibt es einen Augenblick, der es enträtselt. Es ist ein leuchtender, ein erleuchteter Augenblick. Er erhellt, für die kurze Zeit seiner Dauer, die Irrwege des Herzens und die dunklen Trakte seiner Seele. Er hüllt ein Schicksal, das umstritten, fragwürdig, vielleicht tragisch ist, einen Atemzug lang in den rosigen Schleier der Erfüllung. Was vorher geschehen ist, wird durch ihn erklärt. Was auf ihn folgt, wird entschuldigt. Oft besteht er nur in einer flüchtigen Begegnung, einem scheinbar unbedeutenden Zwischenfall; doch mag er trotzdem der größte in einem Dasein sein, bedeutsamer noch als der Augenblick eines rauschenden Erfolges oder triumphalen Todes.

Die Geschichte verzeichnet heroische oder feierliche Daten – den Fall von Karthago, die Kaiserkrönung Karls des Großen, die Erstürmung der Bastille. Ihre wahrhaft magischen Momente finden im Verborgenen statt. Die Entdeckung des Feuers, die Geburt eines Mythos' oder Volksliedes, die Niederschrift des ersten Reims haben sich im Dunkel der Historie vollzogen. Jene unsichtbaren Weichen, die den Zug des Geschehens auf neue Gleise lenken, bleiben ewig unentdeckt. Und was für die Menschheit gilt, das gilt für den Einzelnen nicht minder. Zwischen Geburt, Heirat, Tod und der Setzung denkwürdiger Taten stehen Wendepunkte von ebensolcher Wichtigkeit. Wenn jedes Leben sinnvoll und geschlossen ist, dann liegt sein Sinn, sein Aufschluß und Schlüssel in einer jener Schicksalsminuten, deren Einfluß zumeist unerkannt und deren Wesen eine innere Wandlung ist.

Das Bild solcher Augenblicke in der Existenz eines großen oder ungewöhnlichen Menschen heraufzubeschwören, ist in jeder Weise verführerisch. So sehr es den Biographen reizen muß, eine Figur gleichsam blitzstrahlartig zu erhellen, indem er Licht auf eine einzige Episode ihres Erdenwandels wirft, so fragwürdig muß die Methode erscheinen. Er ist in der Wahl jenes Moments ganz auf Vermutungen angewiesen; er erlaubt sich ein Maß an poetischer Freiheit, das dem Historiker nicht gestattet ist. Dennoch sieht sich jeder, der einen Lebenslauf nachgestalten will, irgendeinmal der Versuchung ausgesetzt, eine geringfügige oder nebensächliche Manifestation mit besonderer Bedeutung zu umkleiden, sie zu verklären und ihr aufklärende Kräfte zuzugestehen. Irrt er, so irrt er doch in einer guten Sache! Einen Menschen der Vergangenheit zu entreißen, ihm noch einmal frischen Atem einzuhauchen, auf seine Taten Tageslicht und seinen Umriß auf das Panorama der Gegenwart zu werfen – es ist ein Bemühen, dessen Fehlschläge ehrenvoll erlitten und dessen Fehltritte entschuldbarer als die meisten Sünden sind.

Je heftiger, wilder und abenteuerlicher das Leben, dessen Schilderung man unternimmt, desto näherliegend der Gedanke, seine wahren Beweggründe und Triebkräfte in windstillen Zeiten zu suchen – in der Kindheit, in Perioden des Übergangs, in Augenblicken der Selbstbesinnung. So etwa in Lord Byrons Dasein, das einer einzigen halsbrecherischen Eskapade glich, einer kühnen Flucht aus Angst und Abscheu, auch wenn diese im Flitterstaat der Laune und Extravaganz auftraten. Eine Flucht wovor? Eine Flucht wohin? Die Antwort liegt wohl nicht allein in der Spanne zwischen jenem 10. März 1812, da ein junger Mann in der St. James's Street erwachte und seinem Ruhm in die Augen sah, und jenem 19. April 1824, da ein zerrütteter, leicht verfetteter, schon ergrauter Mann von sechsunddreißig in den Armen seines Leibdieners Fletcher den letzten Atemzug tat.

Es waren zwei Erscheinungen derselben Gestalt – Byron, der Dichter und Frauenfreund, dem London über Nacht zu Füßen gefallen war, und Byron, der Freiheitskämpfer, der Verteidiger Griechenlands gegen das türkische Joch, vom Fieber niedergeworfen im schlammigen, mückenumschwirrten Missolonghi. Doch es waren keine Gegensätze, sondern bloße Abwandlungen eines Charakterbildes, dessen tragischer Urgrund längst vor dem jähen Aufstieg und dem jahrelangen Taumel zu den Niederungen gelegt sein mußte, und das sich nur in einem behutsamen Rückwärtstasten, einem Gang auf den Spuren der Vergangenheit erschließt. Keine Antwort, aber einen ersten Hinweis mag eine Begebenheit liefern, die sich an einem sonnigen Herbsttag in der Romagna zutrug, drei Jahre vor jenem Ende im griechischen Fiebersumpf.

Über die Straße von Ravenna nach Bologna rollt eine herrschaftliche Equipage, umgeben von berittenen Dienern, Saumpferden mit Reisekörben, Vogelbauern, Affenkäfigen, und gefolgt von einigen riesigen, staubbedeckten Hunden. Lord Byron ist wieder auf Reisen. Er, der jeden Umzug haßt und doch ewig unstet von einem Ort zum anderen zieht, hat sich mit seinem Gefolge und seiner gesamten Menagerie von neuem auf Wanderschaft begeben. Er fährt nach Bologna, doch sein Endziel ist Pisa, wo die Gräfin Guiccioli seiner harrt. Teresa ist blond und sanft, aber ihr Vater und ihr Bruder sind finster und hart, sie sind Patrioten, Carbonari, die das Haus Österreich aus Oberitalien zu vertreiben trachten. Mit ihnen hat Byron zwei Jahre lang konspiriert und im dunklen Pinienwald von Ravenna dunkle Pläne geschmiedet, ehe er sich nachts in die Arme seiner Geliebten begab. Nun aber, so meldet er seiner Schwester in England, will er nach Pisa, für den Winter: »Die jüngsten politischen Unruhen haben alle meine Freunde und Bekannten ins Exil getrieben, und ich will mich ihnen anschließen. Du weißt doch, oder nicht, daß Madame la Comtesse G. sich im letzten Jahr von ihrem Gatten gelöst hat, daß der Papst sich zu ihren Gunsten entschied und ihr den getrennten Hausstand gewährte. Als ihr Vater ins Exil ging, mußte sie ihn entweder begleiten oder sich in ein Kloster zurückziehen – so wollte es die Scheidungsurkunde seiner Heiligkeit. Auf meine Empfehlungen gingen sie nach Pisa, und dorthin folge ich ihnen jetzt nach.« Der Brief endet: »Diese Beziehung dauert schon fast drei Jahre. Ich war furchtbar und sie blind verliebt – denn sie hat dieser überstürzten Leidenschaft alles geopfert.«

Die Räder rollen. Byron, nicht mehr so schlank wie einst, doch immer noch schön und schwermütig, sitzt in der romantischen Pose, die er selbst berühmt gemacht hat, den Kopf auf die weiße, beringte Hand gestützt. Er hört Stimmen – helle, dunkle, weiche, schrille Mädchenstimmen, die vor einiger Zeit noch seinen Palast am rechten Ufer des Canal Grande, den alten Palazzo Mocenigo, mit ihrem jungen Gelächter erfüllten. Dort, in Venedig, »diesem Sodom an der See, dieser leeren Austernschale«, wie es ihm erschien, verlebte Lord Byron die ersten Jahre seines italienischen Exils, nachdem Skandale über Skandale ihn aus der Heimat vertrieben hatten. Dort gewann sein Herz zuerst Marianna Segati, die Gattin eines Tuchhändlers in der Frezzeria, eine reizvolle Frau mit »großen schwarzen orientalischen Augen von jenem eigentümlichen Ausdruck, wie Türkinnen ihn haben, die sich das Augenlid schattieren, mit ebenmäßigen Zügen, kleinem Mund, zarter und reiner Haut, das Haar gelockt und getönt wie das von Lady Jersey«, aber, so behaupten seine englischen Freunde, »ein Dämon an Geiz und Verworfenheit«. Wie auch immer, ward sie bald aus seiner Gunst vertrieben von Margharita Cogni, genannt La Fornarina, eines Bäckers Frau aus den Elendsgassen von Venedig, eifersüchtig, wild, glutäugig, von rabenschwarzem Haar und »schön in ihrem weißen Kopftuch«, meinte Byron,

»doch leider sehnt sie sich nach einem Federnhut«. So verliebt war diese Cogni in ihren Milord gewesen, daß sie einmal, als er in Sturm und Ungewitter von einer Bootsfahrt an den Lido nicht zurückgekommen war, bleich, zitternd und bis auf die Haut durchnäßt auf den Stufen seines Palazzo hockte, bis endlich die Gondel, halb schon überschwemmt, aus der nächtlichen Flut auftauchte. »Als sie mich in Sicherheit sah, wartete sie nicht darauf, mich zu begrüßen, sondern rief mir zu: Can' della Madonna, fährt man bei solchem Wetter auf den Lido?, lief ins Haus und verfluchte die Gondolieri.«

Auch sie aber war nur ein flüchtiges Abenteuer, rasch gefolgt von der jungen Angelina, Tochter eines venezianischen Edelmannes, der sein Kind so streng bewachte, daß Byron sie nur nachts in aller Heimlichkeit besuchen durfte. Als er einmal zum Rendezvous aufbrach, glitt sein Fuß auf der schlüpfrigen Landungsstufe aus, »ich schnellte ins Wasser wie ein Karpfen und fuhr tropfend wie ein Triton zu meiner Meeresnymphe, mußte ein vergittertes Fenster hinaufklettern und hing dort eine und eine halbe Stunde.« Angelina war nicht die erste und blieb nicht die letzte der Frauen, all der Mädchen aus dem Volk, Damen der Gesellschaft und gefeierten Kurtisanen, die den wilden Milord, den verruchten Lord Byron, in seinem Palast besuchten, wo er lebte wie es ihm gefiel, »bei Tage studierend, ausschweifend bei Nacht« – so daß englische Matronen, die ihn auf einer Italienreise nur von fern erspähten, ihren Töchtern verboten, die Augen aufzuschlagen, damit auch kein einziger seiner verhängnisvollen Blicke sie treffe. Bis er eines Abends, im Hause der Gräfin Benzoni, die junge Teresa Guiccioli kennenlernte, die nicht älter war als zwanzig Jahre und schon einem Mann von sechzig vermählt. Teresa war, wenn man den Bosheiten seiner englischen Freunde Glauben schenken will, »nicht sehr schön und nicht sehr gescheit«; doch Byron schlüpfte mühelos in die Rolle ihres *cavaliere servente* und *cicisbeo,* trug ihr den Fächer nach, lauschte an ihrer Seite artiger Kammermusik und legte ihr den Spitzenschal um, wenn ein kühler Hauch aus der Lagune blies. Schließlich wurde der Palazzo Mocenigo zugeschlossen und Byrons Tiergarten – zehn Pferde, acht gewaltige Doggen, drei Affen, fünf Katzen, ein Adler, eine Krähe, ein Falke, fünf Pfauen, zwei Perlhühner und ein ägyptischer Kranich – in sein Sommerhaus an der Brenta verfrachtet, Teresa zog unter schweigender Duldung des alten Grafen Guiccioli ebenfalls dorthin, und im darauffolgenden Herbste richtete sich Byron, umgeben von seiner Dienerschaft und Menagerie, mit Teresa und ihrem Gatten häuslich in dessen Palast in Ravenna ein.

Die Sonne steigt. Der Tag wird heiß. Byron öffnet das Wagenfenster und vernimmt im Wind, der vom Hügelland des Apennins herüberweht, die Klänge eines Walzers. An der nächsten Straßenbiegung steht ein Leiermann. Fletcher muß den Wagen anhalten und ein Goldstück in die Mütze des Affen werfen, der auf dem bunten Kasten hockt. Byron horcht einer Melodie, die er einst bei Lady Melbourne hörte, als der Walzer zum erstenmal nach London drang. Er läßt weiterfahren. Der Wagen rollt, und die Zeit fließt zurück wie die Straße. 1812 – das große Jahr Byrons und das Jahr des Walzers. Im Februar hielt George Gordon, sechster Baron Byron von Rochdale, seine Antrittsrede im englischen Oberhaus, in der er die Sache der Weber von Nottingham mit glühenden Worten verfocht. Im März erschien sein Versepos ›Childe Harolds Pilgerfahrt‹. Nun sprangen die Türen der Salons von London vor ihm auf, als hätte sein nahender Schritt die Macht, sie alle zu öffnen. In den Salons aber ertönte der berauschende Takt des neuen Tanzes, der an die Stelle der Gavotte und Quadrille getreten war. Bei Lady Melbourne drehte man sich schon vormittags im Walzertakt. Diese nicht mehr junge, aber immer noch reizvolle

Frau, eine vertraute Freundin des Prinzregenten, empfing bei sich Literaten, Liberale und Lebemänner. Man bewunderte ihren Reiz und ihre Klugheit, aber man wirbelte über das glatte Parkett mit ihrer Schwiegertochter, der blonden, knabenhaften, exaltierten Caroline Lamb. Wenn Lord Byron, schön, bleich und traurig, den Saal betrat, verstummten die Walzerklänge. Er tanzte nicht und sah nicht gern, daß andere tanzten. Er stand und hielt Hof, umwittert von Schwermut, umrauscht von Gerüchten. Lady Caroline wurde bald zur Trösterin in seinem Kummer, auf dessen Grund, wie auf den eines romantisch umschleierten Weihers, niemand sah.

Byron, Byron, Byron. In diesem Jahr hallte sein Name von allen Wänden wider und lief raunend um die Speisetafeln aller Herrschaftshäuser. Er hätte in seinem Schloß Newstead Abbey einen Harem eingerichtet, triebe es mit Dienstmädchen, Dorfmädchen, leichten Damen, huldigte dunklen Kulten, die er in der Türkei gelernt. Und die Skandale nahmen ihren Anfang. Die Affäre mit Lady Caroline, die rücksichtlos und stürmisch, unter den Augen ihres Mannes, ihrer Mutter und Schwiegermutter, der gesamten Gesellschaft begonnen hatte, neigte sich ebenso offenkundig ihrem Ende zu. Caroline begann, ihm vor aller Welt Szenen zu machen. »Dein Herz, meine arme Caro –«, schrieb Byron, »was für ein kleiner Vulkan, der Lava durch Deine Adern gießt! Bedachtsamkeit ist sicherlich lästig, aber man muß sie aufbringen, wie könnte man sich anders retten? Halte Dich daran!« Bald wurde er schärfer: »Laß Deine Launen an neuen Liebhabern aus und mich in Frieden, Dein Byron.« Doch je mehr er sich zurückzog, desto kapriziöser wurde Lady Caroline, bis sie ihm endlich, bei einem Ball in Lord Heathcotes Haus, mit einem halb verhüllten Messer in der Hand entgegentrat und höhnisch fragte, ob sie jetzt endlich tanzen dürfe. »Mit allen nach der Reihe«, sagte er, »du konntest es immer besser als die anderen. Es wird mir ein

Vergnügen sein, dir zuzusehen.« Sie hielt ihm das Messer entgegen. »Das werde ich gebrauchen!« rief sie drohend. »Gegen mich wahrscheinlich?« fragte Byron und wandte sich ab, um Lady Rancliffe zu folgen, deren Tischherr er war. Sie umklammerte das Messer und schrie auf; Blut floß über ihre Robe. Byron indessen verließ mit Lady Rancliffe den Raum.

Caroline Lamb hatte sich an jenem Abend nicht arg verwundet, doch ihr Ruf und Byrons Liebe waren gänzlich dahin. Ihr blieb nichts übrig, als eine ausgestopfte Puppe, die seine Züge trug, in ihrem Garten zu verbrennen und ihm einen offenen Spottbrief nachzujagen, der sie für immer aus seinem Herzen riß. Er aber hatte inzwischen neue Trösterinnen gefunden. Die erste war Lady Oxford, eine schöne und reife Frau, Mutter und Geliebte in einer Person und von herbstlich-weiblichen Reizen. Dann kamen nacheinander drei unverheiratete Damen: Lady Frances Webster, jung, schlank, blond, mit langen dunklen Wimpern und einem zärtlich-melancholischen Temperament; Lady Adelaide Forbes, deren Züge ihn an den Apoll von Belvedere gemahnten; und Lady Charlotte Leveson-Gower, die seelenvoll und scheu wie eine Antilope war. Er hatte jede von ihnen als künftige Gemahlin erwogen, als ihm ein ernsthaftes, junges Mädchen, um das er jahrelang spielerisch geworben hatte, unerwartet ihr Jawort gab. Annabella Milbanke, eine Cousine Lady Carolines, war Dichterin, Mathematikerin, Metaphysikerin und von ausgezeichneter Familie. Er nannte sie seine »Prinzessin von Parallelogramm« und beeilte sich, sie vor den Traualtar zu führen. So flüchtete er, nach drei turbulenten Jahren, die ihm den Ruf eines großen Poeten und noch größeren Wüstlings und Lüstlings eingetragen hatten, für eine Weile in die Ehe mit einer untadeligen Erbin, einer moralisierenden, philosophierenden, unnachgiebigen kleinen Person.

Der Wagen rollt, aber er fährt nicht von Ravenna nach Pisa. Er führt das jungvermählte Paar von der Hochzeit zum Festempfang. Damals wandte sich Byron plötzlich zu seiner Braut und fragte: »Wie hat es dir nur einfallen können, mich zum Mann zu nehmen?« Sie rief aus: »Lieber Himmel, weil ich dich liebte!« Darauf er: »O nein. Du hast ein Körnchen von deiner Urmutter Eva. Du hast mich geheiratet, weil alle deine Freundinnen dagegen waren. Vorher hast du mich zweimal abgewiesen. Dafür will ich mich jetzt rächen.« Als sie vor Halnaby Hall, dem Landhaus seines Schwiegervaters, angelangt waren, reichte er seiner Frau nicht die Hand, um ihr aus dem Wagen zu helfen, sondern ging voraus, indes Lady Byron mit verzweifelter Miene ausstieg und gebrochen ihr verlorenes Elternhaus betrat. Nach dem Abendessen erklärte er, daß er es zwar hasse, sein Bett mit irgendeiner Frau zu teilen, ihr das seine aber zur Verfügung stelle, falls sie es wünsche, da ihn jede Frau, solange sie jung sei, zufriedenstellen könne. Sie verbrachten die Hochzeitsnacht zwischen rotdamastenen Bettportieren, beim Lichte des Kohlenfeuers und einer Funzel, weil Byron die Dunkelheit erschreckte. Im Morgengrauen hörte Annabella ihn ausrufen: »Gott, nun bin ich wahrlich in der Hölle!« Es war eine Hölle, die sie fortan so zwangsläufig mit ihm teilte wie er mit ihr sein Bett.

An eine andere Frau schrieb er bald darauf: »Welch ein Narr war ich, mich zu verheiraten – wir hätten unvermählt und so glücklich leben können – eine alte Jungfer und ein Hagestolz; ich werde nie wieder jemanden finden wie Du, und Du keinen wie mich. Wir sind dazu geschaffen, unser Leben miteinander zu verbringen, und gerade darum sind wir – bin ich – von dem einzigen Wesen getrennt, das mich jemals hätte lieben können, zu dem ich selbst mich vorbehaltlos hingezogen fühle.« Dieses Wesen war Augusta Leigh, Tochter seines Vaters aus einer anderen Ehe, seine Halbschwester und engste Anverwandte, seine Jugendfreundin und Seelenfreundin, herzensgut und herzensnah, ein ewiger Rückhalt, ein Ersatz für seine tyrannische grobschlächtige Mutter, die ihn einen »hinkenden Balg« genannt hatte und die er darum haßte – schließlich aber auch eine sanfte, heitere, verführerische Frau. Hatte sie seinetwegen ihren Mann verlassen? War Medora, ihre jüngste Tochter, wirklich Byrons Kind? Ihre Zeitgenossen wußten es nicht und die Nachwelt sollte es nie erfahren, denn Byrons unverhüllter Lebensbericht ging nach seinem Tode im Kamin des Verlegers John Murray in Flammen auf. Aber der bösen Zungen, die derlei verbreiteten, gab viele, und die Skandale, deren es immer zahlreiche gegeben hatte, wuchsen weiter an. Nun verschlossen sich Byron die Türen der Salons, als genüge sein nahender Schritt, sie magisch zuzuschlagen. Lady Jersey, der jene Marianna Segati an Haar und Augen gleichen sollte, war die letzte große Dame, zu der Lord Byron noch einmal geladen war. An diesem Abend wurde die Schande offenkundig. Augusta, seine Schwester, wurde von allen Anwesenden geschnitten. Und als Byron selbst den Saal betrat, rauschten die Herzoginnen an ihm vorbei wie an einer Ausgeburt des Satans.

Der Wagen rollt, und die Zeit fliegt zurück wie die Straße. Vor Byron liegt die herbstweiße, staubbedeckte Via Emilia. Von fern zeigt sich das Castello Bolognese auf dem Hügel. Ihn aber zieht es rückwärts, noch tiefer in die Vergangenheit, in seine frühe Jugend, da er seine Schulferien im Umkreis seines Stammhauses Newstead Abbey mit Kinderspielen verbrachte. Seine Nachbarin auf Annesley Hall und entfernte Cousine war Mary Chaworth, ein hübsches kleines Mädchen, das mit ihm die dunklen Felshöhlen von Derbyshire erforschte und einmal in einer solchen, die nur groß genug für zwei war, im Dunkeln neben ihm lag. Sein ganzes Leben lang blieben Byron die Gefühle gegenwärtig, die er damals zum erstenmal empfand, doch er konnte sie nicht beschreiben, »und das war gut«. Wenn er später an Mary dachte, dann verschönte er ihr Bild und vertiefte den Schmerz, der ihn gequält hatte, weil sie einen liederlichen Gutsherrn der Gegend liebte. Doch er verschwieg zumeist in diesen Ergüssen, und entriß es nur ein einziges Mal der Vergessenheit, daß Mary einmal in jenen Tagen zu ihrer Jungfer verächtlich von dem »lahmen Jungen« gesprochen hatte, während er unweit von ihr hinter einer Hecke stand und ihre Worte vernahm. Lahm, lahm geboren und lahm geblieben! Eine Schmach für seine Mutter, den Mädchen ein Spott. Einsam, vaterlos, mit zehn Jahren in sein Erbrecht getreten, aber enterbt von der Natur, die den wohlgewachsenen Knaben mit einem verkrümmten, verklumpten Fuß ins Leben schickte. Mary, die er liebte, hatte ihn gehöhnt. Er verzieh es ihr nie und nahm sein Leben lang Rache an den Frauen, die ihn liebten.

Das Kastell rückt näher. Byron erkennt es deutlich im Dunst der Mittagsglut. Doch sogleich beginnt es ihm wieder vor den Augen zu verschwimmen. An seiner Stelle steht Harrow vor ihm, die Schule auf dem Hügel mit ihren grünen taufeuchten Rasen, auf denen weißgekleidete Knaben Kricket spielen, die englische Kinderlandschaft, das unvergängliche Paradies, in dem er seine seltenen Augenblicke wahrer Seligkeit erlebte. Byron hat Mary Chaworth vergessen. Nun denkt er an seine Jugend in einem helleren Licht, an Augenblicke reiner und schöner Freude, ungetrübten Glücks. In Harrow hatte er einen Kreis von Knaben gefunden, die ihn aufrichtig liebten. Sein Klumpfuß kümmerte sie nicht, so lange er besser boxte und Cricketbälle schärfer zu schlagen verstand als sie. Seine aufbrausenden Launen ertrugen sie geduldig, weil er jederzeit bereit war, für sie durchs Feuer zu gehen, weil er ihnen seine ersten Verse vorlas und in ihren Streitigkeiten den gerechten Richter machte. »Meine Schulfreundschaften«, sollte er in Ravenna niederschreiben, »waren wirkliche Passionen. Aber ich weiß nur eine, die bis heute besteht. Meine Freundschaft mit Lord Clare begann als erste und dauerte am längsten. Nur die Entfernung hat sie unterbrochen. Und noch heute schlägt mir das Herz, wenn irgendwo das Wort Clare ertönt –.«

Wo die Straße mit dem Sepiaton eines Bauernhofs und dem silbrig flirrenden Olivengrün zusammenrinnt, wirbelt eine Staubwolke auf. Byron befiehlt, langsamer zu fahren; seine Berittenen treiben Saumpferde und Hunde an den Wegrand. Aus der Staubwolke taucht eine Karosse auf, schon läßt sich die Livree auf dem Kutschbock erkennen, sie ist grün, gelb und gold wie die Farben der Fitzgibbons, und der hohe Hut mit der Kokarde, den der Leibdiener trägt, stammt zweifellos aus dem Laden in der St. James's Street, der einst Byrons Fenstern gegenüberlag. Inzwischen hat man in dem anderen Wagen Lord Byrons Gefolge erkannt, die Menagerie, den ganzen absonderlichen Aufzug, mit dem der Dichter sich im Exil umherbewegt. Die beiden englischen Equipagen halten in vorgeschriebenem Abstand, als befände man sich in Pall Mall. Die Türen springen auf. In den italienischen Herbsttag treten zwei Herren in Nankinghosen, der eine, Lord Byron, im schottisch karierten Jackett, der andere, Lord Clare, Sohn des Grafen von Fitzgibbon, in der grünlichen Webe seiner irischen Heimat. Das wohlgeschnittene Antlitz, die edlen Züge, die fast antike Schönheit englischer Jünglinge aus altem Hause ist hier zweifach abgewandelt – einmal unversehrt, einmal gezeichnet von den Spuren selbstzerstörenden Lebens. Die beiden Herren umarmen einander. Sie haben Tränen in den Augen, aber keine Worte in der Kehle. Die Begegnung ist zu plötzlich, die Zeit zu kurz. Zu viel ist geschehen, seit sie einander zum letztenmal gesehen haben, in den Jahren des Triumphs, ehe der Skandal über Byron hereinbrach.

Was sie einander sagten, als ihre Rührung, ihre Ergriffenheit sich endlich löste, läßt sich vermuten. Clare mochte von Verona reden, aus dem er kam, und von Faenza, dessen Töpfereien er besuchen wollte, ehe er nach Florenz weiterfuhr, Byron sein pisanisches Haus am Lung'Arno schildern, den Palazzo Lanfranchi, in dem er den Winter zu verbringen gedachte. Doch ihre Worte blieben an der Oberfläche; nur in ihren Blicken lag ein Abglanz des Gefühls, das sie bewegte. Clare sah sich dem Freund gegenüber, dessen Aufstieg er ebenso unbändig bejubelt wie ihn dessen Sturz getroffen hatte, und konnte unter seinem Lächeln nur mühsam die Erschütterung verbergen, die ihn angesichts dieser zerrütteten Existenz befiel. Für Byron aber waren in diesem Augenblick Vergangenheit und Gegenwart ineinander geflossen. Er hielt sein ganzes Leben in der Schale seiner Hand, und wog es, und fand, es wiege das Glück jener kurzen Jahre nicht auf, die er im Kreise der Knaben auf den Rasen von Harrow hatte verbringen dürfen. Er sprach nichts davon aus. Die beiden Herren umarmten einander ein zweites Mal. Sie bestiegen ihre Equipagen, Byrons Affen schnatterten, seine Vögel kreischten, die großen Doggen kläfften, man vernahm kaum das Lebewohl, das die Freunde einander aus den geöffneten Wagenfenstern zuriefen. Clare fuhr nach Süden, Byron nach dem Westen weiter. Die Mittagsonne stand hoch. Doch Byron überkam ein Frösteln. Er stützte von neuem den Kopf in die Hand und suchte Zuflucht in einer Pose, die er ersonnen hatte, um die Welt darüber zu täuschen, welcher echten Wehmut unechter Ausdruck sie war.

»Diese Begegnung löschte für einen Augenblick all die Jahre zwischen der Gegenwart und den Tagen von Harrow aus. Es war mir ein neues und unerklärliches Gefühl, als stünde ich vom Grabe auf. Auch Clare war sehr erregt, dem Anschein nach sogar mehr als ich, denn ich fühlte sein Herz in seinen Fingerspitzen klopfen – wenn es nicht anders mein eigener Pulsschlag war. Wir waren nun fünf Minuten zusammen und auf offener Straße, doch ich entsinne mich keiner Stunde meines Daseins, die sie aufgewogen hätte.«

So schrieb Byron fünf Tage später in sein Tagebuch. Er war in Pisa angelangt, er hatte sich am Ufer des gelben Arno niedergelassen, Italiens Ränke, Italiens Geliebte, Italiens Luft und Stimmung zogen ihn von neuem in ihren Bann. Aber noch Wochen lang war er verstört, irrte er verloren, heimwehkrank und todestraurig durch die marmornen Gänge und weiten Räume des alten, feuchten Palastes. Mit Clare war England, war seine Jugend ein zweites Mal von ihm gegangen, waren die kindlichen Hoffnungen, die ehrgeizigen Träume, die edlen Regungen und hochfliegenden Passionen wieder dahin. Clare besaß den Schlüssel zu seinem Herzen. Was seiner Mutter, seiner Frau, allen seinen Frauen versagt geblieben war, was nur seine Schwester errungen hatte, ehe man sie von seiner Seite riß, das hatte Clare von allem Anfang besessen: Byrons wahres Gefühl. Nun, da er ihm kurz erschienen und wieder entglitten war, wähnte sich Byron mehr als je zuvor im Exil. Noch einmal freilich sollte er den Freund erblicken. Es war im nächsten Frühjahr, nachdem er mit Teresa nach Livorno gezogen war. Hier besuchte ihn Clare, der in Rom überwintert hatte, auf dem Heimweg. Die Gräfin hat später in ihren Memoiren beschrieben, wie er von ihm Abschied nahm: »Als Clare davon war, verfiel Byron in Melancholie. Er fühlte, daß er ihn nie mehr wiedersehen würde, und seine Augen standen voll Tränen. Dieselbe Schwermut umfing ihn in den nächsten Wochen, wann immer man auf seinen Freund zu sprechen kam.«

Lord Byron blieb noch ein Jahr an der ligurischen Küste. Er sah Shelley, den er geschätzt, wenn auch nicht geliebt hatte, ertrunken am Strand von Viareggio liegen. Er schrieb eine Reihe von Dramen und beendete sein Meisterwerk, den ›Don Juan‹. Und er zeigte sich einer Besucherin aus England, Lady Blessington, »gealtert, übertrieben und unmodern gekleidet, unenglisch, ein Mann, der in der Vergangenheit lebt«. Er sprach zu ihr ein wenig elegisch von Teresa: »Sie weiß, daß ich ihr aufrichtig verbunden bin. Aber die Wahrheit ist, daß ich mich nicht dazu eigne, Frauen glücklich zu machen.« Im Grunde lag auch die Beziehung zu Teresa schon hinter ihm. In diesem ganzen Jahr nach dem Zusammentreffen mit Clare hatte er Pläne geschmiedet, hatte er nach einer Gelegenheit gesucht, sein Schicksal auf heroischere Weise zu erfüllen, als er es zu leben imstande gewesen war. Im Juli 1823 schiffte er sich nach Griechenland ein. Die Griechen kämpften entschlossener um ihre Freiheit als Byrons italienische Freunde. In England hatte man einen Hilfsausschuß gegründet, zu dessen Beauftragtem er bestimmt worden war. Im August erreichte er die Insel Kephalonia. Intrigen, Guerillakrieg, unnötige Verzögerungen hielten seinen Eingriff in die Geschicke des Landes auf. Endlich konnte er sich, mitten im Winter, in einem kleinen Boot ans Festland nach Missolonghi wagen. Ein ungesunder Hafenort erwartete ihn. Achthundert Häuser, auf sumpfigem Boden am Meeresstrand erbaut, umgeben von verrottetem Tang und erstarrtem Schlamm. Neue Intrigen flammten auf, erbittertem Streit zwischen den Freiheitskämpfern folgten Schlichtungsversuche. In all diesen Wirren erlitt Byron plötzlich einen Schlaganfall. Sobald er eine Feder halten konnte, schrieb er an Lord Clare. Es war der vorletzte Brief, den er in seinem Leben schreiben sollte:

»Mein liebster Clare – du vergißt hoffentlich nie, daß ich dich immer als meinen liebsten Freund betrachten werde und dich so liebe wie damals, als wir beide Knaben in Harrow waren –«

Dann warf eine neue Krankheit ihn nieder. Er wurde von rheumatischem Sumpffieber befallen. Täglich ließ man ihn zur Ader, doch er blieb nicht im Bett, er erhob sich immer wieder, um dem lange geplanten und hinausgeschobenen Aufstand die Wege zu ebnen. Zuletzt begann es zu regnen. Und Byron verfiel. Am Tag vor seinem Tode, indes die Tropfen auf das Holzdach prasselten, lag er in Fletchers Armen und murmelte vor sich hin: »Armes Griechenland – arme Stadt – meine armen Diener: Ich lasse etwas Teures in dieser Welt zurück.« War es Teresa? War es Augusta? War es seine kleine Tochter Ada, die er ebenso liebte, wie er ihre Mutter haßte? War es Loukas, der schöne Griechenknabe, der verstört in einem Winkel kauerte und den Milord seine Seele aushauchen sah? Oder war, was er zurückließ, die Vision eines besseren Lebens, als er, der Gefeierte, der Verstoßene, der Erbe und Enterbte, es in seinen sechsunddreißig Jahren hatte verwirklichen können? War es nichts weiter als ein paar grüne, taubesprengte Wiesen, ein Flecken Kinderlandschaft, *»le vert paradis des amours enfantines«* – ein Stück irdisches, aber unvergängliches Paradies?

Virginia Woolf
Bildnis einer genialen Frau

Eines Morgens spät im März 1941 verließ eine Frau ihr Haus in den Hügeln von Sussex und wanderte hinab zum Fluß, zur Ouse; nachts waren Bomben gefallen und Regen, die Erde war noch feucht, doch der Himmel wieder rein. Von diesem Gang kehrte sie nicht zurück; andern Tags fand man ihren Stock am Ufer. Virginia Woolf, die Dichterin des fließenden Erlebens, des Bewußtseinsstromes, war mit den Wassern der Ouse in die Ewigkeit getaucht.

In ihr verlor die Welt eines der seltensten Güter: ein weibliches Genie. Ein Genie freilich, das nicht aus dem Dunkel kam, sondern aus Herkunft und Umgebung beinahe errechenbar war. Denn gleich den Huxleys, den Stracheys, den Garnetts, Bells und Frys gehörte Virgina Woolf zu einer jener großen Familien des neunzehnten Jahrhunderts, in denen die Künste gepflegt, der Geist verehrt und das Talent gezüchtet wurden, bis in einem ihrer Erben die Saat aufging, der unerklärliche Sprung sich vollzog und aus der Summe der Teile sich das wunderbare Ganze, das Genie ergab.

Ihr Vater, Sir Leslie Stephen, war ein angesehener Gelehrter, den nur sein beharrlicher Agnostizismus an einer glänzenden Laufbahn in Cambridge verhindert hatte. Seine erste Frau war die Tochter Thackerays gewesen. Nach ihrem Tode heiratete er die schöne Julia Prinsep Jackson Duckworth, von der George Meredith zu sagen pflegte, er habe niemals eine Frau mehr verehrt als sie. Viginia kam im Jahre 1882, als drittes der vier Kinder dieser Ehe, zur Welt. Im Londoner Hause ihres Vaters gingen die Heroen des viktorianischen Zeitalters aus und ein. Thomas Hardy streichelte ihr Haar; sie lernte Griechisch von Walter Paters Schwester. Zur Schule schickte man sie nicht. Ihre Universität war die großartige klassische und moderne Bibliothek Sir Leslie Stephens, die der sonst strikte Mann seinen kleinen Söhnen und Töchtern uneingeschränkt erschloß.

Mit zweiundzwanzig Jahren zog Virginia mit ihrem Bruder Adrian in ein Haus am Fitzroy Square. Hier, in Adrians büchergesäumtem Arbeitszimmer im Erdgeschoß, fand sich allabendlich ein Kreis von Freunden zusammen, der während der nächsten Jahrzehnte die *haute vie intellectuelle* Londons beherrschen sollte. Die ›Bloomsbury Group‹ – so benannt nach dem Stadtteil der schönen georgianischen Plätze, zu denen auch der Fitzroy Square zählt – begann als Koterie und endete als Geistesrichtung. Die ihr angehörten – Virginia und ihre Schwester Vanessa, die Malerin, deren Mann Clive Bell, der Biograph Lytton Strachey, der Kritiker Desmond MacCarthy, der Nationalökonom John Maynard Keynes, ein wenig später der Maler und Kunstgewerbler Roger Fry – hätten jedem Versuch, sie auf einen gemeinsamen Nenner zu bringen, heftig widersprochen. Dennoch verfolgten sie alle, jeder auf seine höchst ausgeprägte Art und jeder auf seinem höchst eigenen Gebiet, das gleiche Ziel: die schärfere Durchdringung der Wirklichkeit.

Ob Lytton Strachey die großen Gestalten des jüngst vergangenen Jahrhunderts ihrer Fassade viktorianischer Tugend beraubte; ob Roger Fry die zeitgenössischen Portraitisten beschwor, dem inneren Wesen ihrer Modelle nachzuspüren, indem er ihnen verächtlich zurief: »Ich kann den Menschen vor lauter Ähnlichkeit nicht sehen!«; ob endlich Virginia, in aller Stille noch, in anonym veröffentlichten Kritiken, ihrer Unzufriedenheit mit der hergebrachten Form der epischen Schilderung Ausdruck gab – in den Freunden von Bloomsbury gärte der gleiche Drang, den Erscheinungen des Lebens tiefer auf den Grund zu gehen, verborgene Schichten der Realität zu erfassen. Viel später, im

Jahr 1919, schrieb Virginia Woolf in ihrem berühmt gewordenen Aufsatz über ›Moderne Dichtung‹:

»Uns scheint die Form der Dichtung, wie sie zur Zeit im Schwange ist, das, was wir suchen, häufiger zu verfehlen als aufzuspüren. Ob wir es Leben oder Geist, Wahrheit oder Wirklichkeit nennen wollen, dies, das Wesentliche, ist davon oder dahin und will sich nicht länger in solch schlecht sitzende Gewänder kleiden lassen, wie wir sie ihm anpassen.«

Aber noch empfand die Kunst nur als Vorahnung, was in der Wissenschaft bereits Erkenntnis geworden war. Während in jenen Jahren vor dem ersten Weltkrieg Henri Bergson die Natur der Erlebnisinhalte untersuchte, während Sigmund Freud seine Einsichten in die tieferen Bewußtseinslagen zu beschreiben begann, bewegten sich die Maler, die Dichter intuitiv in dieselbe Richtung. Allerorten bildeten sich Sezessionen von der hergebrachten Kunst. 1910 brachte Roger Fry die erste Ausstellung nachimpressionistischer Malerei nach England; es war die mutigste Herausforderung des öffentlichen Geschmacks, die ein Mitglied der Clique in Bloomsbury bisher gewagt hatte. Ein Hohngelächter empfing die Bilder von Cézanne, Gauguin, Van Gogh, die ersten Versuche von Picasso, Matisse und Derain. Aber 1912 folgte eine zweite Ausstellung – englische Maler wie Vanessa Bell, Duncan Grant, Wyndham Lewis nahmen an ihr teil; der junge Publizist Leonard Woolf war ihr Sekretär – und nun wurde klar, daß es um mehr ging als die moderne Malerei allein.

»Wenn die Galerie abends geschlossen war«, erzählte Virginia Woolf in ihrer 1940 veröffentlichten Biographie von Roger Fry, »so tat er sie von neuem auf, um Leute zusammenzubringen – Leute aus den verschiedensten Bezirken des Lebens, elegante Frauen, Maler, Dichter, Musiker, Geschäftsleute. Die neue Bewegung sollte nicht auf die Malerei beschränkt bleiben. Einige der jungen französischen Dichter wurden eingeladen, aus ihren Arbeiten vorzulesen. Er selbst hielt Vorträge über Lyrik und bildende Kunst. Er arrangierte Konzerte. Die elegante Welt und die Ästheten trafen sich bei diesen Empfängen.« Nun war die Geistesrichtung der ›Bloomsbury Group‹ gesellschaftsfähig geworden; und es ist nicht zu leugnen, daß die Verbindung von avantgardistischer Kühnheit und Snobismus den Neigungen der jungen Virginia entgegenkam. Zweifellos lag auch eine gewisse Gefahr in dieser geistigen Inzucht, dieser Finesse, die innerhalb einer engen privilegierten Schicht gefördert wurden. Dennoch konnte sich ein Talent, das in einer unendlich subtilen Wahrnehmung und deren Ausdrucksmöglichkeit bestand, wohl nur in einem verdünnten und esoterischen Klima entfalten.

Osbert Sitwell hat im vierten Band seiner Autobiographie ›Gelächter im Nebenzimmer‹ ein Bild von Virginia Woolf entworfen, das diese Seite ihres Wesens beleuchtet und erklärt. »Diese Frauen«, so sagt er von der ›Bloomsbury Group‹, »waren von gänzlich anderer Art, als man ihr sonst begegnete. Etwas von ihrer viktorianischen Vergangenheit hing ihnen immer noch an, obwohl sie so weit mehr fortgeschritten waren als ihre Schwestern, in ihren Ansichten wie in ihrem Verstand. Virginia Woolf etwa, von einer bemerkenswerten Schönheit in Knochenbau, Form und Linie, die eher den Sternen als der Sonne zugehörte, hatte trotz ihrer unbestreitbaren Modernität eine viktorianische Vornehmheit der Erscheinung. Sie gab sich wenig Mühe, ihr Aussehen zu unterstreichen, aber sie konnte es nicht zerstören. Es ist mir oft aufgefallen, wenn ich Büsten römischer Patrizier aus dem vierten Jahrhundert betrachtete, wie sehr sie ihnen ähnlich sah mit ihrer hohen Stirn, ihrer fein geschwungenen Nase und ihren tiefliegenden, gemeißelten Augenhöhlen. Ihre Schönheit war gewiß unpersönlich, aber keineswegs kalt, und ihre Unterhaltung war von unaussprechlicher Lustigkeit, spielerischer Heiterkeit und Wärme.

Ich habe niemanden gekannt, der mit solcher Empfindsamkeit den geringsten Windhauch gespürt hätte, welcher die Luft um ihn zum Schwingen brachte.«

Im Jahr der zweiten Nachimpressionistenausstellung heiratete sie Leonard Woolf. Aber ihr äußeres Leben blieb sich gleich, auch nachdem sie ihr Haus und ihren Salon vom Fitzroy Square auf den Tavistock Square verlegt hatte. Die nächsten drei Jahre sollten – ohne daß jene, die sie miterlebten, sich darüber Rechenschaft gaben – das Ende einer langen friedlichen Menschheitsepoche, das Ende der bürgerlichen Ära bedeuten. Der Krieg stand vor der Tür. Für die Literatur waren jene Jahre nicht minder entscheidend. Der Roman, in seiner Breite und Gelassenheit der vollendete Ausdruck des vergangenen Jahrhunderts, war in Auflösung begriffen. 1913 erschien ›Der Weg zu Swann‹, der erste Band des Lebenswerks von Marcel Proust, das in seiner grandiosen Fülle und Verästelung ein Nonplusultra der epischen Form darstellte, zugleich aber neue Wege wies, indem es jenes ganze ungewöhnliche Ausmaß von Erlebnissen im Reflex eines einzigen Bewußtseins schilderte. 1914 veröffentlichte James Joyce seine ›Dubliner‹. Und 1915 trat Virginia Woolf mit ihrem Roman ›Die Ausfahrt‹ zum erstenmal vor die Öffentlichkeit.

Die Atomisierung der Epik hatte begonnen. Wer diesen Vergleich als abgeschmackt empfindet, sei auf Aussagen der Dichterin verwiesen, die sie 1919, ebenfalls in ihrem Aufsatz ›Moderne Dichtung‹, machte. »Betrachten wir einen Augenblick lang«, so schrieb sie, »ein gewöhnliches Gemüt an einem gewöhnlichen Tag. Es empfängt eine Myriade von Eindrücken – triviale, phantastische, flüchtige, oder solche, die sich stahlscharf einprägen. Von allen Seiten kommen sie heran, ein unablässiger Schauer zahlloser Atome; und während sie sich in ihrem Fall zum Leben von Montag oder Dienstag gestalten, liegt der Akzent immer anders als zuvor.« Und sie fährt fort: »Laßt uns die Atome registrieren, wie und in welcher Reihenfolge sie auf unser Gemüt eindringen, laßt uns jener Verbindung von Eindrücken nachspüren, so unzusammenhängend und sinnlos sie auch sein mag, die jeder Anblick oder Zwischenfall im Bewußtsein formt. Laßt uns nicht ohne weiteres annehmen, das Leben bestünde in reicherem Maße in dem, was man für gewöhnlich groß nennt, als in dem, was man für gewöhnlich klein nennt.«

Diese Forderung scheint freilich noch undeutlich erfüllt in ihrem ersten Buch, das immerhin vier Jahre früher entstanden war. Dennoch sind schon in der ›Ausfahrt‹ viele Motive angeschlagen, die später kühner und ausgeprägter durchgeführt werden sollen. Die bedeutsamen Entdeckungen, durch die Virginia Woolf den Roman verändern und erneuern half, sind fast alle im Rudiment vorhanden. Ihr Ziel ist abgesteckt: es ist die sorgfältige, gleichsam pointillistische Aufzeichnung jener ungeordneten Impressionen, die durch den Filter der Wahrnehmung ins Bewußtsein dringen und die man Erleben nennt; sowie der unvollständigen und willkürlichen Einwirkung verschiedener Individualitäten aufeinander. Formal entfernt sich dieser Roman nicht wesentlich von der Tradition, es sei denn darin, daß in ihm das Schwergewicht gleichmäßig auf alle Figuren verteilt ist. Das Buch hat keinen Helden, keine Heldin; nur auf das Nebeneinander und Ineinander, auf das Gewebe menschlicher Beziehungen und auf die Leuchtkraft jedes Augenblicks kommt es an. Wenn Mrs. Ambrose durch einen Tränenschleier das Themseufer betrachtet, als sähe sie es zum erstenmal; wenn die junge Rachel ihrem Verlobten, fern in Santa Marina, einen Mittwoch in England beschreibt – dann sind wie in einer filmischen Großaufnahme ihre Bewußtseinsinhalte, dann ist ihre persönliche Realität überlebensgroß erhellt.

Erst wenn man das Buch aus der Hand legt, merkt man, daß hier nie von der äußeren, immer nur von der inneren

Wirklichkeit die Rede war. Nicht die Schiffsreise, nicht der Aufenthalt einer Reihe von Personen am Amazonenstrom, sondern deren seelische Vorgänge sind sein eigentlicher Inhalt. Eine seiner bezeichnendsten Szenen schildert die Reisegesellschaft bei einem Ausflug auf den Monte Rosa. Ihr Ziel ist die berühmte Aussicht auf die Täler, Wälder und Flüsse der tropischen Landschaft. Aber da der junge Hewet sich auf dem Hochplateau nach Rachel umsieht, findet er sie auf dem Boden liegen, der Aussicht abgewandt, den Blick auf die Reisegefährten gerichtet.

»›Was sehen Sie denn da?‹ fragte er.

Sie war ein wenig verblüfft, aber sie antwortete unvermittelt: ›Menschen.‹«

Vier Jahre vergehen, ehe der Name Virginia Woolfs von neuem an der Öffentlichkeit erscheint. Es sind Kriegsjahre, grimmige Jahre, in denen England die Blüte seiner Jugend, darunter mehr als einen Poeten, in Flandern verliert. Bald wird Virginia Woolf jenen Jünglingen in der Figur ihres Jacob Flanders ein Denkmal setzen; aber noch schweigt sie und hat eine dunkle Periode ihres Lebens zu überwinden, die eines Tages den Schlüssel zu ihrem Ende geben wird. 1917 gründet sie mit ihrem Mann die Hogarth Press, einen Verlag, um den sich bald die neue Dichtung schart und in dem von nun ab ihr eigenes Werk erscheint. Zwei Jahre später bringt sie ihren Roman ›Nacht und Tag‹ heraus, ein Buch, das ihr formales Experiment nicht weiterführt, dafür jedoch ein für allemal ihre Meisterschaft in der traditionellen Epik beweist.

Der Stoff – Liebeshändel und soziale Verwicklungen zwischen wohlgebildeten jungen Leuten – könnte von der Begründerin des modernen Gesellschaftsromans, von Jane Austen, stammen. Katharine Hilbery, die Hauptfigur, ist in gewissem Sinn eine Nachfahrin der Elizabeth Bennet, zugleich aber auch ein wenig der Autorin Selbstportrait. Gleich ihr wächst Katharine als Erbin einer literarischen

Tradition, im Schatten der Titanen auf; gleich ihr fühlt sie sich zu Grübeleien über den Mechanismus des Lebens veranlaßt. »Auf das Leben kommt es an – auf den Vorgang des Entdeckens, diesen ewigen und unablässigen Vorgang, nicht auf die Entdeckung selbst«, murmelt Katharine vor sich hin, während sie durch das Getümmel der Londoner Straßen wandelt. Immer wieder dringt die Realität mit plötzlicher Heftigkeit auf sie ein: in einem Glashaus voll Orchideen; unter einem Sternenhimmel; oder morgens in ihrem leeren Zimmer – »hier war ein Donnerstagmorgen im Zustand des Enstehens; jede Sekunde wurde frisch gemünzt von der Uhr auf dem Kaminsims.«

Was ist die Realität? Diese Frage wird in Virginia Woolfs Werk ewig neu gestellt und ewig neu erwidert. »Sie scheint etwas höchst Unstetes, höchst Unverläßliches zu sein«, heißt es etwa in dem Bande ›Ein Zimmer für sich allein‹, »etwas, das sich einmal auf einer staubigen Straße findet, einmal in einem Stück Zeitungspapier auf dem Pflaster, einmal in einer Narzisse im Sonnenlicht. Es erhellt eine Gruppe von Menschen in einem Zimmer und drückt einer zufälligen Bemerkung seinen Stempel auf ... es ist dies, was zurückbleibt, wenn der Tag sich gehäutet hat und die alte Haut in der Ecke liegt; dies, was zurückbleibt vom Vergangenen, von unserer Liebe und unserem Haß. Es ist die Aufgabe des Schriftstellers, es aufzuspüren und zu sammeln und den anderen mitzuteilen.«

Wie aber es mitteilen? Auf welche Weise jene Erlebnisinhalte wiedergeben, ohne daß sie ihre Frische, ihre Unmittelbarkeit verlieren? In demselben Jahr 1919, da auch Virginia Woolfs zweiter Roman noch ein gewisses Zögern manifestiert, den Rahmen der epischen Form zu sprengen, erscheinen Bruchstücke des ›Ulysses‹ in der amerikanischen Zeitschrift ›Little Review‹. Nun wird ihr klar, daß der *monologue intérieur*, wie ihn James Joyce an die Stelle der herkömmlichen Romanschilderung setzt, jene Direktheit hat, nach der sie so lange suchte. Und in ihrem Aufsatz ›Moderne Dichtung‹, der nicht zuletzt von der Lektüre des ›Ulysses‹ angeregt worden ist, rühmt sie nunmehr den Mut, mit dem James Joyce über Bord warf, was sie selbst noch bewahrte.

»Joyce«, so schreibt sie, »ist um jeden Preis entschlossen, das Flackern jener innersten Flamme zu enthüllen, die ihre Mitteilungen durchs Gehirn blitzen läßt; um ihretwillen verzichtet er mit unendlichem Mut auf alles, was ihm nebensächlich erscheint, sei es nun die Wahrscheinlichkeit, oder der Zusammenhang, oder irgendein anderer jener Wegweiser, die viele Generationen lang der Phantasie des Lesers nachzuhelfen bereit waren, wann immer er sich vorzustellen hatte, was er weder sehen noch berühren konnte. . . Wenn wir das Leben selbst wollen, dann ist es dies.«

Das Leben selbst! Noch in diesem Jahr versucht sie in einigen Skizzen, die sie später unter dem Titel ›Montag oder Dienstag‹ herausbringen wird, ihr Ziel mit Hilfe einer neuen, befreiten Prosa zu erreichen. Hier sind Bilder, abstrakte Vorstellungen und Ideen aneinandergereiht, abrupt und wahllos, wie sie sich im Bewußtsein ablösen mögen. Einflüsse des Joyceschen Vorbilds machen sich geltend, Einflüsse der französischen Symbolisten, synästhetische Versuche endlich, Effekte der Malerei in die Sprache zu übersetzen. So etwa ein paar Sätze aus der Momentaufnahme ›Blau‹: »Hier liegt er, an den Strand geworfen, fühllos, stumpf, blaue Schuppen verlierend. Ihr metallisches Blau färbt das rostige Eisen am Strand. Blau sind die Rippen des zerstörten Ruderbootes. Eine Woge rollt unter die blauen Glocken. Aber die Kathedrale ist anders, kalt, weihrauchträchtig, blaßblau von den Gewändern der Madonnen.«

Es sind Versuche, aber sie bedeuten den Wendepunkt in Virginia Woolfs Werk. 1922 erscheint ihr Roman ›Jacobs Zimmer‹, der als erster auf hergebrachte Mittel verzichtet und eine Lebensgeschichte lediglich in Form von Eindrücken wiedergibt – Spiegelungen der Hauptfigur in anderen Gemütern, Spiegelungen des Lebens im Gemüt der Hauptfigur. Die Autorin selbst greift kaum mehr in die Handlung ein, ganz selten nur gibt sie ihren Kommentar. Thema des Buches ist die Entwicklung eines begabten, empfindsamen jungen Mannes von seiner Kindheit am Meer, seinen Studententagen in Cambridge, seinen Londoner Liebesabenteuern und südlichen Reisen bis zu seinem – nur angedeuteten – Tod im Feld. Der Blickpunkt der Schilderung verschiebt sich unaufhörlich; als schwenkte eine Filmkamera von einer Figur zur anderen, sehen wir nahezu übergangslos bald aus Jacobs Augen, bald aus den Augen seiner Mutter und Freunde. Zuweilen freilich tritt die Kamera zurück und läßt die Gestalten zusammenschrumpfen, mit Zeit und Landschaft verschwimmen.

»Das Mondlicht zerstörte nichts. Das Moor nahm alles auf. Tom Gage schreit laut, solange sein Grabstein fortdauert. Die römischen Skelette sind in guter Hut. Auch die Nähnadeln von Betty Flanders und ihre Granatbrosche sind wohlbehütet. Zuweilen, um die Mittagsstunde, scheint das Moor im Sonnenlicht diese kleinen Schätze vor sich aufzuhäufen wie eine Wächterin. Aber um Mitternacht, wenn niemand spricht oder reitet und der Dornenstrauch ganz still ist, wer wollte da so töricht sein, das Moor durch Fragen zu bestürzen – was? und warum?

Die Kirchglocke, jedoch, schlägt zwölf.«

So stellt Virginia Woolf häufig durch eine bloße Andeutung, durch ein einziges Wort wie dieses »jedoch«, den Übergang her von der unpersönlichen zur persönlichen Zeit, vom großen Zusammenhang zum Einzelschicksal. Ihre Prosa erhält auf diese Weise, trotz ihrer beständigen Verschiebungen und Blickpunktschwünge, etwas Fließendes. Es ist nicht nur der reale Augenblick, es ist der unmittelbare Ablauf des Lebens, den sie solcherart erfassen und vermitteln kann. Das neue Medium, wie sie es in ›Jacobs Zimmer‹ zum erstenmal erprobt, erlaubt ihr, den unaufhörlichen Strom der Bewußtseinsinhalte nachzubilden; sie unterbricht ihn nur dann, wenn sie den Standort wechselt – von einer Gestalt zur anderen, oder zu einer entfernteren, allgemeineren Betrachtung hin. So entsteht aus vielerlei »Atomen« im Fluß »das Leben selbst« – Jacobs Leben – bis es endlich im Tode versiegt, in Erinnerungssymbolen versickert. Zuletzt ist Jacob im Krieg verschollen; das Buch schließt damit, daß seine Mutter und sein Freund Bonamy hilflos in seinem Zimmer zurückbleiben.

»Lautlos ist die Luft in einem leeren Raum, nur daß sie noch den Vorhang schwellt; die Blumen rühren sich im Glase. Eine Faser im Rohrstuhl kracht, obgleich niemand in ihm sitzt.

Bonamy ging zum Fenster. Ein Möbelwagen fuhr die Straße hinab. An der Ecke hatten sich Autobusse ineinander verklemmt. Motoren klopften und die Fuhrleute rissen, mit angezogenen Bremsen, scharf die Pferde zurück. Eine rauhe und unglückliche Stimme schrie etwas Unverständliches. Und dann plötzlich schienen alle Blätter hochzufliegen.

›Jacob! Jacob!‹ rief Bonamy am Fenster. Die Blätter sanken wieder.

›Solch eine Unordnung überall!‹ klagte Betty Flanders, indem sie die Schlafzimmertür aufstieß.

Bonamy wandte sich vom Fenster ab.

›Was soll ich mit diesen hier tun, Mr. Bonamy?‹

Sie hielt ihm ein Paar von Jacobs alten Schuhen entgegen.«

Hier schon wird klar, wieviel unerwartete Vorzüge eine Art zu schreiben mit sich bringt, die den Bewußtseinsinhalt so direkt wie möglich wiedergibt. Sie behält eine Lückenhaftigkeit und Metaphorik, die den Leser nötigt, das Geschilderte selbst zu konkretisieren. Wie sonst nur in der Lyrik ist diese Prosa doppelbödig, interpretierbar, assoziativ. Da der Kommentar des Autors, da die Wegweiser fehlen, ist sie trotz all ihrer wunderbaren stilistischen Geordnetheit noch Rohstoff der Phantasie. Jedem Wort scheint ein Nebensinn, mehr als eine einzige Bedeutung anzuhaften, die der Leser je nach seinem Vermögen, je nach Zeit und Umständen erfassen oder übersehen mag. Freilich scheint sich auch die englische Sprache, reich an Synonymen und sinnträchtigen Symbolen, mehr als andere einer solchen Verwendung zu leihen. So kann dreißig Jahre später Richard Hughes eine immer wachsende Tendenz der englischen Prosa zur Vieldeutigkeit hin feststellen, ganz im Gegensatz zur französischen Prosa, die immer größere Prägnanz anstrebt.

1922, im Erscheinungsjahr von ›Jacobs Zimmer‹, las Virginia Woolf zum erstenmal das Werk Marcel Prousts im französischen Urtext. Zweifellos sah sie sich, wie vorher vom ›Ulysses‹, auch von der ›Suche nach der verlorenen Zeit‹ beeinflußt, oder besser noch, bestärkt in gewissen Absichten, die sie längst verkündet hatte. Der Begriff der Dauer, der *durée,* wie Proust ihn von seinem Meister Bergson übernahm; seine Fähigkeit »die Seifenblase der Gegenwart mit einer Vision der Vergangenheit zu füllen und färben« – die Wendung stammt von ihrem Schwager Clive Bell –, sind in ihrem Werk bereits vorhanden und illustriert, so etwa in der oben zitierten Schilderung der historischen Moorlandschaft aus ›Jacobs Zimmer‹. Aber auch die Bestätigung eigener Ziele führt um so rascher zu ihnen hin. Und so mag die Lektüre von Joyce, die Lektüre von Proust ihr jene Sicherheit gegeben haben, deren sie bedurfte, um das erste ihrer Meisterwerke zu schreiben, den 1925 veröffentlichten Roman ›Mrs. Dalloway‹.

Dieses Buch, ihr erstes übrigens, das damals auch in Deutschland bekannt wurde, enthält gleich dem ›Ulysses‹ die Erlebnisse eines einzigen Tages. Gleich jenem freilich nicht nur die der Gegenwart; in sie verschachtelt sind Erinnerungen, Erwartungen, Visionen und Träume. »Alles fließt«;

und es fließt zugleich mächtiger und ruhiger als in ›Jacobs Zimmer‹. Was dort zuweilen abrupt, fragmentarisch, facettiert wirkt, ist hier verbunden und geglättet. Von höchster Wichtigkeit scheint es Virginia Woolf nunmehr, die Einheit des Flusses zu bewahren. Um einen Wechsel der Standorte vorzunehmen, ohne daß der Sprachstrom, und damit der Zeitablauf, unterbrochen werden muß, borgt sie sich – wie übrigens oft – einen Hilfsgriff vom Film. Diese wesentlich epische, obschon visuelle Kunst war ja in ihrer stummen Zeit auf ähnliche Schwierigkeiten gestoßen, wenn sie möglichst kommentarlos – ohne Zwischentitel und örtliche, aber nicht zugleich auch zeitliche Verschiebungen ausdrücken wollte. Ein Ausweg war die Überblendung über ein neutrales Objekt. Nicht anders verfährt Virginia Woolf, wenn sie den *monologue intérieur* einer Figur zu dem einer anderen hinüberlenken will, ohne dabei auch nur ihren Satz abzuschneiden. Sie läßt etwa ein Flugzeug oder eine vorüberfahrende Limousine gleichzeitig in das Bewußtsein ihrer beiden Figuren treten, um sich daran, wie um eine Achse, von einem zum anderen zu schwingen.

Die formalen Entdeckungen in diesem Buche, die Kühnheit seiner Mittel überschatten freilich weit seinen Inhalt. Clarissa Dalloway ist eine reizende und empfindsame, aber keine ungewöhnliche Frau, und es wäre kaum wert, die immerhin trivialen Erlebnisse ihres Tages zu verzeichnen, geschähe es nicht auf die bestrickende Art der Widerspiegelung in ihrem Gemüt. Aber schließlich hatte Virginia Woolf in ihrem vielzitierten Aufsatz auch behauptet: »Wäre der Schriftsteller ein freier Mann und kein Sklave, könnte er schreiben, was ihm paßt, und nicht, was er muß; könnte er sein Werk auf sein eigenes Gefühl und nicht auf die Konventionen stützen, so gäbe es keine Handlung, keine Komödie, keine Tragödie, keine Liebesgeschichte und keine Katastrophe im üblichen Sinn. Das Leben ist nicht etwa eine symmetrische Reihe von Laternen; das Leben ist eine leuchtende Aureole, eine durchscheinende Hülle, die uns vom Anfang des Bewußtseins bis zu seinem Ende umgibt.« In keinem ihrer Romane ist dieses Postulat so vollendet erfüllt wie in diesem. Clarissa wandelt einher in ihrer Aureole; es ist nicht die dunkle, eschatologische, mythenhältige Phantasmagorie eines Stephen Daedalus oder Leopold Bloom, sondern ein helles goldgewirktes Gewebe, in dem es unablässig schimmert und flirrt, wie eben an einem sonnigen Junitag in London – »immerhin, dachte Clarissa, daß man morgens aufwacht, den Himmel erblickt; im Park spazierengeht; Hugh Whitbred begegnet; und dann tritt plötzlich Peter ein; dann diese Rose; das war genug. Wie war nach all dem doch der Tod unglaublich: – daß es aufhören mußte und kein Mensch auf Erden wissen würde, wie sie alles geliebt hatte; wie jeden Augenblick . . .«.

Clarissas düstere Gegenfigur freilich, der sie nie begegnet, der an Granatschock leidende, dem Wahnsinn ausgesetzte Septimus Warren Smith, ist zugleich in mehr als einem Sinne ihr Komplement. Es ist bekannt, daß Virginia Woolf ursprünglich beabsichtigte, Clarissas Bewußtseinsstrom jäh durch ihren Selbstmord abzubrechen – jenen Selbstmord, den schließlich Septimus begeht. In der Auswechselbarkeit dieser beiden Schicksale verbirgt sich ein symbolischer Hinweis, auf Virginia Woolfs eigene gespaltene Persönlichkeit, den der Leser nicht unbedingt durchschauen muß, um den großen Wurf dieses Buches würdigen zu können. Auch wenn ihm dessen tiefster Sinn verborgen bleibt, wird er in der Polarität der beiden Figuren, welche unabhängig voneinander diesen Frühlingstag erleben, jenen kontrapunktischen Unterbau erkennen, der dem Roman Gestalt verleiht.

Ein Wort aus dem Bereich der Musik ist gefallen. In der Tat ließe sich nicht nur ›Mrs. Dalloway‹, sondern noch weit mehr der nächste Roman Virginia Woolfs auf seine musikalische Architektonik hin untersuchen. ›Die Fahrt zum Leuchtturm‹, ihr liebenswertestes, wenn nicht ihr größtes

Buch, ist häufig als ein Roman in Sonatenform bezeichnet worden. Es erschien zwei Jahre nach ›Mrs. Dalloway‹. Form und Thema sind in ihm vollkommen integriert; jene ist nicht mehr Selbstzweck und mutige Absteckung von Neuland, dieses nicht mehr zufällig anfliegender Erlebnisinhalt. Die Symbolkraft des Buches macht sich in beiden geltend. Virginia Woolf schildert hier die ungeheure Einsamkeit des Menschen und die Unerreichbarkeit seiner inneren Vision. Der Leuchtturm bedeutet jene vollkommene Erfüllung, die man niemals erreicht. »Aber was ist dann«, fragt eine Figur in diesem Buche, »der Sinn des Lebens? Darauf lief es hinaus – auf eine einfache Frage, die einen im Lauf der Jahre immer wieder bedrängte. Die große Enthüllung war nicht erfolgt. Vielleicht erfolgte die große Enthüllung nie. Statt dessen gab es täglich kleine Wunder, Erleuchtungen, das unerwartete Aufblitzen eines Zündholzes in der Finsternis.«

Drei Teile, drei Sonatensätze, bilden den Roman. Der erste, ›Das Fenster‹, schildert einen Gelehrten und seine Frau, deren Kinder und Gäste in ihrem Sommerhaus auf einer schottischen Insel. Mrs. Ramsay hat ihrem Jüngsten einen Ausflug zum Leuchtturm versprochen und hält diese Hoffnung trotz allen Widrigkeiten bis zu Ende in ihm wach; doch ihrem Mann, der mit dürrer Vernunft Regen und Sturm voraussagt, gibt das Leben recht. Im kurzen zweiten Teil ›Die Zeit vergeht‹ ziehen zehn Jahre vorüber in einer unvergleichlichen Schau von Wechsel und Zerfall, da der Krieg ausbricht und das Sommerhaus verwaist, Staubflokken und Spinnweb sich niedersenken, der Seewind den Garten zerzaust und die Jahreszeiten in unabänderlichem Rhythmus aufeinanderfolgen, während in Nebensätzen, in wahrhaften Parenthesen, sich das Menschenschicksal erfüllt – Mrs. Ramsay stirbt, ihr Sohn Andrew an der Front fällt, ihre Tochter Prudence im Kindbett dahingeht. Denn die Menschen sind nur Wellen, die sich heben und wieder versinken im Strom der Zeit. Erst im dritten Teil, dem

›Leuchtturm‹, findet man sie wieder in ihrer eigenen Dimension, wird ihr Schicksal dort angeknüpft, wo der Faden abgerissen war. Nun kommt die Fahrt zum Leuchtturm zustande; aber als Mr. Ramsay ohne seine Frau, obschon mit seinem jüngsten – nun schon fast erwachsenen – Sohn sein Ziel erreicht, empfindet er die ganze Einsamkeit dieser Erfüllung.

»Er saß und blickte auf die Insel und mochte wohl denken: Wir sind untergegangen, jeder allein; oder er mochte denken: Ich habe es erreicht.«

Dieses Hauptmotiv von der menschlichen Verlassenheit und Isolation ist umrankt von einer Fülle symbolischer Situationen und Figuren. Lily Briscoe, die unscheinbare Malerin, die hinter ihrer besonderen Vision herjagt; Mr. Carmichael, der abgelebte alte Mann mit dem heimlichen Rausch; Transley, der studierte Kleinbürger, hilflos widerwärtig – sie alle gehen einsam einher, unzulänglich verstanden, unzulänglich verstehend. In ihrer Mitte nehmen Mr. und Mrs. Ramsay mythologischen Charakter an, werden zum männlichen und weiblichen Archetypus schlechthin, zum analytischen Verstand und zum schöpferischen Gefühl, zum Prinzip des forschenden Durchdringens und des sammelnden Ordnens. Wie anders erklärte sich sonst der erbitterte Widerstreit des in tiefer Liebe verbundenen Paares? Wie sonst jene maßlose Betroffenheit Mrs. Ramsays, da ihr Mann mit den einfachen Worten »Es wird regnen« die Hoffnungen seines kleinen Sohnes enttäuscht?

»Die Wahrheit mit solch erstaunlichem Mangel an Rücksicht für anderer Leute Gefühle zu verfolgen, die dünnen Schleier der Zivilisation so mutwillig, so brutal zu zerreißen, erschien ihr als eine derart furchtbare Verletzung des menschlichen Anstandes, daß sie verstört und geblendet, ohne zu antworten, ihren Kopf niedersenkte, als ließe sie widerspruchslos den Anwurf spitzen Hagels, den Spülwasserguß über sich ergehen.«

Mr. Ramsay aber vertritt die Unerbittlichkeit des Verstandes: »Was er sagte, war wahr. Es war immer wahr. Er war der Unwahrheit unfähig; rüttelte niemals an Tatsachen; änderte niemals ein unliebsames Wort, um irgendeinem sterblichen Wesen Vergnügen oder Annehmlichkeit zu bereiten, am wenigsten seinen eigenen Kindern, die, seinen Lenden entsprungen, sich von Kindheit an darüber klar sein sollten, daß das Leben schwierig ist, Tatsachen unnachgiebig sind, und die Fahrt in jenes sagenhafte Land, in dem unsere schönsten Hoffnungen zunichte werden und unsere gebrechliche Barke im Dunkel zerschellt, vor allem anderen Mut, Wahrheit und Ausdauer verlangt.«

In keinem ihrer Bücher kommt Virginia Woolf dem Kern unserer fragilen Existenz so nahe. In keinem anderen ist ihr eine Figur von der Wärme und Lebensfülle ihrer Mrs. Ramsay gelungen. Mrs. Ramsay »hatte immer begriffen, daß es keine Vernunft, Ordnung, Gerechtigkeit gibt, sondern nur Leiden, Tod und Armut. Keine Niedertracht war zu groß, als daß diese Welt sie nicht beginge; sie wußte das. Kein Glück auf Erden blieb bestehen; sie wußte das.« Dennoch verbreitet sie Ordnung und Sicherheit, dennoch ist sie der Trost und Ruhepunkt der Familie, ihrer Freunde. Männer freilich und deren Weisheit verwirren sie. »Eine Quadratwurzel? Was war das? Ihre Söhne wußten es. Sie stützte sich auf sie; auf Würfel und Quadratwurzeln; sie ließ sich davon tragen und aufrechterhalten, von diesem bewundernswerten Gerüst männlicher Intelligenz, das sich hoch und niederspannte, quer dahin und dorthin, gleich Eisenträgern, die das schwankende Gebilde umklammern und die Welt zusammenhalten.« Aber dennoch »bemitleidete sie Männer immer, als entginge ihnen etwas – Frauen nie, als besäßen sie etwas«. Und dennoch fügt sie sich, Urfrau die sie ist, dem Mann, verzeiht sie ihm seine Unentwegtheit, seine Unbeugsamkeit, und gibt am Ende nach. Aber gibt sie wirklich nach?

»›Ja, du hast recht gehabt. Es wird morgen regnen.‹ Sie hatte es nicht ausgesprochen, aber er wußte es. Und sie blickte ihn lächelnd an. Denn sie hatte wieder gesiegt.«

Es ist ein unerschöpfliches Buch, ein Buch voller Siegel. Immer aber, und hier unterscheidet es sich von so vielen Werken zeitgenössischer Mystik und Allegorie, immer ist es völlig sinnvoll, rund und geschlossen auch auf der realsten Ebene. Eine solche Verschmelzung von Form und Inhalt, eine ähnliche Vielschichtigkeit hat Virginia Woolf nicht wieder erreicht – auch nicht in ihrem nächsten Roman ›Die Wellen‹, der als ihr bedeutendstes Werk angesehen wird. Ehe er erschien, erlaubte sie sich jedoch die heiterste, die graziöseste Eskapade, die je eine Wanderung an den Abgründen des Lebens unterbrach. ›Orlando‹ ist ein Ausflug in die Historie und Biographie: die Geschichte eines fabulösen Wesens, das uns zuerst als Jüngling zur Zeit der Königin Elisabeth entgegentritt, um während der nächsten Jahrhunderte, den Zeitläuften gemäß, sein Wesen, seinen Charakter, ja sogar seinen Sexus zu ändern, bis es als reife Frau in unseren Tagen von uns Abschied nimmt.

Das Vorbild dieser Figur war bekanntlich Victoria Sackville-West, eine bekannte Schriftstellerin und Freundin Virginia Woolfs. Viele Züge aus der langen Vergangenheit ihrer Familie, aber auch die leuchtendsten Kapitel aus Englands Geschichte sind in dieses Buch verwoben. Virginia Woolfs Prosa funkelt und sprüht in der Beschreibung barocker Feste, wie des großen Karnevals von 1604 auf der gefrorenenen Themse, da ein ganzer Park mit Lauben und Labyrinthen, da bengalische Lichter, Feuerwerke, und ein königliches Divertissement das Eis nicht zum Schmelzen brachten. Noch eindrucksvoller ist ihre Schilderung des plötzlichen Umschwunges, den England im neunzehnten Jahrhundert zu nehmen schien. Wie nahezu über Nacht, unerklärlich, Nebel, Regen und Rauch ins Land einfallen, wie die Feuchtigkeit sich in die Häuser frißt und die Seelen der Menschen ergreift, wie eine rotwangige, fleischessende, weintrinkende, flötenblasende, fröhliche Bevölkerung sich in ein fröstelnd unfrohes Dasein zurückzieht, in ihre vier Wände unter Plüschmöbel, Fußwärmer und Bric-à-brac, bis vor lauter Langeweile unzählige Kinder in die Welt gesetzt werden, die in ihrer Verzweiflung das britische Weltreich gründen – das trägt für alle Zeit die Spur des nachdenklichen Lächelns, mit dem es aufgezeichnet worden ist.

›Orlando‹ und eine ausführliche Betrachtung über die Frauenrechte, ›Ein Zimmer für sich allein‹, leiten über zu dem 1931 veröffentlichten Roman ›Die Wellen‹. Hier wirft Virginia Woolf alles von sich, was sie bereits errungen hat und meistert. Sie sieht sich zu einem neuen, gewaltigen Experiment gedrängt; es gelingt ihr, und sie wird es nie mehr wiederholen. Dies ist ein einmaliges Buch, ein wahrer Geniestreich. Im Gegensatz zu ihrem bisherigen Werk ist es expressionistisch und introspektiv, schildert es nicht den Aufprall von Eindrücken auf das menschliche Gemüt, sondern die darin latenten Empfindungen und Gedanken – das bereits verarbeitete Erlebnismateriel – und tut dies überdies in einer neuartigen, einer gänzlich stilisierten Form. Es besteht völlig aus Monologen von sechs Figuren, die zu gewissen Zeiten ihrer Entwicklung ihren Bewußtseinsinhalt vor dem Leser ausschütten. So etwa als Kinder, in der Lateinstunde:

»›Dies sind weiße Worte‹, sagte Susan, ›wie Steine, die man am Meeresstrand aufhebt.‹

›Sie schnellen ihre Schwänze nach links und rechts, während ich sie ausspreche‹, sagte Bernard. ›Sie stoßen in Schwärmen durch die Luft, dahin, dorthin, sie fliegen zusammen, jetzt teilen sie sich, jetzt vereinigen sie sich wieder.‹

›Es sind gelbe Worte, es sind feurige Worte‹, sagte Jinny. ›Ich möchte ein feuriges Kleid haben, ein gelbes Kleid, ein lohfarbiges Kleid, um es abends zu tragen.‹

›Jede Zeitform‹, sagte Neville, ›bedeutet etwas anderes. Es gibt eine Ordnung in der Welt; es gibt Abgrenzungen, es gibt Unterschiede in dieser Welt, und sie eröffnen sich mir. Denn dies ist nur der Anfang.‹«

Dies ist kein Gespräch, sondern eine Folge feierlich-formalistischer Rezitative. Hier redet ein Bewußtsein – oft nur ein Unterbewußtsein – zum anderen; es ist eine stumme Unterhaltung, die sich durchwegs auf verschiedenen Ebenen der Irrealität abspielt. In ihr enthüllt sich rückhaltlos der Charakter dieser sechs Figuren: der schüchternen Rhoda; der sinnesfreudigen Jinny; Susans, die der Erde und dem häuslichen Herd verbunden ist; des Poeten und Schwächlings Neville; des Bürgers Louis; und des liebenswürdigen Bernard, der als eine Weiterführung von Jacob Flanders erscheint. Hinter und über ihnen steht eine siebente Figur, der leuchtende Percival. Er ist der einzig Unbeschwerte unter ihnen, der Hans Hansen dieser sechs Tonio Krögers; und es zeugt für den tiefen Pessimismus Virginia Woolfs, daß er als einziger früh dahingeht, vom Pferde geschleudert in Indien stirbt. Sein Tod liegt als Schatten über dem Leben der anderen. Es ist sein Schicksal, das Bernard in einem langen Schlußmonolog in die Schranken fordert, wenn er mit den Worten endet:

»Auch in mir brandet die Welle. Sie schwillt; sie bäumt sich auf. Ich bin mir eines neuen Dranges bewußt, der sich unter mir hebt wie das stolze Roß, dem der Reiter die Sporen gibt, um es gleich darauf zu zügeln. Welchen Feind sehen wir uns entgegentreten, du, den ich reite, da wir innehalten und dieses Stück Pflaster treten? Es ist der Tod. Der Tod ist der Feind. Es ist der Tod, gegen den ich anreite mit gezücktem Speer und fliegendem Haar gleich dem eines Jünglings, gleich dem Percivals, als er in Indien ritt. Ich gebe meinem Roß die Sporen. Gegen dich will ich mich werfen, unbesiegt und ohne Wanken, o Tod!«

Diese Monologe, die sich am Ende des Buches zu einer

hymnischen Prosa steigern, sind regelmäßig von Zwischen-
kapiteln unterbrochen. In ihnen wird, wie in den Skizzen
aus ›Montag oder Dienstag‹, eine Stimmung mit Worten
gemalt. Es sind Augenblicksbilder der aufgehenden, hohen
und sinkenden Sonne, Bilder aus einem erblühenden und
vergehenden Garten, Bilder der Gezeiten im Meer. Sie bereiten nicht nur die nächste Phase in der Entwicklung der
sechs Figuren vor, sie bestimmen auch den Rhythmus, in
dem sich der begrenzte Zyklus des Menschenlebens vom
ewigen Zyklus der Natur abhebt. Der Schluß des Buches,
unmittelbar folgend auf Bernards trotzige Herausforderung,
ist ein einziger Satz:

»Die Wellen brachen sich am Strand.«

Wenn Bewunderer Virginia Woolfs, darunter E. M. Forster, dieses Buch als ihr Meisterwerk ansehen, so ist es um
seiner Kühnheit willen, und seiner Sprache wegen, die von
atemberaubender Schönheit ist. Dennoch geht eine Eises-
kälte von ihm aus, eine Entrücktheit und Erhabenheit der
Perfektion, die selbst Virginia Woolf aus solch entfernten
Regionen schleunig in eine wärmere Wirklichkeit zurückkehren ließ – zu einer freundlichen Studie über das Ehepaar Browning, aus der Perspektive seines Hündchens Flush
gesehen; zu einem biographischen Aufsatz über den Maler
Walter Sickert; und zu einem konventionellen, obschon sen-
sitiven Roman ›Die Jahre‹.

Dies ist ein langatmiges Buch, in großer Breite die Schicksale der Familie Pargiter während eines halben Jahrhunderts schildernd, und keineswegs gelungen. Es enthält alle
Elemente aus Virginia Woolfs vergangenem Werk, aber
hier scheinen sie zu zerflattern, runden sie sich nicht zum
Bild. Eine Wolke ist über das Gemüt der Dichterin gezogen, eine Vorahnung – es ist das Jahr 1937 – des kommenden Kataklysmus. Auch ihre nächsten Veröffentlichungen
erreichen nicht das Maß, das sie sich selbst gespannt hat.
Eine Studie über die unzureichende soziale Stellung der

Frau, ›Drei Guineen‹, verficht mit Groll und Gereiztheit einen Standpunkt, den sie zehn Jahre früher mit Wärme und Humor darzulegen wußte. Auch die darauffolgende Biographie ihres indessen verstorbenen Freundes Roger Fry hat ihre Mängel; trockene Tatsachenberichte, Zitate, Abschweifungen auf fernerliegende Gebiete und unvermittelter Kommentar sind in ihm ein wenig wahllos aneinandergereiht. Der Freund war ihr noch zu nah; die Weltlage zu qualvoll ähnlich jenen Jahren kurz vor dem ersten Krieg, da Roger Fry in ihren Kreis trat – sie mochte auch mehr als das Ende des Friedens, sie mochte ihr eigenes Ende nahen fühlen. Aber als der Krieg begonnen hatte und ihr Land, ihre Lebensform bedroht war wie nie zuvor, ergoß sie noch einmal ihre ganze Kunst in ein zartes, schwebendes, symbolreiches Buch, das die Geschichte Englands mit dem Geschick eines englischen Haushaltes verwebt.

›Zwischen den Akten‹ spielt auf dem Lande, im Gutshaus und Park der Familie Oliver. Giles, seine Frau Isa, sein Vater und dessen verwitwete Schwester wohnen mit ihren Gästen einem jener sommerlichen Festspiele bei, wie sie zur Volkssitte englischer Dörfer gehören. Während die ewig gleichen, ewig variierten Bilder aus der englischen Vergangenheit an ihnen vorüberziehen, spinnen sich Fäden heimlichen Gefühls zwischen Giles und der reifen, schönen Mrs. Manresa, zwischen Isa der Schwärmerin und ihrem ahnungslosen Traumbild, dem Gutsbauern Mr. Haines. Die ländliche Bevölkerung wird zum Gegenstand gutmütiger Satire; Landfrau, Kuhhirt und Dorfidiot ziehen vorbei im Kostüm der frühen Briten, der Plantagenets, Tudors und Stuarts; der Landpfarrer hält seine übliche Rede zugunsten des schmalen Kirchenfonds; und hinter den Kulissen steht Miß La Trobe, die Veranstalterin des Festes – einsam, ehrgeizig, spleenig und enttäuscht, denn das Maskenspiel endet in Verwirrung, Regen bricht herin, und ihr Schlußeffekt, eine Versinnbildlichung der Gegenwart mit

Hilfe von großen Wandspiegeln, die dem Publikum vor-
gehalten werden, löst in diesem nur verständnislose Heiterkeit aus.

Miß La Trobes Vision hat versagt. Freilich nicht vor dem
Leser. Ihn rühren nicht nur die im Buche wiedergegebenen
Szenen und Verse, ihm wird auch die Absicht klar, die Miß
La Trobes dörfliche Truppe nur so unzulänglich vermitteln
kann. Es ergreift ihn das Schauspiel, und es belustigt ihn
dessen Travestie. So sind Tragik und Ironie auf zarteste
Weise ineinander verschmolzen; und das große Drama
überschneidet sich immer wieder mit den kleinen persönlichen Dramen, die gleichzeitig und neben ihm herlaufen.
Wie in Virginia Woolfs ›Leuchtturm‹ haben auch hier alle
Gestalten sinnbildhafte und zugleich reale Gültigkeit. Figuren wie Lucy Swithin, die feinsinnige alte Dame mit der
erstaunlichen Vorliebe für Schilderungen der prähistori-
schen Zeit; wie die vollblütige sinnliche Mrs. Manresa; wie
Giles und Isa endlich – Nachfahren von Mr. und Mrs. Ramsay – tragen zwar Symbolcharakter, aber sie leben auch
warm und voll wie jener Sommertag. Doch der Abend
bricht an, das Fest ist aus, die Gäste verschwinden. Und
nun wachsen Mann und Frau über sich hinaus, werden zu
Riesen, zu Mythen:

»Nun, zum erstenmal allein an diesem Tag, waren sie
stumm. Ihr Alleinsein entblößte die Feindschaft; auch die
Liebe. Ehe sie schliefen, mußten sie kämpfen; wenn sie
miteinander gekämpft hatten, würden sie einander umarmen. Aus dieser Umarmung mochte neues Leben entstehen.
Aber erst mußten sie kämpfen, wie der Fuchs mit der
Füchsin kämpft in den Feldern der Nacht.

Isa ließ ihre Näherei sinken. Die großen überdachten
Stühle waren riesig geworden. Ebenso Giles. Ebenso Isa
vor dem Fenster. Das Fenster war nichts als farbloser Himmel. Das Haus gewährte kein Obdach mehr. Es war die
Nacht, da es noch keine Straßen gab und Häuser. Es war

die Nacht, die Höhlenbewohner von einer Stelle hoch im Fels betrachtet hatten.

Dann ging der Vorhang auf. Sie sprachen.«

So schließt der letzte Roman Virginia Woolfs, das letzte Buch, das sie zu Lebzeiten veröffentlichte. Nach ihrem Tode brachte ihr Mann vier weitere Bände heraus, Sammlungen einer Fülle von Aufsätzen, die sie zu verschiedenen Zeiten geschrieben hatte. Sie handeln von Büchern und Autoren, von Malern und Schauspielerinnen. Sie behandeln auch, gleich den klassischen englischen Essays von Hazlitt und Lamb, einen Zustand oder eine Tätigkeit, wie das Rezensieren, das Kranksein, das Fliegen oder das Jagen. Ein umfangreiches Werk der Kritik und Betrachtung hat so seinen eigenen Bestand neben Virginia Woolfs Romanproduktion, und wie V. S. Pritchett und E. M. Forster hervorgehoben haben, zeichnet es sich durch eine männliche Robustheit und Logik aus, die in ihrem weiblich-intuitiven epischen Werk nicht immer sichtbar werden.

Ihre bedeutendsten Aufsätze freilich waren schon früher erschienen, darunter zwei Bände vornehmlich der Literaturkritik, ›Der Durchschnittsleser‹ (1925), in deren erstem der hier oft zitierte Essay über ›Moderne Dichtung‹ steht. Jene lange Betrachtung, die sie 1929 unter dem Titel ›Ein Zimmer für sich allein‹ veröffentlichte, enthält eine wohlgelaunte, aber darum nicht weniger zwingende Polemik gegen die Abhängigkeit der Frau in einer männlichen Gesellschaftsordnung. Mit wahrhafter Anteilnahme setzt sich Virginia Woolf für die Frauen ein, für ihre besonderen schöpferischen Kräfte, die der Welt so viele Jahrhunderte lang verlorengingen. Das Thema liegt ihr so sehr am Herzen, daß sie es später, in ihrem erbitterten und darum weniger wirksamen Buch ›Drei Guineen‹ noch einmal aufgreift. Hier sieht sie freilich den Kampf für die Frauenrechte nur als einen Teil des großen Kampfes um die Freiheit an, »gegen die ganze Bedrohung der Diktatur, ob in Oxford oder

Cambridge, in Whitehall oder Downing Street, gegen Juden oder gegen Frauen, in England oder in Deutschland, Italien und Spanien«. Zeichen ihrer Auflehnung gegen Armut und Unrecht, gegen sozialen und materiellen Druck, durchziehen ihr gesamtes Werk. Zweifellos war sie mit den vielen Formen menschlichen Elends gut genug vertraut, um ihnen jederzeit entgegenzutreten.

Dennoch hat man dieser Dichterin oft den Vorwurf der Lebensfremdheit gemacht und eine gewisse Neigung zum geistigen Hochmut, die in ihrer Jugend zweifellos bestand, als Dünkel und Klassenstolz bezeichnet. Dieser Vorwurf ist ungerecht. Eine Frau von solcher Einsicht und Sensibilität konnte den großen humanen und sozialen Fragen nicht fremd gegenüberstehen. Wenn ihr wirklich mehr am »Vorgang des Entdeckens als an der Entdeckung selbst« gelegen war, wenn sie es vorzog, dem Mikrokosmos des Lebens nachzuspüren, so verleugnete sie damit keineswegs, daß es größere und brennendere Probleme gibt. Und hätte sie selbst mit Absicht an ihnen vorbeigesehen, so wäre dies nur der Selbstschutz einer empfindsamen Seele gewesen. In ihrem Aufsatz ›Über das Kranksein‹ hat sie darüber Aufschluß gegeben.

»Aber Mitgefühl können wir nicht verlangen. So sagt es das weise Geschick. Denn wollten seine Kinder, die schon so schwer mit Kummer beladen sind, auch noch diese Last auf sich nehmen und in ihrer Vorstellung die Leiden der anderen zu den eigenen fügen, dann würden keine Gebäude mehr errichtet werden; Straßen würden auf grasigen Pfaden verlaufen; es wäre das Ende der Musik und Malerei; ein gewaltiger Seufzer würde zum Himmel aufsteigen, und der einzige Zustand, der Frauen und Männern übrigbliebe, wäre der des Schreckens und der Verzweiflung.«

Wie fragil und anfällig, wie bedroht ihr eigenes Gemüt war, wußte nur sie selbst und ihre engste Umgebung. Im Ersten Weltkrieg drohte ihr Geist sich zu umnachten. Sie kam darüber hinweg. Aber wann immer sie überarbeitet war, stand das Gespenst des Wahnsinns vor ihr auf, und selbst in ihren glücklichsten Zeiten war sie ständig von dieser Furcht gepeinigt. Unter dem Druck des neuen Krieges wurde die Bedrohung unerträglich. Ihr Haus am Tavistock Square, ihre gesamte Bibliothek fielen den Bomben zum Opfer. Sie zog mit ihrem Mann in die Grafschaft Sussex, die allnächtlich vom Lärm der feindlichen Bombenflugzeuge auf ihrem Weg nach London erdröhnte. Hier vollendete Virginia Woolf, ohne Anzeichen innerer Unruhe, ihren letzten Roman. Aber als sie an jenem Märzmorgen ihr Haus verließ, um nicht wiederzukehren, enthüllte sie den Anlaß in Briefen an ihren Mann und ihre Schwester Vanessa. »Ich fühle mit Sicherheit«, schrieb sie, »daß ich wieder wahnsinnig werde. Wir können nicht noch einmal eine so furchtbare Zeit mitmachen. Und diesmal werde ich nicht gesund.« Sie hatte dagegen angekämpft, doch nun waren ihr die Kräfte genommen. Ihr Mann war immer »so unendlich gut« gewesen; sie wollte keine Last in seinem Leben sein.

So starb sie, noch nicht sechzigjährig. Ihr Werk aber ist so lebendig wie in den Tagen, da sie es schrieb. Man könnte keine besseren Worte über ihre Bücher sagen als jene, die sie einmal für die Romane Joseph Conrads fand:

»Vollendet und still, sehr keusch und sehr schön, stehen sie auf in unserer Erinnerung, so wie in heißen Sommernächten auf langsame, majestätische Weise erst ein Stern, und dann ein zweiter, in den Himmel tritt.«

Shakespeares Schwester

Zu Ende der zwanziger Jahre hielt Virginia Woolf zwei Vorträge an den Cambridger Mädchenkollegien Newnham und Girton. Sie war gebeten worden, über Frauen und Dichtkunst zu sprechen. Aber sie tat mehr. Sie warf einen Blick zurück auf die mühsame »Menschwerdung« der englischen Frau, auf den jahrhundertelangen Kampf der begabtesten unter ihnen, für sich und ihre Schwestern, um geistige und materielle Unabhängigkeit, um die Anerkennung ihrer Leistungen und Fähigkeiten – kurz, einen Rückblick auf die erst kürzlich vollendete Emanzipation. Im Zug der phantasievollen, zuweilen etwas bizarren Wanderung, in der sie ihr Thema umkreiste, von verschiedenen Seiten anging, dann wieder zu leichtfüßigen Eskapaden verließ, um plötzlich im Vogelflug geradewegs darauf niederzustoßen, geriet sie auch ins sechzehnte Jahrhundert. Ihr Anlaß war diese Quintessenz des englischen Genius: Shakespeare.

Ein Bischof, so teilte sie mit, habe einmal rundweg erklärt, daß es keiner Frau möglich gewesen wäre oder je sein würde, ein Werk von vergleichbarer Größe zu schaffen. Es war derselbe Kirchenmann gewesen, der einen gelehrten Beweis dafür erbracht hatte, daß Katzen, obgleich sie eine Art von Seele hätten, dennoch nicht zur ewigen Seligkeit gelangten. Gut, sagte Virginia Woolf, geben wir diesem Bischof recht: Katzen kommen nicht in den Himmel; die Welt hat noch keinen weiblichen Shakespeare hervorgebracht. Aber wollen wir doch, zumindest in dem zweiten Fall, die Gründe untersuchen.

Und nun entwarf die Dichterin, zum entzückten Staunen ihrer jugendlichen Zuhörerinnen, das Bild einer »wunderbar begabten Schwester William Shakespeares, nennen wir sie

Judith«, die ein paar Jahre nach ihm in Stratford geboren worden war. Er selbst, ein wilder Knabe, der nicht nur Logik, Grammatik und Latein gelernt, sondern auch nach Rehen und Kaninchen gewildert, ein Mädchen in der Nachbarschaft verführt und sie widerwillig geheiratet hatte, weil bereits ein Kind auf dem Wege war – William machte sich auf, sobald er nur konnte, um der engen Kleinstadt und dem Joch der Ehe zu entfliehen. Er ging nach London, zum Theater. Zuerst bewachte er die Pferde an der Bühnentür, dann wurde er Schauspieler, lernte sich in der Welt bewegen, traf auf Leute von Bildung und Witz, an denen sein eigener Verstand sich schärfte, erhielt Zutritt zu Palästen und schließlich zum Hof der Königin. »Seine außerordentlich talentierte Schwester indessen blieb daheim. Sie hatte nicht die Möglichkeit, Grammatik oder Logik zu lernen, nicht zu reden von Horaz und Vergil. Hin und wieder schlug sie ein Buch ihres Bruders auf und las darin. Dann kam einer ihrer Eltern herein und hieß sie Strümpfe stopfen, den Suppentopf rühren und die Bücher und Schriften beiseite tun. Man sagte es ihr freundlich, denn die Eltern liebten ihre Tochter, vermutlich war sie sogar ihres Vaters Herzblatt. Vielleicht kritzelte sie auch, oben in der Äpfelkammer, etwas heimlich aufs Papier, doch sie versteckte oder verbrannte es sogleich wieder. Und bevor sie zwanzig war, verlobte man sie mit dem Sohn eines benachbarten Wollhändlers. Sie brach in Tränen aus und beteuerte, daß ihr der Gedanke an eine Ehe verhaßt und abscheulich sei.«

Hier hätte die Geschichte enden können. Denn in den meisten Fällen dieser Art, bis spät ins neunzehnte Jahrhundert, fügen sich die eigenwilligen jungen Mädchen zuletzt in den Wunsch der Eltern und in eine Heirat, die all ihre Hoffnungen auf ein schöpferisches Leben begrub. Was hätten sie auch anderes tun sollen? Die Gesellschaft duldete und erhielt weibliche Außenseiter nicht. Virginia Woolf aber führte Judith Shakespeare noch ein wenig weiter:

»Die Kraft ihrer Begabung trieb sie dazu, ihres Vaters Herz zu brechen. Sie schnürte ihr Bündel, ließ sich in einer Sommernacht an einem Seil hinunter und begab sich nach London. Sie war noch nicht siebzehn. Die Singvögel in der Hecke hatten nicht mehr Musik in der Kehle als sie. Gleich ihrem Bruder besaß sie die hurtigste Erfindungsgabe für die Melodie der Worte. Gleich ihm wollte sie zum Theater. Sie stand an der Bühnentür, um Schauspielerin zu werden. Die Männer lachten ihr ins Gesicht. Niemand war bereit, sie auszubilden. Und doch drängte ihr Genie sie zur Dichtkunst und lechzte danach, sich am Leben der Menschen, am Studium ihrer Sitten und Bräuche sattzutrinken. Schließlich – sie war sehr jung und sah dem Dichter Shakespeare sonderbar ähnlich, hatte die gleichen grauen Augen und runden Brauen – nahm sich der Schauspieldirektor Nick Greene ihrer an. Sie wurde von ihm schwanger. Und so – denn wer ermißt die Glut und Wildheit eines poetischen Herzens, wenn es in eines Weibes Leib gefangen ist – erstach sie sich eines Winterabends und liegt an dem Kreuzweg begraben, wo heute der Omnibus vor der Schenke ›Elephant and Castle‹ hält.«

Eine rührende und glaubhafte Figur, diese Schwester Shakespeares! Sie diente Virginia Woolf in ihren Vorträgen als Sinnbild aller verschütteten und verlorenen weiblichen Genies. Jahrhunderte sind vorübergegangen, seit Judith an den Konventionen einer männlichen Gesellschaftsordnung zerbrach. Langsam und allmählich wurden, mit Erfolg freilich erst seit ein paar Generationen, die äußeren Hindernisse gegen schaffende und schöpferische Frauen aus dem Weg geräumt.

Gleichwohl ist die Frage des Genius im Leib einer Frau noch nicht gelöst. Denn wo fände sich so leicht ein Mann, der mit der Autorin von ›Richard dem Dritten‹ oder ›Titus Andronicus‹ sein Leben teilen wollte? Wo fände sich vor allem eine Frau, die unter der Last und dem Anspruch ihrer ungewöhnlichen Begabung nicht in jene schwankende Laune, jenen Arbeitswahn, jene Ichbezogenheit und sogar Exzentrik verfiele, die ihr übel anstehen, wiewohl sie an genialen Männern häufig bewunderns- und begehrenswert sind? Bevor die Emanzipation den englischen Frauen ihre gleichen Rechte erfocht, hatten einige von ihnen sich bereits zu großen Leistungen aufgeschwungen. Wie aber war es um ihr Lebensglück bestellt?

Jane Austen, die in stiller Landeinsamkeit an ihren kunstreichen Romanen stickte, blieb gleich der wildflammenden Emily Brontë im Moor von Yorkshire unvermählt. Charlotte Brontë, die sanftere der Schwestern, heiratete mit achtunddreißig einen Hilfspfarrer ihres Vaters und starb in jenem Kindbett, zu dem sie sich allzu spät entschloß. Die Vorkämpferinnen für höhere Erziehung und Leiterinnen der ersten Mädchenschulen und Kollegien, Miß Buss, Miß Beale, Miß Davies und Miß Clough, trugen ihr Leben lang selbstbewußt und stolz den Titel Fräulein. Jene großen Frauen, die sich dennoch einem Mann verbanden, wie George Eliot, Beatrice Webb und unsere Virginia Woolf, dominierten über ihre stillen, klugen, milden Gatten und setzten keine Kinder in die Welt.

Weit mehr von ihnen wußten sich von der Ehe fernzuhalten. Jenes freiwillige oder aufgenötigte Zölibat, das bei Männern von Geist und Genie die Ausnahme bildet, ist weit eher die Regel bei Frauen von außerordentlichem Rang. Florence Nightingale, die Begründerin der modernen Krankenpflege, Margaret Bondfield, Englands erster weiblicher Minister, Ethel Smythe, die Komponistin, Lilian Baylis, die Schöpferin der Sadlers Wells-Oper und des Shakespeares-Theaters Old Vic – sie alle waren Einzelgängerinnen, *Spinsters*, was im Deutschen nur zu unschön nach ›alten Jungfern‹ klingt.

Noch in unseren Tagen sah und sieht man sie, die erleuchteten Exzentrikerinnen, jene hochbegabten, äußerlich ruhmreichen Geschöpfe, denen die Welt Poesie und Musik, Farbwunder und scharfe Analysen von Kunst, Zeit und Gesellschaft verdankt und die doch immer Außenseiter, Kuriositäten bleiben. Die kluge und weitgereiste Dame Rose Macaulay, Großnichte des Historikers, eine lange, bleiche, hagere Figur mit kleinem Vogelkopf, geschlechtslos und geisterhaft durch die literarischen Salons schreitend, geehrt, bewundert, doch kaum leidenschaftlich geliebt. Dame Edith Sitwell, ein *monstre sacré*, mit gewaltigen Halbedelsteinen und Halsketten geschmückt, das Haupt Elisabeths I. mit grellen Turbanen umwunden, die riesige Hakennase aristokratisch hochgereckt. Dame Laura Knight, die Malerin, ihre Züge verwischt und von wirrem Haar umrahmt wie weiland Else Lasker-Schüler, im schwarzen, fleckigen Cape die eigenen Bilder durch die Lorgnette betrachtend am Tag der öffentlichen Vernissage.

Nun, sie haben es durchgesetzt! Die Gesellschaft nimmt sie zur Kenntnis. Um einen Preis, den viele noch zu hoch finden, haben sie Achtung, Ansehen, Freiheit und Gleichberechtigung erlangt. Ihren inneren Konflikt zu bereinigen, Frau und Genie zugleich zu sein, gelang noch keiner ganz. Doch der Boden für einen weiblichen Shakespeare ist bereitet. Jenes »Zimmer für sich allein«, das Virginia Woolf in dem Buch, zu dem sie ihre Cambridger Vorträge vereinte, für alle Frauen gefordert hatte, ist denen, die danach verlangen, eingeräumt. Würde Judith heute wiedergeboren, sie brauchte nicht wortlos unterzugehen und schmählich am Kreuzweg begraben zu werden.

»Es ist mein Glaube«, sagte ihre Schöpferin zuletzt den jungen Damen von Girton und Newnham, »daß sie in euch und mir weiterlebt und auch in vielen anderen Frauen, die heute nicht hier sind, weil sie Geschirr spülen und ihre Kinder zu Bett bringen. Sie lebt weiter, denn große Dichter sterben nicht, sind fortgesetzte Gegenwarten und bedürfen nur der rechten Gelegenheit, um im Fleische wieder unter uns zu wandeln. Wenn wir noch ein bis zwei Jahrhunderte weiter existieren – ich spreche von unserem gemeinsamen, nicht den kleinen individuellen Leben –, wenn wir ein kleines jährliches Einkommen und eigene Zimmer besitzen, wenn wir uns an die Freiheit gewöhnt und den Mut haben, genau das zu schreiben, was wir denken ... wenn wir der Tatsache ins Auge blicken, daß wir uns an keinen Arm anklammern können, sondern unseren Weg allein gehen müssen, und daß wir mit der Welt der Wirklichkeit, nicht allein mit der Welt der Männer und Frauen verbunden sind, dann ist die Gelegenheit gekommen und die tote Dichterin, Shakespeares Schwester, wird jenen Leib annehmen, den sie so oft von sich geworfen hat.«

Seit Virginia Woolf diese Worte sprach, ist kaum mehr als ein halbes Jahrhundert vergangen. Eine kurze Zeit, gemessen an ihrer Prophezeiung. Wir brauchen noch nicht ungeduldig zu sein.

Katharine Mansfield
Ein Leben und eine Legende

»Ich brauche die Ewigkeit nicht – nein, wenn mir der Herr
vom 1. Mai 1920 an noch dreißig Jahre schenkt, kann er
mit dem, was von meinen Knochen und Federn übrigbleibt,
tun und lassen, was er will.« Hätte er ihr damals dreißig
Jahre gewährt, der armen jungen Schwindsüchtigen in ihrem
windgepeitschten Haus in Ospedaletti am Meer, sie wäre uns
heute nicht minder entrückt. Aber er gab ihr drei. Zu wenig,
um ihrer Kunst jene Form und Reife zu verleihen, deren sie
noch so sehr bedurfte. Genug, um ihr Leben bis zum Rande
mit einer Tragik zu erfüllen, die so heftig an das Empfinden
der Nachwelt rührte, daß diese einen Mythos um sie wob.

Nicht allein die Tragik ihres Schicksals ließ Katherine
Mansfield zu einem jener säkularen Idole werden, wie die
Menschheit sie von Zeit zu Zeit aus ihrer Mitte erwählt.
Gleich Guillaume Loris, dem frühen Allegoriker, gleich
Chatterton, Johann Christian Günther, Keats, Büchner oder
Marie Baschkirtseff, haftet ihr der Reiz des Frühvollendeten
und doch Fragmentarischen an, verkörpert sie das grenzen-
los Mögliche gegenüber der begrenzten Erfüllung. Ihr Talent war nicht erschöpft, als sie starb, deshalb erscheint es
für immer unerschöpflich. Überdies war sie schön und zart,
von einer dunklen, großäugigen Anmut, die mit den Jahren
immer durchsichtiger und fragiler wurde, bis sich bewahr-
heitete, was sie einmal schrieb: »Je älter ich werde, um so
erlesener möchte ich sein, fein und zart auch in den geringsten Dingen, im Schreiben, im Reden, in meinem Heim und
allen meinen Umgangsformen.«

Aber dies hätte nicht genügt, wäre nicht neben ihrem Werk
eine Anzahl privater Äußerungen bewahrt geblieben, in

denen alle Facetten ihrer großartigen, eigenartigen und zuweilen unartigen Persönlichkeit widergespiegelt sind. Vor ihrem Tod waren lediglich zwei Sammelbände ihrer Kurzgeschichten erschienen. Zwei weitere Bände kamen posthum heraus. Aber erst als Jahre später ihr Tagebuch und eine Auswahl von Briefen an ihren Mann und ihre Freunde veröffentlicht wurden, entzündete sich die Phantasie der Welt an diesen Zeugnissen eines inbrünstig gelebten und jäh beschlossenen Lebens, bildete sich die Legende und drang weit über den englischen Sprachraum hinaus nach Frankreich, Deutschland, Skandinavien, Amerika, und von dort zurück in Katherine Mansfields heimatliches Neuseeland, das sie in ihrer frühen Jugend verlassen und nie wiedergesehen hatte.

Eine Generation wurde von dieser Legende ergriffen. Alsbald befaßten sich unzählige Veröffentlichungen in allen Sprachen mit der Deutung ihres Werkes, bis zuletzt die Anzahl der auslegenden Worte die der ausgelegten bei weitem überstieg. Aufhellungen ihres Lebens wurden aus Erdstrichen angeboten, denen die näheren Umstände ihrer Ehe und Krankheit kaum völlig enthüllt sein mochten. Es befanden sich unter den Studien deutsche Doktorarbeiten über Katherine Mansfields Weltbild und über die Eigentümlichkeiten ihrer Sprache; es erschienen kritische Untersuchungen ihres Stils in Argentinien und Erleuchtungen dunkler Abschnitte ihres Werdegangs in Dänemark. Aber mehr als alle ihre ausländischen Anhänger, mehr auch als jene überschwenglichen Franzosen, die sie so rasch und so eifersüchtig für sich in Anspruch nahmen, bewegte ihre Erscheinung die Gemüter des jungen England nach dem Ersten Weltkrieg.

Christopher Isherwood hat daran erinnert, welche Rolle Katherine Mansfield in seinem und im Leben seiner Freunde spielte. In seiner Jugend, so gestand er, sei er mehrere Jahre lang heftig in ›Kathy‹ verliebt gewesen – wie er und eine Reihe anderer junger Leute, die ihr nie begegnet waren, sie zu nennen pflegten. Schriftsteller, die man liebt, sind freilich selten die größten; ihr Reiz liegt häufig gerade in ihren Fehlern. So war es vielleicht nicht verwunderlich, daß Isherwood dieser Liebe später abschwor und sogar sich ins Gegenteil verkehren ließ. Erst das Erscheinen einer nüchternen und dennoch verständnisvollen Biographie der Dichterin von Sylvia Berkman führte ihn, im Jahre 1951, wieder zu ihr hin. Und es war nicht allein Isherwood, es waren die meisten ihrer indessen herangereiften frühen Bewunderer, die eine solche Neuwertung fern von den Riten und Ekstasen ihres Kults begrüßten. In diesem Buch war zum erstenmal der Versuch gemacht, einem tragischen Leben ohne Sentimentalität, einem ungleichmäßigen Werk ohne die geringste Beschönigung gerecht zu werden. Aber wie mag es die Autorin bestürzt haben, daß noch in demselben Jahr, vier Monate später, in England ein Werk erschien, welches einen weiteren entscheidenden Beitrag zur Erkenntnis Katherine Mansfields darstellt – die vollständige und ungekürzte Ausgabe ihrer Briefe an John Middleton Murry, ihren Mann.

Und schon drängt sich auf, was jede gesonderte Betrachtung dieser Frau und Dichterin auf die Dauer ungültig macht: jene überragende Rolle, die Murry und ihrer Beziehung zu ihm in ihrem Leben und Werk zukommt. Er war es schließlich, der nach ihrem Tode beschlossen hatte, Katherine Mansfields private Papiere der Öffentlichkeit zu übergeben, weil er richtig erkannte, daß ihr Werk allein diese diffizile künstlerische Persönlichkeit nicht hinreichend auszudrücken vermochte. Doch er öffnete keineswegs sofort alle Schubladen und Fächer. Er begann vielmehr, gleichermaßen die Fährte ihres Lebensweges zu legen, ließ Kritiker und Kommentatoren hier ein geknicktes Zweiglein, da ein Kreidekreuz, dort ein verzweifelt wehendes Tüchlein entdecken, half etwa mit, eine unvollständige und zuweilen gar irreführende Lebensbeschreibung der Verstorbenen abzufassen; veröffentlichte eines Tages, lange nach ihrem Tagebuch und ihren Briefen, ihr Merkbuch, von dessen Existenz bis dahin nichts bekannt gewesen war; und verstreute, wann es ihm gefiel, Hinweise auf gemeinsam erlebte Gespräche, Pläne und Wendepunkte in seinen vermischten Aufsätzen und in seiner Selbstbiographie ›Zwischen zwei Welten‹. Vor allem aber behielt er sich immer – und wer wollte sie ihm streitig machen – die letzte Entscheidung vor in allen Punkten, über die jene Kritiker und Kommentatoren sich noch im Zweifel sein mochten.

Solche schonungslose und zugleich erratische Preisgabe einer Toten war schon früh von Aldous Huxley gegeißelt worden, als er in der Figur Burlaps in seinem Roman ›Kontrapunkt des Lebens‹ ein Zerrbild Murrys malte. Doch was sollte Murry tun? Gewiß hatte er die Legende bewußt ins Leben gerufen. Aber dann erschrak er vor den Folgen, merkte er wohl erst, daß sein eigenes Leben zusammen mit dem ihren Gemeingut geworden war und daß ihm die schnüffelnde Meute rascher folgte, als er selbst jene Fährte zu legen bereit war. Überdies war er selbst ein widerspruchsvoller Charakter, talentiert und abwegig, ein wirrer und zugleich didaktischer Geist, ein Mensch, der ewig tastet und doch den Drang in sich spürt, den anderen vorauszugehen. So schwankte er zwischen der Pflicht, die er sich selbst auferlegt hatte, die Gestalt seiner Frau intakt der Nachwelt zu vermitteln, und seiner begreiflichen Scheu, nicht nur die ihren, sondern auch die eigenen Schwächen zu enthüllen. Mehr als einmal ist ihm vorgeworfen worden, daß er ihr Tagebuch zensierte, ehe er es der Öffentlichkeit übergab. Und als er 1928 unter anderen auch eine Reihe von Briefen, die an ihn selbst gerichtet waren, in einem Sammelband vereinigte, ließ er viele der aufschlußreichsten Stellen weg. Erst im Alter von zweiundsechzig Jahren brachte er es über sich, jene Dokumente unverstümmelt drucken zu lassen.

All dies wäre nicht so gewichtiger Erklärungen wert, handelte es sich nicht um einen einzigartigen Fall in der Literaturgeschichte: um ein Werk, das erst im Rahmen der Gesamtpersönlichkeit seine volle Bedeutung gewinnt; um ein Leben, das ungleich dramatischere Höhepunkte enthält als seine schöpferische Ausbeute, ja, das gleichermaßen die Haupthandlung darstellt, zu der die Dichtung lediglich Marginalien beiträgt. Und mehr als das. Hier tritt eine Beziehung zutage, die in ihrer Verstricktheit und unausweichlichen Tragik geradezu beispielhaft ist für die Problematik der modernen Künstlerehe. Hätte Katherine Mansfield nichts veröffentlicht, nichts hinterlassen als jene Bündel empfindsamer, kluger, kindischer, bitterer, humorvoller, hilfloser, maßloser und schmerzgequälter Briefe an ihren Mann, sie hätte immer noch den Eheroman unserer Zeit verfaßt und sich damit Unsterblichkeit erworben. Freilich ist auch dieser Roman fragmentarisch. Seine Ergänzung, Murrys Antworten, stehen bis heute aus. Und es gereichte Murry keineswegs zum Vorteil, daß er sie nicht mitveröffentlicht hat. Denn er, der schweigende Empfänger dieser langen Episteln, in denen nur selten ein direkter Vorwurf erhoben wurde, stand zuletzt als Angeklagter da. Dies hatte er wohl auf sich genommen, als er den Kult Katherine Mansfields ins Leben rief. Nun war sie unangreifbar. Und wie gleichmäßig auch die Schuld an dem Versagen dieser Beziehung verteilt sein mag, Murry allein wird man sie geben wollen.

Der Briefband enthält freilich nichts über das frühe Leben Katherine Mansfields, was nicht schon aus zahlreichen Schilderungen bekannt gewesen wäre. Unklarheiten in ihrer Vorgeschichte wurden längst von Sylvia Berkman aufgeklärt. Aus allen Quellen ergibt sich das Bild eines empfindsamen und schwer lenkbaren Kindes, das mit seinen Geschwistern im Hause wohlhabender Settler in Neuseeland aufwuchs. Neun ihrer Geschichten, darunter ihre drei bedeutendsten, ›Prelude‹, ›Das Gartenfest‹, ›An der Bucht‹, malten später in zarten, aber leuchtenden Farben ihre Kinderlandschaft. Hinter der sparsamen Schilderung, die so viel mehr ahnen läßt, als sie verrät, erhebt sich das halbfertige, rauh gezimmerte Gefüge der britischen Kolonie am Ende des vergangenen Jahrhunderts – das rasch aufgeschossene, bereits wieder verelendende Wohnviertel von Wellington, in dem die kleine Kathleen Beauchamp im Jahre 1888 zur Welt kam; das Dorf Karori mit seinem neuerrichteten Landhaus und blühenden Garten; und Day's Bay, die weite blaue Bucht, an der die Sommervilla der Familie lag. Hier, als dritte von fünf Töchtern, deren eine früh starb und zu denen sich zuletzt ein kleiner Bruder gesellte, empfing Kathleen-Katherine jene Eindrücke, die sie später so inständig und sehnsuchtsvoll heraufbeschwören sollte. Das dickliche Kind mit den Brillengläsern, das füllige junge Mädchen mit dem bleichen Gesicht und dem unsteten, in sich gekehrten Blick, harrte noch der Metamorphose. Aber ihr Empfinden bedurfte keiner Läuterung. Unauslöschlich darin eingegraben, verewigte sich in ihm eine ganze frühe Welt.

Kaum verändert, nur auf ihre wesentlichen Züge beschränkt, gehen später die Figuren, welche jene Welt verkörpern, in die neuseeländischen Geschichten ein. Aus ›Kass‹, ihrem Kindernamen, wird die Kezia in ›Prelude‹ und ›An der Bucht‹, wird die Laura des ›Gartenfestes‹, Katherines Mutter, die anmutige, romantische, herzkranke Frau, der die vielen Kinder und das Einerlei des Alltags oft so lästig erschienen, daß sie davon träumte, ein Wägelchen anzuschirren und auf und davonzufahren, ist in vielfältiger Form als Linda Burnell, als Mrs. Sheridan und als Mrs. Hammond in der Meisternovelle ›Der Fremde‹ abgewandelt. Harold Beauchamp, der Vater, selbstherrlich, erfolgreich und dennoch zutiefst verwundbar, taucht als Stanley Burnell und Mr. Hammond im Werk der Tochter auf. Es erscheint darin die umsichtige Großmutter, Katherines Zuflucht während der Kindheit; es erscheinen Geschwister, Onkel, Vettern, Diener; und hinter ihnen stehen die Ahnen auf, entschlossene, tatkräftige Männer, Engländer mit mächtigen Körpern, skurrilen Launen und gebieterischem Blick, Kolonisatoren und Wegbereiter eines neuen Kontinents – »Pa Men«, wie Katherine sie nannte, Vaterfiguren, deren Lebensform und Lenkung sie erst von sich wies und später um so mehr vermißte.

Der geistigen Enge und landschaftlichen Weite des Koloniallebens wurde sie sich erst bewußt, als sie vierzehnjährig nach England zur Schule kam und drei Jahre später in die Heimat zurückkehrte. Im Londoner Queen's College hatte sie zuletzt die Symbolisten gelesen, obschon in deren anglisiertem Gewand, und von Walter Pater, Symons und Wilde den Zierrat und gepflegten Rausch der *Fin de siècle*-Literatur übernommen. Ihre frühen Schriften, deren einige sie in Neuseeland, bereits unter ihrem Pseudonym Katherine Mansfield, veröffentlichen konnte, waren Studien in dieser Manier. Sie berechtigten sie kaum zu dem frühreifen Hochmut, mit dem sie nun ihre Freunde in Wellington zu verachten begann. An deren Stelle, so schrieb sie an ihre ältere Schwester, wünschte sie sich geistesverwandte Menschen, »Menschen, die William Morris und Catulle Mendès zitieren können, George Meredith und Maurice Maeterlinck, Ruskin und Bodenbach, Le Gallienne und Symons, d'Annunzio und Shaw, Granville Barker und Sebastian Melmouth (Wilde nach seinem Prozeß), Whitman, Tolstoi, Carpenter, Lamb, Hazlitt, Hawthorne und die Brontës. Diese Menschen hier haben noch nicht einmal ihr Alphabet erlernt.«

Das Tagebuch der Marie Baschkirtseff, das sie mit neunzehn Jahren las, festigte ihren Drang nach der großen Welt, nach Ruhm und Leidenschaft. So zeichnete sich früh ein Schicksal vor ihr ab, dem das ihre nur zu getreu folgen sollte. Mit der kleinen Russin verband sie mehr als die rein äußerliche Ähnlichkeit ihres Lebensablaufs. Sie besaß den gleichen heißen Wunsch nach Selbstbestätigung, die gleiche leicht entzündbare, selbstverzehrende Genialität, den gleichen Erlebnishunger, der allzu rasch verbrauchte, was anderen für ein Leben reicht. Es war nicht verwunderlich, daß Wellington sie nicht lange hielt. Auch eine Karawanenfahrt in den Busch zu entfernten Maorisiedlungen, von der sich ihr Vater Anregung und Ablenkung für sie versprach, befriedigte ihre Phantasie nur für kurze Zeit. Wenige Monate später, im Juli 1908, erwirkte sie von ihm die Erlaubnis, nach London zu übersiedeln. Sie verließ Neuseeland für immer. Aber Neuseeland verließ sie nie. Zwar bemächtigte sich ihrer alsbald das literarische Leben Englands, zwar geriet sie nun in den Wirbel jener Koterien, die London wie Paris ständig neu hervorbringt, doch die Landschaft und Natur ihrer zweiten Heimat blieben ihr fremd. Immer vermißte sie die Weite, die südliche Sonne und tropische Vegetation der Insel im Stillen Ozean, so daß sie bereits ans Mittelmeer flüchtete, ehe ihr noch der nordische Winter zum Verhängnis geworden war.

Ihre ersten Londoner Jahre hat sie selbst in ein *clair-obscur* gehüllt, als sie ihre »langen klagenden Tagebücher« der Vernichtung preisgab. Allem Anschein nach war es eine wirre und hektische Zeit. Katherine bewohnt Ateliers, die sie exzentrisch möbliert. Sie spielt Cello, singt und schreibt, doch es ist die künstlerische Lebenshaltung, nicht die Kunst, auf die es ihr vor allem ankommt. In ihrem Bestreben, die Konvention zu durchbrechen, schlägt sie wild um sich. Inmitten einer Liebesbeziehung zum Sohn ihres musikalischen Mentors stürzt sie sich in die Ehe mit einem anderen Mann. Von Kopf bis zu Fuß in Schwarz gekleidet, begibt sie sich aufs Standesamt, um den Musiker George Bowden zu heiraten. Niemand wohnt der Trauung bei, außer ihrer Schulfreundin Ida Baker, die ihr ganzes weiteres Leben treu begleiten wird. Aber kurz darauf hat Katherine ihren Mann bereits wieder verlassen, obgleich sie noch neun Jahre seinen Namen tragen muß. Sie verschwindet aus London, zieht mit einer Wanderoper in der Provinz umher und erwartet ein Kind, dessen Vater nicht George Bowden ist. Ihre Mutter eilt aus Neuseeland herbei und befördert sie nach heftigen Auseinandersetzungen in das bayerische Bad Wörishofen. Hier kommt Katherines Kind, das sie freudig erwartet hat, verfrüht und tot zur Welt.

Aus der Stimmung jener Zeit erklären sich ihre ersten Geschichten, die sie bald in englischen Zeitschriften, später in dem Sammelband ›Aus einer deutschen Pension‹ erscheinen läßt. Erschöpft, verbittert, selbstquälerisch und überkritisch sieht die Katherine Mansfield jener Tage in die Welt. Ihr satirisches Talent überwiegt ihren Geschmack. Und so entwirft sie mit einem gewissen Ingrimm jene krassen Skizzen aus dem deutschen Kleinbürgerleben, die sie in reiferen Jahren als infantil und verlogen von sich weisen wird, deren tendenziösen Nachdruck während des Krieges sie untersagt und die sie endlich gegen ihre bessere Einsicht, nur auf Murrys Drängen hin, wieder freigibt, nachdem ihr zweiter Sammelband ›Seligkeit‹ im Jahre 1920 ihren Ruhm begründet hat. Allem Anschein nach beginnt auch in Wörishofen, oder zumindest in jener Periode ihres Lebens, der Einfluß Anton Tschechows auf ihr Werk. Es ist durchaus möglich, daß unter den internationalen Gästen des Kneippschen Kurorts auch ein Slawe sich befand, der ihr die Novellen des großen Russen lieh oder ihr zumindest von ihnen erzählte. Doch wie günstig auch dessen Vorbild auf sie einwirken sollte, wie entscheidend er dafür war, daß sie sich von den Manierismen der »ästhetischen Richtung« befreite – zu jener Zeit hat es ihren Geschichten nichts genützt. Denn längst sind einige davon als Neufassungen Tschechowscher Novellen erkannt und entwertet worden, vor allem das seiner ›Schlafmütze‹ nachgebildete ›Kind, das müde war‹. Und obgleich man mit Sylvia Berkman annehmen möchte, Katherine Mansfield habe gerade diese als literarische Übung umgeschrieben und später achtlos gedruckt, so richtet doch solche Achtlosigkeit, solche Unreife auch ihr übriges frühes Werk.

›Aus einer deutschen Pension‹ erschien im Dezember 1911. Noch im selben Monat begegneten Katherine und Murry einander zum erstenmal. Sie waren einander nicht unbekannt. Katherine hatte dem um ein Jahr jüngeren Studenten mehrmals Beiträge für seine Zeitschrift ›Rhythm‹ gesandt, die er in Oxford herausgab. Als er sie im Hause des Schriftsteller W. L. George vor sich sah, erschien sie ihm reif und überlegen, wenngleich darum nicht weniger reizvoll. Sie befreundeten sich rasch. Auf ihren Ratschlag – nicht weniger verhängnisvoll vielleicht als manche, die er ihr später erteilte – verließ er bald darauf Oxford. Katherine bewohnte damals zwei Räume im Herzen Londons, nahe dem großen Gerichtsgebäude, deren einer, das Buddhazimmer genannt, kein weiteres Mobiliar enthielt als eine Buddhastatue und zwei schwarz drapierte Ruhebetten. Als Murry, arm und obdachlos, aus Oxford eintraf, um die Londoner literarische Welt zu erobern, bot sie ihm dieses Zimmer zur Wohnung an. Sie verbrachten Wochen in einer kameradschaftlichen Gemeinschaft. Wie ihre Freundschaft in Liebe umschlug, hat Murry mehr als einmal mit großer Offenheit geschildert. Eines Abends fand ihn Katherine in seelischer Zerrüttung über einem alten ägyptischen Buch. Eine Wendung darin, die vom ›Schiff der Millionen Jahre‹ sprach, hatte ihn zu Tränen gerührt. Er schluchzte unaufhaltsam, bis Katherine ihm sagte: »Murry, ich liebe dich, ändert das nicht alles?«

Ein Bild der beiden aus jenen Tagen, das Murry seiner Selbstbiographie beifügt, zeigt ihn als einen schmalen, dunklen, schönen jungen Mann ihr gegenübersitzend, wie gebannt von dieser bleichen Frau mit dem intensiven Blick. Kein Zweifel, daß sie von Anfang an diese Beziehung bestimmt hat, daß sie die Führung des gemeinsamen Lebens übernahm. »Es ist wahr«, schrieb Katherine acht Jahre später an ihren Mann, »ehe ich krank war, wurde nie von dir verlangt, daß du in diesem Maß ›den Mann spieltest‹ – die Rolle liegt dir nicht.« Und ein Jahr vor ihrem Tode schrieb sie: »Ich weiß, daß ich mir abseits von dir ein Muschelhaus bauen muß.

Du kannst mich jederzeit plötzlich im Stich lassen, wenn es dir einfällt. Das liegt eben in deiner Natur.« Sie sagte diese Worte in den schwärzesten Augenblicken ihres Lebens. Dennoch wußte sie selbst in jenen Aufwallungen von Bitterkeit, daß ihr Verhängnis unabwendbar war. Immer, bis zuletzt, achtete sie die fremde Persönlichkeit, hielt sie des anderen Eigenart für berechtigt und unangreifbar. Sie machte niemals Vorwürfe, sie stellte es nur fest. Noch in der letzten Verzweiflung besaß sie Herzenstakt und Seelengröße. Und niemals, niemals hörte sie auf zu lieben, obgleich sie den Schwächen des anderen nicht blind, sondern geradezu hellsichtig gegenüberstand. Wenn nur eine einzige Erkenntnis, welche man aus dem vollständigen Briefband gewinnt, sein Erscheinen rechtfertigen mag, dann ist es die der einzigartigen Stärke ihres Gefühls. Was sie sparsam, mit zarter Zurückhaltung, in ihre Geschichten überfließen ließ, jener Strom des Empfindens, dessen Tiefe man dort nur ahnt – hier flutet er ungehemmt und schwillt an, wann immer ihr Leben die höchsten Widerstände zu überwinden hat.

Jene frühe Zeit mit Murry, obschon von Krankheit verschont, ist nicht ohne große Schwierigkeiten. Unaufhörliche Geldsorgen, die aggressive Feindseligkeit von Murrys Eltern, und nach einem kurzen Aufschwung der völlige Zusammenbruch der Zeitschrift ›Rhythm‹ – in ihren letzten Nummern ›Blue Review‹ genannt – überschatten ihr Leben. Im Sommer 1913 fliehen sie aufs Land. D. H. Lawrence lebt mit Frieda, seiner nachmaligen Frau, in der Nähe, und zwischen den beiden Paaren entwickelt sich eine heftig gefühlsbetonte Freundschaft. Ein Bild Katherines aus jenen Tagen zeigt sie auf der Höhe ihrer Anmut, mit innigen und schon ein wenig melancholischen Zügen und den herrlichen, tiefen Augen der Kurzsichtigen. In Cholesbury verbringt sie die Wochentage allein, zwischen Schreibtisch und Spülbecken, während Murry in London weilt. Aus dem Briefband ist zu erfahren, wie lästig ihr die Hausarbeit fiel. »Ja, ich hasse,

hasse, hasse es, diese Dinge tun zu müssen, die du von mir erwartest, wie alle Männer sie von ihren Frauen erwarten! Mit höchstem Unmut mache ich hier das Dienstmädchen. Das ist der Fehler bei einer Frau wie mir – sie kann bei keiner Arbeit die Nerven ausschalten.« Noch hat die treue Ida Baker nicht völlig die Rolle der Zofe, Vertrauten, Handlangerin und Köchin übernommen, die sie später, nach bestem Vermögen, jedoch oft zur Erbitterung Katherines erfüllt.

Als Lawrence und Frieda in diesem Herbst nach Italien gehen, fordern sie die Murrys auf, mit ihnen in Lerici zu überwintern. Doch Murry hat begonnen, sich als unabhängiger Kritiker einen Namen zu machen, und weigert sich, von Katherines kleiner Rente zu leben. Statt dessen hofft er, sich in Paris durch Berichte über das literarische Leben ernähren zu können. Katherine und Murry fahren zum erstenmal gemeinsam nach Frankreich. Mit unbändigem Optimismus beziehen sie mit ihren aus England mitgebrachten Möbeln eine Wohnung in der Rue de Tournon, nahe dem Park Luxembourg. Dem Nebel Londons entronnen, schwelgt Katherine in der zarten Winterbläue, dem farbigen *Va-et-vient* von Paris. Francis Carco taucht auf. Und zwischen dem jungen Schriftsteller der Pariser Unterwelt und dem um so viel unschuldigeren angelsächsischen Paar entspinnt sich eine enge Freundschaft, die ihr eigentümliches Nachspiel haben wird. Katherine hat später selbst ihre erste Begegnung mit Carco beschrieben. ›Je ne parle pas français‹, ihre 1918 entstandene Geschichte, schildert vom Blickpunkt des Mannes aus das Zusammentreffen des flinken, klugen und einigermaßen anrüchigen »Foxterriers« Raoul Duquette mit der verzweifelten »Maus«, die in ewig unerklärter seelischer Verwirrung an der Seite ihres Freundes Dick in Paris auftaucht und wieder verschwindet. Und Carco, der jene »magische Novelle« liebte, sah auch keinen Grund, sich von der Figur Raoul Duquettes zu distanzieren. Er hatte freilich Katherines Bildnis seinem Werk bereits früher einverleibt, als er 1915 den großen Roman ›Les Innocents‹ schrieb. »*C'etait une petite femme menue, gracieuse avec froideur et dont les immenses yeux noirs se posaient partout à la fois.*« Aber die ›Winnie‹ dieses Buches, in dem er selbst als ›le Milord‹ und Murry als ›Reggie‹ auftaucht, beschreitet alsbald verruchte Wege. Und obgleich Carco nachträglich beteuert, seine ›Winnie‹ enthalte von Katherine nur »*ce qu'elle présente de pur, d'intact*«, so war doch jenes ein wenig fahle Licht, in dem die beiden Portraitisten einander sahen, nicht ganz ohne Arg und Absicht. Vorerst freilich blieb die Freundschaft ungetrübt. Zu dritt durchstreifen sie die Nächte, besuchen die *Bals musettes* der Montagne-Sainte-Geneviève und der Rue de Lappe, oder schwätzen bis zum Morgen in irgendeinem kleinen Café. Und als das englische Paar Paris wieder verläßt, zieht Carco am Tag der Abreise den widerstrebenden Murry von Bordell zu Bordell, um dessen spärliches Mobiliar an die meistbietende Madame zu veräußern.

Es folgt eine mühselige Zeit in London. Murry hat als Kritiker bei der kleinen ›Westminster Gazette‹ Unterkunft gefunden. Aber der englische Märzwind weht schärfer als die linden Pariser Lüfte, und die Wohnung in Chelsea blickt auf einen Friedhof hin. »*Londres est comme une soupe aux larmes*« schreibt Katherine an Carco. Erst der Sommer und die Wiederkehr der Lawrences reißen die beiden aus ihrer Trübsal. Sie wohnen als Zeugen der Trauung von Lawrence und Frieda bei, und ziehen nach Kriegsausbruch wieder in deren Nähe. Doch die stürmische und maßlose Beziehung, in der jene miteinander leben, trägt nicht zum Seelenfrieden der Murrys bei. Der Krieg nagt an ihren Nerven. Lawrence leidet noch mehr als sie; er spinnt seine utopischen Pläne einer kleinen Siedlung fern von den Schrecken der Zivilisation. Vorerst jedoch übersiedelt er nach der ersten Kriegsweihnacht in ein bequemeres Haus. Murry und Katherine bleiben allein zurück. Und der erste, schwere Bruch gefährdet ihre Liebe. Murrys Lethargie, seine introspektive Hilflosigkeit erbosen Katherine, sie täuscht sich über die Kraft und Unlöslichkeit ihrer Bindung, hält das »dreijährige Idyll« für beendet und reist nach Frankreich, zu Carco.

In seinen ›Souvenirs sur Katherine Mansfield‹ aus dem Jahr 1934 erhebt Carco den Vorwurf, Murry habe gewisse freundliche Hinweise auf ihn aus Katherines Tagebuch ausgemerzt. Immerhin enthält dieses zwei unabgeschickte Briefe und eine fragmentarische Eintragung über das kurze Zwischenspiel in Gray, wo Carco im Februar 1915 als Korporal diente und Katherine ihn besuchte. Auch beschreibt ihre noch im selben Jahr entstandene Geschichte ›Eine unbedachte Reise‹ zumindest den äußeren Ablauf dieser Eskapade. nur zulässig ist. Gleich so vielen Ereignissen in Katherines Leben scheint auch dieses überdokumentiert. Freilich kann Carco nicht leugnen, daß diese Reise ihren Sinn verfehlte und Katherine enttäuscht von einem Abenteuer zurückkehrte, auf das sie sich mit so großen Hoffnungen eingelassen hatte. Nach einer Woche kehrte sie bereits nach England zurück – »mit kurzgeschnittenem Haar, geradezu ausfallend in der Defensive, und offenbar bitter desillusioniert«, wie Murry in seiner Selbstbiographie schreibt. Wenn sie in diesem Frühjahr noch zweimal kurz nach Frankreich fuhr und in der von Carco entlehnten Wohnung am Quai aux Fleurs abstieg, geschah es, um in ihrer Arbeit »durchzubrechen«, wie sie es nannte.

Aus jenen Wochen stammen einige ihrer reizendsten Briefe an Murry, Briefe voll zart hingetupfter Beschreibung der Pariser Szenerie, des Laternenanzünders und seiner schweigenden Runde, der Kräuterfrauen und des kleinen Marktes, in dem es nach polnischen Pfannkuchen und Schnecken riecht, Briefe, die einen Augenblick so unmittelbar lebendig machen, daß man dabei zu sein vermeint, wenn der erste Zeppelin gleich einem legendären Fisch im Nachthimmel schwimmt, wenn Katherine dasitzt, um sich aus »Wut und Stecknadeln einen Hut zu machen«, oder wenn sie Shakespeare in einem Fieberanfall tiefer empfindet als je zuvor. Der Band enthält aber auch Verzweiflungsausbrüche, Beteuerungen ihrer Liebe, Wünsche, Träume, Tränen, Sehnsucht und Seligkeit – all die Ergüsse eines überschwenglichen Herzens, das den geringsten Schicksalsschwankungen unterliegt. Schon kündigt sich an, was die Lektüre dieser Briefe immer quälender macht, je weiter man in ihnen vordringt und je näher man mit ihnen dem unausweichlichen Ende kommt: jene ständig gesteigerte Lebenshaltung, jenes Vortreiben aller Gefühle *à l'outrance*, die Katherines Genialität und ihren Fluch bedeuten.

Mit ihrer Rückkehr nach London beginnt eine neue Ruhezeit, eine jener seltenen Stationen des Kreuzwegs, die seine Tragik und Unabänderlichkeit für eine knappe Weile zurücktreten lassen. Sie zieht mit Murry in ein edel gebautes Haus in der Acacia Road, eine neue Zeitschrift wird gemeinsam mit Lawrence geplant, und aus Neuseeland kommt Katherines junger Bruder auf dem Wege an die Front zu Besuch. Mit ihm, dem Gefährten ihrer Kindheit, wandert sie durch den Garten mit dem hohen Birnbaum, gedenkt sie der Heimat und beschließt zum erstenmal, jene frühen Eindrücke festzuhalten. Doch der Himmel verfinstert sich rasch. Im November fällt Katherines Bruder an der Front. Nun haßt sie das Haus, in dem sie eben noch glücklich war, und will davon – aus London, aus England, so rasch es geht. Murry, der vom Kriegsdienst zurückgestellt worden ist, reist mit ihr in die Provence. Doch wie so häufig versagt er, da sie Trost bei ihm sucht. Ihre maßlose Trauer über den Tod des Bruders findet bei ihm nur wenig Verständnis, und drei Tage, nachdem sie im Hotel Beau Rivage in Bandol Aufenthalt genommen haben, fährt er zurück nach England. Sie läßt ihn ohne Vorwurf gehen. Aber bald rufen ihn Telegramme und lange Briefe – fast dreißig in drei Wochen – flehentlich zurück, und als es ihr gelingt, eine kleine Villa am Hügel zu mieten, kehrt Murry zu Beginn des nächsten Jahres wieder.

Katherine und Murry verbringen drei Monate in ihrem provençalischen Haus; es waren, so scheint es, die glücklichsten ihres gemeinsamen Lebens. Aber auch diese Phase hat keinen Bestand. Eine innere Dynamik treibt die Dinge weiter. Katherines Dasein steht beständig unter der Geißel der Zeit. Alles fließt, alles hastet, beschleunigt sich immer mehr und rast zuletzt mit atemloser Geschwindigkeit dahin, gleich jenen Rössern in der persischen Legende, die den fliehenden Mann erst recht dem Tod in die Arme führen. Auch in ihrem Werk steht die Zeit nie still. Nicht grundlos haben ihre Geschichten weder Anfang noch Ende, sind sie Augenblicksbilder, im Flug erhascht, in der Bewegung aufgezeichnet. Ein Schicksal abzurunden, eine Handlung einzurahmen, ein Territorium sich abzustecken und einzufrieden, dazu war sie hier wie dort nicht fähig. Ihre wenigen Jahre waren eine einzige Irrfahrt von Land zu Land, von Hotel zu Hotel. »Ich hasse Hotels. Ich weiß, daß ich noch in einem sterbe«, schrieb sie lange vor ihrer Krankheit an Carco. Und ihr erschütterndster Aufschrei am Ende ihres Lebens war die Bitte an Murry: »Rede zu mir. Ich bin einsam. Ich habe längst nicht mehr so lange zu leben wie du. Ich spüre, ich habe kaum mehr Zeit.«

Wieder zog Lawrence, jener andere unstete und flackernde Geist, die Murrys an sich, sobald sie aus der Provence nach England kamen. Das Frühjahr 1916 verbrachten sie mit ihm und Frieda in Cornwall, in einer hektischen Gemeinschaft. Murry hat die nervenzerrüttenden Szenen geschildert, deren Zeugen sie waren. Eine harmlose Unterhaltung über Shelley und Nietzsche oder ein Sehnsuchtsanfall Friedas nach den Kindern ihrer ersten Ehe mochte darin enden, daß Lawrence seine Frau mit dem Tod bedrohte, bis ins Haus der Murrys verfolgte und vor ihren Augen um den Speisetisch jagte. Wenn Katherine und Murry sich am nächsten Morgen in ihre Nähe wagten, saßen sie wieder innig vertraut am Frühstückstisch, »und Lawrence putzte, selig lächelnd, einen

Hut für Frieda auf«. Solche Spannungen erschienen den sub-
tileren Murrys unerträglich. Zwar fühlte Katherine eine gewisse Verwandtschaft mit Lawrence und seinem »leiden-
schaftlichen Lebensdurst«, doch seine »gequälte, satanische
und dämonische Art der Liebe« stieß sie ab, und sie wehrte
sich gegen seinen gleichzeitig erhobenen messianischen Anspruch auf Gefolgschaft. Als Murry vollends unter den Einfluß von Lawrence zu geraten drohte, bestand sie auf einer
Trennung. Noch vor dem Sommer zogen die beiden davon,
in ein entlegeneres Dorf; doch auch hier fanden sie keine
Ruhe. Anfang 1917 floh Katherine von der gemeinsamen Bedrückung. Sie mietete sich ein Atelier in Chelsea. Und obgleich Murry unweit wohnte und sie ihn täglich sah, hatte
sie doch wieder einmal ihr Muschelhaus bezogen.

In ihr Tagebuch trug sie ein:

> Et pourtant il faut s'habituer à vivre
> Même seul, même triste, indifférent et las,
> Car, ô ma vision troublante, n'est-tu pas
> Un mirage incessant trop difficile à suivre?

Es war ein entscheidendes Jahr. ›Prelude‹, die erste große
Geschichte, in der sie ihre neuseeländische Kindheit herauf-
beschwor, war an Virginia und Leonard Woolf gegangen,
die kurz vorher die Hogarth Press begründet hatten. Als
sie sich bereiterklärten, ›Prelude‹ als Sonderdruck heraus-
zubringen, fuhr Katherine zu ihnen nach Asheham. Nach
ihrer Rückkehr schrieb sie an Virginia Woolf: »Wir haben denselben Beruf, Virginia, und es ist wirklich merk-
würdig und aufregend, wie wir beide unabhängig voneinander hinter derselben Sache her sind.« Dennoch wuchs in
jener Zeit ihre Abneigung gegen alle »Intellektuellen«, deren
Anstoß zweifellos in Murrys zerebraler Lebenshaltung, seiner Hinwendung zu einem »intellektuellen Mystizismus«
lag. Später sollte sie noch häufig ihren Spott über die
›Bloomsberries‹ ergießen, die Bloomsbeeren, wie sie die

›Bloomsbury Group‹ zu nennen pflegte. Mit ihren Heroen wußte sie nichts anzufangen – Proust ließ sie kalt, Joyce erschreckte sie und stieß sie ab. Und es war Virginia Woolf, die sie immer deutlicher, und mit Recht, als ihre Gegenspielerin erkannte, deren formalisierte Kunst sie ablehnte – »ich hasse diese gepflegten Hecken!« –, deren Talent sie dennoch bewunderte – »du schreibst so verdammt gut, so teuflisch gut« – und deren Lebensform ihr vorschwebte gleich einem unerreichbaren Ideal: »Wie ich Virginia beneide! Kein Wunder, daß sie schreiben kann. In allem, was sie schreibt, ist immer eine solche Ruhe und Freiheit des Ausdrucks, als lebe sie in Frieden – ihr eigenes Dach über dem Kopf, ihr Hab und Gut um sich, und ihren Mann immer in Reichweite.« Ach, Katherine hatte nichts von all dem! Virginia war das Mahnbild einer grandiosen Möglichkeit, die ihr eigenes Leben enthielt und nicht erfüllte. Maß, Tiefe, Besonnenheit, Format – woran fehlte es ihr? Aber sie hatte kaum Zeit, darüber nachzudenken, so eilig riß die Zeit sie fort. Noch im Dezember dieses Jahres schlug sich ihr eine Erkältung auf die Lunge.

In keinem seiner Rückblicke auf jene Tage verfehlt Murry, darauf hinzuweisen, daß die Ärzte damals *ihn* als den Gefährdeten, zur Schwindsucht Neigenden bezeichnet hatten. Aber nein, es war Katherine, die das Schicksal traf, als sie ihn im kalten Landhaus von Lady Ottoline Morrell besuchte! Drei Tage später befiel sie in Chelsea eine Rippenfellentzündung, und sowie sie sich davon erholt hatte, riet man ihr, sich am Mittelmeer auszukurieren. Die Aussicht, den Londoner Winter wieder einmal hinter sich zu lassen, entzückte sie. In ihrem Eifer, nach Bandol zurückzukehren, täuschte sie sich und ihre Freunde über die Ernsthaftigkeit ihres Zustandes hinweg, den eine anstrengende Reise noch verschlimmern mußte. Auch begriff sie nicht, daß der Krieg an der Provence nicht spurlos vorübergegangen war. Als sie nach tagelanger Qual im Januar 1918 Bandol erreichte, fand sie es trübe und verwildert. Wieder einmal begrub sie einen Traum. Die Villa Pauline, die sie einmal aufsuchte, erschien ihr wie ein Gefängnis, darin ihr Glück von vor zwei Jahren eingekerkert lag. Und im Februar, als der Küstenregen endlich der Sonne wich und sie aus dem Bett sprang, um den blauen Morgen zu begrüßen, spuckte sie Blut. »J. (Murry) ist mein erster Gedanke«, schrieb sie in ihr Tagebuch. »Und zweitens möchte ich nicht entdecken müssen, daß es wirklich die Schwindsucht ist. Vielleicht galoppiert sie gar – wer weiß? – und ich schreibe mein Werk nicht mehr. *Darauf kommt es an.* Wie unerträglich, zu sterben – ›Brocken‹, ›Bissen‹ zurückzulassen . . . nichts wirklich Fertiges!« Und in ihrem Brief an Murry stehen die Worte: »Seit diesem kleinen Anfall ist etwas Seltsames geschehen. Ich spüre, daß meine Liebe und mein Verlangen für die Außenwelt – ich meine die Welt der Natur – plötzlich millionenfach gesteigert sind.«

Gleich Keats, der nach seinem ersten Blutsturz entdecken mußte, »wie die Aussicht, die Welt zu verlassen, uns die Schönheit ihrer Natur erst recht vor Augen bringt«, beginnt Katherine von nun an bewußter denn je am Leben zu hängen. In ihre Briefe tritt eine neue Note. Alles, was sie schreibt, funkelt heftiger als zuvor. Und wie sie selbst das Lungenleiden eines Arztes, der sie später einmal behandelt, daran erkennen wird, »daß er um einen Hauch lebendiger erscheint als andere Menschen – das Schimmern – das leichte Glitzern der Pflanze, die der Frost berührt hat«, so erkennt der Leser an dem febrilen Geglitzer ihrer Sprache, wann immer ihre Krankheit einen Höhepunkt erreicht. Katherine liebt verzweifelter und haßt auch mit verzweifeltem Haß. Ihre Gereiztheit entlädt sich auf die arme Ida Baker, die aus England zu Hilfe geeilt ist. Die Beziehung zu dieser Freundin, deren aufopfernde Zuneigung sie immer wieder zurückwies, haben die neuesten Biographen als eine große lesbische Leidenschaft bezeichnet. Aber an Murry schrieb Katherine: »Sie macht mich rasend, ganz wie es Lawrence mit Frieda ging – genau so – als wollte Frieda ihn vernichten.« »Meinen Feind« nennt sie diese Frau, die ihr immer die Treue hielt, die sie ständig aus ihrem Herzen verstieß und wieder gnädig aufnahm, und der sie keine Träne nachweinte, als sie ihr knapp vor ihrem eigenen Ende den Laufpaß gab. »Ich denke nie an Ida, nur wenn ein Brief von ihr kommt. Arme Ida!«

Im März treibt es die Ruhelose wieder heim. Bowden hat endlich in die Scheidung gewilligt, und sie will Murry heiraten, sobald sie kann. Am 3. Mai gehen sie in London aufs Standesamt, doch nach drei Wochen schickt er sie bereits nach Cornwall ans Meer. Es muß schwer gewesen sein, ihr begreiflich zu machen, daß Angst um ihren Zustand den Ausschlag dafür gab – um so schwerer, als Murry seine Scheu vor der Intensität ihrer Liebe nicht verhehlte. So fährt sie denn fort, in ein neues Hotel, und schreibt ihm am Morgen der Ankunft: »Ich fiel wieder in die schwarze Grube, die immer meiner harrt.« Diese Hochzeit war die schlimmste aller ihrer Enttäuschungen. »Du kannst dir nicht denken, was sie für mich bedeuten sollte! Wahrscheinlich ist es phantastisch. Sie hätte über alles hinwegleuchten müssen. Und dann war sie doch wieder nur ein böser Traum. Kein einziges Mal hast du mich umarmt und mich deine Frau genannt. Eigentlich war alles genau wie mein dummer Geburtstag. Immerzu mußte ich dich daran erinnern . . .«

Gleichwohl folgt auf diese Sommerwochen in Looe, denen einige ihrer traurigsten Briefe entstammen und in denen sie sich langsam an die Tatsache ihrer Todeskrankheit gewöhnt, das einzige Jahr ihres Lebens, das ihr alles zugleich vergönnt – »ihr eigenes Dach über dem Kopf, ihr Hab und Gut um sich, und ihren Mann immer in Reichweite«. Murry hat ein Haus in Hampstead gemietet, es wird nach ihren Wünschen ausgemalt und möbliert, Dienerschaft wird aufgenommen und von Ida Baker überwacht. Hier überwintert sie, verbringt Tage im Bett und Wochen im Haus, arbeitet an einer Übersetzung des Tagebuchs und der Briefe Anton Tschechows, und empfängt ihre Freunde bei sich, darunter auch Lawrence. Der Krieg ist zu Ende, aber die Erinnerung an ihren Bruder ist nicht verblaßt, und wenn nichts anderes Katherines Seelenruhe stört, dann ist es die Eile, mit der die anderen ihre Toten vergessen.

Im Herbst 1919 hält es sie nicht länger an der Seite Murrys, der indessen zum Herausgeber der Zeitschrift ›Athenaeum‹ ernannt worden ist und sich mit nervösem Eifer in die Arbeit stürzt; nicht länger vor allem in seinem Kreise überspitzter Literaten. Auch ist ihr Husten schlimmer geworden. Und so gibt sie endlich dem Drängen ihres Arztes nach, der sie zumindest in den Süden schicken will, und läßt sich mit Ida Baker in Ospedaletti, nahe von San Remo, nieder.

Alles nimmt den gewohnten Gang. Eben noch »war mein Herz vor Glück geborsten. Die Sonne legte den Arm um meine Schulter. Das Geräusch des Meeres hätte dir gefallen. Es war eine Brise, die einem den Mund mit Freude füllte gleich Wein«. Aber schon ändert sich das Wetter. Nebel bricht ein und Regen rinnt. »Heute ist es, als lebe man im Innern einer Perle.« Und dann beginnen die Stürme. Und der Gärtner betrügt. »Diese Niedertracht ist wieder da, die Schnecke an der Unterseite des Blattes – immer da!« Im Oktober fängt sie an, gegen Ida zu wüten: »– wie ein schrecklicher Dunst um mich; ich verliere mich darin und werde rasend – werfe ihr Dinge an den Kopf, verfluche sie.« Im November ruft sie: »Hilf mir, hilf mir . . . Schweigen ist das äußerste Dunkel.« Und im Dezember bricht sie endlich gegen Murry aus – heftiger als je zuvor oder nachher. Sie schickt ihm – man hat es kommentarlos bereits in ihrem Merkbuch gelesen – ihr Gedicht ›Der neue Gemahl‹, in welchem der Tod in Gestalt eines Fremden sich ihr nähert:

Wer ist der Mann, der dich gesandt
krank und kalt ins ferne Land?
Wer ist der Gemahl, der wie ein Stein,
Kind, das du bist, dich läßt allein –

Sie überläßt sich dem Fremden und tanzt mit ihm einen makabren Tanz der Lebensgier und des Todes:

So leben wir jeden Augenblick, der
verfliegt, als ob es der letzte wär'.

Die Wirkung dieser Verse auf Murry war niederschmetternd. Er eilte zu ihr, um die Weihnachtstage in der Casetta zu verbringen, doch nach seiner Abreise sank sie wieder in ihre schwarze Grube zurück. Um sich abzulenken, arbeitete sie unermüdlich an den Rezensionen meist unbedeutender Romane, die sie nun Woche um Woche für das ›Athenaeum‹ schrieb. Aber auch einige Geschichten entstanden, darunter der ›Mann ohne Temperament‹, jenes Bild eines resignierten Gatten, welcher im Gegensatz zu Murry an der Seite seiner kranken Frau verharrt. Alles verbündete sich, um ihre Stimmung noch zu verschlechtern. Lawrence, dem dasselbe Übel drohte, schickte ihr in einem unerklärlichen Zornesausbruch einen Brief, aus dem sie Murry nur die Worte zitierte: »Ich verabscheue dich! Du ekelst mich, wie du in deiner Schwindsucht brodelst«. Dennoch war es während ihrer finstersten Zeit in Ospedaletti, daß sie jenen Gott, an den sie nicht glaubte, um dreißig Jahre bat. Sie hing mit einer wilden Zärtlichkeit am Leben. »Wir sind beide abnormal«, schrieb sie Murry, »ich habe zuviel Vitalität – und du nicht genug.«

Die Rettung aus der Casetta kam von unerwarteter Seite. Miß Beauchamp, eine ältere Kusine aus Neuseeland, erschien auf der Szene und holte Katherine nach Mentone. Ein paar Wochen lang hüllte sie eine Welt wohlhabender Geborgenheit ein; sie lag in den weichen Daunendecken der Villa Flora, fuhr im leise rollenden Wagen die Küste entlang, ließ sich Hüte und seidene Kleider kaufen und machte Teebesuche. »Feine Dame spielen«, nannte sie es in einem ihrer seltener werdenden Anflüge von Kindlichkeit. Für den nächsten Sommer mietete sie ein kleines Haus am Ende des Gartens der Villa Flora. Nach einem in Hampstead verbrachten Sommer kehrte sie nach Mentone zurück, das ihr lieb geworden war wie nur Neuseeland, und hoffte auf ein wenig Frieden in der blaßgelben Villa Isola Bella, mit dem Blick auf die Bucht von Garavan und dem Mimosenbaum im Hof. Indem sie langsam den Traum begrub, mit ihrem Mann, mit Kindern, nach denen sie sich inständig sehnte, im eigenen Hause endlich Seelenruhe zu finden, gelang es ihr, sich im Flüchtigen ein wenig häuslich einzurichten. Vor Jahren schon hatte sie erkannt, daß zwei einander widersprechende Impulse sie zum Schreiben anregten. »Der eine ist Freude – der Zustand, in dem ich auf irgendeine selige Art in Frieden lebe ... und der andere ist ein unendlich tiefes Gefühl der Hoffnungslosigkeit.« Nun scheint es fast, als könnte sie die beiden vereinen. Auf irgendeine, wenn auch nicht die seligste Art, lebt sie in Frieden. Zugleich aber blickt sie der Hoffnungslosigkeit ins Auge und fürchtet sich nicht mehr. Körperliches Leid hat sie verwandelt, fast hält sie es für ein Privileg: »Es hat drei Jahre gedauert, bis ich das verstehen, bis ich es einsehen konnte. Wir wehren uns, wir haben schreckliche Angst. Das kleine Boot fährt in die furchtbar dunkle Schlucht, und unser einziger Schrei ist nach Flucht – ›ich will an Land‹. Aber es ist nutzlos. Niemand hört uns. Der Schatten rudert weiter. Man muß stillsitzen und die Hände von den Augen nehmen.«

Im Dezember brachte ein englischer Verlag ihren zweiten Sammelband ›Bliss‹ heraus, der die Ausbeute der letzten zehn Jahre enthielt. Obgleich sie selbst nur eine oder zwei dieser Geschichten, darunter ›Prelude‹, für gelungen hielt, ermutigte sie der begeisterte Empfang, der ihnen in England bereitet wurde. Nun schrieb sie wie besessen. Seit der Ankunft in Mentone hatte sie sechs Novellen fertiggebracht, von denen zwei, ›Der Fremde‹ und ›Die Töchter des seligen Obersten‹, zu ihren schönsten gehören. Sie las – Shakespeare, die englischen Romantiker, Tschechow, Dostojewski, Tolstoi. Und sie entdeckte in Marie, ihrer naturklugen Köchin, jene Einfachheit, jene Echtheit, nach der sie selbst immer eifriger strebte. Ein völliges Aufgehen in den simplen Dingen und Menschen erschien ihr als Rettung. Zuweilen »*war* ich dieser Mann, *war* ich jene Frau, war ich die Möwe über dem Heck des Bootes und der Hotelportier, der durch die Zähne pfeift«. Allmählich aber geriet sie auf ihrer Suche nach einem Weg aus ihrer Wirrnis, nach den Quellen des Lebens und den Richtlinien irdischer Existenz immer tiefer in eine Introspektion, einen Mystizismus, den sie an Murry verurteilt hatte. In verschiedenen Sprachen redend, trafen sie sich zuletzt in derselben Terminologie.

Doch auch Mentone war noch nicht der Hafen. Noch war die Wanderschaft nicht aus. Zu Beginn des Jahres 1921 warf das Fieber sie von neuem nieder, und als sie im April von ihrem Lager aufstand, schien ihr die Magie des Südens erloschen. Zwar war die Villa für ein weiteres Jahr gemietet, doch mit der Abruptheit, die sie immer in den Krisen ihrer Krankheit befiel, entschloß sie sich nun, alles abzubrechen und in die Schweiz zu übersiedeln. Zwei Jahre zu spät suchte sie die klassische Heilstätte der Lungenkranken auf. In Montana, hoch in den Bergen und fern von den Menschen, fühlte sie sich wohl. Der Schweizer Facharzt, den sie jetzt zu Rate zog, gab ihr nicht mehr als »eine Chance«. Um so dringender schien es ihr, von neuem ans Werk zu gehen. In Mentone hatte sie noch ihre herzzerreißende Geschichte von der alten ›Ma Parker‹ geschrieben, aber »im Süden war zu viel Licht für *Le grand travail*«. Hier, in ihrem kleinen Châlet des Sapins mitten im Tannenwald, in dem auch Murry eine Weile zu leben sich entschlossen hatte, entstanden ihre Meisternovellen ›An der Bucht‹, ›Das Puppenhaus‹, ›Das Gartenfest‹. Auch sie genügten ihr nicht. Wie sie es sich erhofft hatte, war sie »erlesener geworden, feiner und zarter in allen Dingen«, anspruchsvoller als ihr eigenes Talent. Dennoch schrieb sie weiter. Es war die letzte Ruhepause vor der letzten Flucht, die letzte Illusion einer wahren Gemeinschaft mit Murry. Abends träumen sie wieder ihren alten Tagtraum von dem eigenen Haus am Lande, von ihren Kindern und Bienenkörben. Murry, schneebestäubt von einer Skifahrt zurückkehrend, ist »über alle Maßen schön – ein prächtiges Geschöpf«. Sie spielen Schach und Cribbage, lesen einander Shakespeare vor. »Ob J. so zufrieden ist, wie es den Anschein hat? Es ist zu schön, um wahr zu sein.«

Im Januar bricht auch diese Lebensform zusammen. Berichte von erstaunlichen Heilungen, die der russische Arzt Manjukin mit Hilfe von Röntgenstrahlen bei Tuberkulose erzielt, sind zu Katherine gedrungen. »Hier ist mein Wunder!« ruft sie mit Dostojewski aus. Von Ida Baker beschützt, eilt sie nach Paris. Manjukin untersucht sie, verspricht Erfolge. Während sie sich seiner anstrengenden Behandlung unterzieht, erscheint in England ein dritter Sammelband, ›Das Gartenfest‹. Nun ist ihre literarische Stellung gefestigt. Aus aller Welt kommt Zustimmung. Thomas Hardy, Galsworthy schreiben ihr bewundernde Briefe. All dies erwidert sie mit Demut. Sie kennt ihre Grenzen genauer, als ihre Anbeter es später tun. In Manjukins Wartezimmer liest sie Goethe. »Er erfüllt mich mit erneuter Sehnsucht, eine bessere Schriftstellerin zu werden«, teilt sie Murry mit. »Es tut mir gut, in den Herzen großer Menschen zur Kirche zu gehen. Shakespeare ist meine Kathedrale; aber ich bin glücklich, jenen anderen gefunden zu haben.« Und noch ehe Manjukins Wunder vor ihren Augen zu verblassen beginnt, ehe sie noch an der Aussicht einer Heilung durch ihn zweifelt, sucht sie nach einem neuen Weg ins Leben – durch innere Reinigung. Immer mehr versenkt sie sich in ihr eigenes Gemüt, grübelt sie über den Mechanismus des Lebens, die Überschneidungen körperlicher und geistiger Prozesse nach. Murrys Ratlosigkeit in ihrem jüngsten Dilemma, sein Zögern, ihr »Wunder« begeistert zu begrüßen, oder anders entschieden abzulehnen, haben sie endgültig zu sich selbst zurückgeführt. Die Wochen nach der ersten Röntgenkur verbringt sie fast völlig allein im Sierretal. Hier vollendet sie ihre letzte Geschichte, ›Kanarienvogel‹, den traurigen Stoßseufzer einer Zimmervermieterin. »So viele Einfälle kommen und gehen«, steht in ihrem Tagebuch. »Wenn noch Zeit ist, werde ich sie alle schreiben. Wenn diese ununterbrochene Zeit nur anhält.« Aber dann kommt London. Und Ouspenski. Und Gurdjieff.

Sie war nach England geeilt, um von ihrem Hausarzt zu erfahren, ob Manjukins Behandlung ihr Herz angegriffen habe. Die Auskunft ist günstig. Zur gleichen Zeit hört sie von einem Buch ›Schulung des Willens‹, das ein russischer Philosoph griechischer Abstammung, Gurdjieff, herausgegeben hat. Nach der Oktoberrevolution war dieser in den Fernen Osten geflohen und zu den Mönchen von Turkestan, Indien, Tibet und der Mongolei geraten. Mit einer Gruppe exilierter Russen und neuer Anhänger aus dem Westen hatte er vor kurzem eine Klostersiedlung, La Prieuré bei Fontainebleau, erworben, um dort ein Institut zur Willensschulung einzurichten. Lenker seines Schicksals konnte man werden durch ein fortwährendes An-sich-selbst-Erinnern, ein Sich-nicht-Identifizieren und ein ständiges Allgemein-Betrachten. Praktisch wirkte sich dies in einer unaufhörlichen Umgestaltung des Alltags aus: Gurdjieffs Schüler sollten in seinem Institut täglich neuen Aufgaben unterworfen werden; ihre Tätigkeit, ihre Schlafstätte und ihr Aufenthalt sollten immer wieder wechseln. Der armen Seele war keine Ruhe vergönnt. Erst dann, so meinte Gurdjieff, würde sie imstande sein, den Körper zu beherrschen.

Dieser philosophische Goldsucher, der den Stein der Weisen gefunden zu haben glaubte – das nebulose Gesetz, nach dem unser Leben sich reguliert –, schien Katherine nun als Retter. »Gurdjieff ist der einzige Mensch, der begreift, daß zwischen Körper und Geist keine Trennung besteht, der die beiden für verwandt hält«, schrieb sie später an Murry. Er gab vor, Antwort zu wissen auf jene Frage, die sie immer mehr und mehr bedrückte: wie man »dagegen ankämpfen solle, nicht der Spielball zufälliger Einflüsse zu sein – einmal glücklich, einmal unglücklich, einmal angstvoll, einmal voll Vertrauen – genau wie der Pendel schwingt – eine Reise ohne Ziel«. Das Leben auf eine Formel, in eine erkennbare und lenkbare Ordnung zu bringen, jedoch nicht mit Hilfe des verhaßten Verstandes, sondern mit der des Willens, einer Regung des Gemüts – dies und nicht weniger versprach ihr Gurdjieff, und sie glaubte ihm. Im August noch suchte sie in London Ouspenski auf, der die Lehren des Meisters in einer Vortragsreihe popularisierte. Am 16. Oktober 1922 trat sie in La Prieuré ein.

Man gab ihr ein bequemes Zimmer, aber kurz darauf steckte man sie in ein elendes Loch. Sie, die sich von Ida Baker hatte ankleiden und ständig bedienen lassen, der die geringste Anstrengung, der Schmutz und Lärm unerträglich gewesen waren, unterzog sich nun den niedrigsten Arbeiten auf dem Gut. Gurdjieffs Schüler müssen kochen, scheuern, heizen, den Garten bestellen, melken und das Vieh versorgen. In vielem gleicht die Siedlung einem zionistischen Kibbuz. »Ich habe mich an das rauhe Leben gewöhnt«, steht in einem der neu veröffentlichten Briefe Katherines, »kann Unordentlichkeit, Durcheinander, eigenartige Gerüche vertragen.« Gurdjieff hat einen kleinen Salon im Kuhstall eingerichtet, wo man von einer Galerie aus, auf Ruhebetten und Persertepppichen liegend, die Dünste des Stalles einatmen kann. All dies entzückt Katherine. »Nur dieses gehirnliche Leben, dieses intellektuelle Leben auf Kosten alles übrigen hat uns so weit gebracht.« Und so hält sie die seltsamen Hirngespinste russischer Neo-Mystiker für ihre Rettung, schleppt sie sich, hustend und fiebernd, vom Haus in den Garten, von der Küche in den Stall. Im Januar soll Murry sie besuchen; ein Rest von Stolz auf ihren schönen Mann ist geblieben, sie schreibt ihm, was er anziehen soll, denn sie will Staat mit ihm machen. Am Nachmittag des 9. kommt er an. Abends sitzt man im Salon. Als sie gegen zehn Uhr die Treppe hinauf in ihr Zimmer geht, wird sie von heftigem Husten befallen. Der Husten verwandelt sich in einen Blutsturz, der sie zu ersticken droht. Sie keucht: »Ich glaube – ich muß sterben.« Murry bettet sie nieder und läuft nach einem Arzt. »Zwei kamen sofort«, schrieb er später. »In weiser Umsicht wahrscheinlich schoben sie mich aus dem Zimmer, obgleich ihre Augen mich anflehten. Wenige Minuten später war sie tot.«

Das Leben ist zu Ende, die Legende beginnt. Mit der Wertung ihres Werks allein gibt die Nachwelt sich nicht zufrieden. Etwa hundert Geschichten, ein Dutzend davon würdig, neben denen Tschechows und Maupassants in die Ewigkeit einzugehen, sind ein allzu karger Gewinn ihres genialen Vermögens. Auch die Summe ihrer Briefe, Notizen und Tagebücher wiegt den Reichtum ihrer Persönlichkeit nicht auf. Wo ist der Rest geblieben, wo sind jene Schätze der Wahrnehmung und Phantasie, die man hinter jeder ihrer Zeilen ahnt und aufblitzen sieht? Viele gab sie wohl in kleiner Münze aus, im Gespräch, im Alltag, in rasch verfliegenden Gedanken. Andere hielt sie in den unterirdischen Schächten verstreut, jenen »Verstecken ihrer Seele«, den »wüsten Stellen, dem verwilderten Obstgarten, wo dunkle Pflaumen ins dichte Gras sinken, dem überwucherten kleinen Wald, vielleicht mit ein oder zwei Schlangen (richtigen Schlangen), dem Teich, dessen Tiefe niemand ergründet hat und den Pfaden, von kleinen Blumen gesäumt, die der Geist sich pflanzt«. Die meisten aber gingen wohl verloren, entzogen sich der Einordnung in ein Ganzes und verflüchtigten sich. Indem sie dem Verstand mißtraute, begab sie sich der gestaltenden Kraft, entledigte sich ihres Helfers im Läuterungsprozeß der Kunst. Immer wieder sprach sie von ihrer Furcht vor jener Wandlung, die das Erlebnis in seiner Darstellung erfährt, immer wieder schreckte sie davor zurück, »die Wahrheit zu opfern«. Deshalb haftet ihrem Werk – im guten und im bösen Sinne – immer etwas Unmittelbares an, ein Rohes und Ungegorenes, die Schlacken der ursprünglichen Substanz. Am reinsten hat sie ihre Kindheit geschildert, die schon durch den Filter der Erinnerung gegangen und verklärt war.

Das Mahnbild einer grandiosen Möglichkeit, welches Virginia Woolf ihr bot, galt gleichermaßen für ihre Kunst wie für ihr Leben. Was sie an ihrer Zeitgenossin bewunderte und was sie an ihr verwarf, war im Grunde ein und dasselbe. Virginias ruhige Ehe an der Seite eines klugen und rücksichtsvollen Mannes, die sie fast bis zum Ende die drohende Krankheit überwinden ließ, und Virginias stilgebundene und gestaltete Dichtung entsprangen beide demselben Bedürfnis nach Form. Aber Form – Kunstform und Lebensform – war Katherine nicht gegeben. Ein anderer als Murry hätte ihr dazu verhelfen können. Doch wer wollte sich noch tiefer in die Verstrickungen einer menschlichen Bindung wagen, wer wollte Anklage erheben, wo die Schuld so unentwirrbar verteilt zu sein scheint? Sicherlich litt auch Murry unter der verderblichen Wechselwirkung dieser Beziehung. Fast scheint es, als habe Katherines Tod ihn von einem unerträglichen Druck befreit. Denn ein Jahr später schon heiratete er wieder, und als auch diese Frau ihm starb, noch ein drittes Mal, und schrieb eine Reihe eigenartiger und vielbemerkter und angefochtener Bücher, über Keats und Blake und Gott und Pazifismus und Kommunismus und Tod, und setzte vier Kinder in die Welt, zwei in jeder Ehe, und züchtete Bienen. Und lebte mit der Legende Katherine Mansfields, die er begründen half. Es liegt, man kann es nicht leugnen, eine infame Ironie darin. Denn er, der dem Phänomen ihrer Existenz ratlos gegenüberstand, so lange sie währte, begriff es mit einem Mal, als sie zu Ende war. Nun erkannte er: ihr Talent war ihr Schicksal, ihr Leben war ihr Werk. Und endlich, endlich war es möglich, ihm eine Form zu geben.

Aldous Huxley war jene rara avis, die vielleicht einzigartige Erscheinung eines Mystikers, der sich so weit wie möglich der rationalistischen Terminologie und empirischen Methode bedient. Nicht weniger einzigartig freilich war sein Werdegang, der, entgegen dem der Menschheitsentwicklung, aus einer vorurteilsfreien Geisteshaltung in dogmatischen Okkultismus führte. Erbe eines glänzenden Namens, Enkel, Neffe und Bruder bedeutender Naturwissenschaftler, wurde er in den Jahren nach dem Ersten Weltkrieg weit über Englands Grenzen hinaus bekannt. ›Parallelen der Liebe‹ und ›Kontrapunkte des Lebens‹ bestachen durch die Keckheit und Brillanz, mit der sie menschliche Beziehungen entlarvten. ›Welt – wohin?‹, ein Zukunftsroman, ließ zum erstenmal erkennen, daß Huxley nicht nur lächerlich machen, sondern ernsthaft warnen wollte, und daß er den Zustand der Welt nicht geißelte, ohne selbst tief über ihn beunruhigt zu sein.

Zu jener Zeit war er noch ganz der Tradition seiner Familie verbunden, die zugleich die rationalistische Tradition des neunzehnten Jahrhunderts in England war. Er stützte sich auf die darwinistische Evolutionstheorie, war Empiriker, Atheist und Feind jeglicher Metaphysik. Schon in seinem utopischen Buch hatte er freilich einen aufkeimenden Haß gegen die Technik verraten. Und einige Jahre vor dem Zweiten Weltkrieg trat seine Wandlung ein. Man mag die erstaunliche Abkehr Huxleys vom naturwissenschaftlichen Weltbild allen möglichen äußeren Umständen zuschreiben wollen – seiner zunehmenden Erblindung, seiner Freundschaft mit dem Mystiker Gerald Heard, seiner Verankerung im unrealen, überhitzten Bannkreis der Hollywooder Filmkolonie. Keiner dieser Umstände erklärt sie völlig, obgleich sie alle dazu beigetragen haben mögen. Es gibt tiefere Gründe, aus denen sich der Skeptiker Huxley der Lehre der indischen Vedanten und den Praktiken der Yogis verschrieb. Gerade die bedenkenlosesten Agnostiker sind gegen plötzlich über sie hereinbrechende Evangelisten am wenigsten gefeit. In jedem Saulus ist ein Paulus verborgen, und je übermütiger er sich eben noch gebärdet hat, desto wehrloser scheint er dem Proselytenmacher ausgeliefert, der ihm in einem Augenblick körperlicher Schwäche oder seelischer Bedrängnis über den Weg gelaufen kommt.

In Huxleys Fall trat jene angelsächsische Veranlagung hinzu – oder solle man sie, um Swift und Shaws willen, ebenfalls als irisch bezeichnen? –, die es gewissen großen Geistern dieser Völker unmöglich macht, zwischen ihrem Triebleben und ihrem Intellekt einen erträglichen Ausgleich zu schaffen. Das equilibrium latinum ist ihnen versagt; sie sehen, wenn sie diese Erkenntnis auch in ihren Schriften satirisch maskieren, den Gegensatz zwischen Leib und Geist als unüberbrückbar, als Quellen allen Unheils an, zuweilen sogar als das teuflische und das göttliche Prinzip schlechthin. Was anderwärts Heilige und Asketen durch Abtötung ihrer sinnlichen Gelüste erzwingen, der Bruch zwischen Verstand und Gefühl, scheint ihnen angeboren. Kein Wunder, daß Huxley, dessen spöttische Schilderungen des Liebesaktes, dessen Zweifel an der Ästhetik der ehelichen und an der Ethik der außerehelichen Freuden sich durch sein ganzes frühes Werk ziehen, die Natur schließlich nur noch als Widernatur empfand. Am Leibe verzweifelnd, schwor er den fleischlichen Lüsten ab. Am Geiste verzweifelnd, warf er sich der Mystik in die Arme und beging das sacrificium intellectus. Dennoch blieb er als Schriftsteller von glasklarer Klugheit; dennoch plagte ihn ein fragwürdiger Trieb, daß er in seinen Büchern Orgien von unausdenkbarer Grausamkeit beschreiben mußte, als hätte er vor dem verhängnisvollen Weg, den die Menschheit einzuschlagen drohte, auf keine andere Weise zu warnen vermocht.

Schon in seinen Romanen ›After many a Summer‹ und ›Time must have a Stop‹ hatte er seinen neuen Glauben mit den Instrumenten seiner alten Skepsis verkündet. Diese Bücher enthielten die gleiche hohnlachende Gesellschaftssatire und, trotz einer wirklichen Besorgnis um das Geschick der Welt, die gleiche hochmütige Verachtung seiner Mitmenschen, welche bereits frühere Werke des Autors gekennzeichnet hatten. Inzwischen mochte Huxley freilich im Zerrspiegel Hollywoods ein noch entarteteres Bild der menschlichen Gemeinschaft erblickt haben, als er es sich je erträumte. Darum waren auch die wollüstigen alten Millionäre, die hirnlosen Schönheiten und aufgeblasenen Narren, die seine neuen Bücher bevölkerten, nicht mehr Prototypen unserer Welt, darum hatten diese Romane mit der Problematik unserer Zeit, mit der Problematik Europas nichts mehr zu tun. Gleichwohl mochten sie zuweilen Spekulationen von ergreifender Gewalt enthalten. So ein Kapitel in dem Buch ›Time must have a Stop‹, in dem Huxley versuchte, die graduelle Auflösung eines sterbenden Menschen zu schildern. Er beschrieb hier den Übergang vom Gestorbensein zum wirklichen Tod, das allmähliche Aufgehen der individuellen geistigen Substanz in die kosmische Allgemeinsubstanz, mit einer Phantasie und Kühnheit, wie sie sich in der modernen Literatur nicht häufig findet.

Um so peinlicher vergriff er sich freilich in seinem nächsten Roman. ›Affe und Wesenheit‹ – die Antithese lag hier schon im Titel – war eine Utopie, die das technisierte Grauen von ›Welt – wohin?‹ bei weitem übertraf. Der Atomkrieg ist vorbei und hat fast die ganze bewohnte Erde verwüstet. Eine Forschungsexpedition aus dem unversehrten Tasmanien findet in der Gegend des ehemaligen Los Angeles eine Gemeinde von Wilden vor, welche die Massenkopulation, den Teufelskult und die feierliche Vernichtung mißratener Kinder zu ihren Riten erhoben hat. Mit seiner üblichen wissenschaftlichen Genauigkeit, mit einer unerbittlichen Roheit, wie man sie anders nur bei Gilles de Ray finden mag, entwirft Huxley in diesem Buche eine Zukunft, die in Blut, Dreck und Satanismus erstickt. Zwar werden, wie in Orwells ›1984‹, gewisse schauerliche Themen unserer Gegenwart fortissimo entwickelt – darunter Ilse Kochs Werkstatt zur Verarbeitung von Menschenhaut, die Verkrüppelung durch Atomstrahlung, der Massenmord an unerwünschten Mitbürgern. Aber nicht die organisierte Versklavung einer gigantischen Erdbevölkerung, sondern die völlige Entzivilisierung und Rückkehr zu einem atavistischen Herdenleben ist Huxleys neues Zukunftsbild. Den Leser grauset's. Er sucht nach Trost. Doch Huxleys Heilsbotschaft tröstet ihn nicht.

Sie wird, diese Botschaft, am Ende des Buches vorgetragen, und gipfelt in der Forderung nach einer Verschmelzung okzidentalen und orientalischen Gedankengutes – von östlichem »Mystizismus, der die westliche Wissenschaft ihren wahren Aufgaben zuführt«, mit »westlichem Individualismus, der den östlichen Totalitätswahn zu bändigen weiß«. Neben der furchtbar lebendigen, furchtbar realen Schilderung der utopischen Greuel erscheint die Formel freilich seltsam, vage, dürr und unreal. Man spürt in diesem Roman allerorten Huxleys Flagellantenlust an der Geißelung des Tieres im eigenen und fremden Leibe; seinen Glauben an die Rettung spürt man nicht. So muß sich der Leser zuletzt mit einem kleinen Satz begnügen, den Huxley irgendwo am Rand notiert: »Wann immer das Böse seine Grenze erreicht hat, zerstört es sich selbst. Danach aber wird die Ordnung der Dinge wieder hergestellt.« Diese Worte, deren skeptische Zuversicht wie ein Echo aus seiner evolutionsgläubigen Jugend anmutet, enthalten mehr Hoffnung für die mühselig fortschreitende Menschheitsentwicklung als der ganze esoterische Traktat.

Wann immer Huxley in den nächsten Jahren versuchte,

seine neue Heilslehre in Romanform zu propagieren, war er daran gescheitert. Kleidete er seine spekulativen Darlegungen über die Zusammenhänge von Mensch-Seele-kosmischem Bewußtsein-Gott in das einfachere Gewand des Essays, nahm man sie weit williger, wenn auch nicht kritiklos auf. Schilderte er jedoch die Schäden wie die Rettungsmöglichkeiten unserer Zeit mit Hilfe einer Analogie zu vergangenem Geschehen, wie in seiner historischen Analyse über Père Josephe, die ›graue Eminenz‹ hinter Richelieu, dann las man ihn nicht allein um der Aufhellung eines dunklen Kapitels der Kulturgeschichte willen, nicht allein der intellektuellen Übung wegen, die sein brillanter Verstand uns auferlegte, sondern mit dem brennenden Gefühl, daß es bei dem »dort und damals« um das »hier und heute« ging, um die eigene Sache – die zutiefst unwandelbare *condition humaine*.

»Der Reiz der Geschichte«, so schrieb Huxley in seinem Buch ›Die Teufel von Loudun‹, »und ihre enigmatische Lehre liegt darin, daß von einem Zeitalter zum anderen sich nichts verändert und alles doch völlig verschieden ist.« Auch diese Unterschiede liegen freilich nur an der Oberfläche. »Im Kern besteht eine grundsätzliche Identität. Soweit die Menschen fleischgewordener Geist sind, physischem Zerfall und dem Tode unterworfen, zum Schmerz und zur Freude fähig, von Lust und Abscheu getrieben, und schwankend zwischen dem Wunsch nach Selbstbestätigung und dem Wunsch nach Selbstentäußerung, sehen sie sich zu jeder Zeit und an jedem Ort den gleichen Problemen gegenüber, sind sie den gleichen Versuchungen ausgesetzt und können, von der Vorsehung dazu ermächtigt, die gleiche Wahl zwischen einem Verharren in der Sünde und der Erleuchtung treffen.« In seiner Interpretation der sonderbaren Vorfälle, die sich im dritten Jahrzehnt des siebzehnten Jahrhunderts in der kleinen Stadt Loudun im Departement Vienne zugetragen hatten, machte er diese These überzeugend klar.

›Die Teufel von Loudun‹ gehören wie die ›graue Eminenz‹

zu jener Übergangsepoche des *Grand siècle,* da die Menschheit zerrissen ist »zwischen Leichtgläubigkeit und Skepsis, zwischen ihrer Zuflucht zum Übernatürlichen und einer prahlerischen Zuversicht in die neu entdeckten Kräfte der angewandten Wissenschaft«. Hexenverfolgungen, Teufelaustreibungen sind an der Tagesordnung. Eines jener Fälle, der *Cause célèbre* von Loudun, bediente sich Huxley als Schulfall, um die Erscheinungsformen »echter« und »falscher Mystik« zu erläutern. Er entrollte, mit sorgsamer Benützung aller erhaltenen Quellen und Kommentare, die Geschichte des Seelsorgers der Stadt, Urbain Grandier, den die Äbtissin Jeanne des Anges und ihre siebzehn »besessenen« Nonnen der Hexerei anklagen und auf den Scheiterhaufen bringen. Grandier, einem gesunden jungen Kleriker und Humanisten, dem Inbegriff des *homme moyen sensuel* jener Zeit, steht Soeur Jeanne als die Vorläuferin moderner Neurotikerinnen gegenüber, als eine geltungsbedürftige und überhitzte Frau, ergriffen von jener latenten Erregung, die D. H. Lawrence als den »Geschlechtstrieb im Gehirn« bezeichnet hat. Wie solche krankhafte Veranlagung eines Menschen von den herrschenden Mächten genützt und zu finsterer Übeltat verwendet wird, wie die Neurose eines Einzelnen um sich greift und zur Massenhysterie wird, bis endlich Aberglaube, politische Intrige und persönliche Ranküne ihr Opfer erjagen, dient zum erschreckenden Beispiel, das für jegliche Zeit Gültigkeit besitzt. Überdies aber versuchte Huxley, in der Figur des großen Jesuiten Jean-Josephe Surin, welcher nach dem Tode Grandiers die endgültige Austreibung der Dämonen von Loudun unternimmt, einen »echten Mystiker« zu schildern, dessen Erleuchtungen guten oder gar göttlichen Mächten zuzuschreiben sind.

Keineswegs war nämlich Huxley der Ansicht, daß die Vorstellung von der Existenz guter, böser oder gleichgültiger Geister in jedem Falle absurd oder widersinnig sei. »Nichts zwingt uns zu der Annahme, daß die einzigen Intelligenzen im Weltall lediglich im Verein mit menschlichen oder tierischen Körpern auftreten.« So vorsichtig gefaßt, so für jeden positivistischen Philosophen akzeptabel, formulierte er seine Haltung auf weiten Strecken dieses Buches. Ja, er bemerkte, wie schwer es sei, innerhalb all dieser »durchaus möglichen Einwirkungen« zwischen jenen zu unterscheiden, die einerseits vom Heiligen Geiste und andererseits von einfältigen, verwirrten, oder gar bösartigen Geistern herrühren können. Und er zitierte, nicht ohne Sarkasmus, den von Bayle berichteten Fall eines jungen Anabaptisten, welcher eines Tages die Aufforderung erhielt, seinen Bruder zu köpfen. Auch der Bruder erkannte die übernatürliche Herkunft der Inspiration an und unterzog sich willig, ein zweiter Isaak, der gottgewollten Enthauptung. Solche »teleologischen Suspendierungen der Moral«, wie Kierkegaard sie nannte, empfahl Huxley indes keinesfalls der Verwirklichung.

Freilich verließ er völlig den Boden vorurteilsloser Untersuchung, wenn er sodann vom menschlichen Drange nach Selbstentäußerung sprach. Hier trat er endlich als Axiomatiker auf, der keine Zweifel duldet. »Wir wissen«, sagte Huxley, »(oder, um genauer zu sprechen, etwas in uns weiß), daß der Urgrund unseres individuellen Wissens identisch ist mit dem Urgrund alles Wissens und Seins.« Durch unser Unterbewußtsein seien wir mit jedem Außer-Ich, auch dem göttlichen, verbunden. In ihm wohne die »Erbsünde«, aber auch die »Erbtugend«, mit der wir geboren werden. Jedes Überschreiten der Ich-Grenze durch Versenkung in das eigene Unterbewußtsein könne daher sowohl zum »göttlichen Urgrund aller Dinge« wie zu den inneren Dämonen, dem »immanenten Maniaken« führen. Huxley näherte sich auf diesem Wege brahmanistischer Weltanschauung sogar der Tiefenpsychologie, wobei er Freuds allzu ausschließliche Beschäftigung mit den Auswirkungen der Erbsünde tadelte, dagegen Jungs durchdringendere Erforschung jener unpersönlichen geistigen Substanz – Huxleys »kosmischen Bewußtseins« –, aus der das individuelle Ich sich kristallisiert und zu der es zurückfinden muß, lobend anerkannte. Freilich, »Jungs Psychologie geht über den immanenten Maniaken hinaus, doch sie macht halt vor dem immanenten Gott«.

Auch wer keineswegs geneigt war, Huxley auf dieses Terrain zu folgen, auch wer sich seiner Metaphysik grundsätzlich und entschieden verschloß, konnte mit einigem Staunen feststellen, daß sich höchst brauchbare Nutzanwendungen aus ihr ziehen ließen. Die Sicherheit, mit der Huxley aus seinen mystischen Spekulationen zu einer gültigen Ethik gelangte, war wohl der wichtigste Gewinn seiner Abkehr von jenem Rationalismus, der niemals gesunde Skepsis, sondern nur einen krankhaften Zynismus in ihm hervorzurufen vermochte. So ist denn dieses Buch von den Teufeln von Loudun, mag es auch alle lasziven Ausschreitungen, alle grauenhaften Folterungen von Leib und Seele wieder einmal schonungslos entblößen, ein bedeutender Beitrag zur moralischen Gewissenserforschung der Menschheit geworden. Huxley untersuchte darin unter anderem auch die Formen »falscher Selbstentäußerung«, welche Menschen auf der Flucht vor sich selbst zu Trunksucht und Rauschmitteln, zu wahlloser Geschlechtsbefriedigung und zum »Herdengift« der Massenhysterie treiben. Vor allem aber erkannte er die Parallele zwischen dem Teufelsglauben des *Grand siècle* und dem Diabolismus unserer Zeit. Die Art des Vorgehens, der *behaviour pattern*, ist der gleiche geblieben. Wenn auch nach dem Jahre 1700 alle Massenverfolgungen im Westen säkularer Natur gewesen sind, so ändert dies nichts an der Unerbittlichkeit, mit der sie durchgeführt wurden. Das radikal Böse war nur nicht mehr in Hexen und Zauberern verkörpert, sondern in den Vertretern einer verhaßten Klasse oder Nation. Mit einer kurzen liberalen Unterbrechung im 19. Jahrhundert – da etwa Michelet nicht imstande war, die Grausamkeit zu begreifen, mit welcher man früher die Hexen verfolgte – ist diese Ausrottung des Rassen- oder Klassenfeindes ewig und erbarmungslos vor sich gegangen.

Und mehr als das. Wer den Teufel an die Wand malt, wird von ihm erfaßt. Keiner kann seine Aufmerksamkeit auf das Böse, oder auch nur auf die Idee des Bösen richten, ohne von ihm betroffen zu werden. Mehr *gegen* den Teufel zu sein, als *für* Gott, ist äußerst gefährlich. »Jeder, der gegen andere zu Kreuze zieht, riskiert den Verstand zu verlieren. Er wird von der Niedertracht verfolgt, die er seinen Feinden zuschreibt; sie wird zuletzt ein Teil von ihm selbst.« So geißelte Huxley nicht nur die totalitären Massenbewegungen unserer Tage, er wies auch auf die Gefahr hin, in der ihre Gegner schwebten. *Qui mange du diable, en meurt.* Wer in seinen Mitmenschen den Teufel sucht, der findet ihn in sich selbst, der endet in der gleichen Intoleranz, die zu bekämpfen er sich mühte. Huxley pflanzte also gleichsam Warntafeln auf, wo immer der mit guten Vorsätzen gepflasterte Weg zur Hölle abzubiegen drohte. In diesem Buch, das sich am weitesten von der Gegenwart entfernte, zog er die gültigsten Schlüsse für unsere Zeit. In einer Analyse, die sich in die spitzfindigsten Definitionen des Okkulten verlor, stellte er richtige Maßstäbe auf für eine moderne Ethik. Wenn die Zivilisation, wie er selbst einmal sagte, in nichts anderem besteht, als daß »Individuen systematisch die Gelegenheit zu barbarischem Betragen entzogen werde«, dann hat dieses brutalste Werk Huxleys in höchstem Maße zivilisatorischen Wert.

Der neue Adonais: Dylan Thomas

Als Keats mit fünfundzwanzig Jahren an der Schwindsucht starb, schrieb Shelley um ihn eine Totenklage, die noch schöner und verzweifelter war als Miltons großer Lament um Lycidas. Denn hier war nicht, wie Goethe mit klassischer Heiterkeit an Anakreons Grab empfand, ein glücklicher Dichter dahingegangen, den nach einem langen Sommer und Herbst der Hügel vor dem Winter schützt. Im Frühling seines Lebens, an der Schwelle der Vollendung, verkannt von allen außer seinem Freundeskreis und einem kleinen Häuflein von Verständigen, hatte der Tod ihn entrissen. Shelley aber fühlte um ihn eine nachtschwarze, unstillbare, romantische Trauer, die ihm neue Tiefen der Empfindung, neue Höhen des lyrischen Ausdrucks erschloß. Er besang in seinem ›Adonais‹ den jüngsten, geliebtesten aller Freunde, der sich »hinausschwang über den Schatten unserer Nacht«, und den Neid, Verleumdung, Haß, Schmerz und »jene Unruh', die wir fälschlich Entzücken nennen«, nicht mehr martern und versehren können. »Man möchte sich in den Tod verlieben, denkt man, an welch süßem Ort man begraben würde!« rief er über Keats' letzter Ruhestätte im römischen Friedhof aus und wußte nicht, aber ahnte vielleicht, daß er dem Freund, wie es vier Jahre später geschah, dahin nachfolgen sollte.

Die großen Tage der englischen Romantik, die Tage von Keats, Shelley, Leigh Hunt, Byron, Trelawny, sind in die Literatur eingegangen, und die Gegenwart hat daraus ihre Lektion gelernt. Was immer man unserer schnellebigen, verschwenderischen Zeit vorwerfen mag – sie ist auch rascher bereit, ihre Genies zu erkennen, und sie geht zumeist sparsamer, vorsorglicher mit ihnen um. Dylan Thomas, den ein

Keats'sches Schicksal traf, dessen wildes, fruchtbares und schon während seiner Dauer legendäres Leben im November 1953 jäh erlosch, war, von allen anerkannt, der »goldene Knabe« der englischen Dichtung. Seine Zeitgenossen, die geistige Elite seines Landes, alle künstlerischen Cliquen liebten und verehrten ihn. Dieser ungebärdige, sprachgewaltige, visionäre Waliser, der gleich dem Elisabethaner Kit Marlowe seine Tage und Nächte in Tavernen vertrank, aber einsam, in der Stille, seine poetischen Bilder und Gebilde schuf, der sich verkroch, wenn er schrieb, und nur im Rausch sich zeigte, aber nüchtern wurde und mit dem ganzen theatralischen Temperament seines Volkes in strömende Rhetorik ausbrach, sobald man ihn auf ein Podium und vor ein Publikum stellte – er kostete den Ruhm vor dem Tode, und er löste, als er mit neununddreißig Jahren starb, in England und in der großen literarischen Welt eine Trauer aus, die Shelleys Nänie übertönte wie das Meeresbrausen eine wehmütige Schalmei.

Dylan Thomas war am Meer geboren, in Swansea, wo man zur Hälfte englisch, zur Hälfte walisisch spricht. Sein Name bedeutet ›Sohn der Woge‹; doch mehr als dieses eine keltische Wort hatte ihm sein Vater, ein kleiner Schullehrer, nicht mitgegeben, denn Dylan schrieb englisch, dachte englisch, war der geistige Sohn aller großen englischen Sprachschöpfer von William Shakespeare bis William Blake, und zugleich, mit seinem ererbten, verborgenen Born walisischer Mystik und Metaphorik, so keltisch wie Yeats, wie Joyce, die gleich ihm die Geschichte eines reinen und uralten, empfindungsreichen, aber wortarmen Volkes in die vielfältig zivilisierte, synonymhaltige, kraftvolle und differenzierte Sprache eines anderen übertragen hatten. London war sein Lehrmeister. Er verfluchte es oft, nannte es einen »scheußlichen, grauen, rauhen Ort voller Leichen«, und lebte zumeist auf dem Land, nahe bei Oxford und zuletzt in einem Haus in Laugharne, an der See. Doch es zog ihn immer wieder in die Großstadt. Londons unvergleichliche Schenken, rauchig,

nach Bier und Whisky duftend, mit ihren bemalten Schilder-
tafeln aus Wellingtons Tagen und ihrem viktorianisch gra-
vierten Spiegelglas, und Londons literarische Salons, in denen sich zur Cocktailstunde eine Reihe seelisch gehemmter,
aber geistig überaus agiler Herrschaften zusammenfindet, um
immer neu zu entscheiden oder zu verhindern, daß jemand
nun ›dazugehört‹ – sie nahmen ihn gleichermaßen ans Herz,
diesen hemmungslosen Menschen aus Wales, diesen Silenus
mit dem Cherubshaupt, diesen keltischen Rimbaud, der das
Tavernenspiel ›Shove Ha'penny‹ den blutarmen, zerebralen
Unterhaltungen der Saloncliquen vorzog, aber in beiden als
Sieger hervorging. Denn der Visionär wußte zu formulie-
ren, und er sagte etwa über W. H. Auden, der ihm als »goldener Knabe« in den dreißiger Jahren vorangegangen war,
seine Lyrik sei »eine Hygiene, eine Wissenschaft und Praxis,
begründet auf einer brillant voreingenommenen Analyse ge-
genwärtiger Übel, gesundheitsfördernd, eine Sanitätswissen-
schaft und ein Spülbecken der Melancholie«.

Er selbst fischte, wie der Dichter und Kritiker Edwin Muir
über ihn schrieb, am Flußufer des Unbewußten, und was
er dabei hervorzog, erschien ihm selbst häufig unverständ-
lich und wunderbar. Einige seiner ›Gesammelten Gedichte‹,
jener Frucht und Auslese vieler Jahre, die er 1953 in London
herausgab, sind gleich denen der Surrealisten nicht viel mehr
als Rohmaterial der Phantasie, ungeordnete Fragmente, die
aus jenem Strom des Unbewußten heraufgeholt wurden und
nun im selben reizvollen Désarrangement am Ufer liegen.
So etwa die Zeilen:

Meinen Bettlerarm tauch' ich ihr gestern nacht
tagtief in ihre Brust, die kein Herz trug
für mich allein, nur eine geschlagene Trommel
die sprach vom Herzen, das ich einer guten Gewohnheit
                                        entschlug.

Oder jene:
So angetan zum Tode stolzieren die Sinne weltein
in meinen roten Adern läuft Gold im Kreise
ich schlage die endliche Richtung zur Stadt des Anfangs ein
solange die Ewigkeit währt will ich vorgehn und steigen.

Zu anderen Zeiten aber brach die Inspiration, singend
wie ein ganzer wohlgeschulter walisischer Eistedfodd-Chor,
in vollendeter Melodie aus ihm hervor, und er schrieb ›Fern
Hill‹, vielleicht das schönste englische Gedicht dieses Jahrhunderts:
Als ich noch jung war und unbeschwert unter den Apfel-
zweigen
rund um das trällernde Haus und so glücklich wie das Gras
grün
und die Nacht überm Talgrund vor Sternen,
ließ mich der Augenblick jauchzen und steigen
golden zu seiner Augen Erntezeit,
und geehrt bei den Heuwagen war ich Prinz der Apfelstädte,
und einmal vor tiefer Zeit hieß ich die Bäume und Blätter
mit Maßliebchen und Gerste
die Flüsse des Fallobstlichtes hinunterziehn.

Und als ich grün war und sorglos, berühmt bei den Scheunen
rund um den lustigen Hof, und so singend, wie ich zuhaus
war,
golden in seiner Machtfülle Gnade
ließ mich der Augenblick spielen und sein
in der Sonne, die einmal nur jung ist.
Und grün und golden war ich Jäger und Hirt, die Kälber
sangen zu meinem Horn, auf den Hügeln die Füchse bellten
klar und kalt
und der Sabbath läutete langsam
in den Kieseln der heiligen Bäche.

Auch Prosa schrieb er, Geschichten, die unter Eisenbahn-
brücken spielen, unter phantastischen Kleinbürgern, bei
einem Sterbenden, um eine wiedergeborene Christusfigur,
groteske und zuweilen erschütternde Verzerrungen und Ver-
klärungen des Alltagslebens, vor allem jene, die er unter dem
Titel ›Bildnis des Künstlers als junger Hund‹ zusammenfaß-
te, ohne noch eine Zeile von Joyce gelesen zu haben. Ein
Drehbuch wie ›Der Doktor und die Teufel‹, das man niemals
als Film zu sehen bekam, dessen dunkle Wortgewalt erst
nach Dylan Thomas' Tode in dramatische Form umgegossen
wurde. Und Rundfunksendungen, Kritiken, all das Vielerlei, mit dem ein Dichter sich heutigentags durchs Leben
schlägt. Dennoch aber fand sich seine schöne irische Frau
Caitlin, die er ganz jung, als »monogamer Bohémien«, geheiratet hatte, mit ihren drei Kindern nach seinem Ableben
völlig mittellos. So zeigte sich wieder, daß selbst anerkannte
Dichter unserer Zeit nicht imstande sind, jenes Mindestmaß
an materieller Sicherheit zu erreichen, das jedem halbwegs
erfolgreichen Kaufmann vergönnt ist. Dylan Thomas, dessen
Name in keiner Anthologie, keinem Symposium fehlte, dessen gesammelte Gedichte in mehr als zehntausend Exemplaren in den Umlauf kamen, der in allen Ländern Europas
und in Amerika Bewunderer und Freunde fand, lebte von
Tag zu Tag, von der Hand in den Mund, verfolgt von Rech-
nungen, Mahnungen, Klageschriften, und hinterließ nicht
mehr als ein paar rote Debitziffern. Er lebte vor allem von
jenen amerikanischen Vortragsreisen, die ihn auslaugten und
entkräfteten und die den seelisch unsteten, aber seßhaften In-
selbewohner bis in die entlegensten Provinzstädte des Mit-
telwestens führten. Es war ein Triumph jener Rede- und
Gestaltungskunst, die er als Jüngling auf walisischen Bühnen
erprobt hatte – und die ihn zu einem neuen Kean des Theaters gemacht haben würden, wäre er nicht ein neuer Blake
der Poesie geworden –, daß seine schwierige Lyrik, seine or-
phischen, obskuren und häufig obszönen Bilder auch einem

einfachen Publikum begreiflich werden konnten. Edith Sitwell, die Hohepriesterin der englischen Dichtung, und der *man in the pub*, der Mann in der Taverne, verstanden ihn. Und als es nach seinem Tode nicht allein sein Gedächtnis zu feiern, sondern seine Angehörigen vor dem bittersten Elend zu bewahren galt, schien sich diese Notwendigkeit, vielleicht zum erstenmal in der Kulturgeschichte, tief in das Bewußtsein eines ganzen Volkes einzuprägen.

Es war kein Zufall, daß die volkstümlichste aller Londoner Tageszeitungen den ergreifendsten Nachruf auf Dylan schrieb, kein Zufall, daß dreitausend Menschen die große Festival Hall an der Themse füllten, als bald nach seinem Hingang eine Vorlesung zu seinem Andenken stattfand. Denn als einziger unter seinen Zeitgenossen hatte er, der über allen literarischen Koterien stand, es vermocht, sich und seine Visionen einer breiten Masse zu erschließen. Gleich Keats hatte er überdies die Phantasie seiner eigenen Dichtergeneration entzündet. Man hörte damals in der Festival Hall poetische Tribute, die Louis MacNeice, Cecil Day Lewis, Stephen Spender und Vernon Watkins an ihn entrichtet hatten; und in einer Sondernummer der Zeitschrift ›Adam‹ verliehen Roy Campbell, John Lehmann, Pierre Emmanuel und viele andere ihrem Schmerz dichterischen Ausdruck. Aber mehr als sie alle besaß Thomas die erlesenste Gabe des Genies, jene Fähigkeit, an jedem Tag die Welt neu zu erschaffen. Gleich den ersten und ewig neuen Worten der Bibel drang seine Dichtung, wo sie es erreichte, in das Bewußtsein der Öffentlichkeit ein. Sie hatte es freilich erst posthum durch das Mittel des Rundfunks in vollem Maße erreicht.

Dylan Thomas' schöne, sonore Stimme war den englischen Hörern seit Jahren bekannt gewesen, er hatte häufig Bücher besprochen und für den walisischen Sender eine ›Suche nach der verlorenen Zeit‹ seiner Kindheit in Swansea verfaßt. Sieben Jahre vor seinem Tod entwarf er im Auftrag des Britischen Rundfunks ein Hörspiel, dem er das Leben einer kleinen Stadt zugrunde legen wollte, voll Hinter- und Abgründen, voll toter und lebendiger Menschen mit ihren gärenden Gedanken und ihrer absonderlich klischierten Alltagssprache. Er schrieb die erste Hälfte in wenigen Monaten, verlegte dann seinen Haushalt nach London und gab die Arbeit auf, als er sich wieder einmal in schweren finanziellen Schwierigkeiten befand. Im Oktober 1951 richtete er einen flehentlichen und erschütternden Brief an Marguerite Caetani, die Herausgeberin der ›Botteghe Oscure‹ in Rom, in dem er das geplante Werk schilderte und sie um Hilfe bat, um es vollenden zu können. Principessa Caetani half, und dennoch kam er mit seinem Hörspiel ›Llareggub‹ nicht weiter. Zwei Jahre später zog er zurück nach Wales, an die blaue Bucht von Carmathen. Dort vollendete er das Werk, das vom Rundfunk oft und dringlich angefordert worden war, im Verlauf weniger Wochen. Die ersten vervielfältigten Exemplare erreichten ihn, als er in das Nachtflugzeug nach Amerika stieg – wo er unter anderem einen Operntext mit Strawinsky besprechen wollte –, und er trug sie auf jener Reise mit, von der er nicht zurückkehren sollte. New York hörte Auszüge daraus und bejubelte ihn. Am 9. November 1953 starb er nach einem besonders heftigen Ausbruch jener selbstzerstörerischen Exzesse, die mit den letzten Jahren immer häufiger geworden waren, an einer verhängnisvollen chemischen Verbindung von Medizin und Alkohol in einem amerikanischen Krankenhaus. Im darauffolgenden Januar wurde im Dritten Programm des Britischen Rundfunks das vollständige Hörspiel unter dem Titel ›Under Milkwood‹ erstaufgeführt.

Der Erfolg war überwältigend. Leute, die niemals eine Zeile von Thomas gelesen hatten, waren von dieser Sendung ergriffen und zu Tränen gerührt. Nun begann sein Ruhm auch ins Ausland zu dringen. Italien, das in der Gestalt Marguerite Caetanis dem Entstehen des Werks so förderlich gewesen war, verlieh ihm einen hohen Literaturpreis. Bald

nach der ersten englischen Sendung brachte der britische
Rundfunk eine deutsche Nachdichtung von Erich Fried,
der seither fast die ganze Lyrik und Prosa von Dylan Thomas übertragen hat. Ihm ist es zu verdanken, daß jene zwanzig und mehr Figuren aus der imaginären walisischen Stadt
›Unter dem Milchwald‹, die in vielen englischen Häusern bereits eine mythische Existenz angenommen haben, unver-
fälscht in eine völlig andere Vorstellungswelt eingehen konnten. So leben sie auch im deutschen Sprachkreis fort: Kapitän
Cat, der pensionierte blinde Schiffskapitän, der daheim in
seiner Koje schläft, »in der meermuschelig flaschenschiffflot-
ten, tipptoppen besten Kajüte« seines Ausgedinges, und von
seinen toten Matrosen träumt, die aus der salztiefen Meeres-
gruben-Finsternis zu ihm hinaufrufen: »Gibt's noch Rum zu
trinken und Tang zu essen?« und noch »Brüste und Rot-
kehlchen?« und »Ziehharmonikas?« und »Spatzen und Gän-
seblümchen?« und, verzweifelnd, vergessend: »Wie riecht
bloß Petersilie?« Mrs. Ogmore-Pritchard, zweimal verwit-
wet, die im Taum aufwacht und, den toten Mr. Ogmore wie
den toten Mr. Pritchard gespenstisch an ihrer Seite, mit den
beiden Gatten zu reden beginnt. Und Mrs. Probert die Ma-
trosendirne – »Rosie Probert, Entengäßchen 33. Kommt nur
rauf, Jungens, ich bin tot.! Sie war die einzige Liebe in
Kapitän Cats Seelenleben, das »sardinenvoll von Frauen
war«, und auch sie singt hinauf aus ihrem Grabe:

> Was für Seen hast du gesehn,
> mein Tom Kater, Tom Cat,
> in deinen Seefahrertagen
> vor langer Zeit?
> Was für Seetiere waren
> im welligen Grün,
> als du mein Käptn warst?

Er aber erwidert:

> Ich sag dir die Wahrheit.
> Ich habe Seen gesehn,
> die bellten wie Seehunde,
> blau und grün,
> Seen voll von Aalen,
> Meermännern und Walen.

So reden sie miteinander, der Lebendige und die Tote, ehe sie wieder aus seinem Bewußtsein sinkt und hinab »ins Dunkel des ewigen Dunkels«, wo sie vergißt, daß sie jemals geboren war. Denn in diesem kleinen Hörspiel bestehen keine Grenzen zwischen Tod und Leben, Vision und Wirklichkeit, Wunsch und Geschehnis, Gedanke und Tat. Mit den Seelen der Abgeschiedenen hausen friedlich Dai Brot der Bäcker, und Frau Orgel-Morgan die Krämersfrau, Metzger Beynon, der »Eulenfleisch und Hundeaugen« feilhält, das Ehepaar Pugh, das süße Worte miteinander spricht und von vergiftetem Haferbrei träumt, Ehrwürden Eli Jenkins, der Seelsorger und rührend einfältige Poet zum Lobe Gottes, und Polly Garter, die Stadtschöne mit dem silbrigen Sopran, die im Arm von Tom, Dick und Harry um ihren »Willy Winzig« trauert, der sechs Fuß tief unter der Erde ruht. Der Bericht über die Stadt und ihre Leute beginnt mit der Nacht, die durch die Gassen geht, »die schnickt und schnackt in den Schnuckelstuben der Babies«, und endet nach einem Tag voll Arbeit und Liebe und Streit und Krankheit und Klatsch in der nächsten Nacht, da der Milchwald, der für Mary Ann Seefahrer »ein von Gott erbauter Garten« ist, für Ehrwürden Eli Jenkins aber eine »grünbelaubte Predigt von der Unschuld des Menschengeschlechtes«, sich rüstet zu einem neuen Frühlingstag.

Mit diesem Preislied, diesem wortprunkenden Hymnus zu Ehren der alltäglichen Welt, die für Dylan Thomas »der Himmel auf Erden war«, nahm er Abschied von seiner wirk-

lichen Existenz, begann seine legendäre Existenz im unendlichen Raum der Dichtung. Im Verein mit seinem lyrischen
Werk legt dieses ›Spiel für Stimmen‹ Zeugnis ab für die eigenwillige, gläubige und antidogmatische Philosophie eines
Poeten, der das Leben lobte und dem Tod keine Gewalt ein-
räumte über sich, der die Schöpfung so liebte, daß er sie
täglich, nach seinen besten Kräften, nachzuahmen suchte, und
der sein karg bemessenes Maß bis an den Rand mit irdisch-
sinnlichen Freuden füllte, mit ungehemmtem Trunk und
reichlicher Liebe, mit falstaffischem Spaß und animalischem
Schlaf, aber darüber der Ewigkeit nicht vergaß.

Sein Freund Ken Etheridge sagt ihm voraus:

> Barden werden seine Andachten berichten
> und brechen den Leib der Worte
> wie ein Priester das Brot,
> und weiter reichen zum Genuss und zur Genesung
> die Kunde von Dylan.

DIE LEUCHTENDE SEELE:
EINE RUSSIN

Marie Baschkirtseff

Es ist wirklich ein Leuchten um so früh Verstorbene,
durch sie bekommt das Totsein etwas Kühnes,
etwas Reiches, beinah Berühmtes.

RAINER MARIA RILKE

»O Gott, gib mir den Herzog von Hamilton! Ich will ihn
lieben und glücklich machen!« Die kleine blonde Russin, die
sich so zuversichtlich an die himmlische Vorsehung wendet,
hat noch die kindlichen Rundungen ihrer zwölf Jahre. Ihr
Herzog sitzt auf dem Balkon der Gioia, einer italienischen
Kurtisane, knabbert Pralinen und fordert unbekümmert die
gute Gesellschaft im Nizza der siebziger Jahre heraus. Er ist
ein Stutzer mit rotem Schnurrbart und einer Neigung zum
Embonpoint, jedoch dem Kinde erscheint er als die Verkörperung des Apoll von Belvedere, mit »der gleichen Kopf-
haltung, der gleichen Nase«. Und Gott ist gut, er wird ihn
ihr geben! Er hat ja immer ihre Gebete erhört – schon damals, als sie sich das Croquetspiel wünschte, aber auch später, als sie ihn unter Tränen bat, ihr doch beim Englisch-
lernen zu helfen, und er ihr die Jungfrau Maria erscheinen
ließ, um ihr wieder Mut zu machen. Bisher hatte sie noch
niemals Grund, an seiner Allmacht zu zweifeln. Doch ehe
er Gelegenheit findet, ihr diesen neuesten Wunsch zu erfüllen, hat der Herzog – dem sie völlig unbekannt ist – seiner
schönen Geliebten den Laufpaß gegeben und eine adelige
Dame geheiratet. »Dies«, klagt das Kind in tiefster Verzweiflung, »ist das größte Unglück, das eine Frau befal-

len kann. Ach, jetzt sehe ich, daß man nicht tun kann, was man will!«

Hin und wieder geschieht es zu empfindsamen Zeiten, daß ein Buch die Gemüter der Jugend wie ein Schicksalsschlag trifft. Unter dem Eindruck der ›Leiden des jungen Werthers‹, des ›Ssanin‹ von Artzibaschew und Weiningers ›Geschlecht und Charakter‹ nahmen viele Leser eine veränderte Haltung zum Leben ein oder fühlten sich vielmehr zum Tode hingezogen. Was sie aus ihnen über die Unvollkommheit des irdischen Daseins erfuhren und über die Grenzen, die der Erfüllung unserer Wünsche gesetzt sind, weckte ihren latenten Weltschmerz, ihre Existenzangst und Melancholie. Nicht minder leidenschaftlich war der Widerhall, den Marie Baschkirtseffs Tagebuch bei ihren Zeitgenossen fand. Sie mit siebzehn zu lesen, war verhängnisvoll. Weder die häufigen Wiederholungen noch die Weitschweifigkeit ihrer Liebesschwüre, weder ihre krankhafte Eigenliebe noch ihre endlosen Selbstzerfaserungen zerstörten die Magie. Junge Leute langweilen sich freilich nicht leicht; wie im Traum waten sie durch das Brackwasser schaler Ergüsse. Verwunderlicher ist, daß dieser hemmungslose Bericht über ein Leben zwischen dem zwölften und vierundzwanzigsten Jahr von zwei so verschiedenartigen Erscheinungen wie Gladstone und Maurice Barrès gepriesen werden konnte. Gleich vielen anderen ihrer Zeitgenossen verfielen auch sie Maries eigentümlichem Reiz, der weit weniger in ihrem Talent als in ihrer Aufrichtigkeit bestand. Ihr Talent war gering. Zwar wurde von den Ihren alles getan, um ihre vielseitigen Begabungen zu entwickeln, doch reichte deren keine dazu aus, wahrhafte Größe in ihr zu wecken.

Von frühester Kindheit an war sie jenen Anwandlungen von wahnwitzigem Dünkel, tiefem Mißmut und verzehrendem Ehrgeiz ausgesetzt, die so vielen Jugendlichen einen Anstrich des Genialen verleihen, der sich bei zunehmender Reife verflüchtigt. Allein in dem Entschluß, alle »Hoffnungen und

Gedanken, Täuschungen und Widrigkeiten, schönen Gefühle, Schmerzen und Freuden«, die sie erfuhr, »mit äußerster Offenheit niederzuschreiben«, ragte sie über ihre stummen Leidensgenossen hinaus. Kaum hatte sie sich jedoch diese Aufgabe gestellt, so empfand sie schon die Unmöglichkeit, Empfindungen zu schildern, das eigentlich Unausdrückbare in Worte zu fassen, als unerträglich quälend. Noch nicht vierzehn Jahre alt, verglich sie das Bemühen, Gefühle zu vermitteln, mit einem »Alpdruck, in dem man die Kraft zum befreienden Schrei nicht finden kann . . . ich wollte, ich könnte andere fühlen machen, was ich fühle!« Sie lebte zu früh für Bergson, für Husserl, für James Joyce. Dennoch vermeint man, wenn man in ihrem Tagebuch liest, einen inneren Mechanismus am Werk zu sehen, das Widerspiel ihrer Regungen zu betrachten, als wäre es das Räderwerk in einer glasverschalten Uhr. Das glückliche Zusammentreffen einer großen Intelligenz mit einer ungewöhnlich umfassenden Bildung, vereint mit all der Freizügigkeit, die Reichtum und eine aufopfernde Umgebung bieten können, ließ sie zur ersten beredten Zeugin eines Lebensalters werden, das ebenso gefühlszerrissen wie außerstande ist, diesen heftigen und widersprechenden Empfindungen Ausdruck zu verleihen.

Ihre Lebensumstände waren außerordentlich. Sie entstammte zwei Adelsfamilien: den Babanins, tatarischer Abkunft, doch sanfter Gemütsart – erst in ihr schlug die alte Wildheit durch –, und den Baschkirtseffs, launisch, vergnügungssüchtig und zur Schwindsucht neigend. Ihre Eltern hatten sich bald nach der Heirat getrennt. So besaß Marie kein Heim in Rußland, sondern reiste, begleitet von einer Schar von weiblichen Anverwandten, Doktoren, Dienerinnen, Lakaien und einem Negerknaben, in Europa umher und tyrannisierte ihren Hofstaat, in dessen Mitte sie heranwuchs wie eine kleine Prinzessin von Valois. Sie sprach fünf Sprachen, neben Griechisch und Latein. Plutarch, Herodot und Augustin gehörten zu ihren Lieblingsautoren. Sie spielte fünf

Instrumente, wenn auch vielleicht nicht gut. In ihrem Schlaf-
gemach stand ein spitzenüberrieseltes Bett unter einem Bal-
dachin von blauer Seide. Ihre Räume in Nizza umfaßten
einen Salon, ein Laboratorium und ein Schulzimmer – es war
ein Glashaus, in dem ein Genie herangezüchtet werden sollte.
Sie war gewiß, daß eine glänzende Zukunft ihrer harrte. Als
sie ihr Tagebuch begann, blickte sie dieser bereits mit Ungeduld und Zuversicht entgegen. Mit vierzehn Jahren ertrug
sie es kaum, noch nicht berühmt zu sein: »*Je dessèche d'inac-
tion, je moisis dans les ténèbres. Le soleil, le soleil, le soleil!*«
Auf welche Weise sie zu Ruhm und Ehre gelangen würde,
wußte sie noch nicht genau – sie war nur gewiß, daß sie ihr
zuteil werden mußten, daß es gar nicht anders möglich war.
Ein Jahr später, befeuert von der Wucht römischer Stand-
bilder, rief sie aus: »Ich möchte Cäsar sein, Augustus, Marc
Aurel, Nero, Caracalla, der Teufel, der Papst!« Noch in be-
sonneneren Augenblicken erschien ihr sicher, daß sie einen
Fürsten heiraten oder eine große Sängerin werden würde.
Was immer das Leben auch für sie bereithalten mochte –
Gott war gnädig, »*il ne laissera pas ma belle âme se dé-
chirer . . . Il me donne plus que le nécèssaire!*«
So gleitet Marie zwischen Gesangsstunden und dem italienischen Karneval, zwischen Kleidern und Klassikern, und
unter inständigen Gebeten zu Gott, sie um jeden Preis berühmt zu machen, aus der Kindheit in die Mädchenjahre.
Ja, es gelingt ihr sogar, eine Schönheit zu werden. Der Herzog von Hamilton ist vergessen – irgendwo in einem wohl-
tätigen Dunkel wird er wohlbeleibt und läßt sich Bartkote-
letten wachsen. Ihr erster Anbeter taucht auf, ein römischer
Jüngling, Neffe des Kardinals Antonelli. Seine verliebte Zuneigung bedarf offensichtlich des Segens der gesamten päpst-
lichen Hierarchie. Wenn er krank ist, läßt ihn seine Mutter
Papierstreifen mit dem Namen der Heiligen Jungfrau
schlucken und gibt ihm Weihwasser ein statt Medizin. Kein
Wunder, daß seine Verlobung mit einer Tochter der grie-

chisch-orthodoxen Kirche nicht begünstigt wird und die Familie den ›Cardinalino‹ schleunig in ein Kloster abschiebt. Marie würde freilich auch dem Papst trotzen, um ihren Willen durchzusetzen. Der Junge aber gibt nach. Damit endet seine Bewerbung; sie hinterläßt einen Flecken auf dem Spiegel ihrer Seele, den Marie so gern makellos erhalten hätte. Doch sie ist noch jung, noch von einem wahren Heißhunger nach dem Leben erfüllt, wenn sie auch keineswegs, nach den Worten Jean Gionos, danach verlangt, »*à manger la soupe de vie en plein, les pommes de terre, les choux, les carottes, tout ça entier.*« Sie begehrt noch immer »*de la confiture de framboise*«, nur die Süße, täglich die Marmelade, nicht das schlichte Brot.

Dann aber, unmerklich, wird alles ein wenig schal. Sechzehn Jahre alt und noch nicht berühmt! Ein furchtbarer Zweifel überfällt sie: ist es denkbar, daß ihre Phantasie, ihre Bücher und Dichter nicht die Wahrheit gesprochen haben? Sollten sie etwas erfunden haben, was es gar nicht gab, nur um die *saleté naturelle* zu verschleiern? Man ist an Tschechows Wera erinnert, die sich fragt, ob »die Schönheit der Natur, das Pathos der Gewitterstürme, die Harmonien der Musik unserer Seele nicht Versprechungen vorgaukeln, die von der Wirklichkeit nicht erfüllt werden können; ob nicht Glück und Wahrheit nur irgendwo außerhalb unseres Lebens existieren?« Lieber den Tod als solche Enttäuschung! Aber hatte sie nicht Gott schon vor langer Zeit herausgefordert, ihr jenes Leben zu gewähren, welches sie von ihm verlangte, oder sie sterben zu lassen?

Die Stimmung hält nicht an. Marie geht auf Reisen, ihren Vater zu besuchen. Ein Aufenthalt in Preußen regt sie zu ihren bildhaftesten Schilderungen an. Berlin im Jahre 1876 hat für sie »*l'air d'un tableau à horloge, ou à certains moments les militaires sortent de la caserne, les bâteliers rament, les dames en chapeaux-capotes passent, tenant par la main de vilains enfants*«. Durch die nächsten Seiten des Tagebuchs sickert jedoch die grenzenlose Langeweile des russischen Landlebens. Drei lethargische Verehrer, von denen keiner an Heirat denkt; gelegentlich eine Wolfsjagd; im übrigen nur kleinliche Familienintrigen. Mit einem Gefühl der Erleichterung reist sie nach Paris zurück, um ihre Studien wieder aufzunehmen. Hier entwickelt sich aus einer schweren Erkältung ein chronisches Kehlkopfleiden, sie muß ihre Gesangsstunden abbrechen, die Familie übersiedelt in das sonnenwarme Neapel. Von neuem findet eine Liebesaffaire – diesmal mit einem Grafen Larderel, der sie um ihres Geldes willen heiraten will – ein plötzliches Ende. Mit siebzehn sieht sie den drohenden Mißerfolg vor sich. Zum ersten Mal ist es ihr bitterer Ernst, wenn sie ausruft: »Ich habe keine einzige meiner Erwartungen erfüllt!«

Einen Sommer lang quält sie sich. Ihr ist, als habe sie *un chat dans le cœur*. Ihre Selbstverherrlichung wandelt sich zur Selbstverachtung. Ermattet vom inneren Kampf, beschließt sie endlich, malen zu lernen. Ihren ersten Auftritt im Atelier Julien auf dem Montparnasse gestaltet sie dramatisch. Ganz in Weiß gekleidet, *»une blancheur«*, erscheint sie flankiert von den großen, dunklen Gestalten ihrer Mutter und Tante in der bekanntesten Malschule von Paris. Und nun beginnt ihr letztes großes Abenteuer, ein Wettrennen um Ruhm mit der verrinnenden Zeit. Vom frühen Morgen an malt und skizziert sie im Atelier. Abend für Abend nimmt sie Nachhilfestunden. Das geringste Lob erweckt in ihr die überschwenglichsten Hoffnungen, jeder Rückschlag bereitet ihr Herzpein. Bald füllt sie ihr Tagebuch weniger mit Betrachtungen über die Technik der Malerei als mit hysterischem Neid auf andere Schülerinnen und mit hektischen Träumen von dem Tag, da sie im ›Salon‹ wird ausstellen dürfen. Diesmal wird es, diesmal muß es ihr gelingen! Doch während ihre Erwartungen sich immer höher spannen, wirkt ihre heimliche Angst vor dem Fehlschlag sich im Verfall ihrer Gesundheit aus. Mit achtzehn Jahren hat sie die Stimme verloren. Mit zwanzig trübt sich ihr Gehör. Und unaufhaltsam breitet sich ihr Kehlkopfleiden auf die Lunge aus, von ihrer ererbten Neigung zur Schwindsucht zweifellos begünstigt.

Hier entsinnt man sich, daß Marie seit je von der Aussicht auf einen frühen Tod bestrickt, ja zuweilen unwiderstehlich angezogen war. Mit zwölf Jahren schon, in Nizza, war er ihr als eine Alternative zum Ruhm erschienen. Auch in den darauffolgenden Jahren hatte sie ihn nie aus den Augen verloren, hatte sie Gott seine Möglichkeit immer wieder drohend entgegengeschleudert, als einen letzten Ausweg von irdischer Erniedrigung. »*Vaut mieux mourir!*« Allmählich wurde sie ganz davon besessen. Die Wissenschaft hat inzwischen bestätigt, was Dichter von altersher wußten: daß eine Krankheit seelisch ausgelöst und verschlimmert werden kann. Fraglos war Maries Familie *poitrinaire*. Doch es bestand kein Grund, warum Ärzte wie Charcot und Fauvel sie nicht rechtzeitig hätten heilen können, wäre die Krankheit nicht zum Ventil all ihrer enttäuschten Hoffnungen geworden. Sie führte ein maßloses Leben. Gleich Nietzsche war sie die Flamme, die unersättlich sich selbst verzehrt. Aber während ihr Licht immer tiefer herabbrannte, vermochte ihr Ehrgeiz keine neue Nahrung zu finden. »Ein wirklich großes Talent hätte mich gerettet«, bekannte sie ihrem Tagebuch.

Von Zweifeln befallen, verfolgt Marie weiter ihr Ziel, obgleich es ihr immer schwerer fällt, daran zu glauben. Ihre Tage verbringt sie in fieberhaftem Ringen um die Kunst, ihre Nächte in glänzender Gesellschaft auf den Bällen der Rue Wagram, den Empfängen im Faubourg. Sie versucht sogar, sich an die Fersen der großen Genies zu heften, vielleicht, um dem Geheimnis wahrer Größe auf die Spur zu kommen. Doch ihre Briefe an Zola, Dumas, Edmond de Goncourt bleiben ohne Antwort. Nur Bastien-Lepage – dieser »verdienstvolle Handwerker«, wie Walter Sickert ihn genannt hat – willigt ein, ihr Freund und Berater zu werden. In ihm glaubt sie einen Meister zu sehen; sie versucht, es ihm nachzutun, ja, überwindet sogar ihren Widerwillen vor dem gemeinen Volk, der sie von Jugend an erfüllt hat, und fängt an, den Schmutz, das Elend und die Hoffnungslosigkeit zu malen, das nackte Leben, »*la soupe de vie en plein*«. Es ist vergeblich. Was sie jetzt noch erreicht – und sie beginnt in der Tat, zu einer beachteten Künstlerin zu werden, deren Bilder mehrmals vor der Jury des ›Salon‹ bestehen –, genügt nicht, um ihre grenzenlosen Ansprüche zu befriedigen. Schließlich gelangt sie zur Antithese: »*Dieu est méchant . . . Ne pouvant me donner ce que me rendrait la vie possible, il s'en tire en me tuant.*«

So verfolgen die Seiten ihres Tagebuchs statt des triumphalen Aufstiegs eines Genies eine weit häufigere, aber seltener dargestellte Entwicklung: das langsame Schwinden einer Willenskraft, den allmählichen, qualvollen Tod eines Herzens. Der Tod war ihre Zuflucht. Sie wählte ihn nicht weniger bewußt, als hätte sie sich von einer Brücke in die Seine geworfen. Mit vierundzwanzig Jahren starb sie. Ihr Begräbnis war so prunkvoll wie das Grabmal, das sie sich selbst entworfen hatte. Und dennoch wurde sie nicht nur bekannt, sondern wirklich berühmt, als drei Jahre später ihr Tagebuch veröffentlicht wurde. Anatole France, Barbay d'Aurévilly, François Coppée, Jaloux und Brousson beeilten sich, in ihr eine Enkelin Rousseaus zu feiern. Bald entstand eine ganze Baschkirtseff-Literatur, von den Biographien von Borel und Cahuet bis zu der *vie romancée* von Dormer Creston. Der Ruhm jedoch, der ihr nach ihrem Tode zuteil werden sollte, warf seinen Abglanz schließlich auf ihre Kunst und hob ihre Bilder aus dem Zwielicht der Mittelmäßigkeit empor. Man begann, das Andenken der »*âme ardente et lumineuse*« zu ehren, die sich von den Mühlsteinen des Lebens nicht hatte zerreiben lassen und, einer antiken Heldin gleich, den Tod der Unrühmlichkeit vorgezogen hatte. In ihren strahlenden Anfängen glaubte die Jugend sich selbst wiederzuerkennen; in ihrem Vernichtungsgang sah sie ihre dunkelsten Vorahnungen bestätigt. Dennoch sagte Henri de Régnier mit Recht von ihr: »*Sa façon de vivre c'est de se survivre.*« Dem Schicksal zum Trotz, das sie ihr verweigern wollte, hatte sie sich zuletzt die Unsterblichkeit verdient.

Henri Alain-Fournier

> Le génie n'est que l'enfance nettement formulée.
>
> BAUDELAIRE

Von Baudelaire stammt das Wort, Genialität sei nichts als die pure, knappe Wiedergabe der Kindheit. Auf welche poetische Formel aber will man jenen frühen Daseinszustand bringen? Ist er so hell und himmelblau, so ungetrübt von allen außer den zartesten goldgeränderten Wolken, wie er sich im Fernglas des Rückblicks malt? Oder umweht ihn nicht vielmehr die Schwermut banger Zweifel, der süßtraurige Duft von Dachkammern, in denen Äpfel reifen, die modrige Wärme einer Gartenhütte voll feucht verwesender Blätter? Wer begreift im Erwachsensein noch die vergängliche und bereits dahingegangene Kindheit, wer bewahrt sich ihren reinen Gefühlsinhalt ohne den Bodensatz der Zeit, die seither verstrichen ist? Ganz ohne unser Dazutun sind ja Gedächtnis und Einbildungskraft unablässig am Werk, ihr Bild in unserer Seele zu verfälschen. Sie kleiden es in das Licht eines einzigen strahlenden Frühlingstages, doch die wahre Jahreszeit der Jugend ist der Herbst, ihr Klima die Melancholie. Kinder wandeln über das junge Gras, als wäre das Laub ringsum schon fahl, voll heimlicher Ängste, Wirrnis und peinigender Ungewißheit. Sie ahnen nicht, während sie bange auf das Leben warten, daß ihre Erinnerung diesen Vorraum dereinst in ein verlorenes Paradies verwandeln wird.

Nur wenigen ist es gegeben, die Empfindungsfülle jener

Zeit auszuschöpfen, so lange sie ihrer noch teilhaftig sind. Solche Menschen klammern sich an ihre Kindheit, wohl wissend, daß sie unwiederbringlich ist. Sie kosten sie aus wie der Kenner den Wein, von dem ihm nicht mehr als eine Flasche vergönnt ist, und häufen den Gefühlsreichtum ihres ganzen Lebens in einem kleinen Vorrat an, der sich vor ihren Augen von Tag zu Tag verringert. *»Ivre de jeunesse«* – so wurde Henri Alain-Fournier von einem seiner Freunde genannt. Und ist dies auch nicht die poetische Formel, die wir suchen, so mag es doch die Gemütslage wiedergeben, in der sie am ehesten zu finden ist. Alain-Fourniers kurzes Leben bestand in einer einzigen Suche nach dieser Zauberformel. Der Autor des größten französischen Jugendromans ›Le grand Meaulnes‹ glaubte leidenschaftlich an das Genie der Kindheit. Um ein schöpferischer Mensch zu werden, wollte er nichts als *»arriver à la rendre sans aucune puérilité, avec sa profondeur qui touche les mystères«*.

Wir begegnen seinem Helden, dem ›großen Kameraden‹, zum ersten Mal an einem späten Novembertag. Ein hochgewachsener Junge von siebzehn, mit geschorenem Kopf, den Strohhut aus der Stirn geschoben und die schwarze Bluse mit einem Gürtel geschnürt, wie ihn die französischen Schulkinder tragen – so wandert Augustin Meaulnes durch das Landinternat, das ihn fortan aufnehmen soll. Man hört seine Schritte auf dem Dachboden, wo das Obst aufgeschichtet liegt und die Lindenblüten trocknen. Er verweilt ein wenig über den nachgedunkelten Schwärmern, die von der letzten Bastillefeier übriggeblieben sind, und schreitet dann auf den dämmrigen Schulhof hinaus. Zum Entzücken des kleinen Lehrersohns entfacht sodann dieser neue Schüler, den seine Kameraden bald den »großen Meaulnes« nennen werden, aus den vergessenen Feuerkugeln des längst entglittenen Sommers ein Leuchten im herbstlichen Himmel. Und so, im Widerschein der blitzenden Garben, erlischt die Zeit der ahnungslosen Kinderfreuden in der Schule von Sainte-Agathe.

Eine neue Welt tut sich auf, voll Wunder, großer Geheimnisse und Abenteuer, eine wirkliche und zugleich höchst unwirkliche Welt, in der sich alle Träume der Jugend spiegeln.

Eine solche Welt wird geboren und stirbt mit jeder neuen Generation. Daraus erklärt es sich, daß der Tod Alain-Fourniers dem Weiterleben seines ›Großen Kameraden‹ nichts anhaben konnte, daß dieses Buch den Erdrutsch des ersten Krieges überdauerte, der das Werk so vieler anderer begrub, und daß bereits in den frühen Zwanzigerjahren ein neuer Jahrgang diesen Autor mit Despax, Drouot und Péguy beweinte. In einem Gedächtnisheft der ›Nouvelle Revue Française‹ vereinten sich damals Henri de Régnier, Francis Jammes und Jean Cocteau zu seinem Lob. Inzwischen hatte der Gründer dieser Zeitschrift, Jacques Rivière, einiges Licht auf das Leben des Frühverstorbenen geworfen. Rivière, der sein Schulkamerad gewesen war und später Alain-Fourniers geliebte Schwester Isabelle geheiratet hatte – jene Isabelle, welcher der ›Große Kamerad‹ gewidmet war –, vermochte alle Stationen auf diesem vorzeitig geendeten Wege nachzuzeichnen.

Alain-Fournier war 1886 im Département Cher geboren worden. Seine ersten Eindrücke gewann er inmitten der schilfreichen Sümpfe, der wilden Vögel, dunklen Tannenwälder und verlassenen Schlösser seiner Heimat. Im Lycée Lakanal, das er hierauf besuchte, nahm er sich die zweitrangigen symbolistischen Schriftsteller des *Fin de siècle* zum Vorbild. Sein Geschmack verfeinerte sich, wurde aber nicht in neue Bahnen gelenkt, als er Mallarmé, Verlaine und Rimbaud für sich entdeckte. Die verwilderten Parks und Gärten von Berry verlockten ihn nur noch heftiger, nachdem er ihnen den Rücken gekehrt hatte und nach Paris gezogen war. So wurde sein Talent zeitlebens aus zwei einander entgegenlaufenden Quellen getränkt: aus den unschuldigen Vergnügungen seiner ländlichen Heimat und aus einer metaphorischen, stilisierten, literarischen Lebensvorstellung, die ihm die Wirklichkeit verwandelte. *»Je suis froissé«*, rief Rivière einmal aus, *»par sa tendance à tout transfigurer!«* Doch während Alain-Fournier über das Dunkel im Herzen grübelte, wo »die Dinge obskur sind und nicht ausdrückbar«, während er tagelang über den Sinn einer symbolischen Phrase nachdachte, wie etwa der Zeile *»Où le griffon a-t-il enterré le saphir?«*, wußte er dennoch, daß er daraus allein nicht die Kraft zur Dichtung gewinnen konnte. Der Roman, den er zu schreiben gedachte, sollte äußere und innere Realität besitzen, »ein ewiges unmerkliches Hinüberwechseln vom Traum zur Wirklichkeit; wobei der Traum als ein unendliches und ungenaues Kinderdasein zu verstehen ist, das unter jenem anderen webt und unaufhörlich von seinem Widerhall in Bewegung versetzt wird«.

Sein Briefwechsel mit Rivière, der sich über neun Jahre erstreckte und nach seinem Tode veröffentlicht wurde, enthüllt seinen steten Hang zur Präzisierung künstlerischer Werte Er legt überdies Zeugnis ab von einer einzigartigen Freundschaft, einer *»amitié sensible, exigeante et douloureuse comme un grand amour«.* »Es ist wie ein Traum«, schreibt er einmal, »einen Freund zu finden, der mit der eigenen Vergangenheit mitschwingt. Ich will, daß wir gemeinsam den feinsten Nuancen und den Verallgemeinerungen auf die Spur kommen, gemeinsam nach Ideen und Empfindungen jagen. Ich will Dinge aussprechen, die ich fast schon zurücknehmen möchte, sobald sie mir entschlüpft sind, und die ich mit deiner Mithilfe enger umreiße. Welche köstliche Freude, sich zu verändern, indem man einander ergänzt!« So erhält Rivière bald nach des Freundes Ankunft in London, wohin dieser zu längerem Aufenthalt gereist war, den ersten einer Reihe von Briefen, die so aufrichtig sind wie Tagebuchblätter und zugleich von endgültiger literarischer Form. Alain-Fournier schreibt über die Frauen, jene hinreißenden englischen Mädchen, »denen noch das Stumme, Verhüllte, rätselhaft Weibliche der Französinnen fehlt«. Er schildert die Gemälde der

Präraffaeliten, die er hier kennengelernt hat, mit der gleichen Begeisterung wie die taufrischen Gärten des morgendlichen London. Und er berichtet über Bücher, die er wie im Rausch gelesen hat und nun mit kühler Besinnung analysiert. Alle Phantasie, alle Empfindungsschwärme und Urteilskraft, deren diese beiden jungen Menschen fähig sind, fließen in ihre Briefe über. Vieles drängt sich auf, das keinen Raum in ihnen findet und aufgeschoben wird – wie man fürchten muß, für immer. »Erinnere mich«, schreibt Alain-Fournier, »daß ich Laforgue mit Dir bespreche (Überprüfung unseres Urteils); Jammes (Verteidigung); einen der Gründe für meine unleugbare Trockenheit und Zurückhaltung; einen Spaziergang bei Sançerre und Neuby-sur-Barangeon; meinen alten Anarchisten; Balzac und seinesgleichen; Kipling; Maxim Gorki; den Rompreis für Dichtung (!?).« Rivière erwidert im Stil kurzer theoretischer Untersuchungen über das Problem der Macht, über Meinungsäußerungen, Zeremonien. Er beschwört den Freund, Stendhal und Schopenhauer zu lesen, vor allem aber Claudel, immer wieder Claudel. Dann mag hin und wieder eines jener vereinzelten, aber um so ehrlicheren Geständnisse Alain-Fourniers erfolgen – über »die Frau mit den Botticelli-Augen und den Rossetti-Lippen, von der ich an verregneten Sonntagen träume, wenn der Hahn im Dorfe kräht und die Züge von fern her pfeifen«, und die er heimlich ›Taille mince‹ getauft hat. So selten teilt er derlei dem Freunde mit, daß Rivière sich nach Monaten ratlos einem hastigen Postskriptum gegenüber sieht, in dem es nur heißt: »Noch eines: ich ersehne mir von ganzem Herzen, daß Taille-mince arm sei.«

Aus einer Haltung gegenüber Frauen, die wir heute als neurotisch bezeichnen würden, stammt ein wesentlicher Zug seiner Genialität. Frauen bedeuteten diesem Jüngling die Verkörperung der Reinheit, Unschuld und unwirklichen Schönheit. Er war verzweifelt und bis zur Grausamkeit verletzt, wenn eine von ihm verehrte Frau durch ein falsches

Wort oder eine unangebrachte Geste das Ideal zerstörte, das er sich von ihr gebildet hatte. Niemals konnte er ihr verzeihen, daß sie seiner Vision nicht würdig gewesen war. Das einzig ungetrübte Abenteuer seines Lebens war die Begegnung mit einem unbekannten schönen Mädchen in einem Pariser Park, einem Mädchen, das bald darauf verschwand und ihm erst später, nach vielen Jahren, als verheiratete Frau wieder vor die Augen kam. Zweifellos äußerte sich hier eine Abwegigkeit, eine beinahe krankhafte Verirrung. Dennoch war dies, in einem anderen Licht gesehen, nichts als die mittelalterliche Vorstellung von der Frau, der die Verehrung der Jungfrau Maria entsprach und die von den Dichtern des frühen neunzehnten Jahrhunderts übernommen wurde. Auch hier erweisen sich, wie in so manchem anderen Bereich, Alain-Fourniers innige Bande zur Romantik. Selbst die Freundschaft mit Rivière und die Verehrung, die er seiner eigenen Schwester Isabelle – der zukünftigen Frau des Freundes – entgegenbrachte, gemahnen an die zärtlich ineinander verwebte Beziehung zwischen Clemens Brentano, Bettina und Achim von Arnim.

Gleich den Dichtern der romantischen Schule ist auch er häufig vom Leben angewidert und vom Tode bestrickt. Stets ist er auf der Suche nach einem *pays sans nom*, seinem Symbol der blauen Blume, nach dem Glück hinterm Berge und im tiefsten Wald, das man immer zu fassen wähnt und nie erhascht. Mit dreiundzwanzig Jahren erleidet er einen Nervenzusammenbruch und flieht, von phantasmagorischen Gesichten bedrängt, in den beglaubigten Mystizismus der katholischen Kirche. Etwa um dieselbe Zeit lehnt Gide einen seiner Essays mit den Worten ab: »Es ist nicht mehr an der Zeit, Prosagedichte zu verfassen.« Diese kategorische Zurechtweisung bringt ihn schließlich vom Symbolismus ab. Die Worte, mit denen er diesen stärksten Einfluß seiner Jugend verwarf, mögen dazu dienen, Dichter aller Epochen und Nationen, die sich in den Maschen irgendeines Manierismus verfangen haben, zu den Grundfesten ihres Handwerks zurückzuführen. »*J'ai trouvé*«, so berichtet Alain-Fournier seinem Freund »*mon Chemin de Damas un beau soir. Je me suis mis à écrire simplement, directement, comme une de mes lettres, par petits paragraphes serrés et voluptueux, une histoire simple qui pourrait être la mienne.*« Als er unter diesen Voraussetzungen seinen ›Grand Meaulnes‹ zu schreiben begann, nahm er zugleich jene Formel wahr, nach der er so lange hatte suchen sollen. Sie bestand in einem völligen Verschmelzen, einem Ineinanderaufgehen von Realität und Phantasie, von Traum und Wirklichkeit, wie man sie nur in jenem frühen Zustand zwischen Schlaf und Erwachen, zwischen dem Nochnichtsein und dem Leben – eben in der Kindheit empfindet. Von nun an bis zum Ende seiner Tage war Charles Péguy sein Helfer und Meister. Dieses naive Bauerngenie, dem das Dogma als greifbare Wahrheit erschien und der das Übernatürliche im täglichen Leben leibhaftig zu sehen meinte, ermutigte Alain-Fournier in seinem Glauben daran, »*que les rêves se promènent*«.

So entfaltet sich die Geschichte von Augustin Meaulnes, romantisch und verwegen, doch mit äußerster Einfachheit aufgezeichnet. Ihr Hintergrund hat die sauberen Umrisse und klaren Farben niederländischer Gemälde: die Landschule, das winterliche Dorf, die gefrorenen Straßen und jene Schmiede, in der die Knaben sich an ihren »*grands soirs de l'adolescence*« versammeln, von der Vorahnung erstaunlicher Begebnisse erfüllt. Doch irgendeinmal beginnt das Bild sich zu umschleiern, wandelt das Idyll sich zum Phantom. Wo ist der Übergang? Er läßt sich kaum bestimmen. Eines Nachmittags zieht Meaulnes mit dem Wagen aus, um die Eltern der Lehrersfrau, ein ehrenwertes altes Bürgerpaar, vom Bahnhof abzuholen. Sowie er jedoch die Landstraße erreicht, beginnt das Unerwartete, das Unberechenbare sich leise einzuschieben. Unmerklich fällt die Wirklichkeit zurück. Jenseits der Wegkreuzung liegt das Abenteuer auf Lauer.

Meaulnes verirrt sich, seine Stute entläuft, die Nacht senkt sich auf eine Landschaft, die zur Einöde geworden ist. Am nächsten Morgen entdeckt er ein Schloß voller Leute in den Gewändern einer vergangenen Zeit. Sie feiern ein Fest zu Ehren des jungen Herrn und seiner Braut. Zwar sind die Damen beim Dîner nur verkleidete Dorfweiber und der Pierrot ein gedungener Komödiant, zwar summen die jungen Leute in ihrem Putz nichts als derbe Bauernständchen. Doch vergiß es für einen Augenblick, und du wandelst im Traum! Hier öffnet sich eine Tür in einen halb erleuchteten Raum. Er ist voll von Kindern. Manche halten Bücher auf den Knien und wenden leise die Blätter um; andere blicken stumm auf kleine Bildchen; andere wieder, um das Feuer kauernd, lauschen dem fernen Gemurmel des Festes. Eine zweite Tür springt auf; dahinter umstehen Kinder ein junges Mädchen in einem kastanienroten Umhang, das gedämpfte Weisen und Ringeltänze auf dem Klavier spielt. Und nun, in einer jener plötzlichen Vorahnungen des Erwachsenseins, die wir in der Jugend zuweilen verspüren, wähnt Augustin sich als Mann der schönen Fremden und als Vater der Kinder, die er vor sich sieht. Einen Augenblick lang, der ewig zu dauern scheint, erfüllt ihn »*le bonheur le plus calme du monde*«.

Das Zauberschloß der alten Märchen erstrahlt eine Nacht im Lichterglanz, dann verschwindet es für immer. Ebenso versinkt Augustins Vision im nüchternen Tageslicht. In der jungen Schloßherrin hat er das Mädchen zu entdecken gemeint, das er hinfort für immer wird lieben müssen. Doch nachdem er wieder davongezogen ist, erlischt jede Spur der geheimnisvollen Domaine. Jetzt erst beginnt das wahre, das qualvolle Erwachsenwerden. Ihm selbst, der seinen Weg ins Leben antritt, wird es lange nicht vergönnt sein, zur Ersehnten zurückzufinden. Auf der regennassen Bank eines Pariser Boulevard, in einem ländlichen Zigeunerlager, scheint er ihr nahe zu sein und fühlt sie sich wieder entgleiten. Schließlich stolpert ein reiner Tor, jener Lehrerssohn, der sein ergebener Freund geworden ist, ahnungslos in den verloren geglaubten Schloßpark. Doch in der Welt der Romantik ist selbst der wiedergefundene Schatz noch unerreichbar, hat die blaue Blume, wenn man sie wirklich pflückt, ihren Zauber verloren. Als Augustin Meaulnes zuletzt mit dem geliebten Mädchen zusammentrifft, blickt er schaudernd der unerwarteten Realität ins Auge. So endet die Wiederbegegnung zwischen den beiden in jenem Grauen, das Alain-Fournier dem wirklichen Leben gegenüber empfindet. Nicht der große Meaulnes, sondern die tragischste Figur des Buches, der junge Schloßherr Frantz, wird nunmehr zur Verkörperung seiner eigenen dunklen Sehnsucht. Dieser düstere junge Mensch mit der hohen Stirn, dessen Kopfbinde eine geheimnisvolle Wunde verbirgt, ist der ruhelose Geist, ist die flackernde Flamme, die das Glück all jener, welche ihn lieben, verzehrt. Nachdem Augustin seinen Frieden mit der Wirklichkeit gemacht und sich mit dem Mädchen vermählt hat, lockt Frantz ihn hinweg im Drang nach Abenteuern »*sur les routes d'Allemagne*«. Von dieser Irrfahrt wird Meaulnes wiederkehren, um sein Haus zerstört und seine Frau tot vorzufinden. Er wird sein Kind in seinen weiten Mantel hüllen und mit ihm verschwinden im Dunkel der Nacht.

Dieser Ruf von den Straßen Deutschlands ist das Band zwischen Alain-Fournier und der deutschen Romantik. Seine Hinwendung zu ihr ist nicht die der Nodier, Musset und Gautier; sie ist ausgelöst von der gleichen hemmungslosen, überschäumenden Phantasie, die seit Generationen ein rationalistisches Frankreich fasziniert hat. Zwar ist nicht bekannt, inwiefern er in der Tat von den großen Romantikern beeinflußt wurde – vielleicht kannte er keine Zeile von Schlegel, Tieck oder Fouqué. Dann hat er wohl aus jenem tiefen Born geschöpft, jenen verschütteten Strömungen quer durch die Völker und die Zeiten, deren Zugang nur den Künstlern und den Kindern offensteht. Von Jung stammt das Wort.

daß die Mythen die Träume der Menschheit seien. Vermutlich wurden Alain-Fourniers Träume aus einem Deutschland fünfzig Jahre vor seiner Geburt zu ihm hinübergeweht. Im traditionellen Maß seines eigenen Landes aber fand er die Mittel, sein Thema mit einer Klarheit und Knappheit zu gestalten, die den Romantikern versagt geblieben waren.

Sein tragisches Ende war eine Folge des europäischen Bruderzwists. Zu Beginn des Ersten Weltkriegs wurde er in die deutschen Linien vorgeschickt, um nach dem Feinde Ausschau zu halten. »*Faut chercher les boches*«, soll sein Oberst immer wieder sinnlos ausgerufen haben, als er das kleine Trüppchen dem sicheren Tod in die Arme trieb. War es vielleicht die entstellte Wiedergabe eines höheren Befehls an diesen Dichter, seinen Tod, diese letzte Erlösung der Romantik, »*sur les routes d'Allemagne*« zu suchen?

Lessings liebster Freund

Um die Mitte des achtzehnten Jahrhunderts setzt in Berlin ein verbummelter Student der Theologie und Medizin sich hin und schreibt ein Stück ›Die Juden‹, in dem diesem Volk zum ersten Mal Gerechtigkeit widerfährt, ja besondere Achtung entgegengebracht wird. Das ist, zu jener Zeit, eine kühne Tat. Die preußische Judenheit, seit 1572 von den Hohenzollern in ihrer Kurmark zugelassen, aber den härtesten Bestimmungen unterworfen, ist selbst unter Friedrich dem Großen nicht viel bessergestellt. Ein revidiertes Generalprivileg von 1750 ändert nichts an den Berufsverboten, den Wohnbeschränkungen, den vielfachen Steuern und beleidigenden Auflagen bei Heiraten oder Reisen. Mirabeau nennt es später *une loi digne d'un cannibale*. Reiche Münzmeister dürfen des Königs Kriege finanzieren und die Wut seiner Untertanen auf sich lenken. Armen Schluckern, wie dem kleinen Hausierer Moses Mendelssohn, der mit vierzehn Jahren nach Berlin kommt, ist der Aufenthalt nur im Hause eines ›Schutzjuden‹ erlaubt.

Dieser Moses Mendelssohn wird gleichwohl in einem einzigen Menschenalter den ganzen möglichen Werdegang seiner Religionsgenossen verwirklichen können. Den Vorboten der Aufklärung in Preußen, Lessing und dem Buchhändler Christoph Friedrich Nicolai, gilt er als Muster eines Menschen, der durch eigene Bildung und edle Geisteshaltung zum Erzieher seiner Umwelt wird. Er sei es auch gewesen, meint dieser oder jener Biograph, der den jungen Lessing zur Abfassung des Einakters ›Die Juden‹ angeregt hat. Doch so früh hätten die beiden einander kaum begegnen können. Sie waren gleichaltrig, der Sohn eines Pastors und einer Pastorentochter aus Kamenz, und der Sohn eines Schreibers an der jüdischen Gemeinde in Dessau, der eine im Januar, der andere im September 1729 geboren. Durch einen Doktor Gumpertz, berichtet Nicolai, seien sie zu Beginn des Jahres 1754 zum ersten Mal beim Schachspiel miteinander bekannt gemacht worden.

Ein Umgang zwischen Juden und Christen war nicht unerhört, aber äußerst selten in jenen Tagen. Man sollte denken, Lessing habe, nachdem er die Figur eines vornehmen und großherzigen Reisenden erfand, der einen antisemitischen Baron vor Spitzbuben rettet und sich erst zuletzt als Jude zu erkennen gibt, nach Beispielen solchen Edelmuts in Berlin gesucht. Schon in seinem allererersten dramatischen Versuch, dem ›Jungen Gelehrten‹, noch in Leipzig entstanden, ist viel von Jüdischem die Rede. Der Gelehrte liest ein Buch, des ›Ben Maimon Had chasacka‹ auf hebräisch. Er erwähnt, daß er den Besuch eines Rabbis erhält, und so fort. Vermutlich haben Lessings Studium der Theologie und seine angeborene, nicht nur anerzogene humane Gesinnung, als er durch Gumpertz – übrigens dem Angehörigen einer bekannten und gelehrten jüdischen Familie – von dem jungen Buchhalter im Hause des Seidenfabrikanten Bernhard hörte, der erst in Berlin das Hochdeutsch erlernt hatte, aber jetzt sechs Sprachen beherrschte und alle ihm erreichbaren Philosophen las, seine Aufmerksamkeit unverzüglich auf ihn hingelenkt.

Im Oktober 1754 gibt Lessing dem Göttinger Theologen und Orientalisten Johann David Michaelis eine Beschreibung Moses Mendelssohns, der mit einem brieflichen Beitrag zu seiner Zeitschrift ›Theatralische Bibliothek‹ das Mißfallen des Professors auf sich gezogen hat: »Der Verfasser ... ist wirklich ein Jude, ein Mensch von etlichen zwanzig Jahren, welcher ohne alle Anweisung, in Sprachen, in der Mathematik, in der Weltweisheit, in der Poesie, eine große Stärke erlangt hat. Ich sehe ihn im voraus als eine Ehre seiner Nation an, wenn ihn anders seine eigenen Glaubensgenossen zur Reife kommen lassen, die allerzeit ein unglücklicher Verfolgungsgeist wider Leute seinesgleichen getrieben hat. Seine Redlichkeit und sein philosophischer Geist läßt mich ihn im voraus als einen zweiten Spinoza betrachten, dem zur völligen Gleichheit mit dem ersten nichts als seine Irrtümer fehlen werden.«

So völlig entsprach Moses Mendelssohn der Vorstellung, die ein Wortführer der Toleranz, des Glaubens an die Gleichwertigkeit aller Religionen und die verstandesbedingte Höherentwicklung der Menschheit sich von einem emanzipierten Juden machen wollte, als hätte Lessing ihn erfunden. In ihm, der als Philosoph den wahren Grundsätzen der Aufklärung fernstand – Kant nannte ihn »das letzte Vermächtnis der dogmatisierenden Metaphysik und zugleich deren vollkommenstes Produkt« –, fand Lessing dennoch jene unvoreingenommene, ja undogmatische Haltung dem Judentum gegenüber verkörpert, die er selbst dem Christentum entgegenzubringen entschlossen war. Auch war er keineswegs nur der Gebende in dieser Beziehung. Zweifellos hat Moses Mendelssohn ihn zu vielen Gedanken inspiriert, die in seiner – später in der Hamburgischen Dramaturgie niedergelegten, aber in den Berliner ›Literaturbriefen‹ bereits vorweggenommen – Ästhetik entwickelt wurden. Ihr Bund, in den dann auch Friedrich Nicolai eintrat, die wechselseitige Befruchtung dieser hellen und offenen Geister, die gemeinsam verfaßten Schriften, edierten Blätter, mit Lust, Laune und Tiefsinn geführten Korrespondenzen gehören zu den glücklichsten Erscheinungen jener Epoche in Berlin. Daß Mendelssohn den Freund nicht nur zur Niederschrift des ›Nathan‹ anregte, sondern auch an der des ›Laokoon‹ beteiligt war, daß er mit ihm den ironischen Essay ›Pope, ein Metaphysiker‹ verfaßte und sich, bevor sein Feind Jacobi ihn davon abbringen wollte, völlig eins mit Lessings Gesinnungen fühlte, ist der Welt bekannt. Doch es wird auch gesagt, daß Mendelssohn, der das Deutsche mit desto größerer Ehrfurcht behandelte, weil es nicht seine Muttersprache war, sogar des anderen Stil veredeln half.

Lessings Haltung zu den Juden, gegründet auf ein Idealbild vom Volk des Alten Testamentes, wird ausschließlich bestimmt durch seine Haltung zu Mendelssohn, der diesem gleicht. Anderen Vertretern der jüdischen Gemeinde in Berlin, etwa dem ›Judenfürsten‹ Daniel Itzig, ist er wohl gelegentlich begegnet. Moses, der kleine, verwachsene, bucklige Mann mit dem »wunderbaren« Kopf, den Lavater so gepriesen hatte, Moses war sein »liebster Freund«, geliebter noch als Nicolai. Ihre Briefe, vor allem jene, die sie, im Triumvirat mit Nicolai, 1756 und 1757 über Probleme des Trauerspiels gewechselt hatten, beginnen und enden die sachliche Erörterung mit überschwenglichen Beweisen ihrer gegenseitigen Neigung. Lessing sieht einer Stunde mit Mendelssohn »mit alle dem unruhigen Verlangen entgegen, mit welchem ein Schwärmer himmlische Erscheinungen erwartet«. Oder er bittet ihn: »Werden Sie nicht müde, mich zu bessern, so werden Sie auch nicht müde werden, mich zu lieben.« Worauf Mendelssohn erwidert: »Ich zweifle, ob Sie so viel dabei gedacht haben als ich, wenn ich Sie versichre, daß ich Sie liebe.«

Mehr als eine Freundschaft – eine Liebesaffäre begab sich hier zwischen dem weisesten und gütigsten Juden und dem reinsten, redlichsten, menschenfreundlichsten Deutschen, die jene erleuchtete Epoche hervorgebracht hat. Lessing schrieb mit Mendelssohn eine Abhandlung über ›Pope als Metaphysiker‹, er verteidigte ihn im Streit mit Lavater, als dieser den so geschätzten Mann unbedingt zur Taufe bewegen wollte, er ließ sich durch ein Preisausschreiben der von Mendelssohn mit Nicolai herausgegebenen ›Bibliothek der schönen Wissenschaft und freien Künste‹ zur Abfassung seiner ›Emilia Galotti‹ anregen und verbrachte, solange er in

Berlin blieb, viele Nachmittage und Abende in Mendelssohns Haus. »Kommen Sie zu uns«, schrieb ihm Moses im Januar 1757, »wir wollen in unserem einsamen Gartenhaus vergessen, daß die Leidenschaften der Menschen den Erdball verwüsten. Wie leicht wird es uns sein, die nichtswürdigen Streitigkeiten der Habsucht zu vergessen, wenn wir unsern Streit über die wichtigsten Materien, die wir schriftlich angefangen, mündlich fortsetzen werden.«

Nach dem Jahre 1760 wird der Briefwechsel spärlicher, der persönliche Kontakt loser, ohne freilich jemals abzureißen, verläuft Lessings Leben unsteter und häufig von Berlin entfernt. Er geht nach Breslau, später nach Hamburg, schließlich nach Wolfenbüttel, wo Mendelssohn ihn einmal, 1770, besucht. Dort zeigt sich, daß Lessing, einer der angesehendsten Geister seiner Zeit, weniger Freiraum besitzt als der emanzipierte Jude in Preußen. Denn seine Briefe an den Herzog Karl von Braunschweig muß er unterschreiben: »Ich ersterbe in tiefster Devotion, Ewr. Durchlaucht untertänigster Knecht«. Mendelssohn aber hatte in Nicolais ›Literaturbriefen‹ sogar zwei Gedichte des Königs bemängelt und als Nachahmungen des Lukrez, als »schlecht gereimte Angriffe auf den Begriff der Unsterblichkeit« verwerfen können. Nach Sanssouci zitiert, erklärte er ungestraft: »Wer Verse macht, schiebt Kegel, und wer Kegel schiebt, sei er König oder Bauer, muß sich gefallen lassen, daß der Kegeljunge sagt, wie er schiebt.« Trotz seiner *loi cannibale* verwehrte Voltaires königlicher Schüler auch dem Geringsten seiner Untertanen die Meinungsfreiheit nicht.

Lessing heiratet, er verliert Frau und Sohn, sein Schmerz führt ihn zurück zu seinen fundamentalen Positionen, zu den eigentlichen Aufgaben, die er sich zeitlebens gestellt hat. Die großen Polemiken, der Anti-Goeze: alles vorbei. Jetzt wird gekeltert und geläutert, was ihn seit je bewegt, im ›Nathan‹, dann in der Schrift über ›Die Erziehung des Menschengeschlechtes‹. Nathan der Weise ist nicht nur Moses Mendelssohn – dessen jüngste Kinder Nathan und Recha heißen –, er ist auch Lessing selbst, der einmal schrieb: »Nathans Gesinnung gegen *alle* positive Religion ist von jeher die meinige gewesen«, Lessing, der an dem Tod seiner Liebsten so litt wie Nathan an dem Pogrom in Gath, das ihm seine Familie nahm. Aber Lessing, der gleich heutigen kritischen Christen den niedrigen Klerus liebt und den hohen häufig verabscheut, ist auch der Klosterbruder, wenn er ihn sagen läßt: »Ist denn nicht das ganze Christentum / Aufs Judentum gebaut? Es hat mich oft / Geärgert, hat mir Tränen g'nug gekostet, / Wenn Christen gar so sehr vergessen konnten, / Daß unser Herr ja selbst ein Jude war.« In der Ringerzählung ist, auf schlichteste Weise, seine religiöse Überzeugung niedergelegt.

Daß er sie nie verlor, zeigt der letzte Satz seines allerletzten Werkes, das den Werdegang der Menschheit mit Hilfe der göttlichen Gnade beschreibt. Und wem schenkte Gott seine Gnade? Dem »ungeschliffensten, verwildertsten Volk«, um, »mit ihm ganz von vorne anfangen zu können« – den Juden, die er aus ihrer »Rohheit« erlöste, um sie zu den »künftigen Erziehern des Menschengeschlechts« zu machen. »Ein Volk, in diesem heroischen Gehorsame gegen Gott erzogen, sollte es nicht bestimmt, sollte es nicht vor allen andern fähig sein, ganz besondere göttliche Absichten auszuführen?«

Das war Lessings Glaube von Anbeginn, das erklärt seine hohe Achtung vor den Juden. Aber er glaubte auch, daß »ebendie Bahn, auf welcher das Geschlecht zu seiner Vollkommenheit gelangt«, »jeder einzelne Mensch erst durchlaufen« müsse. Kann er freilich »in ebendemselben Leben ein sinnlicher Jude und ein geistiger Christ gewesen sein?« Muß etwa er selbst, Lessing, immer wiederkehren, um die Reife zu erlangen? Ginge dabei nicht zu viel Zeit verloren? Darauf die Antwort, dieser letzte Satz: »Und was habe ich denn zu versäumen? Ist nicht die ganze Ewigkeit mein?«

Kurz vor seinem Tode richtete Lessing noch einen Brief

an Mendelssohn, in dem er ihm von ihren »besseren Tagen« sprach: »Auch ich war damals ein gesundes, schlankes Bäumchen und bin jetzt ein so fauler, knorrichter Stamm! Ach lieber Freund! Diese Scene ist aus!« Als er gestorben war, schrieb der Freund über ihn: »Er ist mir immer gegenwärtig, wie das Bild einer Geliebten. Ich schlafe mit ihm ein, träume von ihm, wache mit ihm auf, und danke der Vorsehung für die Wohltat, die sie mir erzeigt hat, daß ich diesen Mann so frühzeitig habe kennen lernen.« Mendelssohn erlebte noch, in Lessings Todesjahr, Christian Wilhelm Dohms bahnbrechende Schrift ›Über die bürgerliche Verbesserung der Juden‹, er erlebte 1783 die Uraufführung des ›Nathan‹. Das neue Judenedikt, das in Preußen jenes ›kannibalische‹ Reglement von 1750 ersetzen sollte, konnte er nicht mehr erleben. Es wurde 1812 erlassen. Aber Lessing und Mendelssohn: beide hatten sie ihren Anteil daran.

Ein Lehrbuch der Nation:
Erich Kästners ›Fabian‹

»Fabian, Jakob, 32 Jahre alt, Beruf wechselnd, zur Zeit Re-
klamefachmann, Schaperstraße 17, herzkrank, Haarfarbe
braun«. Hinter diesen schlichten Personalien, der Besitzerin
eines Klubs zur Anbahnung zwischengeschlechtlicher Beziehungen mitgeteilt, verbarg er sich: ein Mann ohne Eigenschaften in der Weimarer Republik, mit dem wir uns, auch
wenn wir Mädchen und nicht einmal Deutsche waren, durchaus identifizierten. Seine illusionslose Heiterkeit und unter-
spielte Verzweiflung, sein schlendernder Gang durch den
Alltag, jedem Reiz und Stimulans ausgeliefert, weil die
Neugier immer noch über die Trägheit siegt, seine skeptische
Suche nach dem »System, in dem ich funktionieren kann« –
es war ein Lebensgefühl, eine Wesenshaltung, in der wir uns
wiedererkannten. Erich Kästners ›Fabian‹ war seine Spiegelfigur und unsere Schlüsselfigur: der junge Mitteleuropäer
zwischen den Kriegen.

Kästner, ein Jahr älter als das Jahrhundert, hatte satiri-
sche Gedichte, politische Glossen, Reportagen, Feuilletons,
Theater- und Kunstkritiken und zwei Kinderbücher geschrieben, bevor seine ›Geschichte eines Moralisten‹ erschien.
Zunächst hatte er sie ›Der Gang vor die Hunde‹ nennen wollen, dann einigte man sich auf ›Fabian‹. Im Untertitel wurde
die captatio benevolentiae vorgenommen, denn freilich
strotzte das Buch von kleiner Unmoral, von unentrüsteten
Schilderungen der Berliner Bumslokale, Nuttencafés, Stätten des Ausländernepps und privaten Orgien, im Grunde
aber auch von großer, denn es wurde hier an nichts ge-
glaubt, und das Unrecht siegte allemal. »Ein unmoralisches,
doch kein moralloses Buch«, nannte es gleichwohl die kom-

munistische ›Volksstimme‹ in Magdeburg und klagte nur, es sei »schade um diese klugen und vornehmen Menschen von Fabians und Kästners Art, die ihren Widerspruch in sich tragen, indem sie Aristokraten des Sozialismus sind«.

War er das wirklich, ein Aristokrat des Sozialismus, dieser aufgeweckte junge Provinzler, Sohn des Sattlers Emil Richard Kästner, geboren in Dresden-Neustadt in einer Mansarde im vierten Stock? Von Robert Neumann stammt das bekannte Etikett »Halb ein Bürgerschreck und halb ein erschrockener Bürger«, und als Sprachrohr der kleinen Leute sah Kästner sich sein Leben lang – trotz gelegentlicher Auftritte im Frack und seiner Vorliebe für Sekt, weil Bier ihm nicht »anschlug«. Die ›Volksstimme‹ irrte. Es gab da keinen Widerspruch. Daß Kästner, obschon sicher links, wo das Herz war, in die uneingeschränkte Panazee eines sozialistischen Staates keine Hoffnungen setzte, nicht setzen konnte, ebendies wird im ›Fabian‹ begründet und erklärt. Vielleicht besaß er noch Idealvorstellungen von den Menschen und deren Eignung zum Guten, als er 1927 Berlin betrat. Doch nach vier Jahren waren sie ihm abhanden gekommen: »Soweit diese riesige Stadt aus Stein besteht, ist sie fast noch wie einst. Hinsichtlich der Bewohner gleicht sie längst einem Irrenhaus. Im Osten residiert das Verbrechen, im Zentrum die Gaunerei, im Norden das Elend, im Westen die Unzucht, und in allen Himmelsrichtungen wohnt der Untergang.«

Die Wahrheit war – Kästners Geistesverwandte Otto Dix und George Grosz, Tucholsky und Ringelnatz begriffen es gleich ihm –, daß Berlin sein Rückgrat verloren hatte. Laster der Großstadt, faulen Kommerz, hemmungslosen Sex, Kälte dem erbarmungswürdigen Mitbürger gegenüber: all das gab es in sämtlichen Kapitalen der Welt. Hier versagte die politische Führung, und die Intellektuellen, mit wenigen Ausnahmen, schoben die Verantwortung von sich ab. Es ist kein Zufall, daß im ›Fabian‹ immer wieder der Flaubertsche Begriff ›Trägheit des Herzens‹ auftaucht: mutatis mutandis, und auf Grund nahezu entgegengesetzter Stilprinzipien, steht diese Morphologie einer im Morast versinkenden Metropole in der unmittelbaren Nachfolge der ›Verlorenen Illusionen‹ Balzers und der ›Lehrjahre des Gefühls‹ Flauberts. Kästner hat, genauer noch als die gesellschaftlichen Zustände dieser Stadt, die in ihr vorherrschende resignative Denkrichtung beschrieben. Daß er selbst in ihr verharrte, über den eigenen Schatten nicht springen konnte, war seine Tragik, und er hat es gewußt.

Es läßt sich behaupten: der ›Fabian‹ ist – neben Heinrich Manns ›Untertan‹ – der politischste Roman, den die Deutschen vor 1945 hatten. Daß dies übersehen werden kann, liegt an seiner Form, an der fast frivolen Knappheit, der trügerischen Leichtigkeit, der scheinbaren Désinvolture jener literarischen Schule, der man den Namen Neue Sachlichkeit gegeben hat. In der Malerei ging diese Schule aus dem Surrealismus hervor, vielmehr aus dessen Abzweigung, dem Magischen Realismus. »Forciertes Studium des Sichtbaren« und »sezierende Darstellung« hat Will Grohmann sowohl Grosz wie Dix attestiert. Auch das findet sich bei Kästner. Aber was er, und mit ihm Hermann Kesten, Ernst Weiss, Hermann Ungar, mit solcher Prägnanz der Schilderung verbindet, ist eine gewisse atemlose Ungeduld, ein Weiterhasten, ein Hinweggleiten über Abgründe, in die genauer hinabzublicken dem Leser überlassen bleibt. Scheut dieser vor ihnen zurück, dann ist ihm nicht zu helfen. Die Markierungen jedenfalls sind gesetzt.

In zwei Figuren hat Kästner die Antinomie des Zeitalters beredt werden lassen: in dem Handelsredakteur Malmy und in Labude, Fabians Freund. Auf seinen Irrwegen durch Berlin, Ausschau haltend nach Arbeit und Liebe, gerät Fabian dorthin, wo nach Karl Kraus die Lüge jeder Epoche am dichtesten anzutreffen ist, wo »die Welt zur Zeitung« wird, zur »Journaille«. Was vorgeht, verwandelt sich in ein »Erdbeben aus Papier«, Unruhen in Kalkutta werden erfunden, weil es keine brauchbaren Nachrichten gibt, und Münzer, der politische Redakteur, erklärt schlechthin: »Meldungen, deren Unwahrheit nicht oder erst nach Wochen festgestellt werden kann, sind wahr.« Was von ihnen hinzugedichtet werde, teilt er Fabian mit, sei nicht so schlimm wie das, was sie wegließen. In jedem Fall habe man Anweisung, der Regierung nicht in den Rücken zu fallen.« Wenn wir dagegen schreiben, schaden wir uns, wenn wir schweigen, nützen wir der Regierung.« Darauf Fabian: »Ich mache Ihnen einen Vorschlag, schreiben Sie dafür.« Und Münzer: »O nein. Wir sind anständige Leute.«

Ist damit schon deutlich gemacht, wie die – offenbar maßgebliche – Presse sich in diesem Staat verhält, so spricht Malmy, der schlanke, elegante Chef des Wirtschaftsressorts, wörtlich aus, wie wenig die Stimme der Öffentlichkeit zur Meinungsbildung beiträgt. »Ich weiß, daß das System falsch ist. Bei uns in der Wirtschaft sieht das ein Blinder. Aber ich diene dem falschen System, dem ich mein bescheidenes Talent zur Verfügung stelle, sind die falschen Maßnahmen naturgemäß richtig und die richtigen sind begreiflicherweise falsch. Ich bin ein Anhänger der eisernen Konsequenz, und ich bin außerdem« – kein Zyniker, wie Münzer hier einwirft, sondern – »ein Feigling. Das trifft noch genauer. Mein Charakter ist meinem Verstand in keiner Weise gewachsen. Ich bedaure das aufrichtig, aber ich tue nichts mehr dagegen.« Daß Deutschland an der »seelischen Bequemlichkeit aller Beteiligten zugrunde geht«, fügt Malmy hinzu. »Wir wollen, daß es sich ändert, aber wir wollen nicht, daß wir uns ändern.« So auch er.

Dagegen Stephan Labude, Fabians aufrechter Kumpan, der eine Arbeit über Lessing schreibt und sich dadurch wohl, ohne daß Kästner es zu betonen braucht, als Anhänger eines ›überholten‹ Rationalismus und Humanismus erweist: Labude will, wie Fabian ihm vorhält, das Kleinbürgertum sammeln, das Kapital kontrollieren und das Proletariat einbürgern. Und dann will er helfen, einen Kulturstaat aufzubauen, der dem Paradies verteufelt ähnlich sieht. »Und ich sage dir«, ruft Fabian, »noch in deinem Paradies werden sie sich die Fresse vollhauen! Davon abgesehen, daß es nie zustande kommen wird.« Die beiden argumentieren gegeneinander wie der Nörgler gegen den Optimisten in den ›Letzten Tagen der Menschheit‹, es ist ein Gespräch, das zu jeder Zeit, auch in der unseren, seine Gültigkeit hat. Labude glaubt trotz allem, daß man das System vernünftig gestalten müsse, worauf die Menschen sich anpassen würden. »Aber du«, wirft er Fabian vor, »phantasierst lieber von einem unerreichbaren vollkommenen Ziel, anstatt einem unvollkommenen zuzustreben, das sich verwirklichen läßt.«

Immer wieder greifen die beiden dieses Grundthema auf. »Die Vernünftigen werden nicht an die Macht kommen«, sagt Fabian, »und die Gerechten noch weniger.« Labude, der ihn vor Verzweiflung mit beiden Händen am Mantelkragen packt: »Aber sollen sie es nicht trotzdem wagen?« Kästners grimmige Dramaturgie erfindet nach diesem Wortwechsel einen Schußwechsel zwischen einem Kommunisten und einem Nationalsozialisten. Daß es keinen Sinn habe, wenn sie einander »Reservelöcher in die entlegensten Körperteile schießen«, legt Fabian den beiden Verwundeten nahe. Und dem Kommunisten sagt er, Fabian, was auch Kästner in solchem Falle denkt: »Ich bin euer Freund, denn wir haben denselben Feind, weil ich die Gerechtigkeit liebe. Ich bin euer Freund, obwohl ihr darauf pfeift. Aber, mein Herr, auch wenn Sie an die Macht kommen, werden die Ideale der Menschheit im Verborgenen sitzen und weiterweinen.« Welch erschütternde Prophetie im Jahr 1931, als noch nicht einmal die Rede von einem Moskauer Schauprozeß war!

Gewiß, es geht in diesem Buch gar nicht so oft um Ideologie und Grundsatzfragen. Fabians Mädchensorgen, seine Stellungssuche, das Szenarium der Stadt und das Bestiarium ihrer Bewohner füllen den weitaus größeren Teil des Romans. Immer reiht Kästner auch, nachdem er sich kurz im Abstrakten bewegt hat, sogleich einen illustrativen Vorfall an. Eben hat Fabian sich noch, im Warenhaus, an Schopenhauers Pessimismus »festgelesen«, da erzählt er schon einem Kind, das er aus einem Ladendiebstahl gerettet hat, die Geschichte von dem kleinen Jungen, dem von einem für die Mutter erstandenen Kochtopf nur der Henkel übrigblieb.

So anschaulich ist dieses Buch, so sehr geht alles, was sich in ihm begibt, unter die Haut, daß man gar nicht merkt, wie durchlässig Kästners Realismus ist, wie sehr hinter jeder simplen Begebenheit die Parabel durchschimmert. W. E. Süskind hat am ›Fabian‹ gerügt, daß darin der Zufall eine größere Rolle spiele, als es sich mit seinem exemplarischen Charakter vertrage. In der Tat arbeitet Kästner gern mit dem Deus ex machina – zumeist ist es Frau Irene Moll, die im unwahrscheinlichsten Fall aufzutauchen pflegt – und eskamotiert seinen Helden ja auch am Ende, als nichtschwimmenden Lebensretter, abrupt aus der Welt hinaus. Dies eben verrät den Didakten, der in Gleichnissen redet. Der ›Fabian‹, um auch dies noch zu wagen, ist eines der wichtigsten Lehrbücher der deutschen Nation.

Wie dieses Buch ganz folgerichtig aus der »Gebrauchslyrik« hervorwuchs, die Kästner zuvor geschrieben hatte, aus den Mahn- und Warngedichten der Bände ›Herz auf Taille‹, ›Lärm im Spiegel‹ und ›Ein Mann gibt Auskunft‹, wie es ihm aber auch selbst als melancholisches Gegenbild zu den heiteren Wunschträumen seiner Kinderbücher ›Emil und die Detektive‹ und ›Pünktchen und Anton‹ unerläßlich war – das läßt sich erklären und belegen. Einige vom Leben gelieferte Motive gehen unmittelbar aus Kästners Biographie hervor, etwa das Vorbild Labudes, der Mitschüler Ralph Zukker, ein ungewöhnlich gescheiter bayerischer Jude aus reichem Hause, der nach einem ähnlich fatalen Scherz, wie er Labude zugrunde richtet, Selbstmord beging.

Beinahe errechenbar ist der ›Fabian‹ – einer hatte ihn

schreiben müssen, sollte dieser historische Augenblick, dieser Verfall eines Staates, einer Stadt, nicht unregistriert vorübergehen. Aber warum verstummte Kästner, als das Verhängnis eingetreten war? Warum fand sich tatsächlich nichts in der Schublade, nichts in einem sicheren Versteck, das dem Pandämonium, oder auch nur der kleinbürgerlichen Vorhölle, dem vergifteten Alltag der Jahre 1933 bis 1945, den Spiegel vorhielt? Darüber kann man nur rätseln, man kann es bestenfalls erraten.

Daß Kästner unerschrocken war, ist nicht zu bezweifeln – Robert Neumann selbst hat es ihm viele Jahre später attestiert. Mit seiner Vorgeschichte aus der Schweiz in die Heimat zurückzufahren, der Verbrennung der eigenen Bücher zuzusehen, trotz mehrmaligen Aufenthalts bei der Gestapo nicht an Auswanderung zu denken: dazu gehört jener Mut, jene Charakterstärke, die sein Redakteur Malmy nicht besaß. Er wollte da sein, dabei sein, Zeuge sein, auch dieser Zeit. Das Zeugnis hat er nicht abgelegt, von Hervorbringungen wie der offenbar nicht sehr geglückten Komödie ›Die Schule der Diktatoren‹ oder dem Bericht ›Notabene 45‹ nun einmal abgesehen. Vor dem vollzogenen Unheil war er in seine zweite Welt, in den Bereich der unschuldigen Kindlein geflüchtet, oder ins Märchen vom Münchhausen, das in einem Film heraufzubeschwören dem verbotenen Autor unbegreiflicherweise ermöglicht worden war.

Nichts sonst, oder so gut wie nichts. Obwohl er doch mit der gleichen satirischen Schärfe wie vor dem Anbruch des Hitler-Regimes teilnahm an dem Aufstieg der Bundesrepublik – nun offenbar zu Labudes Ansicht bekehrt, daß auch ein unvollkommenes Ziel die Verwirklichung lohne –, obwohl er das Feuilleton der ›Neuen Zeitung‹ redigierte, für das Kabarett ›Schaubude‹, später für Trude Kolmanns ›Kleine Freiheit‹, zeitkritische Texte und Chansons dichtete, Präsident des westdeutschen P.E.N. wurde, Stellung bezog, etwa gegen die Atombewaffnung, und immer weiter schrieb, und mehr als jeder andere deutsche Schriftsteller im In- und Ausland verehrt, ja geliebt wurde. Nichts, oder jedenfalls nichts, was dem ›Fabian‹ gleichkam, über die dunkelsten Jahre seines Volkes. Selbst Karl Kraus, der zunächst von sich sagte, zu Hitler falle ihm nichts ein, widmete noch eine ganze – posthum veröffentlichte – ›Fackel‹ der ›Dritten Walpurgisnacht‹ des Nationalsozialismus.

Nein, Kästner muß gespürt haben, daß jener gänzlich aus den Fugen geratene Staats- und Gesellschaftsform mit seinen Mitteln nicht beizukommen war, daß selbst der Surrealismus, den seine Sachlichkeit enthielt, nicht ausreichte, um solch institutionalisierte Unmoral zu schildern. Hier war wohl, und die Gegenwart hat es bewiesen, nur strengste wahrheitsgemäße Dokumentation am Platz, wenn nicht ihr Extrem, etwa die irrational-phantasmagorische Aufbereitung des fatalen Syberberg-Filmes, der den Teufel mit Hilfe von Beelzebub malt. So blieb denn der ›Fabian‹, dem Hermann Hesse nachgerühmt hat, daß »das Zeitgemäße nicht zeitloser gesagt werden konnte«, schließlich doch ein unwiederholbares Produkt seiner Zeit.

Der tragische Europäer
Klaus Manns letzter Nachlaß

»Wir! Wir! Ich weiß ganz gut, daß ich nicht von der ganzen großen Generation rede. Ich rede von ein paar tausend Menschen, in den großen europäischen Städten verstreut. Ein paar davon sind berühmt; ein paar schreiben seltsam trockene, gewissermaßen grausame und doch eigentümlich rührende und ergreifende Bücher; einige schüchtern und hochmütig, schreiben wohl nur Briefe . . . Es brauchen keineswegs die Genies, ja nicht einmal die großen Talente der Epoche unter ihnen zu sein; sie sind nicht notwendigerweise der Kopf oder das Herz der Generation: sie sind nur ihr Bewußtsein.«

Klaus Mann, der sich selbst ein ›Kind dieser Zeit‹, den sein Vater ein »Opfer dieser Zeit« nannte, könnte mit diesen Worten von sich und seinen Altersgenossen gesprochen haben. Der es tat, war Loris, wie an anderem Ort bereits vorweggenommen wurde. Blättert man, während man jene früheren und nachgelassenen Schriften Klaus Manns liest, die als letzter Band seiner Werkausgabe erschienen sind, zwischendurch in der Prosa des jungen Hofmannsthal, dann ist man frappiert von der Übereinstimmung im Lebensgefühl, in der Gemütslage, ja selbst in der Formulierung.

Vom »Spiel der Nerven« als dem Gegenwärtigen, von seinem eigenen »feinfühligen, eklektischen Jahrhundert« berichtet Loris. »Das Neue ist nichts«, sagt 1924 Klaus Mann, »als daß wir immer feinnerviger werden, auf jeden Farbton, jedes Geräusch, das uns trifft, immer schmerzlicher und immer lustvoller zugleich reagieren.« In Qualen, so der Dichter des *Fin de siècle*, werde »das gute Europäertum, die vaterlandslose Klarheit von morgen errungen«. Drei Jahrzehnte später erzählt der junge Bürger der Weimarer Republik, einer seiner Freunde sei Nationalist, der andere Kommunist, der dritte melancholischer Ästhetizist, der vierte nichts als Erotomane gewesen, und klagt: »Warum entschlossen sich so wenige, Europäer zu sein?« Daß beide, ausgeprägte Individualisten sicherlich und nicht ohne Selbstsucht, sich dennoch als Angehörige einer Gemeinschaft empfanden, fast eines Geheimbundes oder einer Verschwörung Gleichgesinnter und gleich Empfindender allenthalben auf ihrem Erdteil, macht sie zu Repräsentanten derselben Epoche, obschon der eine an deren Anfang, der andere an deren Ende stand.

Um wieviel schwerer aber fiel es Klaus Mann, der seine wahren Geistesverwandten in Paris und Amsterdam und London suchte, sich in einem immer mehr verrohenden und schließlich der Barbarei anheimfallenden Deutschland zu behaupten, als Hofmannsthal in seinem graziös verdämmernden Österreich, dessen Schicksalsbruch 1918 er nahezu mühelos überstand. Den Nachgeborenen, den Erben neuromantischer Verfeinerung, Bewunderer Georges und Herman Bangs, rissen die stürmischen Zeitläufte so heftig hin und her, daß er zu ruhiger Reife, zu einer Läuterung auch seiner literarischen Arbeit nicht gelangte. Dazu kam, daß er, wie man von ihm gesagt hat, ›dreifach geschlagen‹ war: als homosexuell, drogensüchtig und der Sohn Thomas Manns – was mehr miteinander zu tun hat, als man zu seinen Lebzeiten begriffen hatte.

Gewiß, er war kein Genie, vielleicht nicht einmal ein großes Talent der Epoche – obschon dem sehr wohl widersprochen werden kann. In jedem Fall war er ein Schriftsteller durch und durch, »er lebte in der Literatur, und die Literatur lebte in ihm«, versicherte Hermann Kesten, und er wäre undenkbar gewesen in jeder anderen Tätigkeit. Mit Recht hat Klaus Mann bemerkt, in Frankreich habe es häufig ganze literarisch produktive Familien gegeben: »in Deutschland ist es selten gewesen und galt beinah als etwas unschicklich«. So wurde er, der im Schatten des titanischen Vaters zu schreiben begann, ihm »die natürlichste Beschäftigung« von Kind an, zur Zielscheibe spöttischer Zeitgenossen. Tucholsky verhöhnte seinen Geltungsdrang, der jedem anderen begabten Anfänger zugestanden worden wäre, und Karl Kraus, der ihn am Nebentisch im Romanischen Café sich Notizen machen sah, forderte laut, man möge dem jungen Herrn Mann die Feder entreißen.

Aber mit welcher Ergebenheit, welcher Sanftmut, welch zartem Respekt ist er dem Vater begegnet, wie aufrichtig hat er, der gegen solch übermächtige Bedrückung ja auch wild hätte rebellieren können, Thomas Manns Größe anerkannt. Nichts rührender in seinem letzten, posthum veröffentlichten Prosaband, der frühe und zumeist ungedruckte Schriften enthält, als zwei Beschreibungen des ›Herrn Zauberers hochgeehrt‹ – wie seine Anrede in manchen Briefen lautet –, die erste von dem Neunzehnjährigen zu dessen fünfzigstem Geburtstag verfaßt. »Wir, die wir beinahe gar nichts haben«, heißt es da, »als einen wirren, großen, süßen Traum von einer neuen Zukunft, von einer neuen Unschuld, einer neuen Gläubigkeit, sollten in edler Demut zu lernen trachten von denen, die schon Form gewinnen durften und allereigensten Ausdruck.« Und wie gerecht, wie ungemein behutsam und einsichtsvoll wertet er noch 1938 Thomas Manns ›Betrachtungen eines Unpolitischen‹, deren »melancholischen Konservativismus« und »pessimistischen Enthusiasmus« er hervorhebt und an denen ihn rührt, »daß sie ihren etwas hektischen Kampf für etwas führen, was eigentlich schon verloren ist und keine Zukunft mehr hat«.

Das ›Bildnis des Vaters‹, in dem dessen gesamtes Schaffen als »eine der schönsten, reichsten und bedeutsamsten Manifestationen deutschen, europäischen und menschlichen Geistes in unserer Zeit« gewürdigt wird, gehört für alle, die es in der englischen Fassung nicht schon kannten, zu den Überraschungen dieses Bandes. Es ist dem 1939 in Boston, gemeinsam mit der Schwester Erika, veröffentlichten Buch

›Escape to Life‹ entnommen, stammt jedoch wie alle darin enthaltenen literarischen Portraits ausschließlich von Klaus Mann. Was später Literarhistoriker aus des Vaters Werk herauslasen, der Sohn hatte es längst genau erkannt. »Aus der décadence des Patrizier-Geschlechtes wird der Künstler geboren. Freilich: in ihm bleibt ein Heimweh nach den ›Wonnen der Gewöhnlichkeit‹, nach der beruhigenden Solidität des Bürgertums zurück.« So, auf eine knappe Formel gebracht, sein Kommentar der ›Buddenbrooks‹ für den amerikanischen Leser. Und hier spätestens fällt auf, daß in Klaus Manns eigener Familie, in der alle Kinder »literarisch früh vergiftet« waren, die Antithese Bürger–Künstler sich in den beiden älteren Söhnen am deutlichsten polarisierte – daß der eine, haltlos, ratlos, fiebrig, morbid, Seelenhaltung und Lebensform des Künstlers á l'outrance getrieben hatte und den anderen sein Heimweh nach den Wonnen der Gewöhnlichkeit bis in den Dunstkreis des Bürgers Strauß geraten ließ.

Frivol, nonchalant und elegisch, war Klaus Mann gleichwohl ein klarer und unbeirrbarer politischer Denker. Lange vor seinem Vater wußte er, wieviel es in Deutschland geschlagen hatte und daß mit den Mächten, die da herankamen, nicht zu paktieren war. 1930, noch vor den Schauprozessen, empfand er nur »ein mit Neid gemischtes Staunen für die Intellektuellen, die sich ohne Vorbehalte zu Moskau bekennen. In der Luft des materialistisch-antiindividualistischen Terrors atmen zu können muß Überwindung kosten«. Aber: »Die Luft der pseudodemokratischen Plutokratie riecht auch nicht schön.« Von je nahm er eine Haltung ein, die Ernst Fischer am Ende seines Lebens als ein stolzes Zwischen-allen-Stühlen-Stehen bezeichnet hatte, und der im Prager Frühling geprägte Begriff eines »Sozialismus mit menschlichem Gesicht« entsprach jenem »sozialistischen Humanismus«, nach dem er 1935 rief.

Klaus Manns Rede ›Der Kampf um den jungen Menschen‹, die er in jenem Jahr in Paris auf dem ›Ersten internationalen Schriftstellerkongreß für die Verteidigung der Kultur gegen Krieg und Faschismus‹ hielt, ist die zweite Überraschung des Bandes. Dessen vortrefflicher Herausgeber Gregor-Dellin schildert in den Anmerkungen, wie Klaus Mann, tief erschüttert von dem kurz zuvor erfolgten Selbstmord seines geliebten Freundes René Crevel, dennoch vor diesem Kongreß, an dem Heinrich Mann, Gide, Huxley, E. M. Forster, Malraux teilnahmen, eine geradezu leidenschaftliche Utopie entwarf: »Unsere Vision wird sich, Punkt für Punkt, in Gegensatz zu der Praxis des Faschismus stellen. Wo jener zerstört, wird der sozialistische Humanismus bewahren; wo jener bewahrt, wird er zerstören ... Wo jener vergewaltigt, wird er erziehen; wo jener lügt, wird er die Wahrheit sagen.« Und dann, geradezu biblisch: »Er wird ausrotten das Gift des Nationalismus und der Rassenvorurteile, mit dem der Faschismus seine Gläubigen nährt; die Eigenheiten der Rassen und der Nationen aber werden ins große und bunte Bild dieser endlich geeinigten, endlich freien Menschheit gehören.«

»Feurig und geduldig« – so wollte Klaus Mann an die Jugend Europas appellieren. Aber als der Krieg zu Ende war, meinte er zu erkennen, daß »der Kampf zwischen den beiden antigeistigen Riesenmächten – dem amerikanischen Geld und dem russischen Fanatismus – keinen Raum mehr ließ für intellektuelle Unabhängigkeit und Integrität«. Klaus Manns Selbstmord, 1949 in Cannes, mochte mit der nicht mehr abzuschüttelnden Drogensucht und mit privatesten Konstellationen zusammenhängen: daß er sich in seinen humanen Hoffnungen enttäuscht sah, fiel sicherlich ins Gewicht. Es war eine zerrüttete Existenz, die geradezu folgerichtig in der gänzlichen Selbstaufgabe zu enden schien.

Aber welch heller Geist, welches schriftstellerische Potential ging da verloren! Seinen Romanen, »gewissermaßen grausamen und doch eigentümlich rührenden Büchern«, sind

Klischeehaftigkeit, Trivialität, arge Geschmacksentgleisungen vorgeworfen worden. Wie sparsam, ungekünstelt und scharfsichtig er in seiner essayistischen Prosa war, bezeugt nach den schon vorliegenden Schriften zur Zeit und Literatur – ›Prüfungen‹ und ›Heute und morgen‹ – auch der letzte Nachlaßband. Verlag und Herausgeber des Werkes von Klaus Mann haben sich ein großes Verdienst erworben: die Rettung eines Schriftstellers, der auf seine Art gleichfalls zur ›deutschen Repräsentanz‹ gehörte und überdies, wenn nicht Kopf und Herz, so doch das Bewußtsein war einer europäischen Generation.

LANDSCHAFT

London

Die Stadt

Wer, nach stiller oder stürmischer See, die Insel erreicht und landein fährt, durch die welligen Hügel und Lämmerweiden von Sussex und Kent, dem scheint es, als strebe alles hin auf die gewaltige Stadt, auf London, den Leviathan, das Babylon unserer Zeiten. Gleich einer schläfrigen Riesin liegt es hingestreckt im sanften südlichen England, eingebettet in Rasen und Parklandschaften, umwölkt und überhangen von jenem Dunst, der sich zuweilen zu Nebel und undurchdringlichem Qualm verdichtet, zuweilen als metallen graue Glokke über ihm liegt, immer aber sein Haupt umschleiert und noch am blaublitzendsten Tag wie ein Hauch, ein zartes Gespinst umwebt, um seine Züge in jenes weiche Licht zu tauchen, das selbst unjunge oder alterslose Frauen verklärt.

Und doch ist London eine männliche Stadt. Vom Salzwind des Meeres gebeizt, vom Kohlenrauch und von den Schwaden der Holz- und Laubfeuerchen, die in allen Gärten schwelen, bräunlich und gelblich und aschgrau gegerbt, und erfüllt von den Gerüchen virginischen Tabaks, Starkbiers, herben Leders, feuchter Schafwolle, verwitterter Regenmäntel – so schlägt sie dem Festländer entgegen, der aus der Victoria Station ins Freie tritt. Unermeßlich weit dehnt sich das Gewirr aus rötlich dunklem Ziegel und verwaschenem Portlandstein. Zahllos wie der Sand am Meer sind die Menschen, Wagen, Läden, Lampen, Fenster, Türme und Schlote. Doch fast lautlos bewegt sich dieser Koloß, gleiten die Räder dahin auf dem Fließband der Straßen, stauen sich die Massen vor den Eingängen der Untergrundbahn und den Haltestellen der roten Doppeldecker-Autobusse. Und so gleichförmig sind die Häuserreihen der Armen wie der Reichen, daß das Menschsein auf tröstliche Weise seine Einmaligkeit und Besonderheit verliert, ja, daß dem Vernehmen nach einst ein Londoner über seine Schwelle trat, seine Füße auf der Matte abstreifte, seinen Mantel an den Haken hängte, seinen Hund streichelte, seine Katze kraulte, aß, trank, neben seiner schweigsamen Frau zu Bette ging und sich anderntags mit Hut und Schirm wieder in sein Amt begab, ohne zu merken, daß er sich alldieweil im Nebenhaus aufgehalten hatte. So gleicht hier eine Existenz der anderen. Und dennoch ist jedes Heim eine Burg. Dennoch ist, wie John Donne sagte, jeder Mensch eine Insel, auch wenn die Glocke zuletzt für diesen wie für jenen schlägt.

Kann noch schön sein, was so maßlos, so unübersichtlich, so ungeheuerlich ist? Nein, London ist nicht schön. Aber wer lange an Gebäuden aus der spätviktorianischen Gründerzeit vorbeigewandert ist, an dem häßlichen Zierat der Bierbrauergotik und des Kohlenhändlerbarocks, der entdeckt plötzlich eine Fassade, ein Haus, einen ganzen Straßenzug von edler Proportion, ja vollkommener Wohlgestalt. Allenthalben in dem scheinbar ungeordneten, wenngleich organisch gewachsenen Haufen stehen noch die Wahrzeichen uralter Geschichte und großer Vergangenheit. Hier wandelten die wilden Briten und die kulturbringenden Römer, hier die trunkliebenden Sachsen und meerbezwingenden Dänen. Hier schwangen sich die höfischen Normannen zu Herrschern auf, regierten die kriegerischen Plantagenet und mordeten sich die York und Lancaster um den Preis der englischen Krone. Die klugen und machthungrigen Tudors, die lebenslustigen Stuarts, Cromwell, der Puritaner, und Königin Anna drückten dieser Stadt ihren Stempel auf, bis zuletzt die grobschlächtigen, sinnesfreudigen, zuweilen sinnesverwirrten Hannoveraner einzogen und fast wider Willen dem Bilde Londons sein vornehmstes Gepräge gaben, seine Plätze und Häuserterrassen im ›georgianischen‹ und im ›Regency‹-Stil.

Noch ragen Bauten, die an die großen Epochen englischen Glanzes gemahnen. Der Tower, vom Normannenkönig Wilhelm begonnen. Die kleine Stadt des ›Temple‹, den die Tempelritter sich errichtet hatten. Hampton Court, das Lustschloß Heinrichs VIII. und seiner unglücklichen Anne Boleyn, mit den acht königlichen Wappentieren. Elisabethanische Häuser im Geschäftsviertel Holborn. Aus der Zeit nach dem Brand der alten City im Jahr 1666 die herrlichen Kirchen Sir Christopher Wrens – sofern sie nicht dem jüngsten Weltbrand, der die City zum zweitenmal verheerte, zum Opfer fielen, und St. Paul's, die kuppelgekrönte Kathedrale. Als Zeugen des großen achtzehnten Jahrhunderts, in dem Hogarth, Händel und John Gay, der Enzyklopädist Dr. Samuel Johnson und der Maler Joshua Reynolds über dieses Pflaster schritten, stehen noch die Häuser und Plätze von Richmond Green, Bloomsbury und St. James', steht Buckingham Palace, den Georg III. sich zur Residenz erkor. Damals schufen Chippendale, Hepplewhite und die vier Brüder Adam Londons erlesenste Möbel, Innenräume und Bauten. Doch was diese Stadt an verspielter Grazie besitzt, rührt aus der Zeit des Prinzregenten und späteren Georgs IV., der mit Hilfe seines Architekten John Nash einen anmutig antikisierenden Baustil pflegte, Bath und Brighton neu belebte, und in London jene halbmondförmigen Straßenzüge, Crescents genannt, aufrichten ließ, deren bedeutendste Regent's Street heißt – Häuserterrassen mit säulengesäumten Portalen, gefächerten Fenstern, stuckumkleideten Balkonen.

Dann aber brach das Unglück über die Stadt herein. Denn unter der Herrschaft der kleinen, eigensinnigen, geschmacklosen Dame, die in ihren Grübchenhänden eisern ein Imperium zusammenhielt, begannen diese Häuser- und Straßenreihen zu wuchern und ins Kraut zu schießen, pilzartig sich zu vermehren, auszuwachsen und sich mit allen Scheußlichkeiten des späten neunzehnten Jahrhunderts zu bedecken, bis sie, rußgeschwärzt, von fahlen Spitzenvorhängen verhangen, zum Wohnort der Millionen von Kleinbürgern wurden, die das Rückgrat des britischen Weltreichs sind. So entstanden sie, die vielen Städte dieser Stadt: die City, in deren ernster männlicher Welt die Herren mit steifen Hüten, gerollten Regenschirmen und gefalteter ›Times‹ zu Hause sind, in der sie für den Umlauf des Geldes und der Waren sorgen und sich zwischendurch in ihren Tavernen und am Anblick ihrer schlanken Tippfräulein erquicken. Westminster, der Sitz der Regierung, und Belgravia, das Viertel der Diplomaten. Die Geschäftsstraße Oxford Street, in der die Frauen Londons und seiner Vorstädte planvoll grasen, um in den Warenhäusern Kindermäntel, Damenkleider und Herrenhemden von der Stange zu zupfen. Das Westend mit seinen Hotels, Theatern und Filmpalästen, mit seinem Soho voll fremdländischer Gaststätten, voll wilder Malteser, Zyprioten und Jamaikaner, voll düsterer Messerstecher, leichter Mädchen und schwerer Jungen. Mayfair mit seiner Grande Monde und Demimonde. Piccadilly Circus in seinem Herzen wie im Herzen des Imperiums, als es noch nicht geschwunden war. Bloomsbury, wo rund um den größten Lesesaal der Welt im Britischen Museum die Verleger und Buchagenten hausen. Dazu die Märkte: der von Covent Garden für die Gemüsehändler – nun freilich an die Peripherie verlegt –, der von Smithfield für die Fleischer, der von Billingsgate für die Fisch- und Austernhändler. Ringsum sodann die Wohnviertel: das ehrsam bürgerliche Kensington, das künstlerische Chelsea, das elegante Knightsbridge, und auf den nördlichen Hügeln Hampstead, in dem Literaten und zugewanderte Deutsche angesiedelt sind. Jenseits der Themse endlich, an der South Bank, unweit des Ortes, an dem Shakespeares Globe Theatre stand, die Stätten englischer Kunstpflege, das National Theatre, das British Film Institute und das Konzertgebäude der Royal Festival Hall.

In all dem liegen, locker verstreut, die großen Gärten –

Hyde Park, Regent's Park, St. James's Park mit seiner Wild-
vögelinsel. Und in Mäanderwindungen schlängelt sich der
Strom hindurch, seine Wasser ›flüssige Geschichte‹, seine
schaukelnde Last die malerischen Schleppkähne, Hausboote
und Schwäne der Königin. Was Wunder, daß angesichts
solcher Fülle und schier unerschöpflichen Vielfalt schon Dr.
Johnson ausgerufen hatte: »Wer Londons überdrüssig ist,
der hat das Leben satt!«

Die Menschen

Wer wohnt auf dieser Insel? Wer bevölkert ihre größte
Stadt? Pikten und Kelten, Lateiner und Sachsen, Wikinger
und Normannen waren hier zusammengeströmt. Dennoch
ist das Gesicht des englischen Volkes seit fast einem Jahr-
tausend das gleiche geblieben. Nach den redegewandten Höf-
lingen und ritterlichen Kriegern Wilhelms des Eroberers betrat kein fremder Fuß mehr den Boden Britanniens. Seine
Sprache wurde zum zweischneidigen Schwert, das sowohl
mit knappen, derben, bildhaften germanischen Wörtern zu-
zuhauen verstand, wie es mit wendigen, geschmeidigen, sinn-
fälligen romanischen zu fechten wußte. Seine Menschen aber
nahmen die Gestalt jener unveränderlichen Typen an, die
bereits zu Bunyans, Chaucers, Shakespeares Zeiten für immer festgelegt wurden. Frau Hurtig und Dortchen Laken-
reisser, Percy Heissporn, Zettel, der Weber, und der Herzog von Norfolk, die schönen Knaben und die blassen, ver-
waschenen Damen, philosophierende Gärtner und Bediente,
Bramarbasse und Phlegmatiker, Witzbolde und Trunkenbol-
de, jene erhabenen Zauderer und Zweifler wie jene Eigen-
brötler niederen Standes, die der größte Dramatiker erschaffen hatte, wandeln noch heute auf englischem Boden. Sie
alle, die hohen Herrschaften wie die kleinen Leute, sind
von unverkennbar britischer Eigenart, aber durch die gleichen himmelweiten Unterschiede an Wuchs, Gehaben und

Sprache voneinander getrennt wie Shakespeares Ritter und Rüpel.

Denn England – Disraeli prägte das Wort – besteht aus zwei Nationen. Da sind die langgestreckten, edelgliedrigen Söhne und Töchter aus großem Hause, die in spartanischen Privatschulen gestählt und auf taufeuchten Rasen zu Überwindern leiblicher Lässigkeit, Furcht und Faulheit herangezogen werden und sodann in die Welt hinausgehen, um die Schlachten bei Crécy und Anzio zu gewinnen, ein Imperium zu gründen und wieder zu verlieren, die Geschicke ihres Landes zu lenken, den Fuchs und die Wachtel zu jagen, und in hohen Hallen frierend ihr Erbteil zu bewahren. Und da ist das kleingewachsene oder gar mißgestaltete Volk, das nicht minder selbstbewußt und standesbewußt ist, aber Untertan und Domestik aus Überzeugung, das in rauhen Gemeindeschulen und in den Elendsgassen der Städte aufschießt und dennoch zäh ist, voll Ausdauer und Wagemut, wenn Krieg und Gefahr ihm dräuen. Milord und Cockney – die beiden Pole englischen Wesens! Und doch sind sie vereint in ihrer Andersartigkeit gegenüber jeglichem üblichen Menschenschlag der Erde, in ihrem Eigensinn, ihrer Skurrilität, ihrer Lust am Spleen und am Sport, an Steckenpferden und Rennpferden, an Blumen und Booten, am Meer, am Trunk, am Humor.

Auch in ihren Vergnügungen gleichen sie einander und ihren Vätern. Vor Jahrhunderten lief zu Hahnenkämpfen und Hundekämpfen, zum Piesacken von Bären und Stieren, wer heute zu den Hunderennen und Pferderennen läuft. Tranken die Angelsachsen Met und die Elisabethaner Wein, so schützen sich seit Hogarths Zeiten die Cockneys durch Gin und Bier, die Milords durch Brandy und Whisky vor der Härte des nordischen Winters. Den Tee nimmt man im freiherrlichen Saal wie in der Kate des Torfstechers ein, doch wird hier die Milch zuvor, dort hernach in die Tasse gegossen. Werden die hohen Herren, die sonst so einsilbig vor dem

Kaminfeuer sitzen, im Unterhaus und im Oberhaus des Parlaments beredt, so löst dem kleinen Mann die Rednertribüne des Hyde Park die Zunge. Das Wetten und Fluchen, das Saufen und Spielen sind die harmlosen Laster eines Volkes, das dem Nachbar kein Haar zu krümmen gewillt ist, zur unblutigen Auseinandersetzung neigt, Revolutionen verabscheut und ausschließlich darauf bedacht ist, zu leben und leben zu lassen. In jedem Engländer wohnen Löwe und Einhorn, Kraft und Phantasie in Frieden beisammen. Reizt man den Löwen nicht, nährt man des Einhorns närrische, verspielte, träumerische Neigung, so kann man mit dem englischen Volk in jahrhundertelanger Eintracht hausen.

Wie aber in der grauen Menge, die sich durch Londons Straßen wälzt, das Antlitz seiner Bürger unterscheiden? Wie die Einheit in der Vielfalt, wie die Variante in der Monotonie entdecken? Vergeblich sucht man freilich den Mylord. Er bleibt unsichtbar. Dagegen gelingt es, sobald das Auge sich an die verwirrende Fülle gewöhnt, gewisse Archetypen des Cockney zu erkennen. Dies alte Weiblein etwa mit dem grotesken Hutaufbau gehört zur Gilde der Putzfrauen. Ohne das Gebilde je von der mausgrauen, strähnigen Frisur zu lüften, trippelt sie täglich durch Ämter und Behausungen dieser Stadt, um den Kamin der Asche zu entleeren und ein neues Feuer aufzubauen, sodann Unmengen aufgequollener Teeblätter aus dem Topf zu entfernen, Geschirr zu spülen und die Räume von rußigem Staube zu befreien. Jenes Wesen mit den absatzlosen Schuhen und dem alterslosen Gesicht ist eine Kinderfrau, die nun schon die dritte Generation ihrer herrschaftlichen Familie mit Haferbrei füttert und mit Kinderreimen speist: *London Bridge ist broken down/Dance over, my Lady Lee,/London Bridge ist broken down,/With a gay ladee.*

Aber London Bridge steht immer noch, und London selbst bricht nicht zusammen, solange solche Frauen es stützen mit ihrer Sanftmut und Selbstlosigkeit. Solche Frauen, und solche verläßliche Männer mit Brille, Tabakspfeife, Köfferchen oder Aktentasche, wie sie täglich mit dem Acht-Uhr-Zehn aus dem Vorort nach Holborn, Westminster, Mansion House fahren, um dort ruhig und umsichtig ihren Geschäften nachzugehen. London bleibt bestehen, solange seine gewaltigen Polizisten zu zweit auf ihre Runde gehen. Und solange die Garden mit ihren Bärenmützen als sinnbildlicher Schutz vor Palästen wachen, die niemand erstürmen will, weil jene liebenswürdig lächelnden Damen, die in ihnen residieren, keinerlei Throngewalt ausüben, sondern nur lebendige Märchenfiguren sind, Idol und Illusion.

Aus der Menge lösen sich Rothaarige aller Schattierungen, langzähnige Botenjungen und Schulmädchen in gestreiften Kleidern, Golfjacken, Krempenhüten – häßliche Entlein, aus denen eines Tages die milchweiße, rosenhäutige englische Miß wie ein lieblicher Schwan ersteht. Es treten aus ihr hervor die Männer in Schirmmützen mit den fleckigen Regenmänteln, denen die Totoliste aus der Tasche guckt, adrette Ladenmädchen, die tagsüber von einem Sandwich und einer Tasse Tee leben, um immer hübsch gekleidet und anmutig bemalt zu sein, Jamaikaner, Matrosen, ein Alter, der sein sorgfältig gebasteltes Segelboot auf dem Teich von Kensington Gardens zu versuchen gedenkt, ein blondes Barmädchen, ein bleicher Bankbeamter, und Kinder, Kinder von berückendem Reiz, die hier auf grünem Grase, inmitten von Goldlack, Wicken und Rittersporn, wie sie im Vorgärtlein jedes Hauses wachsen, behutsam an das Leben gewöhnt werden. Und begegnet man, etwa im Eingang der Royal Academy auf dem Piccadilly, Mrs. Everleigh Nash und ihrem Pleureusenhut, ihrem Schleier, ihren Perlen und Pelzen, so darf man in ihr nicht mehr als ein Wahrzeichen aus eduardischen Tagen erblicken, das in unsere Zeit herüberragt. Unserer Zeit gehören jene beiden lustigen Geschöpfe in Röhrenhosen an, mit ihren weißgepuderten Gesichtern und ihrem verwilderten Haar, die sich in solch absichtlicher Verwahrlosung in die nächste Espresso-Bar von Chelsea begeben. Hier, unter exotischen Blattpflanzen, auf rohrgeflochtenen Stühlen und an mosaikbedeckten Tischen, bei italienischem Kaffee, garnierten Broten und spanischem Pfeffersalat, werden sie sich gegen ihre teetrinkenden Eltern auflehnen, wie jede neue Generation gegen die alte rebelliert, selbst im bedächtigen, umsturzfeindlichen England.

Nicht alle von ihnen wurden wohl im Umkreis der Glocken von Bow Church geboren, deren Klang dem echten Cockney an der Wiege ertönt. Doch jeder von ihnen ist London – ein Tropfen in seinem Ozean, ein Sandkorn an seinem Strande, ein Hauch in seinem Nebel und ein kleines Licht in seiner unendlichen Helligkeit.

Augenblicke

Aus einem kleinen Laden mit georgianischen Butzenscheiben wird von zwei Livrierten ein Zylinderhut getragen, vorsorglich in Papier gehüllt. Die Kutsche rollt davon, die St. James's Street hinauf, schwenkt links auf den Piccadilly ein, beschreibt einen gemächlichen Halbkreis um Hyde Park Corner, fährt sodann Knightsbridge hinunter und biegt endlich auf einen jener vornehmen Plätze ein, die einen Steinwurf entfernt vom Park liegen – Wilton Crescent oder Chesham Place, der Name tut nichts zur Sache. Hier reiht sich ein schöngebautes Haus ans andre, mit Türen, die lustig gestrichen sind – kirschrot, blattgrün oder buttergelb. Nach einem solchen Londoner Häuschen mit solch blaßgelb getönter Tür, so sagte einst André Maurois, habe es ihn ein Leben lang verlangt. Doch kein Kenner Englands vom Festland, sondern ein junger Herr aus altem Hause wohnt hinter jenem butterfarbenen Portal, und ihm wird ganz wie seinen Ahnherren seit Jahrhunderten von den Livrierten der graue Zylinder überbracht, mit dem er sich anderntags zum Pferderennen von Ascot begeben wird. Ein Butler in gestreifter Weste nimmt die Lieferung entgegen, aus dem Küchenfenster im Souterrain schaut die Köchin zu, und da die Kutsche sich wieder wendet, tritt ›Nanny‹ mit einem Bübchen aus dem Hause, um dem Pferd ein Stück Zucker zu reichen. Wäre man nicht im Herzen Londons, man könnte wähnen, in der stillsten Kleinstadt des Landes zu sein!

Der Fußballwettkampf ist vorbei, der Abend fällt, es beginnt zu nieseln. Wagen gleiten auf dem regennassen Pflaster vorbei. Die Menge staut sich, schiebt sich Schritt für Schritt geduldig vor. Zerfetzt, beschmutzt, zerlesen verenden die Sportausgaben im Rinnstein. Neonlichter zucken. Vor der Untergrundbahn flimmert das blauweißrote Schild. Was hier sich drängt oder herumsteht, unschlüssig wartend, hat kein Gesicht. Es ist das wild wuchernde Kraut der Großstadt, inmitten von rußigen Ziegelwänden, blicklosen Feuermauern und jenen ausweglosen Elendsgassen hochgeschossen, in denen das Leben nur eine Runde ist zwischen Woolworth, dem Drogisten, der Hustensäfte und Rheumapillen vertreibt, dem kahlen, fahl mit Ölfarbe ausgemalten Lokal, wo es heißen, süßen Milchtee gibt und dürres Weißbrot mit Mausfallenkäse, und der Schenke mit ihrem viktorianisch geschliffenen Spiegelglas, ihren Dünsten von Bier und Tabak, ihrer schnippischen Kellnerin – nichts als eine einzige öde Runde, vertan in der abgebrauchten Luft der Untergrundzüge, im feuchten Nebelqualm der Straße und im eklen Ruch von Nierenfett und Spülwasser, der aus allen Wohnungen dringt, zuweilen nur durchzuckt von der Grelle des Stadions, wo man Hunde hinter einer Hasenattrappe herhetzt und auf den schnellsten wettet, oder des Filmpalastes, der einem wohlgestalte Weiber und kalifornische Wälder in glorioser Technicolor vor Augen führt, nachdem man eine Stunde lang im Regen hat Schlange stehen müssen. Es ist wenig Menschenwürdiges in dieser Existenz, ob sie nun in Fulham oder in Clapham, in Paddington oder in Lambeth, in Kilburn oder in Camden Town vor sich geht, im Bereich jenes finsteren Gürtels jedenfalls, der die imperiale innere Stadt von den gepflegten äußeren Wohnbezirken trennt. Hier, unter fleckigen Tapeten, zerschlissenen Spitzenvorhängen, Zimmerpalmen, Schundheftchen und den inständig mahnenden Chorälen der Heilsarmee, wachsen die wahren Großstädter kaum anders auf als zu Dickens' Zeiten, wenn auch dank dem Wohlfahrtstaat keiner mehr hungert, keiner mehr friert, keiner mehr ärztlicher Pflege oder staatlicher Erziehung enträt.

Sie ist weit entfernt, diese Welt, von den Schaukästen der Bond Streeet, in denen man, lässig lustwandelnd, schöngeschliffenen Bernstein, getriebene Goldarbeiten, Berlocken, altes Glas und Porzellan betrachten kann. Weit entfernt von dem Schneiderladen in der Savile Row, wo der Prinzgemahl Albert im runden Rahmen von der Wand blickt und zwei Uhren nicht ganz im gleichen Takte ticken, Jagdfräcke und Reitgerten im Glasschrank hängen, Ballen dauerhaften Manchestertuches aufgebahrt sind und die nackte Kreatur in einen wohlbekleideten Gentleman verwandeln wird. Weit entfernt auch von den verfeinerten Vergnügungen der Herren und Damen vom Chester Square, dem Gala-Abend des Royal Opera Ballet in Covent Garden, den Versteigerungen alter Meister und Möbel in den ehrwürdigen Auktionshäusern Christie und Sotheby, dem jüngsten Salonstück in ›His Majesty's Theatre‹ oder dem Schumann-Konzert Swjatoslaw Richters in der Royal Albert Hall. Aber glaube niemand, der kleine Mann von Fulham oder Clapham entbehre gänzlich der Freuden, die ein Dasein an der Schattenseite des Lebens ertragen helfen. Sein Tummelplatz sind die Straßenmärkte oder Kettenläden Samstag vormittags, wenn die Wochenlöhnung es ihm erlaubt, sich aus dem bunten billigen Kram einen Tabaksbeutel aus Wichsleinwand, einen Büchsenöffner, eine Batterie für seine Fahrradlampe auszuwählen. Sein Trost ist das Aneinanderrücken gleichgesinnter Männer in der Taverne und auf der Fußballtribüne, das Sichanschmiegen an warme, weiche Mädchen im Haustor, in der verlassenen Passage oder im Park, ja, ganz schamlos auf dem Rasen öffentlicher Gärten, denn unter all den Millionen, die sich hier ergehen, sind nur die Paare einander nicht fremd. Sein hellster Lichtblick an dunklen Abenden aber ist das Fernsehen, diese trügerische Illumination des Kleinbürgerdaseins, die in seine Stube Komiker, Boxer, Soubretten, selbst Minister und Prinzessinnen zaubert und die groben Akzente seiner Häuslichkeit mit der gewählten, wohltönenden, herablassenden Sprache des Ansagers übertönt.

Dem Londoner vom Lowndes Square wie dem vom Lambeth Walk gehören überdies die Volksfeste, die prunkvollen Prozessionen und uralten Bräuche, wie diese Stadt sie spontan oder in steter Wiederkehr zu feiern versteht. Der alljährliche Umzug des neugewählten Lord-Bürgermeisters, der sich durch die gesamte City bewegt. Die Nacht nach dem Bootsrennen der Universitäten Oxford und Cambridge auf der Themse, in der jeder Cockney, mit dunkelblauem oder hellblauem Band geschmückt, den Sieg der von ihm bevorzugten Mannschaft besingt und betrinkt. Jene nach dem Cup Final, dem Endspiel um die Fußballmeisterschaft, da Tausende von Zuschauern und Anhängern aus Schottland, Wales oder Lancashire herbeiströmen und mit ihren farbigen Kokarden, ihren Papierschlangen, Ratschen und Trillerpfeifen durch die Straßen ziehen. Die Eröffnung des Parlaments oder gar ein Staatsbesuch, wenn die Tore des Buckingham Palace sich auftun und die goldenen Karossen in die Stadt hinausrollen, gefolgt von Prinzen und Garden hoch zu Roß, und sich abends vor dem Balkon die Menge drängt, um der Königin zuzurufen: »Komm heraus, Lizzie, laß dich sehen!« – ganz, als wäre Ihre Majestät nur die bezahlte Dienerin des Volkes, die sie im Grunde auch ist. Weshalb sie denn schließlich gefügig, mit ihrem Gatten, ihren Kindern, ihrer Mutter und Schwester auf den Altan tritt und sich zeigt, Opferlamm und Götzenbild zugleich. Ihnen allen gehört jene rauhe Novembernacht, da ein Feuerschein rot am Nebelhimmel steht, und in unzähligen Gärten und Plätzen, zum Gedenken an eine mißglückte Verschwörung vor vierhundert Jahren, Garben prasseln, Raketen hochzischen und Flammenräder sich drehen, während der ›Guy‹, der Popanz, auf dem Scheiterhaufen lodert. All dies – und jene in sämtlichen Häusern gleichzeitig gebackenen Omeletten am Fastnachtsdienstag, gleichzeitig abgefaßten Liebesbriefe am St.-Valentins-Tag, gleichzeitig mit Äpfeln und Kastanien gefüllten und mit Preißelbeeren aufgetischten Truthähne, gleichzeitig unter dem Mistelzweig geküßten Mädchen zur Weihnachtszeit –, sie alle vereinen und verbinden für immer dieses unförmige Gebilde, dieses unabsehbare Gewirr, diesen Maelstrom, dieses Meer, dieses häßliche, schöne, ewige London, diesen gewaltigsten aller Zufluchtsorte der Menschen vor der drohenden Natur: diese größte Großstadt unserer Erde.

Dublin: Die alte Frau vom
Fitzwilliam Square

In Irland gibt es keine Blumenkinder. Die Hippies von London, in bunten Zigeunerlappen und behängt mit Glöckchen, die sie in indischen Kunstgewerbeläden kaufen, strecken ihre Fühler nicht bis hierher aus. Kämen sie über die Irische See angesegelt, man nähme sie wohl ohne Erstaunen wahr, denn diese Insel ist reich an Kesselflickern und theatralischer Armut. Niemand weiß, ob der langhaarige, ringelbärtige Jüngling, der in Dublins O'Connell Street mit der Sammelbüchse für die »Irische Kampagne für Freiheit vom Hunger« wirbt, sich aus Liebe zur leidenden Menschheit oder aus Protest gegen alle Leute über dreißig so seltsam kostümiert hat. Er war der einzige Außenseiter englischen Zuschnitts, den wir in einer der herbstlichen Straßen sahen. Die Exzentrik lauert hier hinter verschlossenen Türen, kauert in dunklen Torbögen, sickert aus Kneipenfenstern. Äußerlich herrscht anglo-irische Zucht im Stadtbild, georgianisches Gleichmaß, umwittert von Vergeblichkeit und Vergänglichkeit, durchtränkt von Melancholie.

Dublin im November: ob von Regenschauern geschüttelt oder glasblau, meeresfeucht, salzdurchbraust, wirkt es den Elementen preisgegeben, den drohenden Unbilden eines nordischen Winters gewärtig, in einer augenblicklichen wie dauernden Haltung aus Trotz und Ohnmacht festgebannt. Ein kleines Agrarland, nach blutigen Rebellionen und Anschlägen aus dem britischen Staatsverband gelöst, obschon im Commonwealth verblieben, muß sich gefallen lassen, daß es allerorten weiter an dessen Schlepptau liegt. Eine Stadt, in ihrer Schönheit bestimmt vom Baustil der hannoveranischen Dynastie, wahrt den Stempel jener Epoche ängstlicher als

London, das seine Plätze aus dem achtzehnten Jahrhundert verstümmelt oder niederreißt. Was hilft es, eine eigene Währung zu besitzen, wenn sie unweigerlich mit der englischen abgewertet wird, ja, wenn eine Pfundnote mit dem Bild der Königin im republikanischen Irland anstandslos als Zahlung angenommen, jeder irische Penny mit seiner Harfe aber in London verächtlich zurückgewiesen wird? Was hilft ein stolzes ›Radio Eireann‹, wenn die Sender der BBC lauter und autoritativer aus dem Rundfunkgerät erschallen?

So viel Blut, so viel Schmerz, so viel Todesmut haben ein Trauertuch gewebt, das über Dublin schwebt wie das Emblem auf einem alten Stahlstich der Stadt. Man fühlt seine Gegenwart, fühlt sie wohl wirklich mehr in diesen rauhen Tagen als im Frühjahr, wenn die Rennstallbesitzer ausschwärmen, gestriegelte Pferdeleiber von Unmengen wettlustiger Besucher umringt sind und alle Parks der Stadt in satten Farben prangen. Jetzt, im tiefgrauen Spätherbst, erinnert Dublin dran, daß sein Name auf Gälisch ›dunkler Teich‹ bedeutet, Teich der unvergessenen Düsternis. Trost liegt hier nur in der Proportion. Die unvergleichlichen Plätze, Festakte der Architektur, wie sie in solch lückenlosem Ebenmaß an keinem Ort der britischen Inseln mehr bestehen, umfangen uns mit Schönheit. Fitzwilliam Square, Merrion Square, St. Stephen's Green – Spuren einstiger kolonisatorischer Eleganz, hingepflanzt in das Land der Torfstecher und Bauernkaten, »John Bulls andere Insel«, edelgeformt wie jene Gutshäuser des anglo-irischen Adels, deren so viele in den Tagen der Rebellion verwüstet und verlassen worden sind.

An dem sicherlich größten Platz Europas, St. Stephen's Green, vier Reihen von Häuserfassaden an den Rändern einer weiten Fläche von Teichen, Wegen und Bosketten, stets als Wahrzeichen der gemeinsamen Vergangenheit das Shelbourne, vielleicht Europas komfortabelstes Hotel. Keine geringere Chronistin als Elizabeth Bowen hat die Geschichte dieses Hauses geschrieben und mit den letzten hundert Jahren irischer Historie in Verbindung gebracht. Bis vor kurzem im Besitz der Familie Jury, die das längst bestehende Hotel 1867 übernahm und neu erbaute, hat das Shelbourne von jeher den verfeinerten englischen Lebensstil mit irischer Panache gepaart, gab und gibt sich wild-fröhlich zur Zeit der Jagdbälle oder in der Woche der großen Pferdeschau, vornehm-gelassen das ganz übrige Jahr. Wie in den Tagen, als Thackeray und George Moore hier wohnten, wird dem Besucher die Wärmflasche ins Bett gesteckt und jeder harte und weiche Drink zu jeder Stunde serviert; viktorianisches Behagen umwebt ihn allerorten, Kellner, Kammerfrauen und Pagen verströmen ein stolzes Glücksgefühl, dem traditionsreichen Hause verbunden zu sein. Die Zimmer gleichen Sälen, das Mobiliar entspricht immer noch dem Geschmack der formidablen Mrs. Margaret Jury, die ihr Hotel im *Fin de siècle* mit fester Hand führte wie Frau Anna Sacher das ihre in Wien. Im Saddle Room speist der irische Landadel seine gewaltigen Scheiben Roastbeef, seine gebackenen Kartoffeln und Riesengarnelen aus der Dubliner Bucht, und auf dem Anschlagbrett im Eingang liest er, wann und wo die großen Fuchsjagden zusammentreffen, die Hunts von Kilkenny und Kildare und Bray, die Ward Union Hounds und County Limerick Hounds und West Meath Hounds, die Fingal Harriers und die fatal benannten Black and Tans.

Am nahen Merrion Square, hinter Portalen von einzigartiger Anmut – kannelierte Türpfosten mit korinthischen Kapitälen, darüber halbkreisförmige Fenster, innen ein Gefunkel von Kerzenleuchtern, ornamentaler Stuck, Mahagoni-Treppen – hausen Herrschaften und Institutionen wie die britische Botschaft, der Vorstand des Rennvereins, Dublins erste Modeschöpferin Sybill Connolly, das deutsche Kulturinstitut. Gegenüber, auf der Westseite des Platzes, liegt ein Gebäude des University College, Dublins zweiter Universität. Und hier entsinnt man sich der Absicht des

Unterrichtsministers Donogh O'Malley, diese vergleichsweise neue, streng katholische Hochschule mit dem altehrwür-
digen Trinity College zu vereinen. Ein »*Shotgun Wedding*«,
eine Hochzeit unter vorgehaltenen Pistolen, nennt der Be-
richterstatter des Londoner ›New Statesman‹, Proinsias
MacAonghusa, den ungeheuerlichen Plan.

Mr. O'Malley, ein schöner, träumerischer und überaus
mutiger Mann, hat weder die Autoritäten der beiden Col-
leges noch den katholischen Klerus befragt, ehe er mit seinem
Fait accompli vor die Öffentlichkeit trat. So erstaunt waren alle Beteiligten, daß vorerst kein offener Widerspruch
hörbar geworden ist. Gleichwohl werden sich die beiden
künftigen Ehepartner nur unter Zwang in die Arme sinken.
Trinity, im Jahr 1591 gegründet, die Alma mater von Berkeley, Swift, Burke, Goldsmith und Beckett, hat 3500 Studenten, die zur Hälfte Iren und fast zur Gänze Prostestan-
ten sind. University College, mit den Hochschulen von Cork,
Galway und Maynooth ein Teil der Nationaluniversität von
Irland, existiert seit dem Beginn dieses Jahrhunderts und
hat etwa 8500 Studenten, nahezu alle irische Katholiken.
Unter strenger hierarchischer Überwachung steht das UCD,
mit Ausnahme seiner historischen und gälischen Seminare,
an scholastischer Bedeutung hinter Trinity zurück. Sowenig
man dort unter jesuitische Aufsicht geraten will, sowenig
wird die katholische Kirche einer neuen ›University of Dublin‹ zustimmen, in der die kosmopolitischen Freigeister von
Trinity noch tonangebend sind.

All diese Probleme berühren die meisten Bürger nicht.
Dublins geistige Elite ist klein, die Masse der Brauereiarbei-
ter, Textilhändler, Wettbürobesitzer beherrscht das Stadtbild. O'Connell Street an einem Samstagmorgen zeigt sie alle
beim Einkauf in den Warenhäusern, eine rührend schlichte,
dürftig gekleidete Menschenmenge, Passanten wie auf dem
Prager Wenzelsplatz oder dem alten Markt von Krakau,
Bewohner einer klerikal gelenkten Volksrepublik. Das ehe-

dem weithin sichtbare Wahrzeichen dieser Hauptstraße, die Nelson-Säule vor dem klassizistischen Postamt, wurde im März 1966 geschleift, nachdem unbekannte Patrioten sie eines Nachts in die Luft gesprengt hatten. Fünfzig Jahre nach dem blutigen Osteraufstand wirkte der Haß gegen alles, was an Englands Herrschaft erinnert, immer noch fort. So stürzte der arme Nelson, dessen Mutter übrigens Irin war, von seinem Postament. So hört man auch immer wieder im Abbey Theatre Brendan Behans ›Borstal Boy‹ die alten Rebellenlieder singen, so sieht man in dieser von Frank McMahon dramatisierten Fassung des gleichnamigen Buches den verstorbenen Dichter und Freiheitskämpfer gleich in zweifacher Gestalt auf der Bühne stehen, als jungen Sträfling im englischen Jugendgefängnis und als reifen Mann, der die Szenenbilder einleitet und kommentiert.

Episches Theater, Brecht-Techniken auf die salzig-derbe, volkstümlich-witzige Autobiographie eines Iren angewendet, der als Kind Bomben warf, später Bücher und Dramen schrieb, raufte und randalierte und sich zu Tode trank, um nun bereits als Nationalheld vom jungen Frank Grimes und von Niall Toibin verkörpert zu werden. Auch wer den Dubliner Dialekt, in dem dieses Stück geschrieben ist, nur zur Hälfte versteht, ist gepackt von der Knappheit und Rasanz des Dargestellten, von der Eindringlichkeit der exakt abgespulten Gefängnisszenen. Freilich muß man sich immer wieder besinnen, daß es hier nicht um Klassenkampf, sondern um eine Volkserhebung geht. Daß im Zuge der erreichten Unabhängigkeit ein Teil der englischen Oberschicht, die es sich hierzulande jahrhundertelang bequem gemacht hatte, hinweggefegt wurde, war eine Begleiterscheinung, nicht die eigentliche Absicht der Revolution.

So kommt es, daß in diesem republikanischen Staat noch immer der Adel an der Spitze der gesellschaftlichen Pyramide steht, daß der Marquess von Kildare, Irlands höchster Aristokrat, sich zu der gleichen feudalen Lebensform bekennt wie seine Ahnherren vor alten Zeiten, und die Familie Guinness, anglo-irisch, protestantisch, mit Schlössern in England und verschwägert mit der halben europäischen Nobilität, nicht nur den wichtigsten Exportartikel, das braune Starkbier erzeugt, sondern auch in der Dubliner Öffentlichkeit dominiert. Dieser weitverzweigte Klan ist das engste Bindeglied zwischen John Bulls beiden Inseln, denn wenn man im Brauereibetrieb die unverminderte Treue zu Großbritannien belohnt – alle einstigen Soldaten der britischen Armee können nach wie vor dort Stellungen finden –, war etwa dessen Vizechef Lord Moyne lange Jahre Dublins erster Kunstmäzen und unter dem Namen Bryan Guinness Verfasser von Versbänden, Romanen und Dramen, die Irlands Literatur bereichert haben. »Eine Gesellschaft ist nur gesund, wenn sie Bier, Profite, Ballett und Poesie besitzt«, erklärte Mr. George Gracie vom Guinness-Konzern anläßlich der Eröffnung eines Musik- und Dramenfestes. Poesie und Bier zumindest sind hier unzertrennlich vereint. »Der heilige Schoppen *(pint)* allein kann Daedalus' Zunge lösen«, sagt Buck Mulligan im ›Ulysses‹. Bier ist volkstümlich. Volkstümlich ist auch die irische Kunst. Ihr Symbol, scherzt wiederum Daedalus bei Joyce, ist »der gesprungene Spiegel eines Dienstboten«. Was daheim bleibt, klebt an der Scholle oder an der Schenke, wie Brendan Behan. Subtilere Geister, von Sheridan, Shaw und Wilde bis zu O'Casey, Joyce und Beckett, verlassen früher oder später ihr Land. Der ›Ulysses‹ wurde bekanntlich in Triest, Zürich und Paris geschrieben. Ganz wie Becketts Werk steht er auf dem irischen Index, der Welt strengster Zensur. Gleichwohl sind in der Kunst die Grenzen nicht allzu scharf gezogen, wird Irland immer noch von England kolonialisiert. Ein ›Bronzetribut‹ an W. B. Yeats in St. Stephen's Green stammt von Henry Moore. Auch dieses Bildhauers berühmte Doppelstatue ›König und Königin‹ wurde vor einer Weile, unter dem unverfänglichen Namen ›Zwei Figuren‹, vor der Neuen Bibliothek des Trinity College aufgestellt. Die Bibliothek selbst hat der Londoner Architekt Paul Kromalek entworfen und damit den klassizistischen Komplexen der Universität ein Bauwerk von kühner Zeitgemäßheit hinzugefügt.

Ein blauer Tag, böig und frisch; die Meeresbrise knattert durch Dublins weite Plätze und Prospekte. Ein Tag, um nach Dun Laoghaire zu fahren, Pforte zur Grafschaft Wicklow, und weiter nach Dalkey, Killiney und Bray, die berühmte Küstenstraße entlang. So sehr gleicht diese Bucht dem Golf von Neapel, daß manche Häuser und Straßen hier italienische Namen tragen, wie ›Sorrento‹ oder ›Vico Road‹. In Dalkey lehrte Joyce an der Clifton School, und unweit von dort, bei Sandycove, liegt der Martello-Turm, in dem er 1904 einige Wochen mit dem damaligen Medizinstudenten Oliver St. John Gogarty hauste. Im späten Herbst, selbst wenn die Mittagssonne einen Junitag wie jenen Bloomsday vortäuschen will und das Meer sich müht, in südlichem Glanz zu blinken, sind die ersten zwanzig Seiten des ›Ulysses‹, die im Martello-Turm spielen, nicht heraufzubeschwören. Der Turm, jetzt ein Joyce-Museum, wird schon im Oktober für den Winter geschlossen. Man steht vor dem versperrten Gittertor, betrachtet die Festungsmauern mit Brustwehr und Schießscharten und wendet sich schließlich ab, um das Meer – »leer bis auf die Rauchfeder des Paketboots, verschwommen am hellen Horizont« – mit Daedalus' Augen zu sehen.

Der Turm von innen, Joyces Dublin, eröffnete sich uns erst später, im Londoner Academy-Kino, wo Joseph Stricks Verfilmung des ›Ulysses‹ lief. Ein optisches Meisterwerk, das ein literarisches Meisterwerk destilliert. In Irland wird es kaum gezeigt werden können, wie der größte Roman über Dublin hier nur verstohlen oder in redigierter Fassung gelesen werden darf. Die Stadt stößt ihre eigenen Mythenbildner aus, doch immer wieder bringt sie neue hervor, gebiert Genies im Bierdunst ihrer Schenken, am nächtlichen Ufer des Liffey, in den stattlichen Familienburgen von

Ballsbridge und in dem schmutzigen Elendsviertel von Misery Hill.

Ihre letzte Gabe an die Welt ist jene Folklore-Gruppe ›The Dubliners‹, die längst übers Meer verzogen und in England berühmt geworden ist. Fünf bärtige Burschen singen Balladen zu einer aus alten irischen Tänzen entwickelten Musik und begleiten sich abwechselnd mit Banjos, Mandolinen, Gitarren, Geigen und der Ziehharmonika. In O'Donoghues Kneipe, wo sie begannen, hängt nur noch ihre Fotografie an der Wand, doch schon sitzen an ihrer Stelle andere Männer und Mädchen, den Schoppen dunklen, bitteren Guinness' vor sich auf dem Tisch, und spielen dem Wirt und seinen Besuchern auf. Wir waren zweimal in O'Donoghues, dem überfüllten, verrauchten Pub in der Merrion Row, Samstag abends um neun und sonntags vor dem Mittagessen. Hippies gab es nicht, aber junge Leute von jener Ungezwungenheit in Gehaben, Kleidung und Haartracht, die man im konventionellen Mitteleuropa schon mit Gammlern in Verbindung bringt. Sie waren gutwillig und ein wenig romantisch, sie schämten sich ihrer Volksweisen nicht. Norman Moynihan, mit dem wir Freundschaft schlossen, war eben aus Übersee zurückgekommen, entlassen aus der britischen Armee, doch nicht auf eine Stellung in der Guinness-Brauerei erpicht. Er werde, sagte er, wohl nach Australien gehen müssen, Irland sei ihm zu klein, zu arm, zu sehr am Rande. Inzwischen himmelte er noch die präraffaelitische Schönheit des dunkelhaarigen Mädchens gegenüber an, das mit glockenheller Stimme ein Freiheitslied der Dubliner, ›The Old Alarm Clock‹, sang.

Irlands Armut, Irlands Schwermut, Irlands Hoffnungslosigkeit sahen wir an jenem Mittag am menschenleeren Fitzwilliam Square. Wer in den wohlgeformten Häusern mit den farbigen Türen – Grün in allen Schattierungen, Pompejanischrot und Rostbraun – wohnte, war jetzt beim Mahl. In jenen, die Schilder von Ärzten und Rechtsanwälten trugen, hielt sich sonntags niemand auf. Nur ein Lebewesen war da, eine zerlumpte Frau, die gekrümmt auf den Stufen eines Arzthauses am Südende des Platzes saß. Der Kopf mit dem struppigen Haar war vornübergesunken, die Beine hatte sie wie eine Stoffpuppe von sich gestreckt. Neben ihr hockte ein kleiner räudiger Hund. Über die Treppe aber sickerte ein kleines Rinnsal herab, den verwitterten Stein besudelnd, letzter Verlust der Menschenwürde, völliger körperlicher und geistiger Verfall, ein Symbol, weit schrecklicher als jener gesprungene Spiegel. Wir mußten auf dem Heimweg über den St. Stephen's Green den Meereswind um Henry Moores grüne Bronzestatue pfeifen hören und durch die Glastür des Shelbourne in die Eleganz irischer Gastlichkeit eintauchen, um das Bild der Frau am Fitzwilliam Square in uns auszulöschen. Später aber, als wir über die Irische See davonflogen, kehrte es wieder und erklärte, was Sheridan und Shaw, Joyce, Beckett und Norman Moynihan aus dem Lande trieb.

Taos
Dach der Welt

Eines Winters im Ersten Weltkrieg fuhr eine reiche, launische und ihres Lebens ein wenig überdrüssige Frau von New York nach New Mexico. Mabel Dodge war noch nicht vierzig, aber schon schienen ihr die Freuden der zivilisierten Welt verblaßt. Ihre Jugend hatte sie in den Stadtpalästen und Landhäusern der nordamerikanischen Gesellschaft verbracht. Mit ihrem zweiten Mann wohnte sie jahrelang in Florenz und empfing dort, in ihrer Villa Curonia, die Talente ihrer Zeit – Elizabeth Duncan, die Duse, Henry Savage Landor, Leo und Gertrude Stein. Nach dem Ende dieser Ehe wurde ihr Salon in der Fifth Avenue zum Sammelpunkt der New Yorker Avantgarde. In jungen Jahren war sie eine legendäre Figur; ihr Freundeskreis erstreckte sich über zwei Kontinente. Dennoch fühlte sie eine stetige Rastlosigkeit in sich, ein wachsendes Unbehagen an ihrer Lebensform. Unschlüssig und ohne Gewinn las sie Traktate über Theosophie, über die Rosenkreuzer und das mythische Atlantis. Als sie ihre Winterreise nach dem amerikanischen Südwesten antrat, plante sie nicht mehr, als mit ihrem dritten Mann, dem russischen Maler Maurice Sterne, die Weihnachtstage zu verbringen. Sie gelangte nach Taos. Hier brach, wie sie später schrieb, ihr Leben entzwei. Mabel Dodge, die Erbin aus Buffalo, die blasierte Kosmopolitin, spürte in der uralten Kultur der Taos-Indianer jene Ruhe, Kraft und Sicherheit, die sie in der modernen Welt vermißte. Sie schüttelte ihre Vergangenheit von sich ab, baute sich ein Haus im Schatten des ›Heiligen Berges‹ und fand ein tiefes, wiewohl einsilbiges Glück in ihrer vierten Ehe mit dem Indianer Tony Luhan.

Diese erstaunliche Frau war es, die Taos für unser Jahrhundert entdeckte. Der Ruf von einem abgeschiedenen und paradiesischen Ort im Hochgebirge, von einem arkadischen Frieden dreier Kulturen, von herrlicher Natur und eigenartigen Menschen mit geheimnisvollen Bräuchen drang nach dem amerikanischen Osten und dem europäischen Westen und entzündete die Gemüter all jener, die der schlimmen Gegenwart müde waren. Mitten im Wirrsal der Nachkriegsjahre erhielt D. H. Lawrence, der sich damals auf einer Australienreise befand, einen Brief von Mabel Dodge mit einer Einladung nach Taos. Seit langem hatte er mit seinen Londoner Freunden von einem solchen Ort geträumt, von Rananim, dem Hafen fernab von den Nöten und Bürden der Zeit. Mit Frieda, seiner deutschen Frau, kam er nun auf dem Heimweg vom Pazifik nach New Mexico. Das Hochland von Taos erschien ihm als das »Dach der Welt«. Er beschloß sogleich, sich hier niederzulassen. Mabel Dodge gab ihm ein Haus und später eine Ranch am Berghang, für die ihr Frieda als Gegengeschenk die Handschrift des Romans ›Söhne und Liebhaber‹ überließ. Eines Tages erschien Lawrence in London und warb unter den Freunden um Gefolgschaft, um eine Schar von Getreuen, die gemeinsam mit ihm den Mechanismen des Maschinenzeitalters entrinnen und in einer utopischen Gemeinschaft, naturnah und triebhaft, ihr Leben verbringen sollten. Das Abendmahl im Café Royal, bei dem er die Unwilligkeit seiner Jünger erkennen mußte und zuletzt, von Wein und Verzweiflung übermannt, zusammenbrach, bedeutete den Fehlschlag seines messianischen Anspruchs. Nur ›Brett‹, die Malerin, folgte ihm nach. Sie verharrte in Taos, während er es mehrmals verließ, und blieb dort bis zu ihrem Tod, wie Frieda, wie Mabel Dodge Luhan. D. H. Lawrence aber ruht in San Cristobal, in der Kiowa Ranch am Berge, die ihm so lange Heimat war.

Die Abendgäste des Café Royal waren nicht gekommen. Aber alsbald kamen andere, zivilisationsmüde Künstler aus

aller Welt, die in der überirdischen Einsamkeit dieses Hochlandes Ruhe fanden. Sie waren nur die jüngsten Siedler in
jenem langen Zug, der vor mehr als tausend Jahren mit
den Indianern begonnen hatte. Zeitalter waren vergangen,
ehe das indianische Schweigen gebrochen worden war. Im
August des Jahres 1541 gelangte der Hauptmann Fernando
de 'Alvarado auf seiner Suche nach den fabulösen »sieben
goldenen Städten von Cibola« an die Schwelle des Taos
Pueblo, des alten Indianerdorfes. Ihm folgte eine Kavalkade
von Konquistadoren, Franziskanerpriestern und Mönchen,
spanischen Granden und ihren Vasallen und mexikanischen
Karawanen aus den nördlichen Provinzen Durango und
Chihuahua. Zwei Jahrhunderte später gesellten sich französische Trapper aus dem unteren Mississippital dazu, und
bald entdeckten Bergspäher aus dem Osten die versteckte
Fährte, eröffneten den ›Santa Fé Trail‹ und zogen Händler,
Pelzjäger, Erzgräber nach sich, Soldaten unter fünf Flaggen
und jene Pioniere und Eroberer des Wilden Westens, deren
größter, Kit Carson, hier begraben liegt. Sie alle kamen
und blieben und vermischten sich und hielten dennoch fest
an den Bräuchen und Riten ihrer Völker. Die Spanier nahmen sich indianische Frauen und wurden zu jenem schönen,
wilden und doch lässigen Menschenschlag, der nun das neue
wie das alte Mexico erfüllte. Die Anglos, wie man hierzulande alle weißen Amerikaner nennt, entstanden aus dem
Schmelztiegel sämtlicher europäischer Nationen. Im Pueblo
aber, drei Meilen vor der Stadt, verharrten die Taos-Indianer würdig und still in einem Lebensrhythmus, der den
Jahreszeiten und Gestirnen folgt, nicht aber den künstlichen
Zäsuren der modernen Zivilisation.

Was hielt sie alle hier? Was fesselte sie dermaßen an diesen Ort, daß ihnen die übrige Welt schal und glanzlos erschien, sowie sie ihn einmal betreten hatten? Es scheint, daß
man Taos sehen muß, um dies zu begreifen. Denn soviel sich
mit Worten auch sagen läßt – die magische Gewalt dieser

Landschaft entzieht sich zuletzt doch der Beschreibung, nicht anders, als sie sich selbst den Massenzuwanderern entzieht. Es führt keine Bahn, es führen nur Straßen nach Taos, und es ist noch nicht lange her, daß diese auch im Winter passierbar geworden sind. Die schönste von ihnen folgt dem alten Trail von Santa Fé – der hochgelegenen Kapitale von New Mexico – durch hügelige Wüste und dünnbesiedeltes Land an gewaltigen vulkanischen Formationen vorbei, bis an den Eingang des Rio-Grande-Tals. Am Fluß entlang läuft dann die Straße durch den langsam sich verengenden Canyon, inmitten sanfter Anhöhen, aus deren rötlicher Erde dunkle Bergzedern wachsen, zwischen Lavageröll und Sandsteinfelsen, mit kanadischen Pappeln besteckt. Schon ist die Luft von einer Reinheit und Bläue, wie man sie nur aus den Hochalpen kennt, doch wo immer der Canyon sich weitet, sind Äcker, Gärten, blühende Obstbäume gepflanzt. Doch nun überquert man den Fluß. Und es beginnt die Schlucht. Hier ist das Bett des Rio Grande tief und jäh durch den Fels gebahnt; die Straße spürt ihm nach, in steilem Aufstieg. Zu beiden Seiten springen mächtige Höhen in den Himmel, verfinstern die Sonne und wehren dem Blick auf das Hochland. Die Felsen aber, da und dort bewaldet, schimmern in den seligen Farben der Rocky Mountains, einem zarten Olivgrün, einer rotdurchhauchten Malven- und Pflaumentönung. Das Abendlicht wird heller, goldener, wenn man sich der Spitze nähert. Zuletzt verengt sich die Schlucht noch einmal. Der Wagen biegt um eine letzte Kurve. Die Straße ebnet sich. Und ein unendliches Hochland liegt vor uns.

Das Dach der Welt! Es ist, als täte eine neue Erdregion sich auf, ein Lichtland, hoch über der rosigen Dämmernis, aus der wir kommen. Die Ebene breitet sich weithin, ein unübersehbarer Teppich aus krauser Bergsalbei, sein Boden flach wie eine Tafel, in die mit einem scharfen Messer eine tiefe Kerbe geschnitten ist – der Oberlauf und erste Canyon des Rio Grande. Ringsum, wo der Horizont in bläulichen

Dunst verrinnt, läuft eine weiche wellige Hügelkette fast im ganzen Kreis und scheint nur zu beiden Seiten der Schlucht im Hochland zu versinken. In ihrer Mitte, vor uns, im genauen Norden, erhebt sich das Massiv des Sangre-de-Christo-Gebirges, gekrönt von dem schönsten Berg, den selbst ein alpengewöhntes Auge je erblickte. Sein Rücken gleicht dem Schwung eines Indianerpfeiles; seine Hänge steigen in dunklen halbmondförmigen Terrassen an und bilden im Abendschatten ein Relief edler Rundungen und Kurven. Es ist der Heilige Berg, der Gottberg der Indianer, Wächter über das Tafelland von Taos, das selbst mehr als zweitausend Meter über der Meeresoberfläche liegt. In seinen Mulden birgt er den heiligen Blauen See, dessen Ablauf den indianischen Pueblo mit Wasser speist, und an seinem Fuß, ein hellflekkiges Muster im rosigen, bläulichen Grün, liegen die Häuser von Taos.

Die verstreuten Gehöfte, die kleinen Weiler, an denen vorbei der Weg nach Taos geht, sind bereits in jenem Adobe-Stil errichtet, der sein Vorbild im indianischen Dorfbau hat. Uralt, und dennoch ein kubistischer Traum, stehen diese ockerfarbenen Würfel im Krummholz. Doch es sind Würfel wie aus Talg, der im Schmelzen begriffen ist. Hier gibt es keine Kanten. Aus Adobe-Ziegeln, einem Gemisch von Wasser, Stroh und Lehm, werden die Mauern erst errichtet, dann abgerundet. Das Dach ruht auf runden Holzbalken, mit jungen Reisern quergestützt, und ist nur Erde und Wasser und Lehm wie die Wände. Nicht alle Häuser im Hochland sind aus Adobe gebaut, doch alle bilden ihn nach und halten sich streng an Form und Farbe des Urbilds. Wenn man zu den Weilern gelangt, entdeckt man nun auch Streifen gerodeten Landes, Felder und Weiden, die das Bergkraut von weitem verbirgt. An den zahlreichen Bergbächen, die, das Land durchkreuzend, zum Rio-Grande-Canyon streben, stehen Bäume – lavendelfarbige Pappeln, rötliche Weiden und jene indianischen Pflaumenbäume, deren Duft süßer ist als der Duft von Nelken und Zimt. Die Gerüche des Hochlandes sind es nicht zuletzt, die ein Gefühl paradiesischen Wohlbefindens vermitteln. Denn nicht nur Obstbäume, Salbei und Bergkräuter aller Art, auch der Rauch verkohlender Scheite in Öfen und Kaminen verströmt einen Duft von betäubender Kraft, der sich in der scharfen Höhenluft unvermindert und um so klarer erhält. Und so, während die Sonne zur Linken versinkt, fährt man ins hügelige Taos ein und auf jene Plaza, die im Herzen der verstreuten Häuser liegt, ein arkadengesäumter Platz mit Park und Brunnen und steinernem Tanzboden, überragt von einem hohen Mast, von dem zu Ehren Kit Carsons Tag und Nacht die amerikanische Flagge weht.

Seit der schweigenden Winternacht im Ersten Weltkrieg, da Mabel Dodge hier ankam und die Plaza leer und verlassen im Mondlicht liegen sah, hat sich in Taos viel verändert. An Stelle des alten Columbian Hotel mit den ausgeleierten Betten, in dem sie neben ein paar anspruchslosen Handlungsreisenden Aufnahme fand, steht jetzt ein dreistöckiger Adobe-Bau der Fonda de Taos, eines schönen und komfortablen Gasthofs, der in seinem Innern an europäische Berghotels erinnert. Er birgt zudem die größte Privatgalerie der Stadt, und in der Diele, zu beiden Seiten des Kamines, hängen weitere Gemälde aus dem Besitz des Hausherrn. All diese mexikanischen und indianischen Portraits, diese Landschaften, Stilleben und abstrakten Kompositionen wurden während der letzten Jahrzehnte von zugewanderten amerikanischen, englischen, deutschen, griechischen, tschechischen Malern gemalt. Draußen auf der Plaza stehen gewaltige Cadillacs und Plymouths zu Besuch aus den Nachbarstaaten, aus ›Colorful Colorado‹, Nevada dem ›Silver State‹ und Texas dem ›Lone Star‹, wie aus den offiziell gewordenen Spitznamen auf ihren Nummernschildern zu ersehen ist. Aber nicht nur die Gäste, auch die Gastgeber sind modern motorisiert. Denn die immer zahlreicher auftauchenden Touristen heben die heimische Lebenshaltung: im Sommer die Angler, die im Wildbach des nahen Kit Carson National Park reichlich Forellen fangen und sie im Schatten der hohen Espen braten und verspeisen können, im Winter die Skiläufer, deren die herrlichen Hänge und Bergwiesen von Agua Piedra harren. Dazu die Künstler und Folkloristen, die ein ewiger Zyklus primitiver Festlichkeiten lockt – indianische Tänze, in jenen wilden ›Korntänzen‹ gipfelnd, welche die Ernte begünstigen sollen, spanische Kolonialtänze und neu-mexikanische Volkstänze. Ende Juli wird in Taos die Fiesta des heiligen Jakob (Santiago) und der heiligen Anna begangen, und in die letzten Septembertage fällt die indianische Fiesta zu Ehren von San Geronimo, dem Schutzpatron des Pueblo, mit deren christlichem Inhalt die Indianer ihre altheidnischen Erntetänze verbinden.

Das moderne Amerika ist fern, obgleich seine eigenen Totem-Male, zwei große Tankstellen, den Eingang zur Plaza zieren. Neuigkeiten aus der Außenwelt dringen, verdünnt wie die Höhenluft, durch ein erstaunliches Lokalblättchen ein – El Crepuscolo, dessen spanischer Teil 1835 vom legendären Padre Martinez begründet wurde und dessen englischer die Aufschrift trägt: ›The Horse Fly, Smallest & Most Inadequate Newspaper Ever Published‹. Auch die verbesserten Zufahrtsstraßen, der regelmäßige Autobusverkehr aus dem Tiefland von Albuquerque haben noch niemand herangebracht, der die unvergleichliche Stätte ernsthaft zu kommerzialisieren drohte. Viel eher scheint ein europäischer Hang zum Kunstgewerblertum, zur Verniedlichung der Folklore den kleinen Ort zu gefährden. In allzuvielen Läden liegen indianische Lederarbeiten und Türkisschmuck, mexikanische ›Curios‹ zum Verkauf, zu häufig begegnet man Malweibern aller Nationen mit Renoir-Ponyfransen, starren Picasso-Augen oder gerecktem Modigliani-Hals. Doch der Fluch der ›artiness‹, der fast alle malerischen Punkte dieser Erde eines Tages ereilt, ist in Taos immer noch nicht mehr als eine Drohung. Ein paar kleine Galerien, da und dort in den Adobe-Häuschen versteckt, stellen die zugewanderten Talente aus, deren Ausbildung im Winter von einer einzigen, im Sommer von zwei weiteren Kunstschulen betrieben wird. Und lediglich zwei Restaurants haben sich ein wenig auf Bohème frisiert – von denen das eine, La Doña Luz, nach einer spanischen Schönheit genannt ist, die hier vor mehr als hundert Jahren ein gastliches Haus besaß.

Schließlich ist all dies nur die Tünche, der kosmopolitische Anstrich, der Zuwachs des zwanzigsten Jahrhunderts, an dem Mabel Dodge und die Lawrences nicht ganz unschuldig sind. Darunter liegt wie eh und je, untereinander verkettet und doch ihren alten Traditionen treu, die Schicht der heimischen Bevölkerung, der wahren Taosenos, zweitausend im Ort, zehnmal so viel im gesamten Hochland. Die Anglos, Kinder der Trapper, Wildwestspäher und Pferdezüchter, gehen und reiten in der Tracht des gesamten amerikanischen Westens umher – in den breitrandigen Cowboyhüten, die man auch im Drugstore nicht vom Haupt zieht, den wild karierten Hemden, den blauen Denim-Hosen und den Stiefeln, spitz zulaufend, verziert und beschlagen und mit fast kokettem Absatz, der nicht nur den Fuß sicher im Steigbügel hält, sondern auch den hochgewachsenen Gestalten eine noch höhere Statur verleiht. Nicht viel anders tragen sich die Mexikaner und jene wenigen Indianer, die den Pueblo verlassen und außerhalb des indianischen Landes ihren Lebensunterhalt fristen. Aber zur Fiestazeit hüllen sich die mexikanischen Mädchen in grellbunte Gewänder, rote und feuriggelbe wirbelnde Röcke, Blusen mit spitzenbesetzten Falbeln. Und in der Karwoche huldigen viele der mexikanischen Rancher entlang dem Rio Grande einem seltsamen Kult, der sie für die Zeit seiner Dauer völlig von den übrigen Taosenos scheidet, ja, der es den anderen bei Lebensgefahr verbietet, sich ihnen zu nähern. Es ist die Zeremonie der Selbstzüchtigung im Gedenken an Christi Leiden, eine Flagellantenprozession, die von entlegenen Kapellen oder Moradas ausgehend einen Kalvarienweg geht. Unter Absingen alter Kirchenchöre verlassen die Penitentes, Angehörige einer Sekte, im Morgengrauen die Morada, schleppen Kreuze einen langen Hügelpfad bergauf und peitschen sich dazu mit den stachligen Bündeln des Yucca-Kaktus. Diese religiösen Ekstasen, von Rom nur ungern gebilligt, bedeuten für manche der Sektierer solch völlige Erfüllung, daß sie nach ihrer ersten Einweihung in den Kult im Zölibat leben. Den Indianern ist dieser Ritus fremd, doch sollen in einem entlegenen Dorfe zuweilen auch indianische Büßer mit den Flagellanten ziehen.

Es fällt durchaus nicht leicht, die beiden dunkelhäutigen Rassen von Taos, Indianer und Mexikaner, voneinander zu unterscheiden. Die Kinder gar mit ihren schwarzen Augen, bläulich-seidenem Haar, breiten Backenknochen und herrlichen Zähnen sind einander völlig gleich. Erst die erwachsenen Pueblo-Indianer heben sich von den Mexikanern ab, nicht allein durch ihre Tracht, sondern vor allem durch Ausdruck und Haltung – jene stumme Gelassenheit, jene zeitlosewige Würde, die das Wort vom ›edlen Wilden‹ heute so wahr macht wie eh und je. Wir sahen sie zum erstenmal im Abendlicht, als wir die Plaza betraten. Es waren zwei Männer, in weiße Decken gehüllt. Man erblickte nicht viel mehr als ihre Augen, ihre breite Stirn, ihre fleischigen rötlichbraunen Wangen und die kräftige, stumpfe Nase. Sie gingen schweigend einher, aufrecht und ohne zu lächeln, stolz, doch guten Willens. Einer lüftete die Decke, um sie neuerlich um sich zu breiten, und man sah die blauschwarzen Zöpfe zu beiden Seiten des Gesichts, mit rotem Band durchflochten. Am nächsten Tag begegneten wir ein paar indianischen Frauen. Auch sie waren verhüllt mit farbigen Schals, die ihr langes, im Nacken geknotetes Haar bedeckten. Ihre Röcke und Blusen waren schön und bunt bedruckt, und sie trugen Stiefel aus weichem, schneeweißem Wildleder mit gefältelten Schäften. Die Frauen lachten nicht mit dem Mund, sondern mit den Augen. Hinter ihnen liefen Kinder, darunter ein kleiner Junge mit schwarzen Olivenaugen und blauem Bürstenhaar.

Erst als wir in den Pueblo fuhren, mit der alten *stage coach*, die zweimal am Tag die Dreimeilenfahrt macht und, schaukelnd und schüttelnd, fast eine ganze Stunde dazu braucht, erst dann freilich traten wir in den ureigenen Bereich der Taos-Indianer. Die Straße führt dem Heiligen Berg zu und gabelt sich, wo zwei Friedhöfe liegen. Wir nahmen den rechten Pfad, der zwischen den beiden Gottesäckern hindurchführt, dem mexikanischen zur Linken, mit seinen himmelblauen, rosa und weißen Schleifen, Blumen, Zierat und Flitter an jedem Grab, und dem alten indianischen zur Rechten, verfallen und wüst, blumenleer, mit zerbrochenen und verwitterten Steinen. Hier beginnt das Reservat, jener klägliche Rest ihres eigenen Grundes und Bodens, den die Indianer von den spanischen Königen zugewiesen erhielten. Abraham Lincoln verbriefte noch einmal dieses Recht, als New Mexico in den Besitz der Vereinigten Staaten gelangte. So sind diese Äcker und Weiden unbestritten die ihren, aber von Zeit zu Zeit wird ein Aufseher vom Innenministerium in Washington geschickt, das ihnen dafür auch die große, aber ständig erneuerte Herde schwarzer Büffel schenkte, die am Horizont grast und aus der die Indianer jährlich zwei Tiere schlachten dürfen. Nun säumen wilde Rosen und wilde Pflaumenbäume unseren Weg, im Schatten ihrer Sträucher aber windet sich der Rio de Pueblo an der Straße entlang, nachdem er dem Indianerdorf Trink- und Waschwasser geliefert hat.

Die *stage coach* fährt in den Pueblo ein. Zu beiden Seiten stehen Viehkorrale und Heuschober für die Zugtiere der Indianer. Auch sieht man noch Überreste der alten Mauern, die das Dorf vor den wilden Nomadenindianern der Steppen schützten. Gleich Taos, der Ortschaft, ist Taos, der

Pueblo, um eine Plaza gebaut, und hier, an der Brücke, steht der Gouverneur und fordert Eintrittsgeld, einen kleinen Betrag, der neben dem Namen des Besuchers ins Gästebuch eingetragen wird. Das berechtigt keinesfalls zum ungehinderten Schlendern im Pueblo, nur zur Besichtigung des öffentlichen Teils und jener Wohnungen, die durch farbige Maiskolben oder Decken als gastlich gekennzeichnet sind. Mitten durch die Plaza fließt der Gebirgsbach hügelab, und zu beiden Seiten stehen die großen Familiensiedlungen, ein vierstöckiger und ein fünfstöckiger Adobe-Bau, einander gegenüber. In diesen unregelmäßigen, vertikal aufstrebenden Bienenwaben leben die Indianer kaum anders als ihre Vorfahren vor tausend Jahren – mit primitiven Talglichtern, kleinen unverglasten Fenstern, schmalen Öffnungen statt Türen und niedrigen Holzgestellen als Bettstatt, darauf die schöngewebten Serape-Decken liegen. Freilich steht eine sauber verputzte Kapelle im Adobe-Missionsstil im Dorf, freilich hängen an den kalkweißen Wänden im Indianerbau Heiligenbildchen und Rosenkränze, blumengeschmückte Kruzifixe auch und daneben vielleicht eine Photographie des Sohnes, der als Marine-Infanterist irgendwo im Pazifik fiel. Aber das Christentum sitzt diesen schweigenden, wind- und sonnengegerbten Menschen so lose auf der Haut wie die Uniform der amerikanischen Armee. Es berührt nicht, was darunter liegt – die alte, die dunkle, die ewige Überlieferung.

Etwa tausend Indianer wohnen im Pueblo, in den beiden großen Bauten, zu denen neue Würfel oder Waben gefügt werden, wenn ein junges Paar sich einrichten will, und in den einzelnen und in Gruppen verstreuten Einstockhäusern. Hohe Pfähle da und dort zeigen die tief in die Erde versenkten Beratungsplätze oder Kiwas an, einen für jeden der sieben Klans im Dorfe. Überdies hat der Pueblo seine eigene Regierung. Ein Rat ehemaliger Beamter und Medizinmänner wählt zu Anfang jedes Jahres einen Gouverneur, Gouverneurleutnant, Kriegshauptmann und Adjutanten. Dennoch gibt es niemals Zank und Streit in diesem martialisch verwalteten kleinen Staat. Trotz dichtester Gemeinschaft, trotz einer Fülle verzwickter Regeln und Tabus leben die Indianer untereinander und mit ihrer Umwelt im Frieden. Nur ein einziges Mal, vor rund hundertdreißig Jahren, begehrten die Geduldigen auf. Es war zur Zeit, da New Mexico von den Vereinigten Staaten eingenommen wurde. Das Hochland von Taos wurde damals von einem mexikanischen Priester beherrscht, jenem Padre Martinez, der die Zeitung El Crepuscolo begründet hatte. Martinez, eine magnetisch anziehende Erscheinung, ein Feuergeist und Kämpfer, von Rom exkommuniziert und dennoch geliebt von seiner Gemeinde, wofür auch unzählige Nachkommen im Lande Zeugen sind, Martinez also begab sich in den Pueblo und wiegelte die Indianer auf. Er schilderte jener friedliebenden Gemeinschaft, die sich bis dahin weder mit den Spaniern noch mit den Altmexikanern vermischt und verbrüdert hatte, die Schrecken der neuen amerikanischen Herrschaft unter dem Gouverneur Bent. Die Indianer versprachen Unterstützung, wenn auch nicht aktive Hilfe. Dann begann Martinez die Rebellion. Bent wurde hingemordet. Doch als die amerikanische Armee aus Santa Fé heranmarschierte, lösten sich die mexikanischen Aufrührer in Luft auf, und die Indianer standen plötzlich in der ersten Reihe des Gefechts. Der Pueblo wurde belagert, die alte Missionskirche in seinen Mauern, in der die verängstigten Indianer und ein paar mexikanische Rädelsführer sich verborgen hatten, beschossen und zerstört und der Rest der Rebellen nachträglich im Orte Taos gehängt. Padre Martinez überlebte den Aufstand, der nunmehr als rein indianische Revolte behandelt wurde, und nahm dem Pueblo unter dem Versprechen, ihn durch seine Fürsprache vor weiteren amerikanischen Strafaktionen zu schützen, ein weiteres Stück Land entlang dem Heiligen Berge ab. Die Strafe freilich hat er nicht verhindert.

Nichts von jenem historischen Geschehen – obwohl kein Taoseno es vergessen hat! – verbittert heutigentags noch die Atmosphäre im Land. Es ist, als habe es in der dünnen Höhenluft allen Beigeschmack von Schuld, Betrug und Bluttat verloren, als sei es nichts als ein Stück gemeinsamer Vergangenheit, an deren wilde Abenteuerlichkeit sich alle mit gleichem Stolz erinnern. Seit langem ist das Einvernehmen zwischen den drei Rassen wieder ungetrübt; sie haben sich, um eine neuerdings beliebte Formel zu verwenden, »auf ihre Verschiedenheit geeinigt« und respektieren einander, wie es in aller Welt vielleicht sonst nur in der Schweiz geschieht. Die kleinen Anglos, Mexikaner und Indianer drücken zusammen die Schulbank, sie ziehen auch zuweilen gemeinsam nach Santa Fé ins Kolleg. Jeder Taoseno spricht spanisch und englisch, und die Indianer sprechen ihre eigene weiche und singende Sprache obendrein. Seit Jahrhunderten tragen die Leute im Pueblo spanische Namen, und wenn der Festtag des San Geronimo und die Erntezeit naht, ziehen sie tanzend und trommelnd vor die Häuser aller Geronimos im Dorfe, um auf heidnische Art den Tag ihres Patrons zu begehen. »Sie sind«, sagte uns einmal Brett, »sehr höflich zum Christentum. Aber wenn sie heiraten, gehen sie von der Kirche tief hinein in ihren Pueblo und vollziehen dort die Vermählung nach uraltem Brauch. Und wenn einer stirbt, so wird er erst in den Sarg gelegt, den der Priester segnet, dann aber führen sie den Sarg davon, holen den Leichnam heraus und begraben ihn in einer Decke. So reicht ihnen ein einziger Sarg viele Jahre, und sie genügen den geforderten Riten.«

The Honourable Dorothy Brett, die vor einem halben Jahrhundert nach Taos kam, wohnte bis zu ihrem Ende an der Questa Road weiter unten und im majestätischen Anblick des gesamten Horizontes. Diese Frau war einst in London ein Begriff gewesen. Mit Lady Ottoline Morrell empfing sie, was in England Rang, Namen und Talent besaß. Ihre Schwester war die berühmte ›weiße Rani‹, Königin von

Sarawak. Bertrand Russell, Aldous Huxley, John Middleton Murry gehörten zu ihren Freunden, unter den schönsten und intimsten Briefen der Katherine Mansfield sind viele an sie gerichtet. Als D. H. Lawrences Jüngerin war sie nach New Mexico gelangt, nach seinem Tod ließ sie sich hier für immer nieder und stritt mit Mabel Dodge und Frieda um seine Seele. D. H. Lawrence war 1930 in Vence gestorben, nur seine Asche wurde nach Taos zurückgebracht. Danach kam für die Überlebenden eine Zeit der wilden und oft beleidigenden Reminiszenzen. Brett schrieb ihr Buch ›Lawrence and Brett‹. Mabel Dodge schrieb ›Lorenzo in Taos‹. Frieda schrieb ›Nur der Wind . . .‹ Es gab Kränkungen, Zornestränen. In der Volksbibliothek von Taos liegt mitten unter den ›Lawrenciana‹ auch Friedas Buch mit einer dankbaren Widmung über Mabel. Aber eine Seite, auf der Lawrences Meinung an Mabel unverhüllt abgedruckt ist, trägt am Rande in Mabels Handschrift die empörten Worte »*You horrid little man, Lorenzo!*«. Auch diese posthumen Eifersuchtsstürme sind längst verrauscht. Zuletzt lebten die drei Frauen um Lawrence so friedlich zusammen in Taos wie die drei Rassen der Taosenos. Die Außenwelt, die Welt unter dem Hochland hatte für sie keinen wirklichen Bestand. Denn wer auch nur »ein Jahr in Taos lebte, der verläßt es nie mehr«. Brett malte, in eigenwilligen Farben, mit aufgeklebtem Flitter und Glas, die Mythen und Tänze der Indianer – auch jene geheimen wie den Tanz vom Sonnengott, den Montezuma selbst auf einer Sänfte aus dem alten Mexiko nach Taos brachte und der weder beschrieben noch photographiert werden darf. Mabel Dodge saß mit ihrem indianischen Mann in Mabeltown, ihrem Besitz im Ort. Und Frieda Lawrence, in dritter Ehe mit einem Italiener vermählt, hauste inmitten von Büchern und Andenken aus aller Welt in ihrem Adobe-Bungalow, an den Wänden die seltsamen, leidenschaftsträchtigen Malereien von D. H. Lawrence. Und welch eindrucksvolle Frau sie uns immer noch schien, als wir ihr bei unserem ersten Besuch in Taos gegenübersaßen – diese gebürtige Freiin von Richthofen, die ihren englischen Mann und ihre drei Kinder verlassen hatte, um dem dunkel schwelenden, ungelenken jungen Bergarbeitersohn aus Lancashire zu folgen! Noch im hohen Alter glich sie der üppigen Korngöttin, der Urfrau, als die Lawrence sie sah. Ihr strahlendes Gesicht war von kaum vergilbtem, maisfarbenem Haar umrahmt, ihr Leinengewand war gelb, ocker, hellrot, in den Farben des Getreides und der Sonne. Und sie lachte, lachte rauh und kehlig und aus vollem Herzen, über ihre eigenen Geschichten und über die der Besucher und erzählte, erzählte von Lawrence, von Deutschland, von Huxley, von den Leichenbalsamierern in Hollywood, den alten Hotels um das Londoner British Museum und immer wieder von Taos, dem ewigen Rausch. Wie alle Taosenos rühmte sie den natürlichen Anstand der Indianer. So hatte sie vor einiger Zeit ihre Ranch von San Christobal testamentarisch einem befreundeten Indianerpaar vermachen wollen. Sie sagte zu Trinidad und Rufina: »Hört, dieses Land war einmal euer Besitz. Ihr sollt es wiederhaben, wenn ich sterbe.« Die beiden waren entzückt. Sie riefen: »Was wird der Gouverneur dazu sagen!« Und überschliefen es eine Nacht.

Am anderen Morgen aber kamen sie und sagten: »Frieda, du bist nicht reich. Warum verkaufst du nicht die Ranch und behältst das Geld? Wir können ein solches Geschenk nicht annehmen.« Solche Menschen seien das, beteuerte Frieda Lawrence. Gütig, gut und dabei immer noch voller Geheimnis. Jeden Sommer im August zögen sie auf den Heiligen Berg an den Blauen See und übten dort ihre heimlichsten Riten. Keiner dürfe sie belauschen. Selbst dieser friedfertige Stamm habe mehr als einmal neugierige Späher umgebracht, die, im dichten Bergholz verborgen, die Zeremonie sahen. »Mein indianisches Mädchen Josephine«, sagte uns Frieda, »borgt sich immer meinen schönsten Schal dafür.

Es wird sich wohl um sexuelle Tänze und Bräuche handeln.« Und wieder lachte sie strahlend, diese vollblütige Deutsche, über die Lawrence in Entzücken und oft auch in Raserei geraten war.

Im sinkenden Licht waren wir nach Taos gekommen. Im sinkenden Licht fuhren wir wieder davon. Der Heilige Berg lag hinter uns, und wann immer wir uns nach ihm wandten, sahen wir ihn bläulich umschattet und gebieterisch fordernd, ihn nicht aus dem inneren Auge zu verlieren. Nun fiel die Sonne zur Rechten in die Bergkette hinab. Sie war noch nicht gesunken, als wir das Ende des Hochlandes erreichten, in den Einschnitt des Rio Grande einfuhren und hinab in die Schlucht. Doch sie verschwand, die helle Sonne, sobald sich Taos unserem Blick entzog. Eine tiefe Traurigkeit befiel uns, wie sie jeden nach einem Sonnenuntergang am Meer ergreift. Es war, als führen wir nun in die Unterwelt, das trostlose Tiefland, in dem zu hausen wir für immer verdammt sind. So, abschiednehmend von Taos, erschien es uns nicht mehr als Dach der Welt, sondern als die Welt schlechthin, die einzige, die echte, die geläuterte Welt.

Nachwort

Das Wappen mit dem Fragezeichen

Alltäglich werden in den deutschsprachigen Ländern Dutzende von Buchbesprechungen und Theaterrezensionen gedruckt und gesendet. Es sind nicht immer, doch häufig nützliche und notwendige journalistische Beiträge, von denen wir alle profitieren. Trotzdem gibt es heutzutage – nicht anders übrigens als vor hundert Jahren – zwar viele Rezensenten, aber nur sehr wenige Kritiker.

Was unterscheidet diese von jenen – etwa das Niveau, das Format, der Stil? Gewiß, dies alles mag eine Rolle spielen, wichtiger indes scheint mir das Verhältnis des Autors zum behandelten Thema. Eine Rezension beschäftigt sich mit einem bestimmten Buch oder Theaterabend – und ist sie gut geschrieben, dann sind wir auch gut informiert über die Besonderheit und die Qualität dieses Buches oder Theaterabends. Mehr kann, mehr will sie gar nicht bieten.

Auch der Kritiker bleibt oft ganz dicht am Gegenstand, doch wenn er es verdient, ein Kritiker genannt zu werden, dann liefert er ungleich mehr als die Schilderung und Beurteilung eines literarischen oder theatralischen Ereignisses. In seiner Arbeit verbirgt sich zwar nicht unbedingt, wie es einst Jean Paul wünschte, »eine gute Ästhetik und noch dazu eine angewandte«, aber eine Stellungnahme zur Literatur der Gegenwart oder zur Situation des Theaters – wenn nicht zu allgemeineren Fragen der Zeit.

Vereinfachend und überspitzend ließe sich sagen: Während die Person des Rezensenten hinter seinem Text zu verschwinden hat, mag die des Kritikers sehr wohl in Erscheinung treten – sie kann und darf es, ohne daß es erforderlich wäre. Und wie ist es in dieser Hinsicht um den Essayisten bestellt? In einem Gespräch mit Eckermann meinte Goethe, daß alle Künste des Talents wenig helfen, wenn uns aus einem Theaterstück nicht »eine liebenswürdige oder große

Persönlichkeit des Autors entgegenkommt«. Was Goethe vom Drama verlangte, gilt erst recht für den Essay, ja er wird durch diesen hohen Anspruch geradezu definiert.

Erst dank der subjektiven Sicht und dem individuellen Stil wird aus der Studie oder der Abhandlung ein Essay. Neben allem anderen macht er einen Schriftsteller erkennbar, der vielleicht ganz im Hintergrund bleibt und der gleichwohl stets mit seinen Gedanken und Gefühlen, Ansichten und Kenntnissen, mit seiner Lebenserfahrung zugegen ist: Hinter dem Essay steht ein ganzer Mensch oder, mit Goethe zu sprechen, eine Persönlichkeit.

Hilde Spiel hat im Laufe eines arbeitsreichen Lebens ungezählte Literatur- und Theaterkritiken geschrieben, darunter viele, die noch heute so lebendig und anregend sind wie vor dreißig oder vierzig Jahren: Man kann sie ohne Reue als meisterhafte Prosastücke bezeichnen. Dennoch will es mir scheinen, daß sie, obwohl natürlich und bisweilen hauptberuflich eine Kritikerin, doch in weit höherem Maße eine Feuilletonistin und, vor allem, eine Essayistin ist. Das hat mit ihrer Mentalität zu tun, mit ihrem Naturell.

Nicht, daß es ihr an Temperament gefehlt hätte, im Gegenteil, man spürt es in allen ihren Arbeiten, freilich ist es ein Temperament, das von Nachdenklichkeit gemildert und von Höflichkeit im Zaume gehalten wird. Ausbrüche des Zorns oder der Leidenschaft erlaubt sich Hilde Spiel so gut wie nie: Schon in ihren frühesten Artikeln erstaunte die Leser eine beinahe vollkommene Gelassenheit; sie mochte ihren Ursprung zunächst in gesitteten Umgangsformen haben, zeugte aber bald von ungleich mehr, nämlich von Souveränität.

Gelassenheit und Souveränität sind Tugenden und beneidenswerte obendrein. Indes können sie zur Folge haben, daß gewisse Elemente, die zur Kritik gehören und auf die das literarische Leben nicht verzichten sollte, an den Rand gedrängt oder ganz verdrängt werden. Unsere großen Kritiker von Lessing bis heute bewährten sich und glänzten immer wieder in heftigen Gefechten. Auch Hilde Spiel beweist uns bisweilen, daß sie, wenn sie es für unumgänglich hält, scharf und treffend zu polemisieren vermag.

Doch hat sie, allem Anschein nach, keine sonderliche Lust am Streit und an der Debatte: Die Polemik ist offensichtlich ihre Sache nicht. Gewiß, alles, was sie über Literatur und über Theater geschrieben hat, läßt ein persönliches Engagement erkennen, ein ernstes und unbeirrbares. Engagiert ist sie, nicht militant. Nur bin ich keineswegs sicher, ob wir dies bedauern oder gar unserer Preisträgerin vorwerfen sollten.

Aber wie kann sich eigentlich das Engagement eines Kritikers artikulieren? In der Regel bleibe ihm nichts anderes übrig, dies jedenfalls meinte der Franzose Roland Barthes, als einen möglichst energischen, mehr noch, einen herrisch und gebieterisch klingenden Ton anzuschlagen: Wieviel er auch zweifeln mag, letztlich könne der Kritiker nur auf eine Schreibweise rekurrieren, die Thesen und Postulate enthält. Nichts davon trifft auf Hilde Spiel zu. Sie kommt aus einer anderen geistigen Welt, sie hat andere Ziele im Auge, und so sind denn auch ihre Schriften frei von den Attributen, an die der französische Theoretiker dachte.

Zu den am häufigsten zitierten Worten der österreichischen Literatur unseres Jahrhunderts gehört jener Ausspruch des schwierigen Hofmannsthalschen Grafen Hans Karl Bühl, demzufolge das simple Faktum, daß man etwas ausspricht, schon indezent sei. Wer das Schreiben zu seinem Beruf gemacht hat, kann sich diese zarte Warnung schwerlich zu Herzen nehmen. Und doch: Hilde Spiel lesend, kann man sich bisweilen des Eindrucks nicht erwehren, daß ihrer Ansicht nach ein unmittelbares, gar ein abfälliges Urteil über einen ästhetischen Gegenstand eben indezent sei. Herrisch oder gebieterisch ist ihr Ton wahrlich nie. Thesen und Postulate möchte sie eher vermeiden als verkünden, Zensuren erteilen mag sie nicht. Und sie bemüht sich unentwegt um die Quadratur des Kreises im kritischen Gewerbe – das soll heißen: Ihr ist viel daran gelegen, sich über Literatur und

Theater und ähnliche Themen ganz und gar aufrichtig zu äußern, indes nicht den Takt zu verletzen und nicht gegen die guten Manieren zu verstoßen.

Hätten wir es also mit Kritik ohne Wertung zu tun? Das wäre, fürchte ich, eine höchst zweifelhafte und im Grunde überflüssige Kritik. Keiner weiß das besser als Hilde Spiel, und niemals hat sie ihre Meinung verschwiegen oder etwa getarnt. Nein, sie fürchtet das klare Urteil nicht. Nur ist es in ihren Schriften schon in der Darstellung enthalten: Sie deutet, indem sie verdeutlicht, sie entscheidet, indem sie unterscheidet, sie richtet, indem sie berichtet. Doch was immer sie verdeutlicht, unterscheidet und berichtet – unverkennbar ist ihre tiefe Abneigung gegen alles Weihevolle oder gar Raunende und ihre Liebe zum Rationalen. Sie bekennt sich ohne Abstriche zu jener Aufklärung, deren Scheitern das größte Unglück in der Geschichte Deutschlands war. Freilich würde sie niemals Robert Musil widersprechen, der von dem Kritiker verlangte, er solle das teilweise Irrationale ins Rationale übertragen; dies lasse sich – fügte Musil hinzu – nie ganz verwirklichen, weil stets ein Rest bleibe, der sich der Übertragung hartnäckig widersetzt.

In Hilde Spiels Arbeiten ist das Bewußtsein gegenwärtig, daß ein Kunstwerk, wenn es denn wirklich eines ist, sich nie ganz erfassen läßt und daß gerade das Unerklärliche, das uns oft ratlos macht und zugleich entzückt, zur Kunst und zum Künstlertum gehört. Und gewiß wird sie Eliots ebenso schönem wie einfachem Satz zustimmen: »Die Leute, die meinen, daß es Shakespeare ums Denken ging, sind immer Leute, deren Sache nicht die Dichtung ist, sondern das Denken.«

Hilde Spiel ist eine treue und zuverlässige Sachwalterin der Dichtung, der Poeten und der Künstler. Doch hält sie es für ihre Pflicht, auf ihre Weise zu warnen, wenn die irrationalen, die nicht mehr erklärbaren Komponenten und damit auch unsere Ratlosigkeit gar zu groß werden. Eine solche Mahnung, in wunderbaren, ja beinahe zärtlichen Worten,

birgt ihr Aufsatz über den Gedichtband ›Verschenkter Rat‹
von Ilse Aichinger:

»Wenn Dichter und Leser vorzustellen sind wie Orpheus,
der vorangeht durch Dunkelheiten, vorbei an staunenswerten, auch erschreckenden Gesichtern, und Eurydike, die
dicht hinter ihm schreitet, die Hand vertrauensvoll auf seine
Schulter gelegt – dann gilt das Bild für den Großteil des
Bandes. Freilich, wie alle Metaphern, hat auch diese ihre Widersprüche. Darf Orpheus sich nicht umwenden, Eurydike
nicht ansehen, er verlöre sie denn, so sollte doch der Leser
dem Dichter niemals völlig aus dem Blickfeld geraten. Im
Gegenteil müßte dieser sich ab und zu vergewissern, daß jener ihm nicht abtrünnig wird, müßte zumindest nach der
Hand auf seiner Schulter tasten, um sicher zu sein, daß der
Kontakt nicht abgerissen ist.«

Der Respekt vor der Kunst und die Überzeugung, daß die
Mittel jener, die sich mit der Kunst interpretierend und kri-
tisierend beschäftigen, ihrer Aufgabe meist nur bedingt gewachsen sein können, veranlaßt Hilde Spiel, ihre Schriften
besonders häufig im Bereich zwischen Einsicht und Zweifel,
zwischen Erkenntnis und Mutmaßung anzusiedeln und
vielleicht auch, wenn man so sagen darf, zwischen den Tatsachen und Gewißheiten einerseits und den Melodien und
Stimmungen andererseits. Dies aber ist der klassische, der
angestammte Ort des Essayisten. In seinem Wappen fehlt
das Fragezeichen nie.

Der Essay – heißt es einmal im ›Mann ohne Eigenschaften‹ – nimmt »ein Ding von vielen Seiten . . ., ohne es ganz
zu erfassen, – denn ein ganz erfaßtes Ding verliert mit einem
Male seinen Umfang und schmilzt zu einem Begriff ein«.
Damit ist vielleicht schon angedeutet, warum der Essay, der
aus Frankreich kommt und schon sehr bald in England auf-
blühte, hierzulande eher selten gedeihen wollte. Unendlich
viel haben deutsche Denker auf den Begriff gebracht – und
wir haben ihnen dafür dankbar zu sein. Freilich hat diese
Liebe zum Begriff und auch zur Gründlichkeit viele Schrift-

steller und Philosophen eher zur gewichtigen Studie und zur gelehrten Abhandlung getrieben als zu jener Form, die geistreich und durchaus anspruchsvoll, doch zugleich auch leicht und locker sein sollte und die flüchtig und fragmentarisch sein darf, also zum Essay.

Es mag kein Zufall sein, daß die ersten meisterhaften Essays in deutscher Sprache aus der Feder von zwei Autoren stammen, deren Deutschtum oft genug und nicht nur in den Jahren des »Dritten Reiches« angezweifelt wurde. Denn was anderes als Essays sind Ludwig Börnes ›Briefe aus Paris‹? Und Heines ›Romantische Schule‹ ist weder ein literarhistorisches noch ein kulturgeschichtliches Werk, vielmehr ein, allerdings überdimensionaler, Essay von höchster Qualität.

Es ist ebenfalls kein Zufall, daß unter den Philologen in der ersten Hälfte unseres Jahrhunderts hier nur ein einziger genannt werden kann und nicht ein Germanist, sondern ein Romanist – ich spreche natürlich von Ernst Robert Curtius, der das schier Unwahrscheinliche vollbracht hat, nämlich zu beweisen, daß man ein deutscher Professor und dennoch und trotzdem ein Essayist und nebenher auch ein Journalist sein kann.

Sein Buch ›Kritische Essays zur europäischen Literatur‹ bietet Glanzstücke der Gattung. Vergleicht man sie mit den Arbeiten so bedeutender, etwas jüngerer Autoren und Wissenschaftler wie Walter Benjamin und Theodor Adorno, dann läßt sich, wie fragwürdig dieser Vergleich auch sein mag, doch nicht übersehen, daß Curtius auf jeden Fall begriffen werden wollte, daß es für ihn selbstverständlich war, dem Publikum möglichst weit entgegenzukommen. Benjamin und auch Adorno haben ein solches Bedürfnis recht selten empfunden, weshalb denn beide, fürchte und bedauere ich, häufiger gerühmt und zitiert als gelesen werden.

Zur Blüte des deutschen Essays in unserem Jahrhundert haben besonders viel die Österreicher beigetragen – und das ist durchaus nicht verwunderlich. Die Eigenart der Literatur ihrer Heimat hat Hilde Spiel schon vor vielen Jahren beschrieben: »In allem, was sie (die österreichischen Dichter) berührten, fühlten sie den Stachel, in jedem Glase schmeckten sie den Wermutstropfen der Vergänglichkeit. So profund jedoch ihre Überzeugung war, daß das Leben auch in seinen schönsten Augenblicken noch zu wünschen übrig ließ, so groß war zugleich ihr Labsal an seinen irdisch-sinnlichen Freuden.« Daraus ergibt sich die einmalige Spezialität der österreichischen Poeten: Man serviert Bitteres, aber es ist schmackhaft zubereitet. Oft gleicht diese Literatur – um eine Formulierung von Hans Weigel über Schnitzlers ›Liebelei‹ zu verwenden – einem »Totentanz im Dreivierteltakt«.

In einem ihrer Essays erzählt Hilde Spiel, daß Arnold Schönberg im Wiener Prater Walzer von Johann Strauß dirigiert habe und daß die im Café Griensteidl versammelten Schriftsteller, mit Hofmannsthal an der Spitze, sich nicht zu schade waren, das Libretto der Operette ›Ein Walzertraum‹ auszubessern. Diese Konstellationen veranschaulichen die österreichische Synthese – aus Schmerz und Spiel, aus dem Tragischen und dem Tändelnden oder, ganz einfach, aus dem Ernsten und dem Leichten.

Ebendiese Synthese prädestiniert die Österreicher für die essayistische Schreibweise. Es genügt, noch einmal an Hofmannsthal und Musil zu erinnern, aber auch an Joseph Roth und Alfred Polgar. Und nicht an Karl Kraus? Nein, wohl nicht, denn man kann Fanatiker und Pamphletist zugleich sein, doch schwerlich Fanatiker und Essayist. Die Gattung des Essays setzt Toleranz und Liberalität voraus – und damit wären wir wieder bei Hilde Spiel, die die Tradition des österreichischen Essays kontinuiert und bereichert hat.

Aber für Toleranz und Liberalität wollen wir sie gar nicht loben, derartiges versteht sich, bedenkt man ihre Herkunft und ihre Biographie, eigentlich von selbst – zumal es nicht Hilde Spiels Sache ist zu schreiben, als sei unser Planet unbewohnt. Den im Laufe eines halben Jahrhunderts wechselnden Moden und Strömungen zum Trotz vertrat sie mit der ihr eigenen subtilen Entschiedenheit die Überzeugung, daß es zwar nicht unmöglich, doch müßig sei, über Literatur und Theater zu berichten, ohne auch außerkünstlerische, genauer: ethische und gesellschaftliche Aspekte zu berücksichtigen.

Eine Moraltrompeterin war sie allerdings nie, was sie in moralischer Hinsicht zu sagen hat, formuliert sie stets unaufdringlich, mitunter diskret und allemal unmißverständlich. Für Protestbekundungen und Widerstandsmanifestationen taugt der Essay wenig; dennoch protestiert sie, freilich auf ihre leise Weise – nämlich gegen Vorurteile, und doch widersetzt sie sich, wenn auch dezent – nämlich gedanklichen Verkrustungen.

Sie wolle in ihren Arbeiten, sagte sie gelegentlich, vor allem »beleuchten«. In der Tat gelingt es Hilde Spiel, alles, was sie betrachtet, ins rechte Licht zu rücken. Indes ist es meist ein eher weiches Licht. Denn sie, die das Laute, das Schrille nicht mag, verabscheut das Grelle ebenfalls. Unter ihren Werkzeugen sind neben vielen anderen auch allerlei Leuchtkörper, aber nicht jene Scheinwerfer, die mehr blenden als erhellen.

So gelingt es ihr, Städte gleichsam zu illuminieren: Paris und Rom etwa, London und Berlin, vor allem aber Wien. Manche dieser Essays sind Liebeserklärungen, die über Wien sind Lobreden und Anklageschriften in einem. Sie bestätigen ihre Behauptung, daß die schlechtesten Wiener auch die besten sind: Gerade in der Heftigkeit, mit der man diese Stadt anprangert, verrate sich ein Gefühl der Mitverantwortung an ihren Übeln, offenbare sich das unzerreißbare Band.

Niemand hat anschaulicher als Hilde Spiel die Dämonie der Wiener Gemütlichkeit uns vorgeführt und erklärt, niemand deutlicher jenes Tier sichtbar und spürbar gemacht, das »in der Volksseele wohnt und lauert, um hervorzubrechen, wenn die inneren zivilisatorischen Zügel gelockert sind«. In der lächelnden Maske, die der Wiener zur Schau trägt, liege, sagt sie schonungslos, Lug und Trug: »Die

Nachtseite wird verhüllt, geleugnet, mit Vorbedacht zugedeckt. Unter dem Mantel höflicher Manier birgt sich der tödliche Dolch.«

Was Hilde Spiel hier den Mitbürgern ihrer Geburtsstadt ankreidet – gilt es für sie selber überhaupt nicht? Ein ganz klein wenig vielleicht doch – und es hat ihrer Essayistik und Kritik wahrlich nicht geschadet. Die Kunst, freundlich zu tadeln, beherrscht sie vollkommen: Mit Vorliebe rügt sie *ex positivo*. Sie vermag nicht nur taktvoll, sondern gelegentlich sogar herzlich zu beanstanden. Wer in deutschen Landen kann charmanter mißbilligen als Hilde Spiel?

Das alles wird möglich, weil sie ein untrügliches Gefühl für das Verhältnis von Gegenstand und Ausdruck hat, für die Proportionen also. Geisteswerke zu charakterisieren, sei – schrieb August Wilhelm Schlegel – ein sehr schwieriges Geschäft, »aber es muß nicht als solches erscheinen«. Den Arbeiten Hilde Spiels ist niemals anzumerken, wieviel Mühe sie ihr bereitet haben. Auf die Gefahr hin, daß man ihre Leistung unterschätzt, stellt sie ihre Gelehrsamkeit unter den Scheffel. Und lieber gilt sie als rasch und flüchtig denn als schwerfällig und tiefsinnig. Im Unterschied zu vielen unserer Autoren ebenso der jüngeren wie der älteren Generation zieht sie es vor – mit Nietzsche zu sprechen –, »verstanden statt angestaunt zu werden«.

Nicht für die Zunft schreibt sie – obwohl die Zunft immer von ihren Essays lernen kann –, sondern für alle nachdenklichen und gebildeten Leser. Ihnen bietet sie, wie es einst die Romantiker verlangten, die Formeln, durch die das Kunstindividuum erst begriffen wird. In Hofmannsthals Gedichten habe – so Hilde Spiel – ein volksliedhaftes Element die klassizistischen Züge mit dem Anmutshauch der Romantik belebt. Das läßt sich nicht knapper und klarer sagen. Ein anderes Beispiel ihrer prägnanten und im besten Sinne eleganten Diktion: Somerset Maugham mache sich nichts daraus, »die Wahrscheinlichkeit zuletzt jener Pointe zu opfern, die gewöhnlich nur zustande kommt, wenn man die Realität einen Salto schlagen läßt«. Seine Geschichten enthalten »perfekt erfundene Möglichkeiten, aber niemals die imperfekte Wirklichkeit«.

Vielleicht ist die Essayistik Hilde Spiels am originellsten dort, wo sie von Dichtern spricht, die sich in die Grenzbereiche gedrängt fühlten und die daher in die Nähe oder gar in den Sog der Abgründe gerieten. Ich meine hier vor allem ihre Arbeiten über Virginia Woolf, ich meine den unvergeßlichen Nachruf auf Ingeborg Bachmann, in dem es heißt: »Daß sie gefährdet war, wußte sie wohl, und hatte Angst vor dieser Gefährdung, der sie doch, wie sie gleichfalls wußte, ihre Dichtungen verdankte, Angst vor dieser entfernten und erbarmungslosen Sphäre, in der sie nicht nur zum poetischen Erleben zugelassen, sondern zum poetischen Leben verurteilt war.« Das läßt sich nicht schöner und richtiger ausdrükken.

Ferdinand Raimund habe – berichtet Hilde Spiel –, als er Grillparzers Drama ›Der Traum ein Leben‹ sah, geklagt, solches habe er immer schon machen wollen, nur »die vielen schönen Worte«, die hätten ihm gefehlt. Mancher von uns Kritikern und Journalisten mag sich nach der Lektüre der Essays von Hilde Spiel ähnliches gedacht haben. Ihr, so will es uns scheinen, mangelt es niemals an diesen »vielen schönen Worten«. Die große Liebe ihrer Jugend heißt Hofmannsthal, seine Sprache wurde ihr zum Vorbild. Wir lassen uns kein Sakrileg zuschulden kommen, wenn wir heute ihren Stil, der auf so vollkommene Art Würde mit Anmut und Leichtigkeit verbindet, mit eben jenen Worten charakterisieren, die sie einst gefunden hat, um das Deutsch Hofmannsthals zu rühmen: Auch Hilde Spiels Sprache vereint die Melodik des Italienischen mit der Klarheit des Französischen, die Symbolkraft des Englischen mit der Grazie der lateinischen Diktion.

Der Rest ist Dank. Ich danke Hilde Spiel für alles, was ich von ihr im Laufe der Jahre und Jahrzehnte gelernt habe – und ich weiß sehr wohl, daß ich dies zugleich im Namen

382

vieler Kollegen tue. Und zu danken ist der Jury des Ernst-Robert-Curtius-Preises für Essayistik, die eine Wahl getroffen hat, wie sie nicht besser hätte sein können.

Marcel Reich-Ranicki

Rede auf Hilde Spiel aus Anlaß der Verleihung des Ernst-Robert-Curtius-Preises am 16. April 1986.